Roland Gebauer
Das Gebet bei Paulus

Roland Gebauer

Das Gebet bei Paulus

Forschungsgeschichtliche
und exegetische Studien

BRUNNEN VERLAG GIESSEN/BASEL

Die THEOLOGISCHE VERLAGSGEMEINSCHAFT (TVG)
ist eine Arbeitsgemeinschaft der Verlage
Brunnen Gießen und R. Brockhaus Wuppertal.
Sie hat das Ziel, schriftgemäße theologische Arbeiten
zu veröffentlichen.

Für Christine

CIP-Titelaufnahme der Deutschen Bibliothek

Gebauer, Roland:
Das Gebet bei Paulus:
forschungsgeschichtliche und exegetische Studien /
Roland Gebauer. –
Giessen; Basel: Brunnen-Verl.., 1989
Zugl.: Erlangen, Nürnberg, Univ., Diss., 1987/88
ISBN 3-7655-9349-4

© 1989 Brunnen Verlag Gießen
Umschlag: Martin Künkler
Herstellung: WS-Druckerei, Mainz

VORWORT

Die vorliegende Arbeit wurde im Wintersemester 1987/88 von der Theologischen Fakultät der Friedrich-Alexander-Universität Erlangen-Nürnberg als Dissertation angenommen. Für den Druck habe ich sie stellenweise überarbeitet und erweitert.

Daß die Untersuchung entstehen und zum Abschluß gebracht werden konnte, verdanke ich in erster Linie Herrn Prof. Dr. Otto Merk. Er ermöglichte es mir, sein Assistent zu werden, er schlug das Thema der Arbeit vor und begleitete ihren Werdegang mit Rat und Tat, besonders in der Schlußphase, als die Zeit immer knapper wurde und er mich weitgehend von anderen Tätigkeiten freistellte. Dies alles und seine menschliche Art ließen ihn mir zu einem wirklichen Doktorvater werden. Danken möchte ich aber auch Herrn Prof. Dr. Jürgen Roloff, der als Korreferent wertvolle Kritik übte, die ich bei der Überarbeitung gerne berücksichtigt habe. Beträchtliche finanzielle Unterstützung für die Entstehung dieses Buches leisteten die Zantner-Busch-Stiftung, Erlangen, und der Arbeitskreis für evangelikale Theologie. Ihnen sei herzlich gedankt, ebenso dem Brunnen Verlag für die Aufnahme in die TVG-Reihe.

Die Jahre der Entstehung dieser Arbeit waren für meine Familie keine leichte Zeit. Daher möchte ich, ohne die Namen im einzelnen nennen zu können, allen jenen von ganzem Herzen danken, die uns durch ihren persönlichen Einsatz geholfen haben - besonders aber meiner Frau, die alles ihr Mögliche getan hat, um mich zu unterstützen. Ihr sei deshalb dieses Buch gewidmet.

Erlangen, im Mai 1989   Roland Gebauer

INHALTSVERZEICHNIS

Hinweise zur Benutzung XIII
Abkürzungen XIV

**ERSTER TEIL: DIE GESCHICHTE DER HISTORISCH-
KRITISCHEN ERFORSCHUNG DES GEBETS BEI PAULUS** 1

Zur Einführung 2
I. DIE ANFÄNGE (erste Hälfte des 19. Jahrhunderts) 5
   Vorbemerkung 5
   1. Friedrich Rehm 5
   2. Carl Friedrich Stäudlin 7
   3. Friedrich Lücke 10
II. DIE ZUM THEOLOGISCHEN LIBERALISMUS TENDIERENDE PHASE
   (vor dem Ersten Weltkrieg) 11
   1. Paul Christ 11
   2. Friedrich Zimmer 14
   3. Alfred Seeberg 16
   4. Eduard Freiherr von der Goltz 17
   5. Gerhard Bindemann 20
   6. K. Böhme 21
   7. Alfred Juncker 22
III. DIE ZUR RELIGIONSGESCHICHTLICHEN EXEGESE TENDIERENDE
   PHASE (1918-1939) 24
   1. Friedrich Heiler 24
   2. George Henry Boobyer 29
   3. Heinrich Greeven 32
   4. Carl Schneider 33
   5. Fernand Ménégoz 35
   6. Ernst Orphal 36
   7. J.-A. Eschlimann 37
   8. Günther Harder 40
   9. Martin Schellbach 48
   10. Paul Schubert 50
IV. DIE ZU BIBLISCH-THEOLOGISCHEN FRAGESTELLUNGEN TENDIE-
   RENDE PHASE (nach dem Zweiten Weltkrieg) 54
   Vorbemerkung 54
   1. Ein spezielles Problem: Röm 8,26f 54
      a) Werner Bieder 55
      b) Julius Schniewind 56
      c) Robert F. Boyd 57
      d) Ernst Gaugler 58
      e) Kurt Niederwimmer 59
      f) Ernst Käsemann 59
      g) Horst Balz 61
      h) Walther Bindemann 63

	2. Armin Dietzel	63
	3. Adalbert Hamman	66
	4. Witold Marchel	70
	5. Gordon P. Wiles	73
	6. David J. McFarlane	82
	7. Peter T. O'Brien	85
	8. Louis Monloubou	90
	9. David M. Stanley	90
V.	ZUSAMMENFASSUNG DER WICHTIGSTEN FORSCHUNGSERGEBNISSE ..	96
	1. Die vier Phasen der Forschung	96
	2. Die Hauptthemen der Forschung	98
	a) Das Gebet als Äußerung von Frömmigkeit und Sittlichkeit	98
	b) Das Beten des Paulus im Vergleich zum Beten Jesu	99
	c) Die Frage des Gebets zu Christus	99
	d) Die Erhörung bzw. Wirkung des Gebets	99
	e) Die Bedeutung der Berufung für das Gebet des Paulus	100
	f) Der Inhalt des Gebets	101
	g) Die Arten des Gebets	101
	1) Das Dankgebet	101
	2) Das Fürbittegebet	102
	3) Das Lobgebet	102
	h) Gebet und Apostolat	102
	i) Die religionsgeschichtlichen Vorstufen	103
	j) Gebet und Briefschreibung	105
	1) Einleitende Gebetsberichte	105
	2) Gebetswünsche und Fürbittegebetsberichte	106
	k) Gebet und Theologie des Paulus	107
	1) Das Gottesbild	107
	2) Christologie	107
	3) Pneumatologie	108
	4) Anthropologie	109
	5) Soteriologie	109
	6) Ethik	110
	7) Eschatologie	110
	Überleitung	111

ZWEITER TEIL : EXEGETISCHE STUDIEN ZU ZENTRALEN FRAGEN UND ASPEKTEN DES GEBETS BEI PAULUS 113

I.	2 KORINTHER 12,8	114
	1. Zum Problem	114
	2. Vorfragen	115
	3. Versuch einer Rekonstruktion der Vorgeschichte	117
	4. Das Gebet zu Christus (Vers 8)	120
	5. Ergebnis	123
II.	2 KORINTHER 6,2	124
	1. Vorfragen	124

2. Exegese	124
3. Die Gebetserhörung bei Paulus	129
III. RÖMER 7,24f	131
1. Vorfragen	131
2. Exegese	133
a) Vers 24	133
b) Vers 25a	136
Exkurs: Beten "durch Christus" in den paulinischen Briefen	139
3. Folgerungen	142
IV. RÖMER 8,15f	144
1. Vorfragen	144
2. Exegese	145
a) Vers 15	145
b) Vers 16	157
3. Folgerungen	158
V. RÖMER 8,26f	164
1. Vorbemerkung	164
2. Problemorientierte Exegese	164
a) Die Zuordnung zum Kontext	164
b) Die Schwachheit des Beters	166
c) Das Eintreten des Geistes	168
3. Folgerungen	170
VI. RÖMER 15,30-33	172
1. Vorfragen	172
2. Exegese	172
a) Vers 30	172
b) Vers 31	175
c) Vers 32	180
d) Vers 33	181
3. Folgerungen	181
VII. PHILIPPER 1,3-11	184
1. Vorbemerkung	184
2. Stationen der neueren Forschungsgeschichte	184
a) Paul Schubert	184
b) Gordon P. Wiles	186
c) Peter T. O'Brien	187
d) Berthold Mengel	188
e) Wolfgang Schenk	188
3. Problemorientierte Exegese	189
a) Struktur und Form	189
b) Funktion	193
c) Grund des Gebets	196

DRITTER TEIL: ZUSAMMENFASSUNG, WEITERFÜHRUNG, AUSBLICK - GRUNDZÜGE DES PAULINISCHEN GEBETS 199

Vorbemerkung	200
1. Der Adressat des paulinischen Betens	200
2. Die Gebetserhörung	200

3. Die Bedeutung der Berufung für das Gebet des Paulus 201
4. Gebet und Apostolat 202
5. Die Gebetsarten 204
   a) Das Dankgebet 204
   b) Das Bittgebet 205
   c) Das Lobgebet 205
6. Gebet und Briefschreibung 206
   a) Einleitende Dankgebete 206
   b) "Briefgebet" 206
7. Gebet und Theologie 208
   a) Theo-logie 208
   b) Christologie 209
   c) Pneumatologie 210
   d) Anthropologie 211
   e) Ethik 212
   f) Ekklesiologie 214
   g) Eschatologie 214
8. Ort und Gestalt des Gebets in der paulinischen
   Theologie 215
Ausblick 230

ANMERKUNGEN ERSTER TEIL 234

Zu S.   2-4:   Zur Einführung 235
Zu S.   5-10:   I. Die Anfänge 235
Zu S. 11-23: II. Die zum theologischen Liberalismus
                   tendierende Phase 237
Zu S. 24-53: III. Die zur religionsgeschichtlichen Exegese
                   tendierende Phase 243
Zu S. 54-95: IV. Die zu biblisch-theologischen Fragestel-
                   lungen tendierende Phase 257
Zu S. 96-110: V. Zusammenfassung der wichtigsten For-
                   schungsergebnisse 274

ANMERKUNGEN ZWEITER TEIL 279

Zu S. 114-123:   I. 2 Korinther 12,8 280
Zu S. 124-130: II. 2 Korinther 6,2 288
Zu S. 131-143: III. Römer 7,24f 293
Zu S. 144-163: IV. Römer 8,15f 306
Zu S. 164-171:   V. Römer 8,26f 322
Zu S. 172-183: VI. Römer 15,30-33 326
Zu S. 184-198: VII. Philipper 1,3-11 333

ANMERKUNGEN DRITTER TEIL 341

Zu S. 199-233: Zusammenfassung, Weiterführung, Ausblick -
               Grundzüge des paulinischen Gebets 342

LITERATURVERZEICHNIS 356

NAMENREGISTER 379

STELLENREGISTER 384

HINWEISE ZUR BENUTZUNG

Da im Engdruck die Hochstellung der Anmerkungsziffern nicht möglich ist, werden diese in den betreffenden Passagen parenthetisch angegeben.

Im Anmerkungsteil erfolgt der Verweis auf Seiten der vorliegenden Arbeit mittels "S.", auf ihre Anmerkungen mittels "Anm." o h n e S e i t e n a n g a b e (im Unterschied zum Bezug auf Anmerkungen der benutzten Literatur). Dabei bezieht sich, wo nicht anders vermerkt, der Hinweis auf Anmerkungen jeweils auf den Teil der Arbeit, in dem er ergeht.

Die Literatur wird innerhalb der Arbeit in abgekürzter Form angegeben:
- gewöhnlich mit dem Namen des Verfassers sowie dem ersten Substantiv des Titels,
- bei Kommentaren mit der Abkürzung des betreffenden biblischen Buches,
- bei Artikeln aus exegetischen Wörterbüchern sowie sonstigen Lexika und Nachschlagewerken mit dem jeweiligen (abgekürzten) Band.

Wo nicht anders vermerkt, beziehen sich die Angaben "Bultmann, Theologie" auf die 9. Auflage und "Michel, Röm" auf die 14. Auflage.

ABKÜRZUNGEN

Die Abkürzungen sind entnommen aus: S. Schwertner, Internationales Abkürzungsverzeichnis für Theologie und Grenzgebiete, Berlin 1974. Darüberhinaus sind - neben allgemein üblichen - noch die folgenden Abkürzungen verwendet:

Bl.-Debr.	- F. Blass/A. Debrunner, Grammatik des neutestamentlichen Griechisch
BThSt	- Biblisch-Theologische Studien
EWNT	- Exegetisches Wörterbuch zum Neuen Testament
FzB	- Forschung zur Bibel
GuL	- Glaube und Lernen. Zeitschrift für theologische Urteilsbildung
JSNT	- Journal for the Study of the New Testament
κτλ.	- κατὰ τὰ λοιπά
LXX	- Septuaginta
NEB	- Die Neue Echter Bibel. Kommentar zum Neuen Testament mit der Einheitsübersetzung
NF	- Neue Folge
NS	- New Series
ÖTK	- Ökumenischer Taschenbuch-Kommentar zum Neuen Testament
SNTS.MS	- Society for New Testament Studies. Monograph Series
SS	- Supplement Series
Str.-B.	- Kommentar zum Neuen Testament aus Talmud und Midrasch von Hermann L. Strack und Paul Billerbeck

ERSTER TEIL

DIE GESCHICHTE DER HISTORISCH-KRITISCHEN ERFORSCHUNG DES GEBETS
BEI PAULUS

ZUR EINFÜHRUNG

Die Bearbeitung eines exegetischen Problemkreises mit der Darstellung des diesbezüglichen Forschungsverlaufs zu beginnen, bedarf wohl kaum einer besonderen Begründung. Anders verhält es sich mit der ungewöhnlichen Ausführlichkeit, die dem vorliegenden Forschungsbericht eignet. Sie erklärt sich aus dem Umstand, daß - bis auf wenige kurze und an Einzelaspekten orientierte Forschungsüberblicke[1] - bislang keine die Geschichte der historisch-kritischen Erforschung des Gebets bei Paulus in umfassender Weise darlegende Veröffentlichung vorlag. Diese Lücke versucht der erste Teil dieser Arbeit angesichts eines in der gegenwärtigen Exegese zunehmenden Interesses an den Bereichen Gottesdienst, Liturgie und Spiritualität zu schließen.

Es geht in ihm in erster Linie darum, über die Vielgestaltigkeit des Forschungsverlaufs eines an Einzelproblemen und gesondert zu behandelnden Fragestellungen reichen Themenkomplexes bis in Einzelheiten hinein[2] zu informieren und kritisch zu urteilen, um daran anknüpfend in einem zweiten Teil offen gebliebene Fragen und aufgeworfene Probleme anhand exemplarisch ausgewählter Texte zu erörtern und gegebenenfalls einer Lösung zuzuführen.[3] Ein dritter Teil bemüht sich unter Berücksichtigung der Ergebnisse des zweiten Teils um eine übergreifende Darlegung der Grundzüge des Gebets bei Paulus.

Im Forschungsbericht wurden Arbeiten berücksichtigt, die sich seit dem Aufkommen historisch-kritischer Bibelexegese im 18. Jahrhundert[4] ausführlich bzw. in einer für ihre Zeit typischen Weise speziell oder innerhalb eines weiter gesteckten Rahmens mit dem Gebet bei Paulus bzw. einzelnen seiner Aspekte befaßt haben.[5] Dabei wurde in der Regel das Verfahren der chronologischen Abfolge gewählt, um den Forschungsverlauf in seiner Komplexität und seinem teilweise sprunghaften Fortgang möglichst objektiv darzustellen, wohlwissend, daß dabei die Genese einzelner Problemstrukturen und die Entwicklung von Problemlösungen nicht mit aller vielleicht wünschenswerten Deutlichkeit dargelegt werden konnten. Es ging vielmehr darum, ein Gesamtbild der historisch-kritischen paulinischen Gebetsforschung zu zeichnen.

Lediglich in Teilen des vierten Abschnitts wurde die chronologische Darstellungsweise zugunsten einer problemorientierten aufgegeben, weil zeitliche Nähe der Veröffentlichungen und thematische Zusammengehörigkeit ein solches Verfahren nahelegten. Dem oben genannten Manko versucht der letzte Abschnitt des Forschungsberichts mit einer themenbezogenen Zusammenfassung der wichtigsten Forschungsergebnisse ansatzweise abzuhelfen. Dieser Abschnitt wurde jedoch bewußt kurz gehalten, um unnötige Wiederholungen zu vermeiden und den Forschungsbericht nicht über Gebühr auszudehnen. Wer sich genauer informieren will, möge hier seinen Ausgang nehmen und anhand der gemachten Angaben weiter vorgehen.

Die Unterteilung in verschiedene Phasen wurde nicht streng nach theologie- bzw. exegesegeschichtlichen Kriterien vorgenommen.[6] Vielmehr wurde versucht, die zwischen auffallenden zeitlichen Lücken sich ergebenden Blöcke der Theologie- und Exegesegeschichte zuzuordnen. Das gelang hinsichtlich der Einheitlichkeit des jeweiligen Blockes nur zum Teil, denn etliche der innerhalb einer Phase befindlichen Arbeiten lassen sich nur bedingt bzw. überhaupt nicht der in der Phasenbezeichnung angegebenen exegetisch-theologischen Richtung zuweisen. Dennoch wurde die Phaseneinteilung aufgrund der vorhandenen Zäsuren beibehalten und die jeweilige Bezeichnung anhand einer hinsichtlich des Gesamtthemas in der Tat jeweils neu bzw. verstärkt auftretenden und die einzelne Phase in ihrer Gesamtheit am deutlichsten profilierenden exegetisch-theologischen Richtung bzw. Fragestellung gewählt.

Dieses Vorgehen mag Wünsche offen lassen, es erschien mir aber dem sich ergebenden Befund am angemessensten zu sein.

I. DIE ANFÄNGE (ERSTE HÄLFTE DES 19. JAHRHUNDERTS)

VORBEMERKUNG

Die Geschichte der historisch-kritischen Erforschung des Gebets in Theologie und Lebensvollzug des Apostels Paulus reicht deutlich erkennbar bis in die erste Hälfte des 19. Jahrhunderts zurück. Diese Zeit war hinsichtlich der Exegese bestimmt von dem mit der Neologie in der zweiten Hälfte des 18. Jahrhunderts erfolgten Durchbruch der historisch-kritischen Interpretation der Bibel und ihres die Oberhand gewinnenden Verständnisses als Bestätigung menschlicher Vernunfterkenntnisse von göttlicher Seite her. Entsprechend lag das exegetische Hauptinteresse darin, aus den Texten der Bibel die auf menschlicher Vernunfteinsicht beruhenden bleibenden moralischen Werte als göttliche Wahrheiten zu erheben und für eine aufgeklärte christliche Lebensgestaltung fruchtbar zu machen.

1. FRIEDRICH REHM

Einer der ersten, der das Gebet der so aufblühenden historisch-wissenschaftlichen Exegese unterzog,[7] war Friedrich Rehm. In seiner 1814 erschienenen "Historia Precum Biblica"[8] gibt er im Anschluß an eine Begriffserklärung (S. 1-12) einen Überblick über die Entwicklung des Gebets, das er in einer für seine Zeit charakteristischen Weise als "animi pii ad Deum elatio" versteht (S. 1, ohne Zählung), in alttestamentlicher Zeit (S. 13-38), bei Jesus Christus (S. 38-64), den Aposteln und ersten Christen (S. 64-98). Der Paulus als einem der "Lehrer der moralischen Gelehrsamkeit" (S. 74)[9] gewidmete Abschnitt (S. 75-90) besteht aus einer Reihe von Exegesen (bzw. exegetischen Bemerkungen) ausgewählter Texte,[10] deren wichtigste kurz zusammengefaßt seien:

Die "ausgezeichnete Stelle" Röm 8,15 interpretiert Rehm dahingehend, daß der "durch die christliche Religion zu besserer Frucht" und zu einem "besseren Geist ... der sich um Geistiges bemüht",[11] gelangte Mensch Gott nunmehr "vertrauend" und "überzeugt von der Gunst des höchsten Numens" als "einen gütigen Vater" anrufen kann (S. 75f).

Zu Röm 8,26f - Verse, die nach Rehms Meinung "oft schlechte Deuter" hatten - bemerkt er: Wenn "die Menschen ... bedrückt ... durch Unglücksfälle, öfter nicht wissen, was sie von Gott erbeten müssen", dann kommt ihnen der Geist als ihre "bessere Gesinnung" zu Hilfe, indem Gott, "der den innersten Geist der Menschen durchforscht", ihre "Gedanken ... anstelle von Gebeten" annimmt und erhört (S. 76f).

Röm 15,30f entnimmt Rehm, daß Paulus die Fürbittegebete "für Anzeichen gegenseitiger christlicher Liebe und für ein sehr festes Band gehalten" sowie "diese hoch eingeschätzt hat" (S. 80).

Ausführlich wird 1 Kor 14,13-19 exegesiert - "eine Stelle, die ganz besonders dunkel ist" (S. 82). Rehm sieht die korinthischen Christen "vom Irrtum" eingedrungener Judaisten "befallen ... daß ... vor allem das Hebräische heiliger und geeigneter ... sei zum Beten" als andere Sprachen (S. 85). Dem so entstandenen "Manko, daß sie (sc. die Judaisten und ihre Anhänger) von keinem verstanden werden konnten", begegnete der Apostel mit der Mahnung zur Hinzufügung einer Übersetzung (S. 84). "Paulus also will, daß man beim Sprechen von Gebeten sich immer Rechenschaft über den gemeinsamen Nutzen gibt ... Daraus ersehen wir: Er hat sehr reine Meinungen gepflegt über Nutzen und Notwendigkeit öffentlicher Gebete ..." (S. 85).

Aus 2 Kor 1,11 ergibt sich für Rehm, daß Paulus "unseren Gebeten große Kraft zugeteilt hat" (S. 85), und anhand 1 Tim 2,1f bescheinigt er ihm, die verschiedenen Gebetsgattungen mit Ausnahme der "Lobgebäte" (sic) "richtig" unterschieden zu haben. Die Mahnung zur Fürbitte "für Könige und deren höchste Diener" hat zum Ziel, "daß wir Muße und Ruhe des Staates genießen ... um fleißig Frömmigkeit und Tugend zu verfolgen". Außerdem geht daraus hervor, "daß es eine sehr alte Gewohnheit ist, Gebete und Dankbarkeitserweise für Beamte vorzunehmen" (S. 89, vgl. S. 104).

Ein abschließender Überblick und Vergleich der verschiedenen biblischen Gebetsaussagen, die Rehm größtenteils in Beziehung zur "höchsten Lehre" (S. 102) des "göttlichen Lehrers" Jesus (S. 106) setzt, trägt hinsichtlich des Gebets bei Paulus nicht viel aus. Neben der wiederholenden Bezugnahme auf vier Stellen der paulinischen Briefe[12] wird als Resümee dem Apostel vor allem eines zugeschrieben: sich in besonderer Weise bemüht zu haben, "reinere Erkenntnisse über das Wesen der Gebete" propagiert zu haben. "Aber es besteht diesbezüglich bei den Aposteln fast keine Meinungsverschiedenheit. Sie lehren, daß in dieser allzu großen, ehrenvollen und würdigen Aufgabe ein großer Schmuck für den Menschen liegt, der von der Macht Gottes abhängig ist, ein Schmuck, der im Sprechen von Gebeten besteht." (S. 103).

2. CARL FRIEDRICH STÄUDLIN

Nur zehn Jahre später (1824) erschien ein Werk, das den von Rehm auf die Bibel begrenzten Horizont wesentlich erweiterte: Carl Friedrich Stäudlins "Geschichte der Vorstellungen und Lehren von dem Gebete".[13] In seinem Buch, das er in die Reihe der von ihm bereits zuvor veröffentlichten Schriften "zur Geschichte einzelner moralischer Lehren" einordnete,[14] geht Stäudlin - wie Rehm - zunächst dem Gebet bei den "Ebräer(n)" (S. 12-94), bei Christus (S. 95-115), den Aposteln und ersten Christen (S. 116-134) nach, darüberhinaus aber noch bei Griechen und Römern (S. 135-169), bei "christliche(n) Völker(n)" und Personen (S. 170-262), "neuere(n) Philosophen" (S. 263-294) und einigen nichtchristlichen Religionen (S. 294-300). Im Gegensatz zu Rehm, dessen Ausführungen zu Paulus nach eigenem Bekunden "verstreut und ohne Ordnung unter sich verbunden" erfolgten,[15] geht Stäudlin thematisch orientiert vor, erfaßt dabei aber bei weitem nicht die von Rehm berücksichtigte Fülle paulinischer Gebetsaussagen.

Zunächst hält Stäudlin als Fazit einer Auflistung von biblischen "Nachrichten und Beispielen von Gebeten der Apostel" fest, man sehe, "wie eifrig die Apostel und die ersten Christen im Gebete waren ... wie der reine und warme Geist des Gebets von ihrem Meister auf sie übergieng" (sic, S. 121). Für Paulus selbst kommt - so der Theologieprofessor - beim Beten alles "auf die zum Grunde liegende Gesinnung" an, nämlich den "Sinn des ächten Christen, sein von Gott wiedergeborenes und geheiligtes Gemüth" (S. 122),[16] das ihn zu kindlichem und vertrauensvollem Gebet befähigt. Die Wirkung eines solchen "ächten Gebets" ist nach Paulus, "daß dadurch ein göttlicher Friede, eine Erheiterung, eine Ruhe, eine Kraft zum Guten in das Gemüth gebracht werde, welche alle Vorstellung und Erwartung des Menschen übersteige ..." (S. 124).[17]

Von diesen bleibend gültigen, weil dem vernünftigen Bewußtsein als göttliche Wahrheiten einsichtigen moralischen Werten hebt Stäudlin "Begriffe, Sitten und Umstände jener Zeit" ab, in der Paulus seine Briefe schrieb. So etwa die Mahnung 1 Kor 7,5, die sich "auf eine jüdische und heidnische Meinung" beziehe (S. 127).[18]

Nachdem Stäudlin noch in aller Kürze die "Lehren" des Johannes, Petrus und Jakobus vom Gebet dargestellt hat, formuliert er die Einsichten seiner Abhandlung: Die Apostel haben Jesu Lehre und

Beispiel vom Gebet, die sich über alles vorausgegangene erhebt, weiterentwickelt und in ihrer Umgebung bekannt gemacht. Dabei haben sie "das Reinere den Jüdischen und Heidnischen Irthümern" entgegengestellt und ihm den Sieg verschafft. "Alles ist mit den reinsten Vorstellungen von Gott und der Sittlichkeit übereinstimmend." (S. 131). Grundlage der Ausführungen der Apostel über das Gebet ist - so der Verfasser - ihr Gemüt und ihre Gesinnung. Die Liebe als das höchste Gebot durchdringt ihr Gebet, das sie wiederum in der Ausübung der Liebe fördert (S. 131f).

Stäudlins und Rehms Arbeiten sind in gewisser Weise paradigmatisch für das theologische Verständnis des Gebets (bei Paulus) am Anfang des 19. Jahrhunderts. Kriterium der Exegese ist die Reinheit der Vorstellungen von Gott und der Sittlichkeit, über die das aufgeklärte Individuum kraft seiner Vernunft selbständig befindet. Die Äußerungen der urchristlichen Schriftsteller über das Gebet werden hinsichtlich ihrer Affinität zu dem damit gesteckten Auslegungsziel beurteilt und gegebenenfalls als dessen inhaltliche Bestätigung von göttlicher Seite her aufgefaßt. Dafür ist die Übereinstimmung mit den Vorstellungen des aufgeklärten Bewußtseins maßgebend, das in der Wahrheit und Göttlichkeit der Lehre Jesu als des Offenbarers des Willens Gottes[19] den Orientierungspunkt findet[20]. Entsprechend kann etwa Stäudlin als wesentliche Einsicht formulieren: "Fluchgebete werden (von den Aposteln) ganz verworfen und Gebete für das Beste des Feindes zur Pflicht gemacht." (S. 131). Den Texten wird so eine pädagogisch-lehrhafte Qualität zugedacht, die eine historisch-theologische Durchdringung (noch nicht) in den Blick geraten läßt.[21] "Man wird ... auf die r i c h t i g e n L e h r e n vom Gebete geleitet und lernt selbst beten" (S. 134, Hervorhebung von mir), folgert Stäudlin aus seiner Untersuchung des Gebets bei den Aposteln. Eine ähnliche Intention verfolgt Rehm, wenn er sein Gesamtfazit mit den Worten einleitet: "Ungefähr das ist es, was die Religion, zu der wir uns bekennen, über die Natur der Gebete lehrt ..." (S. 103).[22] Damit werden Grundlage und Ziel der Exegese beider deutlich. Sie bleibt ganz innerhalb des Rahmens, der ihr vom zeitgenössischen theologischen Denken her vorgegeben war.

3. FRIEDRICH LÜCKE

Einem besonderen Problem, das um die Jahrhundertwende noch intensiv diskutiert werden sollte, (23) wandte sich der Neutestamentler und Systematiker Friedrich Lücke zu. Im historischen Teil seiner 1843 erschienenen dogmatischen Abhandlung "De invocatione Jesu Christi in precibus Christianorum accuratius definienda" (24) stellte er die These auf, die "von Anfang an in der Kirche" praktizierte (S. 6) und im Neuen Testament spurenhaft anzutreffende Anrufung Christi im Gebet (Apg 7,54-60; Offb 5,8ff; 2 Petr 3,18; 2 Tim 4,18) habe ihren Ursprung in einer vor allem im paulinischen Schrifttum begegnenden "mediatoria ... formula" als einer Art Berufung auf Christus in an Gott gerichteten Gebeten (Röm 1,8; Eph 5,20; Kol 3,17; Hebr 13,15). Diese, von Lücke nicht im Wortlaut angegebene Formel (25) gehe "auf Christi Befehl selbst" zurück (Joh 14,13) und werde von den Aposteln verwendet, um Christus als "Spender" alles von Gott erbetenen Guten und des menschlichen Heils sowie als Gebetsmittler zu Gott zu verehren. Ohne weitere Zwischenüberlegungen und darum zweifelhaft folgert Lücke daraus: "Und so ist diese Anrufung oder Beschwörung Christi in heiligen Gebeten ... der Anfang und Ursprung des ganzen göttlichen Kultes, mit dem die Apostel Christus ehren ..." (alles S. 7).

II. DIE ZUM THEOLOGISCHEN LIBERALISMUS TENDIERENDE PHASE (VOR DEM ERSTEN WELTKRIEG)

1. PAUL CHRIST

In den folgenden Jahrzehnten erschien keine Arbeit, die sich in ausführlicher Weise mit dem Gebet bei Paulus befasst hätte.[26] Erst im letzten Viertel des 19. Jahrhunderts setzte eine verstärkte Beschäftigung mit Fragen des Gebets überhaupt und auch im paulinischen Schrifttum ein, sowohl in der systematischen Theologie als auch in der Exegese. Diese Diskussion erfolgte in erster Linie als eine apologetische Reaktion auf eine rationalistische Infragestellung des Gebets und seiner Wirksamkeit.[27] Sie wurde in ihrem weiteren Fortgang erheblich von "liberalen" Positionen bestimmt, was sich auch an den vorzustellenden Veröffentlichungen zum paulinischen Gebet zeigt.

In diesem Zusammenhang verdient "Die Lehre vom Gebet nach dem Neuen Testament" des Schweizer Theologieprofessors Paul Christ[28] besondere Beachtung, denn sie ist die erste ausführliche historisch-kritische Untersuchung des Gebets im Bereich des Neuen Testaments. Von einem doppelten apologetischen Interesse geleitet[29] möchte Christ "den Geist und das Wesen des ursprünglichen christlichen Gebets ... erkennen" (S. 14), um von dieser maßgebenden "Entstehungszeit unserer Religion" (S. 2) her Aspekte für die Frömmigkeit seiner Zeit zu erheben. Er geht dabei von einer im Neuen Testament "in den Grundzügen gemeinsame(n) und einmütige(n) Lehre" vom Gebet aus (S. 5) und untersucht zunächst dessen Gegenstand, Inhalt und Wirkung, um von dieser Basis aus das Wesen des Gebets im Urchristentum zu ergründen.[30]

Entsprechend dem vorherrschenden christologischen Denken des 19. Jahrhunderts, das in Jesus vor allem den Menschen mit dem vollendetsten Gottesbewußtsein und den Begründer einer neuen Sittlichkeit sah,[31] lehnt Christ - anders als Lücke - eine Anbetung Christi für die Zeit des Urchristentums ab.[32] Jesus selbst hat zu Gott als Vater beten gelehrt (S. 17), und entsprechend ist für Paulus Gott der alleinige "Gegenstand" des Gebets, "Christus dagegen - echt subordinatianisch - der Vermittler des rechten innerlichen Gottesdienstes und Spender des wahren Gebetsgeistes" (S. 32). Dieser Gebetsgeist lehrt die Christen anhand des Vaterunsers[33] in erster Linie um geistig-geistliche Dinge zu beten: "Gottes Sache und die höheren, geistigen Bedürfnisse der Menschen" bilden den Hauptinhalt des Gebets. Leiblich-irdische Anliegen treten deutlich dahinder zurück (S. 76).[34] Bezüglich der Wirkung(en) des Gebets kommt Christ aufgrund einer rationalistischen Denkweise nicht umhin, die neutestamentlichen Aussagen über die Gebetserhörung als "Anschauungen des Supranaturalismus, des Wunderglaubens" einzustufen (S. 81). Sein spekulativer Gottesbegriff verbietet ihm jeden Gedanken "an eine direkte äussere Schicksalswendung durch das Gebet" (S. 108). Wahre Gebetserhörung besteht für ihn ausschließlich in einem geistigen Prozeß, in einer "inneren Rückwirkung" des Gebets auf den Beter, "in seiner sittlich-religiösen Förderung, seiner Stärkung, Befestigung, Tröstung" (S. 103).[35] Von daher trägt das Gebet um geistiges Wohl "seine Erhörung schon in sich selber" (S. 109), da es an sich bereits die geistige Kraftwirkung darstellt, die Christ "Erhörung" nennt.[36]

Nachdem er diese Vorfragen behandelt hat, wendet sich der Verfasser mit der Ergründung von "Wesen und Geist des neutestamentlichen Gebetes" dem Hauptinteresse seiner Arbeit zu (S. 114-170). Der von Jesus geoffenbarte Grundgedanke über das Gebet besteht nach ihm darin, daß es - im Gegensatz zum "mangelhafte(n), äusserliche(n) jüdisch-heidnische(n) Gebet" - eine Sache des Geistes und des Herzens ist. Diese von Jesus in Kraft gesetzte Vergeistigung und Verinnerlichung hat Paulus am reinsten und treuesten bewahrt und vor allem in Röm 8,26f zum Ausdruck gebracht (S. 127). Die von Paulus hier geäußerte supranaturalistische religiöse Vorstellung vom Heiligen Geist muß aber in die Sprache des religiösen Begriffs übersetzt werden, um dem modernen Bewußtsein erschwinglich zu bleiben. Infolgedessen ist für Christ der Geist Gottes, der nach Paulus die Gläubigen im Gebet vertritt, "in seinem Kerne nichts Anderes als der 'Geist' nach spekulativ-religiöser Auffassung: der menschliche Geist ... in seiner bestimmungsgemässen Entfaltung". Er allein vermag das Gebet zu jenem innerlich-geistigen Vorgang zu erheben, der sein Wesen ausmacht und der in der menschlichen Seele das heilige Gefühl eines süßen Schauers entflammt (S. 129-131, Zitat S. 131).

Christs anthropologisch-immanente Fassung des Geistes[37] ist begründet in seinem spekulativen Gottesbegriff, für den die Kategorie der Persönlichkeit entfällt und der stattdessen als "ein anderes, unendlich höheres Ich" (S. 142), als der unendliche Geist im menschlichen Seelenleben (S. 192) erfaßt wird. Von dieser Basis aus kann Christ schließlich das Gebet definieren als "ein auf Grund eines dauernden, lebendigen Gottesbewußtseins ... sich bildender Verkehr, nicht bloss des Menschen mit Gott, sondern geradezu ein d i r e k t e r   u n d   i n n i g e r   W e c h s e l v e r k e h r   z w i s c h e n   d e m   m e n s c h l i c h e n   u n d   g ö t t l i c h e n   I c h   i n   u n s e r e m   S e e l e n l e b e n ... da hier unmittelbar Geist dem Geist gegenübertritt" (S. 143).[38] Als solches bildet das Gebet den Höhepunkt des religiösen Prozesses im Menschen. Es ist "der unmittelbarste Ausdruck des religiösen Verhältnisses zwischen Mensch und Gott" (S. 142).

Christ verwahrt sich zwar gegen ein pantheistisches Aufgehen Gottes in der Welt bzw. im Menschen, hält aber dennoch keine klare Scheidung Gottes von Mensch und Welt durch.[39] Gott findet nach ihm seine höchste Offenbarung und damit seinen Ort im menschlichen Gemüt (S. 112), und zwar als absoluter, unendlicher Geist und insofern als "rein ideelle Realität" (S. 142), die nicht mehr vom menschlichen Geistesleben getrennt werden kann, da sie Bestandteil desselben ist.[40] Entsprechend erscheint das Gebet als rein innermenschlicher geistiger Prozeß,[41] als "einheitlicher psychologischer Vorgang" (S. 142) zwischen dem endlichen menschlichen und dem unendlichen göttlichen Geist im "Seelenleben" des Menschen (S. 192),[42] der primär gefühlsmäßig erlebt wird[43] und eine geistig-sittliche Förderung bewirkt. Damit fällt dem spekulativen theologischen Denken ein wesentlicher Aspekt des Neuen Testamentes, insbesondere der paulinischen Briefe zum Opfer, wonach das Gebet die reale menschliche Ansprache des über- und außerweltlichen personhaften Gottes ist, der seinen Ort "im Himmel" hat (Röm 1,18) und sich allein in Jesus Christus dem Menschen offenbart und ihm im Heiligen Geist gegenwärtig ist. Christ erweist sich als später Vertreter einer spekulativen Theologie, die im Gefolge Hegels allein dem Geistigen Absolutheit und Wirklichkeit beimißt und von der Prämisse der Einheit des Absoluten mit dem Relativen, des Göttlichen mit dem Menschlichen auf der Ebene des Geistes ausgeht. Auf dieser Grundlage muß das neutestamentliche Zeugnis vom Gebet eine starke Reduzierung erfahren, bei der vor allem durch die Kategorie des geistigen Begriffs das geschichtlich Konkrete dieses Zeugnisses verlorengeht.

2. FRIEDRICH ZIMMER

Nur ein Jahr nach Christs umfassender Arbeit legte 1887 Friedrich Zimmer die erste grundlegende Studie über "Das Gebet nach den Paulinischen Schriften"[44] vor. Dabei ließ er die lehrhaft-dogmatische Intention bisheriger Untersuchungen zum Gebet[45] bewußt beiseite, um mit einer "exegetische(n) Erörterung" die Grundlage für eine systematische Darlegung der neutestamentlichen, insbesondere paulinischen "Gebetslehre" zu schaffen (S. 118). Zimmer untersucht zunächst die vier paulinischen Hauptbriefe und beobachtet die herausragende Rolle des Dankgebets in ihnen (S. 118). Weiterhin stellt er fest, daß bei Paulus das Dankgebet zusammen mit dem Lob- und Preisgebet, den Doxologien, eine Einheit ergibt (S. 122f.130.137).[46] Der Dank gegen Gott - so Zimmer - ist für Paulus von fundamentaler Wichtigkeit als "die Signatur der neutestamentlichen Zeit" (S. 121). Dies beruht auf der Einsicht, daß Gott - nachdem er vom Menschen erkannt worden ist - durch dessen Dank verehrt werden will, so daß das Dankgebet geradezu eine "Pflicht für den Christen" wird (Röm 1,21; S. 118f.149f). Diesem Zweck des Dankes und Lobes Gottes dient überhaupt sein gnädiges Heilshandeln in Jesus Christus (Röm 15,8f; 2 Kor 1,10f; 4,15) und - als dessen Fortsetzung in der Verkündigung des Evangeliums - auch die apostolische Wirksamkeit des Paulus (S. 123f.150). Dankgebet und Lobgebet sind dem Apostel ein "Herzensbedürfnis" (S. 128.131); erstes gilt ihm als "Ausdruck einer subjektiven Empfindung" über das in Christus empfangene Heil, letztes als Ausdruck der Bewunderung der Macht und Weisheit Gottes (S. 131). Dabei fällt auf, daß Paulus primär nicht für das selbst empfangene Heil dankt, sondern für dessen Auswirkungen in seinen Gemeinden, was sich besonders in den Gebetsberichten im Eingang seiner Briefe zeigt (S. 132.150).

Im Gegensatz zum Dank- und Lobgebet mit der Blickrichtung auf bereits erfahrene Gnade richtet sich das Bittgebet, das bei Paulus vor allem in Gestalt der Fürbitte begegnet (S. 150), "vorwärts auf das noch zu erwartende und gewünschte Gut", auf die "Seligkeit" derer, für die gebetet wird (Röm 10,1) (S. 137). Im Bittgebet als einem Ringen mit Gott (S. 139.149) besitzt der Gläubige ein Mittel, auf Gott "bestimmend einzuwirken",[47] so daß es nach Paulus zu einer selbstverständlichen Äußerung des Lebens im Glauben wird (S. 139). Dabei ist die Erhörung nur bei Gebeten gewiß, denen es in irgendeiner Weise um das Heil zu tun ist

(Röm 10,13) (S. 143). Grundsätzlich unterscheidet Paulus nach Zimmer zwei Arten von Gebet: "das Gebet 'im Bewußtsein' ... und das Gebet 'im Geiste'" (S. 149). Bei erstem ist der Mensch das Subjekt des Betens, bei letztem der Geist, was sich nicht nur in der Glossolalie (1 Kor 14,14-17) allgemein, sondern auch in ihrer besonderen Erscheinung, dem "Seufzen" des Geistes (Röm 8,26f), erweist.

Diesen für die vier paulinischen Hauptbriefe gewonnenen Erkenntnissen ordnen sich die Gebetsaussagen von 1 und 2 Thess, Phil, Phlm und Kol unter bzw. fügen Ergänzungen hinzu (S. 150-162). Mehr oder weniger tiefgreifende Unterschiede treten dagegen im Eph und in den Pastoralbriefen auf, die Zimmer u. a. deshalb nicht mehr als echt paulinisch anerkennen kann (S. 163-174).

Zimmer hat mit seiner "exegetischen Erörterung" eine solide Ausgangsbasis für die weitere Erforschung des Gebets bei Paulus geschaffen. Anerkennung verdient die Nüchternheit, mit der er am Ende des 19. Jahrhunderts die Texte beobachtet und einen Befund der Paulusbriefe über das Gebet zusammenstellt, aus dem besonders hervorzuheben sind: die dominierende Rolle des Dank- und Lobgebets; die von Gott beanspruchte Verehrung und Verherrlichung, der letztendlich sein gesamtes Heilshandeln und die apostolische Tätigkeit des Paulus dienen und zu der der Mensch wesentlich im Dank- und Lobgebet beiträgt; die enge Verquickung von Gebet und Apostolat, die sich in erster Linie in der Gemeindebezogenheit der paulinischen Dank- und (Für-) Bittgebete zeigt.

3. ALFRED SEEBERG

Auf ein von Zimmer kaum behandeltes Problem, das aber am Ende des 19. und Anfang des 20. Jahrhunderts heftig und kontrovers diskutiert wurde, ging 1891 Alfred Seeberg ein: "Die Anbetung des 'Herrn' bei Paulus".[48] Seeberg zeigt auf, daß von Paulus und seinen Gemeinden, aber auch schon von der vorpaulinischen Christenheit Christus angebetet worden ist (S. 34ff), und zwar als der Kyrios. Diese aus der urchristlichen Tradition übernommene Bezeichnung Christi hat der Apostel in seinen Briefen, ausgenommen die alttestamentlichen Zitate, ausschließlich auf den auferstandenen Christus bezogen und diesem damit, aufgrund der Herkunft des Titels als Name Gottes in der LXX, die gleiche Göttlichkeit wie dem Vater beigemessen (S. 5-9.12f).[49] In seiner göttlichen Ehrenstellung und tätigem Herrschen als zur Rechten Gottes Erhöhter,[50] in dessen Tun jeweils das Handeln Gottes zur Ausführung gelangt (S. 23-30), erfährt der Gott-Kyrios eine angemessene Anbetung durch die Gläubigen, die er zum Heil geführt hat (S. 33).

Dies erweist sich - so Seeberg - vor allem in der Wendung ἐπικαλεῖσθαι τὸ ὄνομα τοῦ κυρίου (1 Kor 1,2; Röm 10,12f). Dabei muß aufgrund des Sprachgebrauchs der LXX und alttestamentlicher Vorstellungen[51] ἐπικαλεῖσθαι als "anrufen" im Sinne von "anbeten" verstanden werden (S. 37-41).[52] Dies sieht Seeberg durch Röm 10,12f bestätigt, wonach die Anbetung Jesu für Paulus "ganz gleichartig mit der Anbetung Gottes" ist (S. 43-46, Zitat S. 46). Nach der Untersuchung weiterer Stellen[53] gelangt Seeberg schließlich zu dem Schluß, "daß die Anbetung des Herrn bei Paulus ... sich in Bitte und Dank an eine selbständige göttliche Person richtet" (S. 56) und sich inhaltlich durch nichts von den an Gott gerichteten Gebeten unterscheidet (S. 59).[54]

4. EDUARD FREIHERR VON DER GOLTZ

Eine pionierartige Untersuchung über "Das Gebet in der ältesten Christenheit" veröffentlichte 1901 der praktische Theologe

Eduard Freiherr von der Goltz,[55] der weitaus mehr Quellenmaterial verwerten konnte als noch dreiviertel Jahrhunderte vorher C. F. Stäudlin. Goltz geht es in seinem die ersten drei christlichen Jahrhunderte umfassenden Werk um die Aufspürung des hinter den Gebetsworten verborgenen "innere(n) Leben(s)" der jeweiligen Beter (S. VIII).[56] Richtschnur zur Beurteilung solchen "Gebetslebens" ist ihm der irdische Jesus (S. 78) als der Ursprung alles religiösen Lebens der Christen (S. VIII). Das Entscheidende, das Jesus seinen Nachfolgern im Zusammenhang des Gebets hinterlassen hat, war eine neue Gebetsgesinnung in Gestalt des "Kindesgeist(es), der da bittet wie Kinder ihren Vater bitten" (S. 79, auch S. 59.66f), vertrauend, demütig, liebevoll und wahrhaftig (S. 11.56.58.79).

Paulus hat nach Goltz diesen von Jesus gestifteten Gebetsgeist bewahrt, obwohl er es in seinen Gebeten nicht mehr wie Jesus mit einem unmittelbaren Verkehr mit Gott dem Vater zu tun hatte, sondern mit einem durch Jesus vermittelten (S. 85-89.94). Seit dem Damaskuserlebnis gibt es für den Apostel - und das ist der Grundzug seines Gebetslebens - nur noch das Gebet zum Vater unter Berufung auf den Heilsmittler Christus, das Gebet "im Namen Jesu Christi" (S. 93f). Diese von Goltz sehr schön herausgearbeitete christologische Fundierung des paulinischen Gebets veranlaßt ihn zu der Frage, "ob für Paulus neben die Anbetung Gottes die Anbetung Jesu Christi als Kultus eines zweiten Gottes getreten" ist, denn das wäre eine "entschiedene Verfälschung" des Betens im Geiste Jesu (S. 89).

Zur Beantwortung bedient sich Goltz - wie A. Seeberg und A. Klawek[57] - der Interpretation des Kyriostitels und gelangt zu dem Ergebnis: Eine Anbetung Christi neben der Anbetung Gottes kennt Paulus nicht. Er betet zwar ausnahmsweise zum Kyrios, unter dem er aber den in Christus offenbaren Gott versteht (S. 100). Denn sowohl Gott als auch Christus "verschmelzen" (S. 97) im Kyriosbegriff, der die Offenbarung und Herrschaft Gottes in Christus zum Ausdruck bringt und Paulus die sonst unterschiedene Zweiheit der Personen sowie die Subordination des Sohnes vergessen läßt (S. 97f).[58]

Einen weiteren Schwerpunkt der Untersuchung des paulinischen Gebets bilden die Gebetsformen, die von der jüdischen Herkunft des Apostels geprägt sind.[59] Paulus ersetzt das εὐλογητός der jüdischen Lob- und Dankgebete durch εὐχαριστεῖν, womit er den im Judentum vorherrschenden Lobpreis durch das vom Geist Jesu gelehrte persönliche Dankgebet an Gott ablöst (S. 102.104f). Die Form der jüdischen Benediktion behält er bei, prägt jedoch ihren Inhalt neu, indem er die Hoheitsprädikate des Judentums durch Gottesprädikationen überbietet, die sich auf das in Christus geschenkte Heil beziehen und seinen Dank dafür ausdrücken (S. 105-109). Inhaltsmäßig sind die Gebete vorwiegend vom Dank für bereits gewährtes Heil und von der Bitte um konkrete Heilswirkungen in den Gemeinden geprägt (S. 109.115).

Es ist das Verdienst von der Goltz', die Verwurzelung des paulinischen Gebets in Gottes Heilshandeln in Christus und in der persönlichen Heilserfahrung bei Damaskus deutlich herausgestellt zu haben. Auch das Erkennen der hinter Paulus stehenden jüdischen Gebetstradition, die seine Gebete als Christ mit beeinflußt, ist von grundlegender Bedeutung für die weitere Forschungsarbeit. Mit der Auffassung, Paulus gelte die Anbetung Christi als Anbetung Gottes, ist ein eher systematisch-theologischer Lösungsweg eingeschlagen. Deshalb sollte die dafür vorausgesetzte Einheit des Vaters mit dem Sohn nicht nur mit der Kyrioschristologie begründet, sondern auch auf Ansätze trinitarischen Denkens hin befragt werden.[60] Darüberhinaus trifft es nicht zu, der Apostel habe aus den jüdischen Lobgebeten persönlich gehaltene Dankgebete gemacht. Letztere sind zwar das Charakteristikum seiner Gebetsäußerungen, verdrängen aber keineswegs Eulogien und Doxologien aus seinen Briefen. Damit tritt ein weiteres Problem in den Blick, das Goltz nur unbefriedigend löst: Es muß scharf zwischen den brieflichen Gebetsaussagen des Paulus und dem dahinterliegenden "Gebetsleben" geschieden werden. Letztes kann nur ergründet werden, wenn erstes methodisch reflektiert untersucht wird. Alles andere führt in den Bereich seelischer Spekulation - ein Mangel, der vielen auf das "Gebetsleben" ausgerichteten Abhandlungen dieser Zeit anhaftet.

5. GERHARD BINDEMANN

Einem Spezialproblem geht Gerhard Bindemann in seiner 1902 erschienenen Studie über "Das Gebet um tägliche Vergebung der Sünden in der Heilsverkündigung Jesu und in den Briefen des Apostels Paulus"[61] nach. Bindemann setzt dabei voraus, daß die Vergebungsbitte des Vaterunsers bis zur Parusie Gültigkeit besitzt, da auch die Christen "der Sünde nicht entnommen sind" (S. 45). In den erhaltenen Paulusbriefen läßt sich jedoch - so Bindemann - weder eine Erwähnung des Vaterunsers (S. 52) noch eine Bezugnahme auf die fünfte Vaterunserbitte (S. 9) noch irgendein Hinweis auf das Gebet um die Vergebung der Sünden (S. 62) finden, obwohl nach der Auffassung des Paulus die Gläubigen ständig neu der Sündenvergebung bedürfen (S. 90). Der Wendung $\dot{\alpha}\beta\beta\tilde{\alpha}$ $\dot{o}$ $\pi\alpha\tau\acute{\eta}\rho$ (Röm 8,15; Gal 4,6) sowie frühchristlichen Schriften entnimmt Bindemann aber, daß der Apostel das Vaterunser gekannt haben muß (S. 54-57.87). 2 Kor 7,1 läßt ihn schließlich zu dem Schluß kommen, "daß Paulus die Sünde im Christenleben unter dem Gesichtspunkt der damit verwirkten Schuld vor Gott betrachtet, und ... daß er den Weg zur Beseitigung dieser das Christenleben befleckenden Schuld in dem gläubigen Gebet zum Vater um Vergebung nach der Anleitung des Vaterunser erblickt" (S. 97).[62]

Bindemanns Arbeit kann nicht überzeugen. Weder läßt sich anhand

Röm 8,15 und Gal 4,6 des Apostels Kenntnis des Vaterunsers nachweisen,[63] noch ist der ohnehin umstrittenen Stelle 2 Kor 7,1 eine Bitte um Vergebung nach dem Muster der fünften Vaterunserbitte zu entnehmen. Die Frage, ob Paulus ein Gebet um Sündenvergebung gekannt hat, kann m. E. nur von seiner Rechtfertigungs- und Heiligungslehre her beantwortet werden.

6. K. BÖHME

Ein illustratives Beispiel für eine konsequent liberale Deutung des Gebets bei Paulus bietet der im selben Jahr erschienene Aufsatz von K. Böhme: "Das Paulinische Gebet".[64] Grundlegend für Böhmes Studie ist die liberale Unterscheidung von Religion und Sittlichkeit, die er auf Paulus überträgt. Davon ausgehend befindet er zunächst, daß der Apostel den der religiösen - weil Gott vernunftmäßig erkennenden - Natur des Menschen anhaftenden "Trieb zum Gebet" in das von Gott her kommende Pneuma verlegt und den Menschen an sich "für unfähig ... zum Beten" erklärt (S. 428). Weil diese von Paulus behauptete "menschliche Unvollkommenheit" sich nicht mit dem in der Vernunft vollkommen angelegten Gottesbewußtsein verträgt, ergibt sich laut Böhme, daß das Beten dem Apostel "kein religiöses, sondern ein s i t t l i c h e s Thun ist" (ebd.). Es erwächst nämlich nicht aus der Religiosität des Menschen selbst, sondern bedarf der Weckung und Unterstützung des Geistes als Folge des Glaubens an Gott. Demzufolge ist das Gebet für Paulus ein Charisma, ebenso wie alle in Gal 5,22 aufgezählten "Tugenden" (S. 429). Damit begibt sich der Apostel aber in einen Gegensatz zu Jesus, denn diesem "liegt das Beten durchaus innerhalb der Religion", d. h. innerhalb des natürlichen Gottesverhältnisses des Menschen (S. 428).[65]

Die Verlegung des Gebets in den Bereich der Sittlichkeit wirkt sich bei Paulus - so Böhme - negativ aus. Es verliert an Innigkeit,[66] der Apostel kann nicht mehr um "Heilsgüter" bitten,[67] und seine Erhörungsvorstellung muß als "jüdisch-äusserlich" bezeichnet werden (S. 429).[68] All dies veranlaßt Böhme zu der Schlußfolgerung, das Gebet bleibe bei Paulus - weil es aus dem religiösen Mittelpunkt verdrängt wurde - "ohne unmittelbare Beziehung auf den Heilsprozess ... während es Christus in den Brennpunkt des religiösen Wechselverhältnisses zwischen Gott und Mensch stellt als rein religiöses Thun". Verlegt Paulus die Grundlage des Gebets aus dem Menschen heraus in den Geist Gottes, so hat Christus beide Seiten zu verbinden gewußt "und die Gebetsthat sozusagen zu einer gottmenschlichen gemacht". Somit reicht nach dem Urteil Böhmes die paulinische Gebetsauffassung "nicht heran an diejenige, welche der synoptische Christus vertritt" (alles S. 431).

Die systematisch-theologischen Voraussetzungen, die Böhmes Aufsatz bestimmen, können hier nicht näher erörtert werden. Auf ihrer Basis muß die zu einem großen Teil zutreffende Beobachtung der paulinischen Gebetsvorstellungen eine negative Deutung und Wertung erfahren, indem das Gebet des Menschen Jesus - als Mittel zum Zustandekommen seines vollendeten Gottesverhältnisses aufgefaßt - zum Vorbild und zur Norm alles christlichen Betens erhoben wird.

7. ALFRED JUNCKER

Ähnlich wie Goltz legte 1905 Alfred Juncker eine frömmigkeitsgeschichtliche Studie über "Das Gebet bei Paulus"[69] vor. Ein erstes Spezifikum des paulinischen Gebetslebens erblickt Juncker "in seiner echten Kindlichkeit" (S. 31). Im Gegensatz zu seiner jüdischen Vergangenheit, in der das Gebet vielfach zur Formalität erstarrt war, nahm das Gebetsleben des Paulus mit seiner Bekehrung einen gewaltigen Aufschwung, weil er das Gebet seitdem als Charisma erfuhr (S. 6). Aufgrund des nun bestehenden Friedensverhältnisses zu Gott erhielt es den neuen "Stimmungsgehalt" der Kindesrede zum Vater (S. 7f), die sich in Freudigkeit, Freimut, Zuversicht (S. 7), aber auch in der Inbrunst, der großen Einfalt und Nüchternheit, der Freiheit und Innerlichkeit seines Gebetslebens auswirkte (S. 29).

Das zweite Spezifikum findet Juncker in der dauernden Bezogenheit des paulinischen Gebetslebens "auf die Person des erhöhten Christus" (S. 31).[70] Diese äußert sich zum einen in den häufigen Gebetsformeln "durch Jesum Christum" und "im Namen unseres Herrn Jesu Christi" (S. 10), womit der Ermöglichungsgrund des Gebets zum Vater durch das Erlösungswerk Christi bezeichnet wird.[71] Zum anderen kommt die Miteinbeziehung Christi in seiner Anbetung durch den Apostel zum Ausdruck, für den Christus der Sohn Gottes (S. 19f) und daher eins mit dem Vater ist (S. 17). Damit entspricht Paulus "dem Willen des geschichtlichen Jesus", der seine Anbetung in seinem Jüngerkreis durch seine Wirksamkeit "willentlich in's Leben gerufen" hat (S. 32).[72]

Juncker hatte sich - und damit ähnelt seine Intention derjenigen von der Goltz' - die "Erzielung eines lebhaften Eindrucks von der hohen Intensität des persönlichen Gebetslebens unseres Apostels und der großen Stärke seines Interesses an der Wirkung eines gleich lebendigen Gebetseifers in seinen Gemeinden" vorgenommen (S. 4). Daß er auf dieses Ziel immer wieder nur nebenbei eingehen konnte, liegt an dem Umstand, daß sich Aussagen über den Beter Paulus erst anhand der Untersuchung seiner Gebetstexte gewinnen lassen, der Juncker denn auch die weitaus größere Aufmerksamkeit widmet. Dabei entspricht seine Problemstellung - Gebetsleben, Christologie und Gebet - ganz dem theologischen Interesse seiner Zeit.

III. DIE ZUR RELIGIONSGESCHICHTLICHEN EXEGESE TENDIERENDE PHASE (1918-1939)

1. FRIEDRICH HEILER

In den folgenden rund 25 Jahren (bis 1929) kam es aufgrund des Ersten Weltkriegs und einer gewissen Erschöpfung der bislang behandelten recht eng umgrenzten Aspekte zu einer Retardation in der Erforschung des Gebets bei Paulus.[73] In diese Zeit hinein fiel jedoch 1918 das Erscheinen des größten und nach wie vor bedeutendsten Werkes der religionswissenschaftlichen Gebetsforschung: "Das Gebet" von Friedrich Heiler.[74] Mit seinem aufsehenerregenden Buch setzte Heiler zugleich ein Signal für die Exegese, die antiken Religionen vermehrt in die Erforschung des Gebets einzubeziehen, was sich für den paulinischen Bereich wesentlich erst in Untersuchungen der dreißiger Jahre niederschlug.

Das Werk Heilers, dem eine ebenso erstaunliche wie eindrucksvolle Fülle von Materialien aus nahezu allen Religionen zugrundeliegt, erlebte bis 1923 fünf Auflagen[75] und darf als die religionswissenschaftliche Grundlage aller weiteren Erforschung des Gebets angesehen werden. Von daher muß auch an dieser Stelle darauf eingegangen werden, obgleich Heiler zum Thema des Gebets bei Paulus nichts wesentlich Neues und Bedeutendes beigetragen hat.[76]

Den Kern der Untersuchung bildet die Darstellung des Gebets "in der individuellen Frömmigkeit der großen religiösen Persönlichkeiten" (S. 220-409, Zitat S. 220), weil hier nach Ansicht Heilers das Gebet zu seiner vollen Entfaltung und Größe gelangt.[77] Innerhalb dieser Gruppierung unterscheidet er den mystischen und den prophetischen Frömmigkeitstyp (S. 248-283), von denen der letzte für unsere Thematik der bedeutendere ist, da das christliche Gebet im wesentlichen hier beheimatet ist[78] und Paulus mit zu seinen Vertretern zählt.

In der mystischen Frömmigkeit[79] besteht das Gebet nach Heiler hauptsächlich in Konzentration und Versenkung, während es bei den prophetischen Persönlichkeiten[80] eine "Affektentladung" darstellt (S. 358), die sich im Reden mit Gott äußert. Im mystischen Gebet, das von der prophetischen Frömmigkeit allerdings nicht unbeeinflußt ist (S. 284), wendet sich die von der Welt und dem eigenen Ich losgelöste Seele hin zu Gott, dem höchsten und einzigen Wert, dem summum bonum. Ausgehend von der Meditation anhand stimmungsreicher Phantasiebilder erhebt sich der Mystiker im Gebet in die Höhe der lust- und wonnevollen Kontemplation des höchsten Gutes, mit dem er sich im Idealfall schließlich im Zustand der Ekstase geistig und seelisch vereinigt (S. 284-346).

Ganz anders stellt sich das prophetische Beten für Heiler dar. Seinem Wesen nach ist es - im Gegensatz zum betrachtenden Charakter des mystischen Gebets - ein "naives 'Ausschütten des Herzens'", eine "schlichte Aussprache der drängenden Not", aber auch der frohen Zuversicht zu Gott (S. 487). Ausgelöst wird es in den meisten Fällen durch "unlustgefärbte Affekte" (S. 350) in konkreten Notlagen, die nach Entladung drängen (S. 348f). Wie in den primitiven Religionen spürt der prophetische Fromme "einen zwingenden Impuls", so daß er nicht anders kann als zu beten (S. 352). Nach Paulus ist der Geist Gottes "jene geheimnisvolle Macht, welche die Tiefen der Seele aufwühlt und den Frommen mit unwiderstehlicher Gewalt zum Beten zwingt" (S. 353).[81] Das auf diese Weise als "unwillkürliche Affektentladung" (S. 352) hervorstoßende Gebet "ist fast stets ein freier Herzenserguß" (S. 354), der gewöhnlich in Form einer Bitte um die Abwendung der Not oder um die Gewährung der Gnade und Gabe Gottes erfolgt (S. 360f). Dabei geht es dem prophetischen Beter um die Aufrechterhaltung bzw. Verwirklichung vorwiegend geistig-ethischer Werte (S. 361).

In diesem Zusammenhang kommt - so Heiler - eine von drei Bedeutsamkeiten des Paulus für die Gebetsgeschichte zum Tragen, nämlich seine Betonung der Fürbitte als Bitte um "soziale religiös-ethische Werte" (S. 366f, vgl. S. 240). Über den paulinischen Bereich hinaus sind die Hauptzwecke des Bittgebets nach Heiler die Überredung Gottes zur Erhörung des Gebets (S. 372ff), die Einsicht der eigenen Ohnmacht und Abhängigkeit, das Bekenntnis der Sündhaftigkeit (S. 378f) sowie die Aussprache von Zuversicht und Ergebung gegenüber Gott (S. 379ff).

Im Gegensatz zur Bitte äußern sich das erheblich seltenere Dankgebet und das Lobgebet in der Regel als "unmittelbare(r) Ausdruck lustbetonter, auf Werte bezogener Affekte". Das Dankgebet erscheint dabei als freudige Anerkennung der Gaben und Wohltaten Gottes und ist somit "Ausdruck der gänzlichen Abhängigkeit von Gott" (S. 389). Nach Paulus kann es die Erhörungsgewißheit des Bittgebets bekunden (Phil 4,6; S. 389) oder auch sich auf die Erhörung vorausgegangener Bitten beziehen (Phil 1,3f; S. 390).

Daß sich das prophetische Gebet wesentlich als Gespräch, als Aussprache vor und mit "einem persönlichen Du" (S. 394) erweist, beruht auf der zugrundeliegenden Gottesvorstellung, die den angeredeten Gott als Wille und Persönlichkeit mit anthropomorphen Zügen erfaßt (S. 393). Eine weitere fundamentale Voraussetzung des als Gespräch gefaßten Gebets der prophetischen Frömmigkeit ist der Glaube an die Präsenz Gottes (S. 394). Das sich im Gebet ausdrückende Verhältnis des Menschen zu diesem Gott reflektiert ein irdisches Sozialverhältnis (S. 400), wobei je nach Art des Verhältnisses (Freundschaft, Dienstbarkeit, Kindschaft) die Stimmungslage des Gebets variiert (S. 400-403).

Ein weiterer für unsere Thematik interessanter Abschnitt ist die Untersuchung des gottesdienstlichen Gemeindegebets (S. 421-477).[82] Heiler sieht hier die zweite generelle Bedeutsamkeit des Paulus für die Entwicklung des Gebets, insofern ihm der Apostel als "Schöpfer des christlichen Gemeindegebetes" gilt (S. 240), vor allem hinsichtlich der Doxologien. Paulus verlieh ihrer stereotypen Erscheinungsform im Synagogengottesdienst ein christliches Gepräge und drückte ihnen den Stempel seines Christuserlebens auf. Seitdem bilden die von ihm geformten Doxologien den Ausklang aller Gemeindegebete in der alten Kirche (S. 425).

Die dritte und wichtigste Bedeutsamkeit des Apostels ist für Heiler die auf ihn zurückgehende Nennung des Namens Jesu[83] im gottesdienstlichen Gebet (S. 464; vgl. S. 240).[84] Paulus gab - so Heiler - dem Glauben an die Heilsmittlerstellung Christi durch die Einbeziehung Christi in die Anrufung des Vaters[85] und seine Eingliederung in die Anrede Gottes[86] die "klassische Formulierung" (S. 465f). Ihm ist es zu verdanken, daß aller Gebetsumgang mit Gott "eine unmittelbare Beziehung auf Jesus Christus erhielt" (S. 240). Darüberhinaus wurde Paulus durch seine "enthusiastische Christusliebe und Christusergriffenheit" zum "Schöpfer der Christusmystik", die vom Frühmittelalter an weite Bereiche der Frömmigkeit prägte (S. 241). Der Apostel hat nach Heiler also auch die dem prophetischen Gebetstypus gegenüberstehende mystische Gebetsfrömmigkeit entscheidend beeinflußt.[87]

Die Bedeutung des Heiler'schen Werkes liegt vor allem darin, das Gebet nicht nur als christlich-jüdisches Phänomen, sondern als spezifische Erscheinung jeglicher Religion herausgestellt zu haben. Dabei ist von eminenter Wichtigkeit die Beobachtung, daß das Gebet der Ausdruck der jeweiligen Gottesvorstellung ist und von dieser abhängt. Wesen und Charakter des vergegenwärtigten und verehrten Gottes bestimmen Wesen und Charakter des Gebets zu ihm. In der prophetischen Frömmigkeit ermöglicht die Vorstellung

Gottes als Persönlichkeit das Gebet als Gespräch von Person zu Person, vom Ich zum Du[88] und umgekehrt (vgl. auch S. 231. 396.410.419). In den primitiven Religionen liegt eine ähnliche, nur sehr viel anthropomorphere Gottesanschauung zugrunde, weswegen das Gebet hier als Gespräch mit Gott auf einer niederen Entwicklungsstufe begegnet (S. 109-147). Ein rationalistischer Gottesgedanke dagegen führt zu einer Verkümmerung des Gebets (S. 202-219). Die mystische Vorstellung von Gott als dem höchsten und einzigen Wert, der auch keimhaft in der menschlichen Seele angelegt ist, bedingt eine betrachtende und ekstatische Gebetsweise (S. 284-346). Der Glaube an Gott als fordernder und belohnender Wille äußert sich im pflichtgemäßen und verdienstlichen Gebet (S. 478-485). Diese grundlegenden Einsichten Heilers in das Abhängigkeitsverhältnis des Gebets von der Gottesanschauung erlauben es, bei der Untersuchung der paulinischen Gebetstexte Rückschlüsse auf den Gottesglauben und das Gottesverhältnis des Apostels zu ziehen.

Bei aller Genialität erliegt Heiler aber m. E. einer methodischen Gefahr. Denn zumindest im Hauptteil seines Werkes, der Schilderung des Gebets in der individuellen Frömmigkeit der großen religiösen Persönlichkeiten, scheint er eine Idealvorstellung, nicht aber eine Realdarstellung des Gebets vorzulegen. Zweifelhaft ist bereits der methodische Ansatz, das Gebet in seiner höchsten Entwicklungsstufe zu beschreiben, weswegen nur einige wenige, religiös besonders Begabte zur Berücksichtigung gelangen, nicht aber die breite Masse der Frommen. Sind die Kriterien, an denen Heiler das Gebet dabei mißt - Reinheit und Reichtum (S. 486), Lebendigkeit, Kraft und Tiefe (S. 488) -, nicht zu sehr Ausdruck zeitgenössischer Vorstellungen von der Gottesbeziehung des Menschen, um wirklich angemessen zu sein?[89] Indem er diesen Kriterien entsprechend die reinsten und reichsten Repräsentanten des Betens zum Objekt einer übergreifenden Darstellung macht, zeichnet er ein Bild des Gebets, das die Wirklichkeit nicht wiedergeben dürfte. Denn das von ihm aufgrund dieser Zusammenschau ermittelte "ideale" Gebet auf der höchsten Stufe seiner Entwicklung hat es lediglich bei einzelnen seiner Vertreter in unterschiedlichen Erscheinungs- und Entwicklungsformen gegeben, nie aber als solches existiert. Heiler zieht sozusagen die Summe aus dem Gebetsleben aller "großen" Beter und gelangt damit zu einer Größe, der der Bezug zur geschichtlichen Wirklichkeit verloren zu gehen droht.

2. GEORGE HENRY BOOBYER

Eine intensive Erforschung des Gebets speziell bei Paulus setzte erst um 1930 wieder ein. Dabei begegnen wichtige Neuansätze vor allem der religionsgeschichtlich orientierten Exegese,[90] die inzwischen - neben und auch bereits vor der "Dialektischen Theologie", von der allerdings keine bedeutenden exegetischen Arbeiten zum Gebet vorliegen[91] - ins theologische Rampenlicht getreten war.[92]

Eine erste ausführliche religionsgeschichtliche Untersuchung eines wesentlichen Aspekts des paulinischen Gebets legte 1929 der Brite George Henry Boobyer mit seiner Dissertation "'Thanksgiving' an the 'Glory of God' in Paul"[93] vor.[94] Boobyer geht dabei von der Ansicht aus, daß bei Paulus das Dankgebet in einem teilweise sehr engen Zusammenhang mit der δόξα θεοῦ begegnet (S. 1). Entsprechend erforscht er das Dankgebet des Apostels "in the sense of praise, of general thanksgiving to God", ohne dabei den weiteren Aspekt des Dankes an Gott für empfangenes Heil zu bestreiten (S. 1). Ausgehend von 2 Kor 1,11; 4,15; 9,12f; Röm 15,5ff und Phil 2,11 stellt Boobyer die ihn leitende Hauptthese auf, daß das Dankgebet bei Paulus "was in fact conceived to be an actual material increase of the δόξα θεοῦ occasioned by the εὐχαριστία of the Christians" (S. 4).[95]

Zunächst belegt Boobyer, daß im antiken Hellenismus und im nachexilischen Judentum die δόξα eines Gottes bzw. der כְּבוֹד יְהֹוָה als göttliche Lichtsubstanz erscheinen (S. 7-12), um daran die Behauptung zu knüpfen, bei Paulus sei es "the δόξα θεοῦ in this materialistic sense, the light-substance, or shining splendour of God ... which in fact receives from εὐχαριστία substantial increase" (S. 4).[96]

Zur religionsgeschichtlichen Herleitung dieser Auffassung führt Boobyer die inzwischen zugänglich gewordenen mandäischen und manichäischen Schriften, aber auch ägyptische[97] und jüdische[98] Literatur an (S. 15-34), aus denen in verschiedener Weise hervorgehe, daß der Mensch "before God can of himself do absolutely nothing. Even the prayer or praise ... must be given of God ..." (S. 34; vgl. S. 15). Eine derartig qualifizierte εὐχαριστία κατὰ θεόν - wie der Verfasser sie nennt (S. 20-22) - bildet in den bereits genannten iranisch-babylonischen und ägyptischen Schriften die Grundlage für den Gedanken, daß das von einer - wesenhaft aus Licht bestehenden - Gottheit ausgehende Dank- und Lobgebet nun selbst als Lichtsubstanz vorgestellt werden kann, "which added to the glory of the Deity, increased his light, or made him stronger" (S. 44; vgl. S. 56).

Problematisch ist die Übertragung dieser Vorstellung auf das nachexilische Judentum als einem "extremly important part of the background of Pauline conceptions of the relation of εὐχαριστία to the δόξα θεοῦ" (S. 56). Nach Boobyer kam Israel während und nach dem Exil mit iranischen Lichtvorstellungen in Berührung, so daß "there is every reason for thinking that Judaism ... got to know of those conceptions of praise and thanksgiving as light-substance, which in the act of praising Jahweh, ascended to him to increase substantially his glory, and to make his power greater" (S. 57f). Zur Begründung nennt er neben der als göttliche Lichtsubstanz gefaßten δόξα Jahwes

(S. 57; vgl. S. 8-12) die äußerst fragwürdige Identifizierung dieser materiellen δόξα mit der αἴνεσις Jahwes im nachexilischen Judentum, woraus sich die Lichthaftigkeit der αἴνεσις ergebe.[99]

Boobyer findet nun bei Paulus die von ihm herausgearbeiteten Vorstellungen sämtlich verwendet. Auch der Apostel gehe vom Grundsatz des "κατὰ θεόν prayer or thanksgiving" aus, weil der nach wie vor in Distanz zu Gott lebende Gläubige auf die Urheberschaft eines effektiven Gebets durch den Geist oder die Gnade Gottes angewiesen sei (Röm 8,26f; 1 Kor 14,2.14ff; Kol 3,16; 2 Kor 4,15; S. 73-78).[100] Das auf diese Weise letztlich von Gott selbst gewirkte Dankgebet[101] vermehrt auch bei Paulus die δόξα θεοῦ (2 Kor 4,15f; 9,12f; 1,11; Röm 15,5ff; S. 79-82), und zwar in materieller Hinsicht (S. 82).[102] Eine einleuchtende Begründung für den letzten Teil der Aussage bleibt Boobyer allerdings schuldig.[103] Dennoch lautet sein Fazit: "Paul's conception of increasing the δόξα θεοῦ with εὐχαριστία is the result of a mingling of Iranian-Gnostic light speculation with more primitive ideas of the effect of sacrifice and praise upon a deity. The conception of an e f f e c t is primitive; the conception of praise as light which increases the light or glory of God is Iranian-Gnostic." (S. 89).

Boobyer stellt mit Recht den engen Zusammenhang von (Dank-) Gebet und δόξα θεοῦ bei Paulus heraus, ebenso die Verwurzelung der Anschauungen des Apostels im Judentum. Nicht überzeugen kann jedoch seine inhaltliche Bestimmung des Verhältnisses von Dankgebet und δόξα θεοῦ. Denn gerade den Nachweis der drei Hauptlinien der zugrundegelegten iranisch-gnostischen Vorstellungen in den Briefen des Paulus erbringt Boobyer nicht: 1. die Gottgewirktheit des Dankgebets; 2. die materielle Vorstellung der δόξα θεοῦ als Lichtsubstanz; 3. das zu einem Anwachsen der so gefaßten δόξα notwendige realistisch-materielle Verständnis des Dankgebets. Infolgedessen kann man auch nicht von einem - wie auch immer gearteten - Wachstum der δόξα θεοῦ durch das (Dank-) Gebet sprechen.[104] Desweiteren wäre in diesem Zusammenhang die Funktion der Doxologien zu klären, ihr Verhältnis zur δόξα θεοῦ einerseits und zum Dankgebet andererseits. Boobyers Arbeit ist als Neuansatz und als Hinweis auf ein wesentliches Problem des Gebets bei Paulus zu begrüßen, die Resultate können jedoch in ihrem Gehalt nicht überzeugen.[105]

3. HEINRICH GREEVEN

Einem weiteren speziellen Aspekt widmet sich die Untersuchung über "Gebet und Eschatologie im Neuen Testament" von Heinrich Greeven,[106] die 1931 erschien. Angeregt durch die um die Jahrhundertwende neu einsetzende Entdeckung der Bedeutung der Eschatologie - vor allem in Gestalt der jüdischen Apokalyptik - für die urchristliche Theologie sucht Greeven die doppelseitige Beziehung zwischen Gebet und Eschatologie[107] sowie besonders "den eigenartigen Stimmungsgehalt aufzuzeigen, den das urchristliche Beten in sich trägt angesichts des nahen Endes" (S. 8). Dabei stellt er zunächst heraus, daß Jesu Beten selbst "ein Stück Kommen des Reiches" ist (S. 55) und daß die Urgemeinde im Gebet die eschatologische Annahme durch Gott erlebt und als "Lohn" den Zugang zur βασιλεία erwartet (S. 131).[108]

Paulus ist - so Greeven - der erste gewesen, der "das Gebet als Phänomen des christlichen Lebens zu erklären und zu begründen" versucht hat (S. 142). Dabei bestimmt der Apostel das Gebet wesentlich als eschatologische Größe, weil es für ihn eine "Wirkung des Heiligen Geistes" (S. 161) ist (Röm 8,15; Gal 4,6; S. 147f), der seinerseits als Teil des neuen Äons bereits in den alten hineinragt. Insofern ist es - wie andere Gaben des Geistes auch - "ein Abglanz der zukünftigen, ein Klang schon aus der anderen Welt" (S. 150).[109] Ferner teilt das Gebet für Paulus als wesentlicher Bestandteil der christlichen Lebenshaltung[110] mit dieser die Ausrichtung auf die Heilszukunft Gottes (S. 140) und entnimmt aus der Gewißheit des nahen wiederkommenden Herrn eine "unerschütterliche Erhörungsgewißheit" (S. 142).[111]

Speziell die Fürbitte und das Dankgebet des Apostels stehen nach Greeven in enger Beziehung zur Eschatologie. Gegenstand der Fürbitte ist die Missionstätigkeit als Arbeit der letzten Zeit. Dementsprechend steht bei den Fürbittegebeten der "Tag des Herrn" als letzter Bezugspunkt im Hintergrund, an dem sich alle Entwicklung orientieren und ein Ende finden muß (S. 171f). Die konkreten Auswirkungen des Heils in der Gestaltung des christlichen Gemeindelebens, für das Paulus in der Regel dankt, erscheinen ihm als ein Anfang, der auf die Parusie als letztes Ziel hinsteuert (S. 178).[112] "Das christliche Gemeindeleben ist, nicht anders als das πνεῦμα, durch das es gewirkt ist, ein Stück Verheißung, und damit auch ein Stück Wirklichkeit der neuen Welt! Als solches darf und soll es auch Gegenstand des Dankes sein." (S. 178f).

Greeven hat die Bedeutung der Eschatologie für das Gebet des Paulus deutlich aufgezeigt, insofern es eine der "Hauptfunktionen" (S. 161) des auf die Heilszukunft hin ausgerichteten Lebens der Gläubigen ist und im weitesten Sinne die eschatologisch motivierte Missionstätigkeit des Apostels zum Gegenstand hat.

4. CARL SCHNEIDER

Einem ersten Vergleich mit antiker jüdischer Literatur hat das gesamte Gebetsmaterial in den paulinischen Briefen Carl Schneider unterzogen.[113] In seinem 1932 erschienenen Aufsatz "Paulus und das Gebet"[114] zeigt Schneider die Verwandtschaft der paulinischen Formulierungen in Segenswünschen, besonders im Briefeingang, Flüchen und Doxologien mit parallelen Passagen jüdischer Schriften auf (S. 15-17). Auch die Fürbitte des Apostels hat nach Schneider ihr Vorbild im Judentum (S. 21f), während sich das freudige, freie Dankgebet sowie das Bittgebet um Heilswerte deutlich abheben (S. 19-21).

Über die Beziehung zum Judentum hinaus ist der eigentliche Gebetsakt des Apostels bestimmt vom "Gefühl der Gottesnähe" und dem "Erleben der υἱοθεσία" (S. 23). Für Paulus trägt das Gebet den "Charakter einer inneren Entlastung", was nach Schneider der psychologischen Eigenart des Betens voll entspricht: "Gebet ist Abreaktion und Übertragung aller inneren Lasten auf Gott." (S. 25). Die Gebetstheologie schließlich sieht Schneider in der Pneumatologie des Apostels verwurzelt. Ermöglicht wird das Gebet "durch den Geist der υἱοθεσία, den Gott in das Menschenherz gesandt hat" (S. 26). Nach Röm 8,15.26 und Gal 4,6 ist der im Gebet redende Geist "der Geist τοῦ υἱοῦ αὐτοῦ" und damit "die innigste Verbindung des Christen mit dem Kyrios. Deshalb kann Paulus statt im Geist beten auch sagen durch Jesus Christus und sogar zu Jesus Christus beten. Geistgebet bedeutet so, den Zugang zu der υἱοθεσία zu finden, der in der gläubigen Verbindung mit Jesus Christus besteht." (S. 27).

Schneiders Aufsatz hat zu einer Vertiefung der Kenntnisse über die Verwurzelung von Teilen der paulinischen Gebetsäußerungen im Judentum beigetragen. Fraglich erscheinen jedoch einzelne seiner exegetischen Ausführungen. Zunächst ist für das Beten des Apostels charakteristisch, daß es bereits im Stand der υἱοθεσία erfolgt und nicht erst den Zugang zu ihr ermöglicht.[115] Ferner ist die Identifizierung der pneumatologischen mit der christologischen Dimension des Gebets exegetisch unhaltbar.[116]

5. FERNAND MÉNÉGOZ

Auf die feste Verwurzelung des Gebets in der missionarischen Tätigkeit des Paulus hat als einer der ersten Fernand Ménégoz ausdrücklich hingewiesen. In der zweiten, erweiterten Auflage seiner systematisch-theologischen Abhandlung "Le Problème de la Prière"[117] von 1932 hebt Ménégoz zwei Charakterzüge des paulinischen Gebets hervor: Der eine ist mystischer Art, nach dem Paulus das Gebet als vollkommene Gemeinschaft der Seele mit Gott ansieht,[118] der andere ist eudämonistischer Art, nach dem es dem Apostel in seinem Gebet um den Erfolg bei der Durchführung des Heilswerkes Gottes geht (S. 314). Dieser zweite Aspekt bestimmt nahezu die gesamte Untersuchung des paulinischen Gebets durch Ménégoz (S. 296-323).

Demnach bildet der Vollzug des Heilswerkes Gottes, die Missionierung der Welt, in dessen Dienst der Apostel mit seiner Berufung gestellt wurde und dessen Bedeutung er seitdem erkannte (S. 297-299), den Inhalt seiner Gebete (S. 302). Mit großer Intensität betont Ménégoz, daß viele Passagen der paulinischen Briefe den Unterton tiefer Dankbarkeit des Apostels für das an ihm vollbrachte Heilshandeln Gottes tragen (S. 303).[119] Daneben bittet Paulus seine Gemeinden um Fürbitte für ihn selbst, um Gottes Beistand für den missionarischen Vollzug seines Werkes zu erwirken (2 Kor 1,11; 1 Thess 5,25; Röm 15,30-32; S. 303-305). Weil Paulus sich als Missionar für das Heil seiner Gemeindeglieder letztendlich verantwortlich weiß, ist auch das sie betreffende Gebet vom Anliegen der Verwirklichung des Heilshandelns Gottes an ihnen bestimmt (S. 305f).[120] Dabei steht mit der Erwartung der unmittelbar bevorstehenden Parusie der Gedanke beherrschend im Hintergrund, daß Gott an jenem Tage sein zuletzt durch den Apostel betriebenes Heilswerk in Herrlichkeit und für das gesamte Universum wahrnehmbar zur Vollendung bringen wird (S. 310).[121] In alledem ist Paulus nach Ménégoz der "Schöpfer" des "christlichen Gebets" in der Kontinuität Jesu (S. 313). Mit ihm aber erhält das christliche Gebet eine neue und unvergleichliche Komponente: die Pflicht, das Bedürfnis und die Hoffnung, durch Verkündigung und weltumfassende missionarische Arbeit die Ankunft des Reiches Gottes vorzubereiten und zu fördern (S. 314f).

Ménégoz hat mit seiner Arbeit auf einen bislang wenig beachteten Faktor hingewiesen. Hatte man bis dahin den Apostolat des Paulus bei der Untersuchung seines Gebets kaum in den Blick genommen, so ist Ménégoz - aufgrund einer einfachen inhaltlichen Analyse der betreffenden Stellen - die Einsicht zu verdanken, daß das Gebet des Paulus der Ausfluß seines missionarischen Wirkens ist und nicht ohne dessen Berücksichtigung angemessen verstanden werden kann.

6. ERNST ORPHAL

Als wissenschaftlich unzureichend muß dagegen das 1933 erschienene Buch von Ernst Orphal: "Das Paulusgebet"[122] beurteilt werden. Orphal versucht darin ohne methodische Grundlegung die Übertragung von Sätzen und Passagen aus dem paulinischen Briefstil in dahinter vermutete direkte Gebete (S. 43-104), wobei er des öfteren Abschnitte umformuliert, aus denen man "wirklich kein Gebet oder Gebetsfragment herauslesen kann".[123] So erwägenswert der Versuch Orphals auch ist, er kann doch nicht gelingen ohne vorherige sorgfältige Erarbeitung einer Methode zur Gewinnung und Übertragung in Frage kommender Texte. Der Hinweis auf "gebetsähnliche Stellen", die dann nur noch umgeändert werden müssen (S. 3), kann jedenfalls nicht genügen.

7. J.-A. ESCHLIMANN

Eine umfassende Monographie über das Gebet bei Paulus hat der Katholik J.-A. Eschlimann vorgelegt. In seinem 1934 erschienenen Werk "La Prière dans Saint Paul"[124] untersucht Eschlimann - vorwiegend unter dem Gesichtspunkt der Mystik[125] - zunächst das heidnische und das jüdische Gebet und danach die innere Gebetshaltung, die verschiedenen Gebetsarten sowie die Bedeutung Christi für das Gebet des Apostels.

Seinem mystischen Ansatz entsprechend hebt Eschlimann zuerst die Gemütshaltungen des Paulus beim Beten hervor: Demut und unbeschränkte Zuversicht, die sich zur Ergebenheit in den Willen Gottes vereinigen (S. 47). Die vom "esprit d'adoption" ermöglichte Vateranrede (S. 53) ist - so der Verfasser - ein Ausdruck der Vertraulichkeit (S. 51f) und beseitigt jede Sperre, die die mystische Begeisterung behindert (S. 62), "l'effusion de la prière ... avec liberté, confiance et joie" (S. 55).

Das kindliche Gebet des Paulus ist nach Eschlimann eine Wirkung des Heiligen Geistes (S. 56). Dieser teilt dem Apostel nicht nur kindliche Gefühle mit, sondern bringt ihn auch zum Ausdruck derselben (Gal 4,6; Röm 8,15.26f; S. 57, vgl. S. 59).[126] Somit betet der Heilige Geist im Menschen (S. 57), indem er das Gebet inspiriert (S. 149). Paulus vertritt diese Auffassung als Mystiker, der in "la conscience de la voix divine" lebt (S. 57).

Eschlimann erläutert seine Ausführungen mit dem mystisch verstandenen Bild des Leibes Christi. Demnach betet Paulus als Glied dieses mystischen Leibes. Da der Leib mit Christus als Haupt aber eine Einheit bildet, beten nicht nur dessen einzelne Glieder, sondern zugleich mit ihnen betet auch das Haupt, Christus, als zweite Person (Röm 8,34; S. 129), so daß sozusagen der ganze mystische Christus betet (S. 79) und das Gebet als eine Funktion seines mystischen Leibes erscheint (S. 151).

Dabei agiert Christus in zweierlei Weise. Zum einen übermittelt er das Gebet seiner Glieder an Gott, indem er es entgegennimmt und es zusammen mit seinem eigenen, von dem des Gliedes unterschiedenen Gebet an den Vater weiterleitet (Röm 8,34; S. 127-129).[127] Dieses Beten "durch Christus" bedeutet nach Paulus also, sich zusammen mit Christus an den Vater zu wenden, wobei dieser dem Vater sein eigenes Gebet gleichzeitig mit dem des Gläubigen präsentiert (S. 127). Zum anderen handelt Christus durch seinen Geist in dem Menschen, der "in" ihm lebt, d. h. in der intimsten Gemeinschaft, die zwischen dem Gläubigen und seinem Herrn denkbar ist (S. 125f). In dieser Funktion ist das Gebet Christi als Gebet des Geistes (Eph 5,18; 6,18) mit dem des Gläubigen identisch, weil vom Geist gewirkt (Röm 8,27), so daß beten "in Christus" letztlich bedeutet: vom Heiligen Geist inspiriert beten (S. 126-128.149).

Die Bezogenheit auf den mystischen Leib Christi äußert sich nach Eschlimann bei Paulus vor allem im Bittgebet, das er als "la collaboration au plain divin pour l'édification du Corps mystique" versteht (S. 88; vgl. 1 Kor 14,4, S. 68), indem es den Gläubigen mit Gott vereint (2 Kor 13,9; Eph 3,17; Phil 4,7) und so Gottes Heilshandeln an ihm verwirklicht (S. 68). Der Heilsplan Gottes findet sein Ziel in der Ankunft seines Reiches bei der Parusie Christi. Darin besteht der eschatologische Charakter des paulinischen Bittgebets (S. 69f). Doch zuvor muß als vorausgehende Stufe des Heilsplans der mystische Leib Christi aufgebaut werden, weswegen das Bittgebet in erster Linie als Fürbitte für die Kirche erscheint (S. 77).

Die Errichtung des mystischen Leibes Christi ist für Eschlimann jedoch nicht das Ziel des paulinischen Gebets, sondern lediglich der Weg dorthin. Denn aus der Erkenntnis der Herrlichkeit des göttlichen Heilsplans zum Aufbau des mystischen Leibes Christi erwächst dem Apostel "un continuel transport de reconnaissance et d'allégresse" (S. 88), mit dem er Gott verherrlichen möchte. "La gloire de Dieu procurée par l'action de grâces, tel paraît être le dernier objectif de la prière paulinienne." (S. 88; vgl. S. 7).

Die Verherrlichung Gottes gilt Paulus als das Ziel sowohl der Schöpfung (Röm 14,11; vgl. Phil 2,10f) als auch der Erlösung (Röm 15,7; Eph 1,6.12.14; S. 106) Diesem Ziel wird das Dankgebet am ehesten gerecht, weil es die aus dem reinen Herzen der Gotteskinder quellende freudige Anerkennung ihrer Abhängigkeit von Gott darstellt (S. 109). Somit ist die Verherrlichung Gottes durch das Dankgebet der Gläubigen nicht nur das Ziel des göttlichen Heilsplans (S. 109), sondern auch "la plus haute expression de la prière paulinienne" (S. 110).

Abschließend behandelt Eschlimann noch das Problem des Gebets zu Christus und gelangt aufgrund seiner mystischen Betrachtungsweise zu einem neuen Lösungsvorschlag: Daß Paulus zu Christus betet, ist in "l'amour intime" des Apostels zu seinem Herrn und in dem Wunsch, mit ihm vereinigt zu sein, begründet (S. 141) sowie in der totalen Einflußnahme Christi auf seine Seele (S. 147).

Eschlimanns Arbeit besticht durch ihre gedankliche Geschlossenheit, die dem Konzept der mystischen Interpretation zu verdanken ist. Mit diesem Konzept steht und fällt die Untersuchung, die sich - als ein katholischer Beitrag - in den Rahmen der mit A. Schweitzers Buch "Die Mystik des Apostels Paulus" in den dreißiger Jahren den Höhepunkt und zugleich das Ende erreichenden mystischen Paulusinterpretation einordnen läßt.

Neben grundsätzlichen Einwänden gegen eine Deutung des Paulus von der Mystik her müssen aufgrund der Texte selbst gewisse Aussagen Eschlimanns als reine Spekulation beurteilt werden: das mystische Verständnis des Leibes Christi und, darauf beruhend, das gleichzeitige Beten Christi mit den Gläubigen, sein Präsentieren ihrer Gebete zusammen mit seinem eigenen vor dem himmlischen Vater, das Beten des ganzen mystischen Christus und die daraus resultierende Bezeichnung des Gebets als Funktion seines mystischen Leibes. Auch das Verständnis des Bittgebets als Zusammenarbeit auf göttlicher Ebene läßt sich von den Texten her ebenso wenig aufrechterhalten wie die grundsätzliche Inspiriertheit des Gebets durch den Heiligen Geist,[128] das Gebet "in Christus". Hinter all diesen Punkten steht zu offensichtlich eine katholische Frömmigkeit und Dogmatik.

Dennoch hat Eschlimann auf bedeutende Aspekte des Themas hingewiesen. Wichtig ist vor allem das Verständnis des Gebets als Verbindung der Existenz des Apostels mit Gott.[129] Daneben muß die Herausstellung der Bezogenheit des paulinischen Gebets auf das Heilshandeln Gottes erwähnt werden, das sich für Paulus gegenwärtig wesentlich in seinem eigenen missionarischen Wirken und in der daraus resultierenden Schaffung der Kirche realisiert. Dabei erhält das Gebet eine bedeutende Funktion,[130] indem der Apostel für das Wachsen der Kirche bittet und für ihr bisheriges Werden dankt. Daß er damit letztlich die Verherrlichung Gottes anstrebt, hat Eschlimann klar gesehen und dargelegt.

8. GÜNTHER HARDER

Die erste und bislang einzige deutschsprachige Monographie zum Thema erschien 1936 mit Günther Harders Werk "Paulus und das Gebet".[131] Harder siedelt seine Dissertation im Bereich "der religionsgeschichtlichen Darstellungen der Frömmigkeit" an (S. 2), macht aber ausdrücklich "die Geschichte des lebendigen und wahren Gottes, seine Verdunkelung durch Menschenirrtum und sein Hervortreten aus dem Dunkel in der Erkenntnis und dem Gebet des Gottesmannes" mit zum Gegenstand seiner Untersuchung (S. 3). Somit zielt er darauf ab, "Paulus in seinem Verhalten zum Gebet und im Gebet als den Verkündiger des 'lebendigen' Gottes darzustellen inmitten einer Welt, deren Frommsein im Dunkel der Offenbarungslosigkeit in die Irre zu gehen und total zu zerbrechen droht" (S. 3). Diesem religionsgeschichtlich orientierten Vorhaben entspricht auch der Aufbau der Arbeit. Harder untersucht zunächst den Einfluß des Judentums auf das Gebet des Paulus, zeigt sodann eine allgemeine Gebetskrise der Antike auf, an der auch das Judentum teilhat, und beschreibt ihre schließliche Überwindung durch das christliche Gebet des Paulus.

Was C. Schneider wenige Jahre zuvor grob skizziert hatte, das fand bei Harder eine erste ausführliche Darlegung: die tiefe Verwurzelung des Paulus "in der Welt des jüdischen Gebets" (S. 126).[132] Nach Harder ist das hellenistische Judentum der "Heimatboden ... auf dem das Gebet des Apostels gewachsen ist" (S. 64). Hier hat Paulus - so der Verfasser - eine für alle Zeiten prägende Gebetserziehung und -praxis erfahren (S. 4), so daß er sich auch als Christ noch im Wirkungsbereich des jüdischen Gebetslebens bewegt, in dem er aufgewachsen ist und das er "in die Gebetspraxis der von Haus aus ganz unjüdischen, heidenchristlichen Gemeinden hineinträgt" (S. 64).[133]

Im einzelnen weist Harder anhand einer Fülle von jüdischen und alttestamentlichen Texten den Einfluß des Judentums sowohl auf äußere wie innere Erscheinungsmerkmale[134] als auch auf den Inhalt[135] des Betens des Apostels nach. Vor allem Spuren des Septuaginta-Psalters lassen sich finden, insbesondere bei termini technici für den Vorgang des Betens (S. 65),[136] in der Verwendung von Gottesprädikationen (S. 65-68), in der eschatologischen Zielsetzung des Bittgebets (S. 69f) und bei der Fürbitte um geistliche Dinge (S. 77-79). Grundsätzlich hat das Gebet bei Paulus nach Harder seinen "sittlich-eschatologischen Charakter" vom Judentum her erhalten, so daß die paulinischen Gebete erfüllt sind "von Danksagungen und Bitten, die die sittlichen Lebensgüter betreffen ..." (S. 128).

Harder ist einer der ersten gewesen, der das Gebet des Paulus nicht nur neben das Beten in der Antike gestellt, sondern es auch in unmittelbare Beziehung dazu gesetzt hat. Zu diesem Zweck beschreibt er zunächst eine allgemeine Gebetskrise der Spätantike als Problem der Gebetsgewißheit. Im Judentum äußerte sich diese Gebetskrise in einem Verlust der Erhörungsgewißheit (S. 133-135)[137] - mit der Folge, daß man nicht mehr vorbehaltlos vertrauend zu beten wagt, sondern durch die Korrektheit festumrissener Gebetsformen das Ohr Gottes geneigt zu machen sucht (S. 135-138).[138] Damit tritt die lebendige Beziehung zu Gott in den Hintergrund. "Man verliert den Glauben an den nahen, helfenden, hörenden Gott" (S. 135), so daß Reichtum und Tiefe des Gebets schließlich verkümmern (S. 138).

Mit dieser Entwicklung hat das Judentum nach Harder Teil an einer allgemeinen Kulturerscheinung der Spätantike (S. 138). Hier stellt sich aufgrund des zur Spekulation neigenden Poly- bzw. Henotheismus als Kernproblem die Frage, "auf welche Weise man den Gott so erreicht, mit dem richtigen Namen, den richtigen hymnischen Aussagen, daß man ihn irgendwie in den geheimnisvollen Kreis des Gebets hineinzwingt, daß man ihm nahekommt, daß das Gebet überhaupt zu ihm gelangen kann" (S. 139). Die für ein richtiges und damit gültiges und wirksames Gebet erforderlichen Kenntnisse kann der antike Beter aber nur von der Gottheit selbst erhalten. Deshalb sucht er Anteil an ihr zu gewinnen, strebt er seine Vergottung an (S. 140-142),[139] damit er schließlich nicht mehr selbst betet, "sondern hinter, durch ihn betet ein anderer, der Gott, der göttliche Geist, der Logos" (S. 143). Ein derartiges Denken zersetzt das Gebet als Zwiesprache des Menschen mit Gott und führt letztlich zu seiner Auflösung in der Mystik, wo es nur noch als Mittel zur Vereinigung mit der Gottheit dient (S. 148-151).[140]

Auch Paulus hat nach Harder Teil an der antiken Gebetskrise, und zwar in Form des Problems der Gebetsgewißheit (S. 151-161)[141] wie mit der "Anschauung, daß der wahre Beter nur beten kann, was er von Gott selbst gelernt hat zu beten, und daß nur ein solches Gebet, das gottgemäß ist ... zu Gott dringt ..." (S. 161f).[142] Grundsätzlich steht der Apostel jedoch der von der Spekulation herkommenden antiken Gebetskrise fern. Er setzt die Nähe Gottes und seine Anrufbarkeit in seinen Gebeten generell voraus. "Gott suchen und Gott finden spielt in ihnen absolut keine Rolle." (S. 162).

Paulus überwindet - so Harder - das Hauptproblem der antiken Gebetskrise, das von Gott ermächtigte und ihm gemäße Gebet, durch die Vorstellung vom Beten "im Geist" (S. 163-173).[143] Indem der Geist Gottes im Menschen "das wahre Gebet" spricht (S. 168),[144] verkehrt der Beter "mit Gott auf der von Gott geschaffenen Basis" - im Gegensatz zu den "natürlichen psychischen und geistigen Qualitäten", mit deren Veredelung der antike Mensch versucht, der Gottheit entsprechend zu beten (S. 171).

Von diesem auf die Glossolalie[145] beschränkten Gebet "im Geist" unterscheidet Paulus laut Harder nun zwei Gebetsformen, bei denen der menschliche Verstand das allein handelnde Subjekt ist: das Gebet "durch Christus" zu Gott (S. 173; vgl. S. 181) und das Gebet "zum κύριος" (S. 187). Die Gebete durch Christus zu Gott sind ausschließlich Danksagungen (S. 173) und stehen als "die eigentliche Form des Paulinischen Dankgebets" (S. 197) im "Mittelpunkt" der Gebete des Apostels (S. 206). Dabei bezeichnet die Formel "durch Christus" die Art und Weise des Gebetsgeschehens (S. 182f),[146] wonach Gott den Beter ermächtigt, ihm als Vater zu danken für und infolge seiner in Christus ausgeführten Heilstaten (S. 183-187). In diesem Sinn erhält der Beter "durch Christus" die Befähigung zum Dankgebet, so daß Christus "in dieser Hinsicht für Paulus die Lösung der antiken Gebetskrisis" bedeutet (S. 187).

Die zweite Art des Betens mit dem Verstand und als solches die eigentliche Form des paulinischen Bittgebets (S. 197) ist das Gebet "zum κύριος". Harder versteht es zunächst als reale "Anrufung des Herrn Jesus" (S. 190).[147] Mit der unbegründeten Behauptung, daß Gottheiten beigelegte Namen deren Kräfte bezeichnen (S. 190), und der Feststellung des engen Zusammenhangs von Kyriosname und Auferstehungshandeln Gottes (S. 191) kann Harder allerdings die Anrufung des Kyros interpretieren als Anrufung des Gottes "der Auferstehungskraft" (S. 192). Der Gläubige erkennt den seiner Auferstehungskraft entsprechenden Willen dieses Gottes und betet demzufolge gottgemäß zum Kyrios, "denn er bittet Gott um die Erweise seiner Kraft, die er in der Tat am Ende der Zeiten offenbar machen will ... Sein Kyriosanruf erreicht den Gott, der als Kyrios in einer neuen Welt wirkt, und was er, der Bekenner und Diener des Kyrios, als Christ und neuer Mensch wünscht, will dieser Gott durch den Kyrios auch tun." (S. 192).[148]

Mit diesem endzeitlichen Gebet zum Kyrios (vgl. S. 192, Anm.1) sowie mit den der jeweiligen "geistlichen Situation" entsprechenden Gebetsanreden Gottes bzw. des Kyrios "kann Paulus als Christ das Problem der Gewißheit des Gebets lösen, dieser kritischen Frage seiner Zeit Herr werden und ein lebendiges Gebet gestalten" (S. 198). Die Grundlage dafür liegt in Gottes Heilshandeln in Christus. Seine Sendung, Tod und Auferstehung als "die Gabe der Christuskraft geschieht, damit Menschen um sie bitten, vor allem aber, von ihr ergriffen, Gott danken". Somit erwächst das Gebet des Paulus nicht wie im spätantiken Denken aus menschlichen Wünschen und Vorstellungen, "sondern aus Gottes Handeln" (S. 199).

Hatte Harder sich bislang bezüglich des paulinischen Gebets der Beschreibung der typischen Gebetsformen und ihrer Entstehungsumstände gewidmet, so ermittelt er in einem abschließenden Abschnitt - gemäß seinem religionsgeschichtlich orientierten Anliegen[149] - das spezifisch Christliche am Gebet des Apostels (S. 200-214). Als solches hebt er das Dankgebet hervor, das Ausdruck der "eschatologischen Haltung des Christen" ist und durch die "Wirkung der Gnade, der Christuskraft Gottes", hervorgerufen wird, um die im Bittgebet zuvor gebeten wurde (S. 204).[150] Aus den neuen, eschatologisch qualifizierten Gaben, um die Paulus - in der Regel in Form der Fürbitte für seine Gemeinde - bittet, "erwächst ... neues Dankgebet ... reicher, tiefer als bisher.[151] So wird der Wille Gottes erfüllt, der Dank wünscht, Dank nicht mehr als Tribut und Opfer, sondern als sichtbares Zeichen der Erlöstheit, des neuen Standes in der neuen göttlichen Welt." (S. 205).[152] In dieser ist das Gebet charakterisiert durch den Gesichtspunkt "des zunehmenden Reichtums am inneren Menschen" (S. 209).[153] Denn Paulus kennt "allein den neuen Menschen, der täglich durch Christus dankt für das Heil Gottes" (S. 213).[154]

Nach alledem hält Harder als "Wesen" des paulinischen Gebets fest: "Es ist ein Herzausschütten des neuen Menschen, der in der Fülle der Gnade steht und stammelnd bekennt, was ihm fehlt, im Dank, Gott, den Geber aller Gaben, preisend, den Mut gewinnt, diesen Gott und den Herrn Jesus Christus um die Vollendung des Begonnenen zu bitten ..." (S. 213).[155] "Allein so ... wird die Krisis des antikes Gebets überwunden, des Gebets aus Eigennutz und verkrampftem Heilsverlangen. Nicht der Mensch, sondern Gott überwindet sie, indem er in Christus eine neue Welt eröffnet, in der Beten ... nicht mehr Verlangen des Menschen, Bedürfnis" ist, sondern "das, was Gott will, leben als geistlicher Mensch, als Kind Gottes" (S. 214).

Spätestens seit Harders Werk muß die entscheidende Beeinflussung und Prägung des paulinischen Gebets durch das Judentum als erwiesen gelten. Harder gelingt es zu zeigen, wie der Jude Paulus Formen und Inhalte des Gebets seiner überkommenen Glaubenshaltung übernimmt und verändert und - vor allem - wie er die jüdischen Gebetstraditionen in einen vom Christusgeschehen her völlig neu geprägten Bezugsrahmen des Verhältnisses zwischen Gott und Mensch hineinstellt. Folglich bestimmt die Erkenntnis, daß das Gebet des Apostels wesentlich eschatologisches Gebet ist,[156] mit Recht die Darstellung des Betens des "Christen Paulus".

Nicht weniger aufschlußreich setzt Harder den Apostel in Beziehung zu seiner antiken Umwelt. Wenn auch das pauschalierte Erscheinungsbild einer spätantiken Gebetskrise stärker zu differenzieren wäre, so muß doch die Gebetsgewißheit des Paulus - also die Frage nach dem Zustandekommen des Gebets, nach seiner Annahme und Erhörung, nach dem vor Gott rechten Inhalt und der rechten Art und Weise des Betens - vor dem Hintergrund einer generellen Gebetsunsicherheit der spätantiken Welt und als eine Antwort darauf verstanden werden.

Von weitreichender Bedeutung ist schließlich der Aufweis der christologischen und pneumatologischen Fundierung des paulinischen Gebets, in der ja gerade die Antwort auf alle außer- und vorchristliche Gebetsproblematik zu liegen scheint.[157] Es ist Harders Verdienst, diese Beschaffenheit des christlichen Gebets an seinem ursprünglichsten Vertreter dargestellt zu haben.

Daneben gibt Harders Arbeit aber auch Anlaß zu Fragen und Kritik. Müßte nicht das Beten Jesu in seiner Unmittelbarkeit zu Gott[158] bereits als eine erste grundlegende Antwort auf die antike Gebetsproblematik noch vor Paulus berücksichtigt werden? Auch scheint Harder eine zu starke Eingrenzung der paulinischen Gebetsformen vorzunehmen. Nicht nur ist die Identifizierung des Gebets "im Geist" mit der Glossolalie äußerst fragwürdig,[159] sondern auch mit der Bestimmung des Gebets "durch Christus" und des Gebets "zum Kyrios" als die "eigentlichen" Formen des paulinischen Dank- bzw. Bittgebetes (S. 197) verlieren bei Harder weite

Teile des paulinischen Gebetsmaterials an Gewicht.[160] Indem er zu Recht Christus als den eschatologischen Ermöglichungsgrund des paulinischen Gebets hervorhebt, grenzt er zu Unrecht die Formen, in denen dieses Gebet lebt, auf solche mit einer unmittelbaren Bezugnahme auf bzw. Wendung an Christus ein.

Problematisch ist desweiteren die grundsätzliche Unterscheidung von Gebet "im Geist" und Gebet, das nur mit dem Nous vollzogen wird (S. 181). Diese Unterscheidung scheint bezüglich der Glossolalie als besonderer Geisteswirkung angebracht zu sein, und auch dann bleibt zu fragen, ob das Wirken des Geistes bei den verstandhaften Gebeten strikt verneint oder außer Acht gelassen werden darf. Eine derartige Auffassung dürfte schwerlich mit der paulinischen Pneumatologie in Einklang zu bringen sein.[161]

Ein letztes: Harder untersucht das Gebet des Paulus im Rahmen der antiken Religionsgeschichte, aber er unterläßt die zur Ortung der Entwicklung eines Traditionskomplexes wie etwa des paulinischen Gebetsmaterials notwendige Berücksichtigung der unmittelbar den Traditionsträger betreffenden und umgebenden geschichtlichen Verhältnisse und Bedingungen.[162] Denn nur vor dem Hintergrund des Apostolats, als dessen Äußerung alle Texte des Paulus verstanden werden müssen, läßt sich das Eigentümliche seines Gebets erfassen: die Bezogenheit auf Dritte. Sowohl das Dankgebet als auch das Bittgebet des Apostels haben in den weitaus meisten Fällen als Fürdank und Fürbitte die Gemeinden und die Missionsarbeit im Blick - ein Aspekt, den Harder nicht genügend beleuchtet. Demzufolge ist auch seine Wesensbestimmung des paulinischen Gebets unzureichend: Es ist nicht nur "ein Herzausschütten des neuen Menschen" (S. 213) und "leben ... als Kind Gottes" (S. 214), sondern es ist als solches eine Funktion der apostolischen Tätigkeit des Paulus und unterliegt deren Bedingungen.[163] Wo das nicht gesehen wird, wird das Gebet des A p o s t e l s Paulus in seiner historischen Eigenart nicht vollständig erkannt.

9. MARTIN SCHELLBACH

Einen gewissen Neuansatz bei der Erörterung des paulinischen Gebets unternahm 1938 Martin Schellbach in seiner Schrift "Paulus als Beter".[164] Die Aufnahme dieser populärwissenschaftlich gehaltenen Untersuchung mit ihrer unzureichenden exegetischen Methodik[165] in den Forschungsbericht ist damit zu rechtfertigen, daß sie einige bemerkenswerte Ansätze tätigt, die exegetisch zu untermauern wären bzw. von späteren Forschern weitergeführt worden sind.[166] Schellbach geht es in erster Linie darum, die Wirkung des Gebets im apostolischen Dienst des Paulus zu ergründen[167] und das Gebet als von Gott gegebenes "Mittel ... zum Verstehen des bereiteten Heiles" (S. 4) zu erweisen.

Im einzelnen sind folgende Beobachtungen thesenartig hervorzuheben:

a) Die Verkündigung des Paulus lebt und wird getragen vom Gebet. Hier hat sie ihren Ursprung in dem Sinne, daß der Apostel im Gebet um eine segensreiche Wirkung seiner Predigt ringt (S. 29f).[168] Indem er im Gebet dem Willen Gottes Raum gibt (S. 27) und um das Wirken Gottes bittet, erhält seine Verkündigung "ihre innere Beweiskraft und ihr Wahrheitszeugnis im persönlichen Gebet" (S. 29).

b) Indem Paulus sich in ständigem Gebet dem Wirken und Willen Gottes öffnet, wird es ihm "zum Mittel, durch das Gottes Wille seinen Willen prägt und gestaltet", und damit "zu einem Weg, auf dem die Erkenntnis und Verkündigung der Wahrheit Gottes sich Bahn bricht und voranschreitet" (S. 31).[169]

c) Die "Entscheidung über das Wesen des Gebetes bei Paulus fällt nicht bei der Untersuchung über das Dankgebet oder beim Lobpreis ... sondern bei der Fürbitte" (S. 48).[170] Die Fürbitte um "das wahre Heil des anderen" (S. 37) ist die Grundvoraussetzung einer wirksamen missionarischen Verkündigung (S. 38f) und damit der angemessene Ausdruck der apostolischen Verantwortlichkeit des Paulus (S. 49). Durch die Fürbitte für seine Gemeinden erhält sein Apostolat einen "kultischpriesterlichen Charakter" (S. 41).[171]

d) Das Gebet "durch Christus" erwächst nicht nur durch Christus als "Urheber" und "Gestalter" (S. 67), sondern es bezieht sich auch inhaltlich auf das durch Christus gewirkte Heil. Denn Gott hat durch Christus sein Heilshandeln an der Welt vollzogen, das sich der Gläubige im Gebet immer wieder neu durch Christus übereignen und in seiner Bedeutung vor Augen führen läßt (S. 69-71).[172] Durch Christus als den Heilsmittler Gottes erlebt sich auch der Sünder im Gebet als gerechtfertigt.

e) Der neue Stand seiner Existenz, zu dem der Beter durch Christus den Zugang gewinnt und der ihm im Gebet durch Christus aufgeht, ist das neue Sein "in Christo" als Heilsgemeinschaft mit Christus (S. 77). Dieses Sein "in Christo" ist der Raum des Gebets und gibt dem Beter den letzten Sinn und das letzte Ziel seines Betens an: "die Wesensverbindung, die wesenprägende Gemeinschaft mit Gott" (S. 79). Demnach läßt sich als "Wesen" des Gebets bei Paulus festhalten: "Das formierende Prinzip des christlichen Gebetes heißt 'durch Jesum Christ'; das normierende Prinzip im christlichen Gebet aber stellt das 'in Christo Jesu' dar." (S. 81f).

Mit seinen Ausführungen hat Schellbach einige bedenkenswerte Aspekte zu einer theologischen Durchdringung des paulinischen Gebets beigetragen, die jedoch im einzelnen noch exegetisch verifiziert werden müssten.

10. PAUL SCHUBERT

Eine pionierartige und für alle weitere Forschung auf diesem Gebiet grundlegende Studie hat 1939 Paul Schubert veröffentlicht. In "Form and Function of the Pauline Thanksgivings"[173] unterzieht er die einleitenden Gebetsberichte[174] der Paulusbriefe[175] einer formgeschichtlichen Analyse sowie einer religionsgeschichtlichen Herleitung.[176] Nach einer einführenden Beschreibung der in Frage kommenden Abschnitte (S. 4-9) widmet sich Schubert zunächst anhand formaler Beobachtungen einer Funktionsbestimmung (S. 10-39) und erhebt als Hauptthese seiner Arbeit: "the Pauline thanksgivings are characteristically and basically epistolary in form and function." (S. 38; vgl. S. 163.168).

Die briefliche Form der einleitenden Gebetsberichte begründet Schubert mit einer strukturellen Grundähnlichkeit (S. 12-37),[177] die sich vor allem in der Stellung der Berichte im Anschluß an das Präskript (S. 24f), in dem durch das Verb εὐχαριστεῖν geprägten ersten Satz (S. 34), in einer bestimmten Anordnung der inhaltlichen Aussagen (S. 31) und in dem Erscheinungsbild von zwei Grundformen (S. 35) erweist. Aus diesen Beobachtungen folgert Schubert: "... we have in the Pauline thanksgivings a definitely epistolary style." (S. 38). Diesem entspricht eine "broad introductory function" (S. 24). Die einleitenden Gebetsberichte bilden demnach ein konstitutives Element der paulinischen Briefschreibung (S. 25.26f)[178] und haben die Aufgabe, Anlaß und Inhalt des jeweiligen Schreibens anzuzeigen (S. 27). Jeder Gebetsbericht "not only announces clearly the subject-matter of the letter, but also foreshadows unmistakably its stylistic qualities, the degree of intimacy and other important characteristics" (S. 77).[179] Dabei bestimmt die Situation der angesprochenen Gemeinde bei der Abfassung des Briefes über Form und Inhalt des Berichts (S. 62),[180] so daß ihn Schubert auch als "the direct syntactical expression of the epistolary situation" (S. 38) qualifizieren kann.[181]

Damit sind die einleitenden Gebetsberichte grundsätzlich einer etwaigen Gebethaftigkeit entkleidet.[182] Sie treten als der jeweiligen Abfassungssituation entsprechende literarische Größe mit in das Briefganze einführender Funktion in Erscheinung. Die Überprüfung des in ihnen erhobenen Anspruchs, brieflicher Ausdruck von tatsächlich erfolgtem Gebet zu sein,[183] kann Schubert unterlassen, weil er ausschließlich an der literarischen Erscheinungsform interessiert ist. Ob er durch eine derartige Trennung von eigentlichem Gebet und seiner Wiedergabe dem Wesen der Texte in vollem Umfang gerecht wird, muß bezweifelt werden.[184]

Die briefliche Form der Gebetsberichte, die Schubert bereits in ihren Hauptzügen ermittelt hat (S. 12-37), wird nun in einem weiteren Abschnitt eingehend analysiert (S. 43-94). Dabei geht es dem Verfasser darum, die Grundstruktur der Gebetsberichte herauszuarbeiten, um sie auf Vorstufen in hellenistischer Briefschreibung hin befragen zu können (S. 39f).[185] Schubert findet zwei generelle Formtypen der paulinischen einleitenden Gebetsberichte heraus, die er mit "Ia" und "Ib" bezeichnet (S. 43),[186] wobei jeder Typ die Verwendung von εὐχαριστεῖν "within the general Pauline usage, the usage in epistolary form and function" aufweist (S. 50). Typ Ia[187] besteht aus sieben "syntactical units",[188] im Unterschied zu fünf Einheiten[189] des Typs Ib.[190] Das grundlegende Differenzierungsmerkmal beider Formen liegt jeweils in der letzten Einheit: Typ Ia bietet in der Regel mit einem abschliessenden Finalsatz die Inhaltsangabe eines Fürbittegebetes und damit die Verbindung von Dank und Fürbitte, während Ib mit einem beendenden Kausalsatz den Gegenstand des Dankes nennt und somit ein reiner Dankgebetsbericht bleibt (S. 62-68). Dabei wird über die Wahl der Form, d. h. über die Notwendigkeit der Hinzufügung eines Fürbitteberichts zum obligatorischen Dankgebetsbericht von der Situation der angeschriebenen Gemeinde bei Abfassung des Briefes her entschieden (S. 62).[191]

Mit diesen Erkenntnissen hat Schubert eine solide Grundlage geschaffen für das Verständnis der einleitenden Gebetsberichte im Zusammenhang des jeweiligen Briefes. Alle weitere exegetische Arbeit an ihnen wird nicht hinter seine Einsichten zurückgehen können.

Im Anschluß an die Analyse der paulinischen Verwendung untersucht Schubert zunächst das Vorkommen von εὐχαριστεῖν etc. in der nichtpaulinischen frühchristlichen Literatur[192] und in der LXX (S. 114-121). Dabei erhebt er aufgrund der Beobachtung einer siebenfachen strukturellen Ähnlichkeit mit den paulinischen einleitenden Gebetsberichten 2 Makk 1,11ff als deren "prototype" (S. 118f, Zitat S. 119)[193] und folgert, "that in the Jewish Hellenistic epistolographic patterns ... are to be found the immediate antecedents of the Pauline Thanksgivings ..." (S. 119).[194] Dieses Ergebnis wird aber im folgenden relativiert, indem Schubert - nachdem er sich Philo (S. 122-131), der Stoa (S. 132-142) und spätantiken Inschriften (S. 143-158) zugewandt hat - den Gebrauch von εὐχαριστεῖν etc. in den hellenistischen Papyri (S. 158-179) als "the direct antecedent, i. e., the prototype, of the Pauline epistolary thanksgiving formula" einstuft (S. 172).[195] 2 Makk 1,11ff muß - so Schubert - "be considered as right in line with the evidence from the epistolary papyri" (S. 172).[196] Diese nämlich "correspond in every essential structural and functional detail to the Pauline thanksgiving formula of both types ..." (S. 171; vgl. S. 181).[197] Von diesem Befund leitet Schubert als Schlußfolgerung und Gesamtergebnis seiner Arbeit ab: "... Paul's epistolary thanksgivings must be considered genuine examples of a definite and widely used Hellenistic epistolographical pattern, which had a precise function on a specific level of epistolary writing." (S. 173; vgl. S. 176).

Schuberts Untersuchung hat differenzierte Reaktionen hervorgerufen. Während seine formanalytische Arbeit durchweg Zustimmung und Aufnahme fand,[198] wurde - oft von denselben Forschern - auch Kritik an seiner religions- und vor allem formgeschichtlichen Herleitung der paulinischen einleitenden Gebetsberichte geäußert. Sie entzündet sich vorwiegend an Schuberts einseitiger Berücksichtigung hellenistischer Parallelen und des entsprechenden Versäumnisses hinsichtlich jüdischer Literatur.[199] Auf ausdrückliche Ablehnung stößt seine Ableitung der Gebetsberichte aus einer brieflichen Konvention des Hellenismus, vor allem der Papyri, bei D. J. McFarlane: "We see merely (sc. in Schuberts Auflistung der "Parallelen") sentence-long statements of appreciation, sincere, profound ... but hardly the parallels of the balanced, majestic, triumphant Pauline creations."[200] Damit hat McFarlane zumindest richtig beobachtet, daß die paulinischen einleitenden Gebetsberichte inhaltlich weit über ihre Vorgänger hinausgehen. Jedoch wird man aus rein formgeschichtlicher Sicht die hellenistische Briefschreibung aufgrund der in der Tat gegebenen Parallelität als Vorläufer nur schwerlich abweisen können.

IV. DIE ZU BIBLISCH-THEOLOGISCHEN FRAGESTELLUNGEN TENDIERENDE PHASE (NACH DEM ZWEITEN WELTKRIEG)

VORBEMERKUNG[201]

Nachdem der Zweite Weltkrieg eine Zäsur gesetzt hatte, die wohl auch Schuberts Werk nicht so recht die ihm gebührende Aufmerksamkeit zukommen ließ, setzte deutlich erkennbar ein neuer Abschnitt in der Erforschung des Gebets bei Paulus ein. Diese bis heute andauernde Phase exegetischer Arbeit unterscheidet sich von den vorausgehenden nicht in der Methodik, wohl aber in der Fragestellung. Es geht in ihr mittels einer nach wie vor historisch-kritisch arbeitenden Exegese vielfach um eine t h e o - l o g i s c h e Befragung und Thematisierung der betreffenden Texte. Dabei tritt - im Gegensatz vor allem zu den ersten beiden Phasen - die Leitfunktion systematisch-theologischer Verstehensvoraussetzungen relativ zurück,[202] indem stärker textorientiert gearbeitet wird, und die Interpretation nimmt - im Unterschied besonders zu der von der religionsgeschichtlichen Exegese geprägten Phase - ihren Ausgang vorwiegend bei situativen, literarischen und theologischen Gegebenheiten, wie sie primär aus dem Neuen Testament selbst ersichtlich werden.

1. EIN SPEZIELLES PROBLEM: RÖM 8,26f

Besondere Beachtung fand seit 1948 mit Röm 8,26f jene Stelle, in der Paulus einen Zusammenhang von Gebet und Geist konstatiert.[203] Daß ihre Auffassung kontrovers war und noch ist, soll die Darlegung der folgenden acht ihrer bedeutendsten Auslegungen zeigen.

a) WERNER BIEDER

In seinem Aufsatz "Gebetswirklichkeit und Gebetsmöglichkeit bei Paulus" (204), in dem sich Werner Bieder vorwiegend mit Röm 8,26f befaßt, versucht er die Ermöglichung des Gebets aus der Sicht des Apostels zu ergründen. Dabei gelangt er zu dem Resultat, daß laut Paulus der Heilige Geist dem Menschen erst die Möglichkeit zum Gebet eröffnet, die ihm an sich in keiner Weise eignet (S. 29). Grundlegend für diese Auffassung ist die Konstatierung eines unterschiedlichen Aussagegehalts der beiden zentralen und parallelen Stellen Röm 8,15 und Gal 4,6 (205): Letzte besagt nach Bieder, der Geist proklamiere Gott als den Vater für die Gläubigen (206), die erst, nachdem sie in dem Rufen des Geistes den Vaternamen Gottes vernommen und kennengelernt haben, ihrerseits entsprechend Röm 8,15 in die Lage versetzt werden, im Geist Gott als Vater anrufen zu können (S. 27) (207). Dem $\kappa\rho\acute{\alpha}\zeta\epsilon\iota\nu$ im Geist muß also als Ermöglichungsgrund das $\kappa\rho\acute{\alpha}\zeta\epsilon\iota\nu$ des Geistes selbst vorausgehen.

Aber nicht nur hinsichtlich des Betenkönnens, sondern auch des Gebetsinhalts sieht Paulus den Menschen nach Bieder in einer Ratlosigkeit, die in Röm 8,26 zum Ausdruck kommt und die wiederum durch den Heiligen Geist überwunden wird. Denn dieser steht der $\grave{\alpha}\sigma\theta\acute{\epsilon}\nu\epsilon\iota\alpha$ des Menschen, auch des Gläubigen, der Gottes Willen für sein Handeln und Beten nicht erkennen kann, in der Weise bei, daß er mit unaussprechlichen Seufzern fürbittend bei Gott für die Erhörung des unrechten und an sich nicht erhörungskräftigen Gebets eintritt (S. 29-34) (208). Der Beistand des Geistes betrifft aber nicht nur die Erhörung des schwachen Gebets, sondern auch die Erneuerung des für das Beten - soweit es nicht ekstatisch geschieht - zuständigen Nous. Diese geistgewirkte Erneuerung des betenden Nous besteht in der Bewußtmachung des von Bieder bisher Erhobenen, nämlich des "pneumatischen Gebetszugangs zu Gott ... und der eigenen Unfähigkeit und Unwürdigkeit zum Beten" (S. 34f, Zitat S. 35). Letztes wird aber durch denselben Geist wiederum aufgehoben, indem dieser mit seiner für den Menschen eintretenden Fürsprache nach Röm 8,26 die "reale Konformität des menschlichen Strebens und Wollens mit dem göttlichen Willen ... erreicht" (S. 35f). Nach Bieder ist also das Zustandekommen, die Erhörung und der Inhalt des Gebets bei Paulus im Heiligen Geist begründet, das Gebet des Apostels also durch und durch pneumatisch fundiert.

Bieders Schlußfolgerung ist zwar grundsätzlich zu bejahen, m. E. jedoch nicht von Röm 8,26f her ableitbar (209). Desweiteren sind an seine Ausführungen die folgenden Anfragen zu stellen: Bedeutet der sprachliche Unterschied zwischen Röm 8,15 und Gal 4,6 tatsächlich auch eine sachliche Verschiedenheit (210)? Muß die generell behauptete pneumatische Gebetsmöglichkeit (S. 29) nicht - entsprechend den Texten - auf die Abbaanrede Gottes eingeschränkt werden? Kann die Behauptung der Angewiesenheit jedes einzelnen Gebetsaktes (falls $\kappa\rho\acute{\alpha}\zeta\epsilon\iota\nu$ überhaupt auf das Beten allgemein bezogen werden darf und alles Beten im Geist geschieht) auf das jeweils vorausgehende offenbarende Beten des Geistes aufrecht erhalten werden (S. 27f), oder muß man hier nicht einen einmaligen Erkenntnisvorgang sehen, der den Gläubigen zum fortwährenden Wissen um den Vaternamen Gottes und um die eigene Gotteskindschaft befähigt (211) - analog der einmal erfolgenden Rechtfertigung des Sünders und der damit verbundenen bleibenden Heilserkenntnis (Röm 5,1-11)?

Ein weiteres kommt hinzu: Wenn das Eintreten des Geistes nach Röm 8,26 von Bieder als Fürbitte bei Gott um Erhörung des an sich nicht erhörungskräftigen menschlichen Gebets verstanden wird (S. 33), dann kann doch wohl kaum dasselbe Eintreten gleichzeitig als Erwirken der Konformität des Gebetsinhalts mit dem göttlichen Willen zum Zwecke der Erhörung aufgefaßt werden (S. 35f). Gott erhört nach Röm 8,26f wohl auf die Fürsprache des Geistes hin, aber nicht aufgrund einer qualitativen Verbesserung des menschlichen Gebets durch den Geist. Darüberhinaus ist dem Kontext entsprechend in Röm 8,26 nicht von einer fundamentalen "Unfähigkeit und Unwürdigkeit" des Gläubigen zum Beten die Rede (S. 35), sondern nur von seiner Unkenntnis des vor Gott rechten Inhalts - und zwar bezüglich des auf die Heilszukunft gerichteten Bittgebets (212). Dem entspricht es, wenn Paulus den Eindruck hinterläßt, als wüßte er in Dankgebeten und Lobgebeten sehr genau, was er inhaltlich zu sagen habe (so bereits in Röm 8,38f), aber mit detaillierten Bitten hinsichtlich des endgültigen, in der Zukunft liegenden Heils Zurückhaltung übt (213). Bieders Untersuchung lenkt somit die Forschung auf einen zentralen Aspekt des Gebets bei Paulus, ohne dabei in allen Einzelheiten überzeugen zu können.

b) JULIUS SCHNIEWIND

Die von Bieder aufgegriffene Thematik des Zusammenhangs von Gebet und Geist bei Paulus ist in den folgenden Jahren weiter behandelt worden, jedoch meist ohne ausdrückliche Bezugnahme auf seine Untersuchung. Zunächst erschien 1952 ein Aufsatzfragment Julius Schniewinds: "Das Seufzen des Geistes" (214), in dem er Röm 8,26f als "Zeugnis der Rechtfertigungslehre" (S. 93) zu verstehen sucht. Nach Schniewind beschreibt der Text die "beständige Situation" der Gläubigen (S. 82) und ihr Gebet so, "wie es sich aus der $\delta\iota\kappa\alpha\iota\sigma\sigma\acute{\upsilon}\nu\eta$ $\theta\epsilon o\tilde{\upsilon}$ gestaltet" (S. 91): Die Schwachheit des betenden Christen, der Gottes Willen hinsichtlich des Gebetsinhalts nicht kennen kann, weil er sich in einem "unendlichen Abstand" zu Gott befindet, wird von Gott selbst aufgehoben. Durch die Fürbitte des Geistes, sein "personhaftes Eintreten ... als Fürsprecher derer, die vor Gottes Urteil nicht bestehen können", überbrückt Gott selbst diesen Abstand zum Menschen, indem er das für den Menschen eintretende $\phi\rho o\nu\epsilon\tilde{\iota}\nu$ seines eigenen Geistes kennt (S. 91). Dieses Eintreten "für die ἀσθένεια entspricht der Art, dem Rat, dem Willen Gottes. Denn Gottes Rat ist die iustificatio impii Röm. 4,5, Gottes Tat ist die δικαιοσύνη θεοῦ, sein Recht schaffendes, rechtfertigendes Handeln jenseits aller ἰδία δικαιοσύνη des Menschen, auch jenseits alles eigenen Betenkönnens" (S. 92f).

Schniewinds Interpretation von der Rechtfertigungslehre her ist aufgrund des Gedankens der Stellvertretung in Röm 8,26f vom Ansatz her vorbehaltlos zu bejahen. Aber es bleibt zu fragen, ob hier ein spezieller Akt der Rechtfertigung des Gottlosen zu erblicken ist. Denn der Beter von Röm 8,26f ist ja bereits gerechtfertigt, seine Schwachheit ist nicht mehr die seines vorgläubigen Seins (Röm 5,6.8.10), mit der Schniewind sie gleichsetzt (S. 92). Er ist nicht mehr Feind Gottes, sondern Kind Gottes (Röm 8,15f) als von Gott Gerechtfertigter (Röm 8,4.30), dessen Schwachheit darin ihren Grund hat, daß sein Leib nocht nicht erlöst ist (Röm 8,23). Insofern geht es hier nicht um Gottes rechtfertigendes Handeln als Annahme des Beters, sondern allein als Annahme des Gebets des noch nicht voll erlösten und von daher noch nicht κατὰ θεόν (Röm 8,27) beten könnenden Gerechtfertigten. Bedauerlicherweise konnte Schniewind den Aufsatz nicht mehr zu Ende führen, so daß diese Anfragen auch nur unter Vorbehalt gelten.

c) ROBERT F. BOYD

Erhebliche Bedenken müssen gegen eine Auslegung von Röm 8,26f vorgebracht werden, die 1954 von Robert F. Boyd in dem Aufsatz "The Work of the Holy Spirit in Prayer" (215) vertreten wurde. Nach Boyd liegt der Grundkonflikt der Stelle in der Sündhaftigkeit des Christen, die ihn unfähig für das Gebet macht, wie er es von Gott her ausüben soll, und zudem blind für die wirklichen Nöte, um deren Behebung eigentlich zu bitten ist (S. 39). Doch der Gläubige steht diesem Dilemma nicht alleine gegenüber, "for the Holy Spirit supports him by bearing a part of the load himself". Boyd sieht darin eine "correlation of human and divine cooperation" (S. 40), die wohl dahingehend zu verstehen ist, daß der Geist den Christen dann vor Gott rechten Gebet befähigt bzw. ihm dabei hilft. Eine derartige Interpretation geht jedoch völlig am Aussagegehalt von Röm 8,26f vorbei, denn Paulus spricht hier nicht vom Zustandekommen des vor Gott rechten Gebets im Menschen durch die Hilfe des Geistes, sondern von der Annahme des nach wie vor unrechten Gebets durch Gott infolge des fürbittenden Eintretens des Geistes.

d) ERNST GAUGLER

Auf den Erkenntnissen Schniewinds aufbauend und zugleich darüber hinausgehend interpretiert Ernst Gaugler in dem 1961 erschienen Aufsatz "Der Geist und das Gebet der schwachen Gemeinde" (216) Röm 8,26f von dem "radikal eschatologischen Charakter der Situation der Kirche" her, wie ihn der Zusammenhang (besonders v. 24f) zu erkennen gibt (S. 69f, Zitat S. 70). Gaugler vertritt eine "heilsgeschichtliche Deutung" (S. 82), wonach die Gemeinde gegenwärtig noch in Schwachheit lebt, weil sie noch nicht voll und ganz, noch nicht leiblich, sondern nur in Glauben und auf Hoffnung hin erlöst ist, aber um eben diese erhoffte zukünftige "Vollerlösung aller ihrer Glieder" betet (S. 69-72.81f, Zitat S. 69). Dieser heilsgeschichtlich bedingten Schwachheit entspricht es, daß die Gemeinde weder weiß, w a s , noch w i e sie beten soll, "weil sie h e i l s g e s c h i c h t l i c h dazu noch nicht in der Lage, noch 'schwach' ist" (S. 75) (217).

In diese vom Menschen aus unaufhebbare Not hinein kommt nun der Geist mit seinem stellvertretenden Bitten zu Hilfe. Er "übernimmt unser schwaches Bitten und trägt es in seiner Weise vor Gott ..." (S. 86). Er macht "u n s e r Geseufz als Gebet nach der vollen Erlösung ganz zum seinen", aber, "weil er Gottes eigener Geist ist ... nicht bloss in verlegener Schwäche, sondern in wissender Kraft ... Sein Beten ist $\delta\acute{u}\nu\alpha\mu\iota\varsigma$, hat Macht, ist Gebet nach Gottes Art" (S. 87), und dieses stellvertretende Gebet des Geistes, nicht das der schwachen Gemeinde, erhört Gott (S. 88).

Indem Gaugler die forensische, an der Rechtfertigungslehre orientierte Deutung Schniewinds um eine heilsgeschichtlich-eschatologische erweitert, berücksichtigt er den Kontext in angemessener Weise und legt die Stelle folgerichtig als "Illustration" der in den vorausgehenden Versen geschilderten heilsgeschichtlichen Situation der Gemeinde aus (vgl. S. 70, ähnlich S. 93). Er hat damit die Frage nach dem Grund für das stellvertretende Eintreten des Geistes (die heilsgeschichtlich bedingte Schwachheit aufgrund der noch nicht erfolgten Vollerlösung der Gemeinde) treffender beantwortet als Schniewind (die dem Menschen, auch dem Christen, grundsätzlich anhaftende Gottesferne). Eine weitere Hauptfrage, ob das Gebet des Geistes wegen seiner Stärke und Kraft gottgemäß ist (so Gaugler S. 88), oder ob es infolge seiner Gottgemäßheit erst zum wirksamen Gebet wird (so Schniewind S. 92), dürfte dagegen im Sinne Schniewinds zu beantworten sein. Denn immerhin ist und bleibt das Gebet des Geistes auch nur Geseufz - dies aber $\kappa\alpha\tau\grave{\alpha}\ \theta\epsilon\acute{o}\nu$.

e) KURT NIEDERWIMMER

Eine Synthese der Ansätze Schniewinds und Gauglers vollzog 1964 Kurt Niederwimmer in seinem Aufsatz "Das Gebet des Geistes, Röm. 8,26f." (218). Mit Gaugler stimmt Niederwimmer in der Problemstellung insofern überein, als er die Schwachheit - als die "prinzipielle Unfähigkeit des Menschen zu beten" (S. 252) - auf dem bis zur endgültigen Erlösung bleibenden "kreatürlichen Unvermögen, im Gebet dem Anspruch Gottes zu genügen", beruhen läßt, dessen Ursache "in der Sarx", d. h. in der noch nicht überwundenen "Endlichkeit" und "Entfremdung" des Menschen - auch des Christen - liegt (S. 255) (219). Weil aber nach dem "neuen Gottesbild" (S. 261) des Paulus Gott kein "endliches, geschaffenes Wesen" ist, sondern uns als Schöpfer "immer schon überholt hat" (S. 260), kann das dazu völlig konträre menschliche Gebet "seinem 'Gegenstand' nicht angemessen" sein, muß es mißlingen (S. 256).

Bei der Interpretation der paulinischen Lösung dieser Aporie des Betens, zu der der Apostel mittels der jüdischen Paraklet-Tradition und des gnostischen Pneuma-Mythos gelangt (S. 261), legt Niederwimmer dagegen mit Schniewind den Hauptakzent auf die Stellvertretung des Geistes: "Er tut das, was wir nicht können ... nicht neben uns ... auch nicht ... mit uns, sondern s t a t t   u n s" (S. 258), indem er "das seufzende Gebet vor Gott" bringt (S. 261). Weil Gott aber das Streben des Geistes kennt (S. 265), vernimmt er dessen "Vox spiritualis" (S. 263), so daß im "'innertrinitarischen' Vorgang" des Gebets des Geistes (220) in unserem Herzen "Gott im Geist zu sich selber kommt" (S. 265).

Die Interpretation Niederwimmers wird - abgesehen von der Bestimmung der Schwachheit als prinzipielle Unfähigkeit zum Gebet - Röm 8,26f am besten von allen bislang vorgestellten Auslegungen gerecht, weil sie ohne weitere Gedankengebäude auskommt, dem eschatologisch geprägten Kontext entspricht und gleichzeitig die paulinische Rechtfertigungs- und Stellvertretungstheologie mitberücksichtigt.

f) ERNST KÄSEMANN

Ebenfalls im Jahr 1964 legte Ernst Käsemann einen Versuch vor, Röm 8,26f völlig neu zu verstehen. In seinem Aufsatz "Der gottesdienstliche Schrei nach der Freiheit" (221) interpretiert Käsemann das Seufzen des Geistes als Glossolalie. Dabei geht er von der - allerdings unbegründeten - Voraussetzung aus, Paulus stelle in Röm 8,26f keine rein theologische Behauptung auf, sondern ziehe die Folgerung aus einem "konkreten Geschehen" (S. 222). M. a. W.: Die paulinische Rede von der "Unfähigkeit zum rechten Gebet" (S. 220; vgl. S. 219.222) ist - im Einklang mit seinen sonstigen gebetsbezogenen Äußerungen und dem übrigen Neuen Testament - "keine allgemeine Erfahrung, sondern eine ungewöhnlich verwegene Konsequenz, die der Apostel aus sehr ungewöhnlichen, nämlich ekstatischen Vorgängen im urchristlichen Gottesdienst zieht, um darauf eines seiner kühnsten Theologumena gründen zu können" (S. 226). Zu der Annahme, daß es sich bei dem zugrundegelegten "konkreten Geschehen" um den ekstatischen Vorgang der Glossolalie handelt, gelangt Käsemann durch Heranziehung der seiner Meinung nach parallel zu verstehenden, ebenfalls ekstatischen Abbaakklamation von Röm 8,15 (S. 223f) und durch die Konstatierung eines "festen Platz(es)" der Glossolalie im urchristlichen Gottesdienst, auf den sich Röm 8,26f beziehe (S. 225).

Aber der Apostel - und damit nimmt sein "in unverkennbar paulinischer Paradoxie" (S. 227) vorgebrachtes Theologumenon seinen Anfang - hört in der Glossolalie nicht wie die Enthusiasten, gegen die er hier polemisiert, die "Bekundung himmlischer Zungen" (S. 228), sondern "das Stöhnen derer, die, zur Freiheit berufen, noch in Anfechtung und Sterben liegen und danach schreien, mit der neuen Schöpfung wiedergeboren zu werden" (S. 231). Die so verstandene Glossolalie dient ihm als "Hinweis" auf die stellvertretende Interzession des Geistes für die Heiligen bei Gott (S. 228; vgl. S. 220f.227.230) als dem eigentlichen Anliegen des Geistes bei der Glossolalie, so daß ihm das glossolalische Gebet "Ausdruck und Spiegelung eines verborgenen himmlischen" Vorgangs ist (S. 229): Der Geist schreit in den glossolalischen Gebetsrufen "stellvertretend für uns unsere Not Gott mit unaussprechlichen Seufzern entgegen" (S. 230f). "Mag die Gemeinde sie (sc. die Gebetsrufe) als Anbetung und himmlische Doxologie verstehen. Der Apostel kehrt solche Meinung um. Sie sind Bitte der Stöhnenden und als solche vehiculum der Interzession des Geistes." (S. 233f). - Zusammengefaßt erhält demnach laut Käsemann in Röm 8,26f der folgende grundlegende Gedankengang seinen Ausdruck: Das "geistgewirkte Phänomen" der Glossolalie (S. 223) offenbart einerseits die menschliche Unfähigkeit zum rechten Gebet und andererseits deren Überbrückung durch die Glossolalie selbst als Mittel der Interzession des Geistes.

Käsemanns Interpretation hat neue Anstöße in die Diskussion um Röm 8,26f gebracht. Positiv ist dabei zu vermerken, daß er nicht mehr von einer prinzipiellen Unfähigkeit des Menschen zum rechten Gebet ausgeht, sondern die Rede von der Schwachheit des Beters als Konsequenz paulinischen Denkens einstuft. Dennoch kann seine Erklärung der Überwindung dieser Schwäche in der Glossolalie aus mehreren Gründen nicht überzeugen: 1. Paulus formuliert in Röm 8,18-30 vor dem Hintergrund der Erfahrung des Leidens und der Vorläufigkeit des Heils grundlegende theologische Aussagen über die eschatologische Situation der Welt und der Gläubigen. Von daher ist es unwahrscheinlich, daß v. 26f speziell von der Erfahrung der Glossolalie her gewonnen sind. Dem Apostel scheint es vielmehr auf ein nicht erfahrungsbezogenes Geschehen anzukommen. Käsemann gesteht das indirekt auch ein, wenn er die Glossolalie lediglich als Ausdruck eines verborgenen Vorgangs ansieht. 2. Paulus kann aus der Glossolalie schwerlich die menschliche Unfähigkeit zum rechten Gebet ableiten, weil nach ihm die Glossolalie als Charisma (1 Kor 12,10) zum vernünftigen Gottesdienst der Christen hinzukommt, zu dem auch das Beten gehört (Röm 12,1.12; vgl. 1 Kor 14,15.19). 3. In der Glossolalie erfolgt nicht nur aus der Sicht der Gemeinde, sondern auch für Paulus Lobpreis und Danksagung (1 Kor 14,15-17), nicht jedoch Bitten, Stöhnen oder Seufzen. Käsemann nennt auch keinen Grund, warum der Apostel die Glossolalie derart umgedeutet haben sollte. 4. Röm 8,26f ist keine Parallele zu Röm 8,15f, weil dort gerade nicht von einer S t e l l v e r t r e t u n g der ohnmächtigen Beter durch den Geist, sondern vom Gebet der Gläubigen i n d e r M a c h t des Geistes die Rede ist, das keiner weiteren Vermittlung mehr bedarf. Auch kann der Gebetsruf Abba kaum als Form der Glossolalie eingestuft werden (222).

g) HORST BALZ

Die Position Käsemanns wurde 1971 von Horst Balz untermauert. In seiner Arbeit "Heilsvertrauen und Welterfahrung" (223) geht Balz mit Käsemann davon aus, daß Paulus vom Wissen um das rechte Beten in der Glossolalie als einem "Phänomen des Gemeindelebens" (S. 91) herkommend im Zuge einer eschatologischen Umdeutung desselben (S. 91f) zur Feststellung der "Gebetsaporie der Glaubenden" gelangt (S. 75). Diese Aporie und ihre Überwindung besteht nach Balz - in grundlegender Übereinstimmung mit Schniewind, Gaugler, Niederwimmer und Käsemann - darin, daß der Geist etwas tut, "was die Glaubenden in Gott gemäßer Weise grundsätzlich nicht tun können; er tut es an ihrer Stelle. Selbstverständlich beten die Glaubenden, aber dieses Gebet entspricht nicht dem Beten, das in der Sphäre Gottes nötig ist (224), es erreicht gewissermaßen den Adressaten nicht. Aber an der Stelle des Gebetes der Glaubenden bringt der Geist ein Gebet vor Gott, das den Immediatverkehr herstellt, seiner Art nach aber in $\sigma\tau\epsilon\nu\alpha\gamma\mu o\tilde{\iota}\varsigma$ $\dot{\alpha}\lambda\alpha\lambda\dot{\eta}\tau o\iota\varsigma$ besteht und dem Beten innerhalb menschlicher Möglichkeiten enthoben ist. Der Geist tritt in einer Weise vor Gott, die die Möglichkeit des Betens im $\nu o\tilde{\nu}\varsigma$, wie sie in 1 Kor 14,15ff dargestellt war, nicht nur überbietet ... sondern ersetzt." (S. 76f).

Im folgenden legt Balz den Schwerpunkt auf die Bestimmung der $\sigma\tau\epsilon\nu\alpha\gamma\mu o\grave{\iota}$ $\dot{\alpha}\lambda\dot{\alpha}\lambda\eta\tau o\iota$, womit grundsätzlich sowohl "unverständliche wie lautlose Äußerungen gemeint sein" können (S. 79f). Balz entscheidet sich für die erste Möglichkeit, indem er feststellt, "daß im paulinischen und sonstigen neutestamentlichen Sprachgebrauch das verzückte und alle Grenzen sinnvoller Wortbildung durchbrechende Reden in Zungen mit nur einer Ausnahme stets in Verbindung mit dem Terminus $\lambda\alpha\lambda\epsilon\tilde{\iota}\nu$ ausgesagt wird", und von daher fragt: "Wenn die γλῶσσα nach 1 Kor 14,7ff undefinierbare Laute von sich gibt, die als Beten des Geistes im Menschen bezeichnet werden können (V. 14), was hindert es dann, Röm 8,26 in gleicher Weise zu verstehen?" (S. 80). Diesen Bezug zur Glossolalie findet Balz durch das alttestamentliche Motiv des die Herzen erforschenden und so das Trachten des Geistes erkennenden Gottes "vollends" nahegelegt, "denn nur beim Glossolalen ist der eigene Ausdruckswille zugleich in einem solchen Maße Instrument der pneumatischen Macht, daß das Herz wie auch das Pneuma als die Urheber der verzückten Äußerungen gelten können" (S. 81). Diese stellen das erforderliche "gottgemäße Gebet" dar (S. 83) und lassen - mit Käsemann - das Stöhnen "der Vergänglichkeit und Unerfülltheit, das die gesamte unerlöste Welt durchzieht", laut werden (S. 92). - Darüberhinaus macht Balz in aller Ausführlichkeit wahrscheinlich, "daß Röm 8,26f nur von dem Hintergrund der alttestamentlich-jüdischen Fürsprechervorstellung und des gemeinantiken Phänomens der religiösen Mystik und Ekstase her verstanden werden kann" (S. 83-91, Zitat S. 83).

Auf Balz' Frage, was es hindere, Röm 8,26 in der Weise der Glossolalie zu verstehen (S. 80), sollen an dieser Stelle einige Antworten zumindest ansatzweise skizziert werden (225): 1. Wenn es Paulus in Röm 8,26 "primär um den Geist selbst" als eine dem Gläubigen gegenüberstehende "selbständige Macht" geht (S. 75), so ist dafür die Glossolalie als Erkenntnisgrund höchst ungeeignet, weil bei ihr die Eigenständigkeit des göttlichen Geistes (1 Kor 12,10) im Gegenüber zum menschlichen Geist bzw. zum menschlichen Herzen (vgl. S. 81) gerade nicht deutlich wird (vgl. 1 Kor 14,14). 2. Es besteht eine kaum zu überbrückende Spannung zwischen der Glossolalie als Charisma, das einzelnen gewährt ist (1 Kor 12,7-11), und der Feststellung der Grundsätzlichkeit und Allgemeinheit der Gebetsschwäche. Wie kann die Gebetsnot aller durch eine nur manchen gewährte Hilfe aufgehoben werden? 3. Es spricht nichts dafür, daß die römische Gemeinde die Glossolalie in der Weise der Korinther als Jubelgesang der sich "im Heil" glaubenden Enthusiasten mißverstand, so daß Paulus es für erforderlich gehalten hätte, ihre Intention derart radikal umzukehren (vgl. S. 91f). Wenn aber doch, warum hat er dann nicht deutlicher davon gesprochen? 4. Wenn die "unterschiedslos" allen Gläubigen anhängende Gebetsaporie (S. 69f) nur in der Glossolalie überwunden wird, dann ist es schlechterdings unverständlich, wenn Paulus diesem Charisma des "gottgemäßen Gebets" gegenüber äußerste Zurückhaltung übt (1 Kor 14; 12,28-31) (226) und ihm das normale, verstandesgemäße Beten mindestens ebenbürtig zur Seite stellt (1 Kor 14,15.20) und auch nur zu diesem ermahnt (227).

h) WALTHER BINDEMANN

Gegen die glossolaliebezogene Interpretation von Röm 8,26f hat sich zuletzt Walther Bindemann mit Nachdruck ausgesprochen. In seiner 1983 erschienenen Untersuchung "Die Hoffnung der Schöpfung" (228) weist Bindemann vor allem darauf hin, daß in Röm 8 "von Polemik gegen Enthusiasmus oder Pneumatikertum ... nichts zu spüren" ist (S. 79, vgl. S. 76f). Statt dessen interpretiert er die beiden Verse als Hinweis auf die "Nähe Gottes" zu der "geschichtlichen Gegenwart" der Glaubenden in dem helfenden Eintreten des Geistes (S. 77, vgl. S. 81), das nach Bindemann wie folgt aussieht: "Der Geist tritt vor Gott gegenwärtig gerade für diejenigen bittend ein, die nicht wissen, was sie erbeten sollen, weil sie nicht in visionärer Schau ihrer Wirklichkeit vorausgeeilt sind und nun ... zukünftige Heilsgüter im Gebet nicht konkret benennen und plastisch ausmalen können." Dabei repräsentiert der Geist "himmlisch in στεναγμοὶ ἀλάλητοι die Schwäche der auf ihre Doxa Wartenden vor Gott" (S. 80). Paulus greift – so Bindemann – mit dieser Aussage auf die verbreitete apokalyptische Fürsprechervorstellung zurück, die er auf den Geist überträgt, um sie "in antiapokalyptischem Sinn" nicht futurisch-eschatologisch, sondern präsentisch verwenden zu können (S. 79f, Zitat S. 80).

Bindemanns Deutung zeichnet sich durch ihre Nüchternheit und sachliche Nähe zum Kontext aus. Beachtenswert ist vor allem, daß er nicht von einer prinzipiellen menschlichen Unfähigkeit zum rechten Gebet ausgeht, sondern – und darin treffender als Käsemann, den er "eines interpretatorischen Saltos" zichtigt (S. 78) – die Schwachheit lediglich auf das Bittgebet um zukünftige Heilsgüter bezieht (S. 80). Fraglich bleibt allerdings, ob das Eintreten des Geistes als himmlische Repräsentation der menschlichen S c h w ä c h e sinnvoll ist, oder ob es nicht vielmehr in der Repräsentation des schwachen G e b e t s bestehen muß (229).

2. ARMIN DIETZEL

"Die Gründe der Erhörungsgewißheit nach den Schriften des Neuen Testaments" hat Armin Dietzel[230] in einer 1955 vorgelegten Dissertation erforscht. Nachdem Dietzel die Erhörungsgewißheit bzw. den Erhörungsglauben in der griechisch-römischen Antike (S. 9-30), im Alten Testament und im Judentum (S. 30-88) sowie bei Jesus und in der Urgemeinde (S. 89-210) untersucht hat, wendet er sich zunächst den "Selbstzeugnissen" des Paulus von der Erhörungsgewißheit zu (S. 211-233) und stellt fest: Die Gewißheit für die Annahme des Dankgebets durch Gott beruht in erster Linie auf der Gewißheit des Empfangs der Heilsgaben Gottes durch Christus, für die Paulus jeweils dankt, während sich die Erhörungsgewißheit des Fürbittegebets vor allem aus seiner häufigen Praktizierung sowie aus dem "bewußt mit dem Heilswillen Gottes übereinstimmenden Inhalt und der engen Beziehung" zwischen Fürbitte und Danksagung erschließen läßt (S. 212-219, Zitat S. 219). Dagegen ist das Ende der Erhörungsgewißheit für den Apostel da gekommen, wo er den Willen Gottes bezüglich des Gebetsinhalts nicht erkennen kann (S. 219-228, bes. S. 225).[231]

Nach dieser Bestandsaufnahme widmet sich Dietzel der Erhellung der Gründe für die Erhörungsgewißheit des Paulus (S. 233-267). Er geht dabei aus von der Beobachtung einer trinitarischen Bezogenheit alles paulinischen Gebets, die auch für die damit verbundene Erhörungsgewißheit gilt (S. 235).[232] Demnach hat für Paulus "im Vater ... alle EG. (sic) ihren letzten Grund. Denn er hat als der Vater Jesu Christi jegliches Vertrauensverhältnis begonnen und gesetzt ..." (S. 237), so daß die paulinische Erhörungsgewißheit ihrem Wesen nach als Vertrauen, ja als "Glaube an die Gebetserhörung" zu erfassen ist. Sie erweist sich als Vertrauen "auf die Treue und Unwandelbarkeit seiner (sc. Gottes) Liebe, die er in Jesus Christus geoffenbart hat" (S. 239).

Die Bedeutung Christi für den Erhörungsglauben des Paulus liegt in der Begründer- und Mittlerfunktion hinsichtlich jenes Gottvertrauens (2 Kor 1,8-10; Phil 1,19-26; 2 Kor 1,20; S. 242-244). Darüberhinaus gewährleistet Christus die Erhörung des Dankgebets an Gott, insofern es "durch" ihn erfolgt, d. h. "nicht nur für die Gaben Gottes durch Christus geschieht, sondern auch durch Christus gewirkt ist".[233] Solches Gebet aber wird von Gott erhört, "weil es durch Christus aus Gott kommt und durch Christus zu Gott geht" (S. 242).

Die Funktion des Heiligen Geistes bei der Gebetserhörung schließlich ähnelt derjenigen Christi: Ausgehend von Röm 8,15 und Gal 4,6 geschieht nach Dietzel für Paulus "alles christliche Gebet im Geist".[234] Damit aber ist es von Gott gewirkt und trägt deshalb "schon in sich die gewisse Erwartung, daß es von Gott erhört wird" (S. 259). Daneben tragen das Eintreten des Geistes für die Gläubigen (Röm 8,26f) und die Offenbarung der Gotteskindschaft durch den Geist (Röm 8,15; Gal 4,6) zum Wissen der Christen um die Erhörung ihrer Gebete durch Gott bei.

Dietzel hat in seiner Untersuchung - und darin liegt m. E. ihre Hauptbedeutung für die Paulusexegese - deutlich gemacht, daß die Gebetserhörung vom Apostel nirgendwo thematisiert wird, weil sie für ihn eine selbstverständliche Implikation seines auf Christus beruhenden Vertrauensverhältnisses zu Gott darstellt. Die Erhörungsgewißheit ist für Paulus nicht Gegenstand theologischer Reflexion, sondern ausschließlich Vollzug des Glaubens, Gewißheit als realisiertes Vertrauen. Dennoch bleibt zu Dietzels Arbeit einiges kritisch anzumerken: Die behauptete trinitarische Bezogenheit des paulinischen Gebets müßte genauer herausgearbeitet und weniger vorausgesetzt werden (zu S. 235). Die Deutung der Formel "durch Christus" als Ausdruck der Gewirktheit des erhörlichen Gebets durch Christus (S. 242) bleibt fragwürdig,[235] zumal sie wesentlich durch Heranziehung dies besagender Literatur zustandegekommen ist. Auch kann die von Röm 8,15; Gal 4,6; Röm 8,26f her behauptete Funktion des Heiligen Geistes bei der Gebetserhörung bei näherer Betrachtung der Stellen kaum aufrecht erhalten werden.[236] Schließlich wäre es sinnvoll, den Begriff "Erhörung" stärker zu differenzieren. Beim Dankgebet, wo es auf die Annahme des geforderten Dankes durch Gott (Röm 1,21) ankommt, wird Erhörung anders zu beschreiben sein als beim Bittgebet, wo das Eintreten des Erbetenen - also eine Veränderung des status quo - erwartet wird. Insofern ist es problematisch, generell von "Erhörungsgewißheit" zu reden.

3. ADALBERT HAMMAN

Die erste umfassende Untersuchung des Gebets bei Paulus nach dem Zweiten Weltkrieg erfolgte durch den französischen Franziskaner und Althistoriker Adalbert Hamman. Sein 1959 erschienenes Werk "La Prière. I. Le Nouveau Testament"[237] ist die Frucht einer längeren Befassung mit dem Gebet vor allem in der Urchristenheit und der alten Kirche.[238] Hamman widmet der Darlegung des paulinischen Gebets einen der fünf Hauptteile des Buches,[239] in dem er die mit dem Eindringen der historisch-kritischen Exegese in die katholische Schriftauslegung im Laufe der fünfziger Jahre auftretenden Fragestellungen allerdings noch nicht aufnimmt, sondern im Rahmen der katholischen Tradition bleibend bibeltheologisch orientiert arbeitet.

Hamman sieht den entscheidenden Bezugspunkt des paulinischen Gebets sowie der Frömmigkeit des Apostels überhaupt in der Christusvision vor Damaskus, mit der die Erkenntnis Christi als Kyrios und Gottes als Vater verbunden gewesen ist (S. 260-264). Darauf beruhend gilt Hamman der Anruf: Abba, Vater (Gal 4,6; Röm 8,15) als Herzstück des paulinischen Gebets (S. 267), weil es Ausdruck der seit Damaskus erkannten umwälzenden Neuheit der Gotteskindschaft der Gläubigen sowie eine ekstatische Äußerung des Reichtums und der Tiefe der geistlichen Erfahrung des Apostels ist (S. 268). In ihm artikuliert Paulus den Dank für die ihm gewährte Offenbarung des Endes der Knechtschaft und des Beginns der Gotteskindschaft und bekundet er zugleich die Einsetzung "dans une économie d'espérance", so daß das Gebet: Abba, Vater als "un cri de reconnaissance et d'attente" zu betrachten ist (S. 270).

Richtet sich das Gebet des Paulus von daher grundsätzlich an Gott (S. 280), so kommt Christus dabei die entscheidende Bedeutung des Mittlers zu. Denn als der Heilsmittler (S. 272.274.

278) wird er auch zum Gebetsmittler, über den alle Gebete zu Gott gelangen (S. 278).[240] Weil Christus "seule manifestation visible" Gottes ist, ist er "indestructiblement associé à la prière que Paul adresse au Père des miséricordes" (S. 280).

Erscheint Christus somit als geschichtlicher Ausgangspunkt und Überbringer des paulinischen Betens an Gott, so erblickt Hamman im Heiligen Geist die auslösende Kraft des Gebets des Apostels. Als "l'âme de ... filiation divine" und demzufolge auch "de la prière adressée au Père" wirkt der Heilige Geist die für das Beten erforderliche Disposition in der menschlichen Seele, ja er betet selbst im Menschen (S. 282) und "inspire les vrais désirs" (S. 283). Darüberhinaus legt er Fürsprache bei Gott ein, indem er "la prière de notre filiation" formuliert (S. 282).[241] "Cette prière de l'Esprit est déja l'aurore de l'éon nouveau, elle est un bien eschatologique qui nous est accordé par anticipation." (S. 283).

Nachdem Hamman auf diese Weise die Bedeutung und Funktion der trinitarischen Personen[242] für das Gebet des Paulus dargestellt hat, untersucht er dessen Inhalt und Formen. Dabei hebt er das Dankgebet als die für Paulus entscheidende Gebetsäußerung hervor, gilt es doch dem Apostel als "un synonyme de vie chrétienne" (S. 291) und als "l'attitude qui correspond à l'existence nouvelle" (S. 294; vgl. S. 331). Das Dankgebet ist für Paulus die menschliche Antwort auf das göttliche Gnadenwort, ist "le fruit de la filiation divine", indem es - vom Heiligen Geist inspiriert und durch Christus vermittelt - sich immer auf das von Gott gewährte Heil bezieht (S. 294) und damit in der sich dem Menschen erschließenden Vaterschaft Gottes begründet ist (S. 295). Das paulinische Dankgebet steht - so Hamman - in der Tradition des jüdischen Lobpreises[243] als dessen christliche Neufassung, neben der aber auch das herkömmliche Lobgebet zu finden ist (S. 295f). Primär aber entfaltet der Apostel das Lob Gottes in der Form des Dankgebets als der angemessenen Antwort auf das von Gott durch Christus bewirkte Heil (S. 297).

Neben dem Dankgebet führt Hamman als zweite charakteristische Gebetsform des Paulus das Bittgebet an. Beide Formen ergänzen sich gegenseitig und erwachsen je unterschiedlichen Situationen (S. 297). Im Bittgebet geht es dem Apostel vorrangig um Gnade zur Verkündigung des Evangeliums; es ist "christallisée autour de l'évangélisation", zu der Paulus berufen ist und die seinen apostolischen Dienst bestimmt und prägt (S. 300f, Zitat S. 300), so daß "toute prière de Paul 'orchestre sa vie apostolique'... Sa prière est soumission de son apostolat à la volenté et à la direction de Dieu." (S. 301). Gebet und Evangelisation sind zwei Komponenten ein und desselben Geheimnisses, für dessen Verkündigung Gott den Apostel erwählt hat. Das Gebet spielt dabei die Rolle eines "ressourcement de sa tâche missionaire" (S. 301).

Die Verwobenheit von Gebet und Apostolat bei Paulus dehnt Hamman in einem weiteren Abschnitt auf das christliche Leben generell aus,[244] das er nach Paulus als geistlichen Gottesdienst sieht (Röm 12,1; S. 312).[245] In ihm bieten die Gläubigen als Priester während ihres ganzen Lebens Gott Dankesbezeugungen als Opfer dar, die die früheren vom Gesetz geforderten Opfer ersetzen. Damit wird aber der Gottesdienst - individuell im christlichen Leben sowie kollektiv in der versammelten Gemeinde (S. 312) - vom Gebet, vor allem dem Anruf: Abba, Vater, getragen. Es ist "l'âme du culte spiritualisée", herrührend von einer zunehmenden Bedeutung des Gebets im synagogalen Gottesdienst des Judentums (S. 313). Für Paulus selbst vollzieht sich der Gottesdienst seines Lebens auf zweierlei Weise (Röm 1,9f): in seinem Gebet und in seiner missionarischen Tätigkeit. Damit wird die "synthèse entre l'apostolat et la culte ... réalisée en quelque sorte dans la prière, où il recommande à Dieu les communautés déjà évangélisées et la poursuite de son effort missionaire" (S. 316). Diese

enge Bezogenheit von Gebet und Apostolat als die beiden Seiten
des Gottesdienstes des Paulus läßt Hamman abschließend urteilen:
"Personne n'a perçu à la même profondeur que prière et vie
chrétienne sont synonymes et composent une réalité indivisible,
parce que l'une comme l'autre sont essentiellement action de
grâces. Celleci est l'essence même du christianisme." (S. 332).

Hammans Arbeit beeindruckt durch die Geschlossenheit der Darstellung, in der sowohl historische als auch theologische Aspekte miteinander verknüpft werden. Gleichzeitig liegt darin aber auch ihr methodischer Schwachpunkt, nämlich die Gefahr der dogmatischen Überhöhung des gewonnenen exegetischen Befundes, so daß Hamman in gewisser Weise einen durch den Filter der (katholischen) Glaubenslehre betrachteten Paulus und sein Gebet vorstellt.[246] Die Abschnitte über die Bedeutung der drei göttlichen Personen für das Gebet des Apostels (S. 264-291) sowie über die Gebetsarten und -inhalte (S. 291-305) bieten im Grunde keine neuen exegetischen Einsichten, sondern fassen im wesentlichen den Stoff zusammen und gliedern ihn systematisch, wenn auch hier und da deutlich Akzente gesetzt werden, wie beispielsweise mit der Herausstellung des Dankgebets als die der neuen, vom Geist bestimmten Existenz entsprechende Lebenshaltung (S. 291-294.331) oder der für Paulus fundamentalen Verknüpfung von Gebet und Apostolat (S. 300-302).

Dagegen ist die Thematik von Gebet und bzw. als Gottesdienst des Lebensvollzugs in dieser Weise zum erstenmal umfassend behandelt worden. Exegetisch zutreffend ist dabei die Einstufung der gesamten christlichen Existenz als Gottesdienst durch Paulus (Röm 1,9; 12,1) und - aufgrund der Verknüpfung mit dem Apostolat - auch die Betonung der grundlegenden Funktion des Gebets in diesem Zusammenhang (S. 306-316). Nicht haltbar ist jedoch von den paulinischen Briefen her die Wertung des Gebets als geistliche Weiterführung des alttestamentlichen Opferkultes (S. 313). Auch verkennt die Erhebung des Gebets zu einer dem Apostolat gleichgestellten Äußerung des Lebensgottesdienstes (S. 316) die Rolle des Gebets als Funktion des paulinischen Apostolats.[247] Im Grunde wird in diesem Abschnitt lediglich der existentielle Zusammenhang von Gebet und Lebensführung bei Paulus mit Hilfe des Gottesdienstbegriffes spiritualisiert und somit eine an der Gewinnung weithin anwendbarer geistlicher Erkenntnisse orientierte Exegese deutlich, die das gesamte Werk Hammans prägt und ihm einen frömmigkeitsorientierten Charakter verleiht.

4. WITOLD MARCHEL

Ähnlich ist auch die 1971 im Päpstlichen Bibelinstitut erschienene Untersuchung "Abba, Père! La Prière du Christ et des Chrétiens" von Witold Marchel zu beurteilen,[248] dem es darum geht, Ursprung und Bedeutung der Anrufung Gottes als Vater im Gebet Jesu sowie der Christen zu ermitteln (S. 19). Dazu erforscht Marchel zunächst das Gebet zu Gott als Vater in der Zeit vor Christus (S. 21-97),[249] danach bei Jesus selbst (S. 99-167)[250] und schließlich bei den ersten Christen, wobei Paulus mit seinen Äußerungen in Gal 4,6 und Röm 8,15 das entscheidende Gewicht zukommt (S. 169-226). In diesem dritten Teil wendet sich Marchel als erstes einer traditions- und formgeschichtlich orientierten Exegese derjenigen Texte zu, in denen das Gebet zu Gott als Vater seiner Meinung nach eine Rolle spielt (S. 170-197). Dabei kommt er bezüglich der Abbaanrufung Gottes (Gal 4,6; Röm 8,15) zu folgenden Ergebnissen: Der Ursprung dieser Anrufung durch die erste Christenheit liegt nicht in einer Ermächtigung oder Belehrung durch Jesus selbst (S. 170), sondern in der urchristlichen Eucharistiefeier, in der die Gläubigen aufgrund der intensiven Gemeinschaft mit Christus zu einer Nachahmung seines Lebens und als Bestandteil dessen auch seines Abbagebetes angeregt wurden. Die im Bewußtsein ihrer neuen Heilssituation vor Gott stehende und sich an das einen gewaltigen Eindruck hinterlassende persönliche Gebet Jesu erinnernde Gemeinde fühlte sich durch das Erleben der Verbundenheit mit Christus im Abendmahl "autorisée à pouvoir faire sienne la prière de Jésus" (S. 172-174, Zitat S. 174).

Aber nicht nur der Ursprung, sondern auch der ständige Ort[251] der Abbaanrufung Gottes liegt nach Marchel im urchristlichen Gottesdienst: Vor allem anhand des "heilsgeschichtlichen" Kontextes von Gal 4,6 und Röm 8,15[252] nimmt er an, daß das Abbagebet durch den Täufling bei der Aneignung des Heils in der Taufe gesprochen wurde (S. 177f).[253] Dabei geht die liturgische Formel ἀββᾶ ὁ πατήρ auf die kirchliche Unterweisung zurück, in der mit dem aramäischen Ausdruck Abba, "employé par le Seigneur lui-même et conservé si fidèlement à cause de sa signification très particulière", die griechische Übersetzung ὁ πατήρ verbunden wurde. Die Formel geriet durch ihren häufigen liturgischen Gebrauch allmählich zu einem festgefügten Ausdruck der "expérience spirituelle de la nouvelle existence chrétienne" (S. 179).

Nachdem Marchel desweiteren die unterschiedliche Verwendung der Gottesanrede im Vaterunser durch die Urchristenheit analysiert hat, ohne dabei jedoch Verbindungslinien zu Paulus zu ziehen (S. 179-189), erhellt er noch die Stellung Gottes als Vater im Beten der ersten Christen und stellt fest: Die Gewohnheit, Gott als Vater anzurufen (S. 191), basiert auf dem durch Erleuchtung des Heiligen Geistes hervorgerufenen Bewußtsein der Einheit mit Christus als Sohn Gottes und der sich daraus ergebenen Erkenntnis, daß die eigene Beziehung zu Gott derjenigen Jesu "semblable" ist (Röm 8,29): "le Père de Jésus-Christ est aussi leur (sc. der Gläubigen) Père." (S. 193).[254] In diesem Punkt ist auch die entscheidende Neuerung im Vergleich mit der Vaterbezeichnung Gottes im Judentum zu sehen: "les chrétiens invoquent Dieu, Père de Jésus-Christ et, en Jésus-Christ, l e u r Père." (S.197).

Im Anschluß an diesen im wesentlichen historisch orientierten exegetischen Teil beleuchtet Marchel in einem weiteren Abschnitt "les aspects théologiques de la prière chrétienne 'Abba, Père'" (S. 198-226), in dem er bibeltheologisch getroffene Aussagen in den Rahmen der katholischen Dogmatik einordnet. Dies wird vor allem in dem ontologischen Verständnis der Gottessohnschaft der Gläubigen deutlich, denen das Abbagebet zuteil wird.[255] Und einzig auf dieser Voraussetzung beruht nach Marchel dieses Gebet, denn es ist im Grunde das Gebet Jesu selbst, der durch den Heiligen Geist nur im vergöttlichten Christen ("le chrétien ... divinisé", S. 214) das Gebet seines Erdenlebens, Abba, fortsetzen kann (S. 214f). Christus spricht sein Gebet in den Gläubigen durch den Heiligen Geist, indem dieser in jedem Getauften das Gebet Jesu aufleben läßt. Es ist "le même Esprit qui priait en Jésus et qui prie maintenant dans les chrétiens. De la sorte, les chrétiens participent au dialogue des Personnes divines." (S. 222).

Aber nicht nur Christus betet durch den Heiligen Geist im Menschen, sondern auch der menschliche Geist selbst betet Abba, wenn auch unter dem Einfluß des göttlichen Geistes (S. 225),[256] so daß die "union tres intime" des göttlichen mit dem menschlichen Geist dem Abbagebet "toute sa valeur" verleiht (S. 225). Marchels Gesamtfazit lautet dementsprechend: "Unis au Christ, nous participons également à sa propre prière, celle qu'il disait lui-même, pendant sa vie sur la terre, et qu'il continue maintenant de réciter, mystérieusement, mais réellement, en nous par son Esprit, l'Esprit Saint. Participer à sa prière, Abba, c'est participer à sa relation au Père, c'est s'adresser au Père, en union avec le Fils, par l'Esprit Saint, c'est entrer en relation avec les trois Personnes divines. La prière Abba permet donc de découvrir la vie divine, la vie de la Sainte Trinitéen nous. C'est la prière de l'homme divinisé." (S. 226).

Die Beurteilung der "theologischen Aspekte" des Abbagebets, wie Marchel sie nennt, kann nicht anhand einer Exegese der zugrunde gelegten Stellen erfolgen. Hier liegt ein dogmatischer Hintergrund vor, der ganz massiv auf die Textauslegung Marchels einwirkt und der im Zusammenhang der Rechtfertigungslehre zu diskutieren ist. Grundsätzlich muß jedoch zu dem aus einem ontologischen Heilsverständnis resultierenden "homme divinisé", dem allein das Abbagebet zuteil werden soll, mit O. Weber gesagt werden: "D i e s e r Mensch ist eine Illusion"[257] - mag es auch noch so richtig sein, daß der Heilige Geist in dem in der υἱοθεσία stehenden Gläubigen (Gal 4,5f; Röm 8,15f) Abba ruft. Daß dieses Gebet dabei letztlich auf die Wirkung Christi selbst zurückzuführen ist (so S. 222), läßt sich nur mit Hilfe trinitätstheologischer Erwägungen aufrechterhalten, die in dieser Art bei Paulus nicht anzutreffen sind.

Was den traditions- bzw. formgeschichtlichen Hintergrund von Gal 4,6 und Röm 8,15 angeht, so liegt in Jesu Gottesanrede Abba mit Sicherheit der Ursprung des christlichen Abbarufes, jedoch dürfte die Traditionsgeschichte anders verlaufen sein als Marchel annimmt. Ebenso sprechen verschiedene Gründe gegen die Vermutung der Taufe als Sitz im Leben der Anrufung (S. 178f).[258] So wird man Marchels Untersuchung, zumindest was den Paulusteil angeht, nur unter Vorbehalt akzeptieren können, sie aber als Anregung in der Sache begrüßen dürfen.

5. GORDON P. WILES

Was P. Schubert für die Klärung von Form und Funktion der paulinischen einleitenden Gebetsberichte leistete,[259] das erarbeitete Gordon P. Wiles bezüglich der Fürbittegebetstexte. In seiner 1965 vorgelegten Dissertation "The Function of Intercessory

Prayer in Paul's Apostolic Ministry with Special Reference to the First Epistle to the Thessalonians"[260] geht es Wiles um die Erforschung von "Paul's understanding and practice of intercessory prayer as a part of his apostolic ministry" (S. 1, im Original ohne Numerierung). Zu diesem Zweck untersucht er in einem ersten Teil die Fürbittegebetsabschnitte in den paulinischen Homologumena hinsichtlich ihrer Form und Funktion (S. 3-106), um dann in einem zweiten Teil das Fürbittegebet als Funktion des paulinischen Apostolats am Beispiel des 1 Thess herauszuarbeiten (S. 107-437).

Zunächst erörtert Wiles im ersten Teil methodische Probleme der Exegese paulinischer Gebetstexte, vor allem bezüglich der Wiedergabe von Gebeten bzw. Gebetsinhalten in brieflicher Form sowie der dahinterstehenden antiken brieflichen Konventionen (S. 6-22).[261] In einem weiteren Abschnitt teilt er das Fürbittegebetsmaterial in vier "Klassen" ein: 1. "Intercessory Wish-Prayers" (S. 23),[262] 2. "Intercessory Prayer-Reports",[263] 3. "Paraenetic References to intercessory prayer",[264] 4. "Didactic and Speculative References to intercessory prayer" (S. 24),[265] die er anschließend eingehend beschreibt.

Unter "Intercessory Wish-Prayers" versteht Wiles "the expression of a wish that God may act on behalf of the person(s) (sic) mentioned in the wish" (S. 28f).[266] Derartige Gebetswünsche sind die den tatsächlichen Gebeten des Apostels am nächsten verwandten Textformen, da sie sich am einfachsten in direkte Gebete umformulieren lassen (S. 29f);[267] "therefore the wish prayers are among the most important material for an investigation of intercessory prayer." (S. 30). Wiles gliedert die Gebetswünsche in drei Untergattungen: a) Segenssprüche in den Eingangs- und Schlußgrüßen (S. 31-38);[268] b) Verwünschungen (S. 38f);[269] c) Positive und spontane Gebetswünsche (S. 40-60) als die wichtigste der drei Gruppen: Sie sind gekennzeichnet durch eine einführende Wendung (S. 46),[270] bestimmte Formen der Gottesanrede (S. 46-50)[271] und des Verbums (S. 50-58)[272] sowie die Zielrichtung auf die Briefempfänger (S. 58).[273] In ihnen bringt Paulus seine Gebete für "the welfare of the converts in their new life in Christ, in the eschatological age before God and in preparation for the parousia" zum Ausdruck (S. 60). Somit sind die Gebetswünsche dieser dritten Gruppe "ad hoc (sic) adaptions" von Gebeten für die briefliche Wiedergabe, "which are used by the apostle to offer to God the central needs of the church to which he is writing" (S. 61).

Eine derartige Übertragung von Gebeten in eine angepaßte Wunschform ist in l i t u r g i s c h e m Rahmen nach Wiles bereits in den Psalmen gegeben (S. 42ff),[274] die über die Gebetsliturgie der Synagoge das Beten der Urchristenheit und damit auch des Paulus beeinflußt haben (S. 41f); als f o r m a l e r Vorgänger der brieflichen Gebetswünsche muß jedoch 2 Makk 1,1-10 gelten (S. 45),[275] so daß Paulus seine Gewohnheit letztlich "Jewish prayer forms and epistolary customs" verdankt (S. 46).[276]

Als zweite gewichtige "Klasse" des paulinischen Fürbittegebetsmaterials erörtert Wiles die "Intercessory Prayer-Reports" (S. 61-95), in denen der Apostel "assures the readers that with constant thanksgivings he ... make (sic) constant intercessory prayer on behalf of the readers, and mentioned briefly some of the contents of these regular intercessory prayers. The prayer-report seems to be an alternative way to the wish-prayer of transposing a prayer so as to fit into a letter, and maintain the strictly epistolary form of address to the readers." (S. 61f).[277] Sie sind gekennzeichnet durch einführende Wendungen (S. 63-66)[278] und die Zielrichtung auf die Adressaten bzw. Dritte (S. 66)[279] und treten in zweierlei Weise in Erscheinung: im Rahmen von einleitenden Gebetsberichten[280] und im Briefkorpus (S. 67).[281]

Über Schuberts formale Analyse und Beschreibung der Fürbittegebetsberichte innerhalb der einleitenden Gebetsberichte[282] hinaus untersucht Wiles Inhalt und Funktion speziell des Fürbitteteils (S. 71-76; vgl. S. 231f)[283] und stellt fest: "... the actual intercessory prayer-reports in the thanksgiving periods ... usually indicate the major concern of each letter. Thus it is customarily in the intercessory portion that the thanksgiving period announces the subject matter and anticipates the paraenetic thrust of the letter." (S. 87).[284] Demnach fungiert die inhaltliche Wiedergabe von tatsächlichen Gebeten vor allem als Einführung in den jeweiligen Brief.

Im Gegensatz dazu erfüllen die Fürbittegebetsberichte im Briefkorpus nicht eine derart festgelegte und durchgängige Funktion, obwohl sie bis auf eine Ausnahme auch mit einem oder mehreren bedeutsamen Aspekten des Briefinhalts verknüpft sind (S. 93).[285] Aufgrund ihres Vorkommens außerhalb der einleitenden Gebetsberichte ist anzunehmen, "that they are more than an epistolary convention ... By their variety and spontaneity, these prayer-reports seem functionally to suggest a background of continuous activity of the apostle and of other members of the early Christian communities, in a widespread circle of mutual intercessory involvement." (S. 93, vgl. S. 95). Somit haben die paulinischen Gebetswünsche und Gebetsberichte - im Gegensatz zu den paränetischen und lehrhaften Erwähnungen des Fürbittegebets - gemeinsam, daß sie "represent actual prayers transposed into an epistolary mode" (S. 95).

Die übrigen beiden "Klassen" des Fürbittegebetsmaterials werden von Wiles berechtigterweise nur sehr kurz behandelt. Die "Paraenetic References to Intercessory Prayer" (S. 95-102) gliedert er in "requests by the writer to the readers for intercessory prayer on his behalf" (S. 96)[286] und "exhortations to the readers to practice regular prayer" (S. 100).[287] Schließlich listet er "Didactic and Speculative References to Intercessory Prayer" auf, ohne jedoch näher auf sie einzugehen (S. 102-105).[288]

Mit dieser Analyse von Form und Funktion des paulinischen Fürbittegebetsmaterials - insbesondere der Gebetswünsche und der Gebetsberichte - hat Wiles eine solide Ausgangsbasis für die weitere Arbeit an den Texten geschaffen. Er selbst führt sie im zweiten Teil seiner Arbeit exemplarisch am Beispiel des 1 Thess fort. Dabei läßt er sich methodisch von der Einsicht leiten, daß der Brief sich dem situativen Verhältnis zwischen Paulus, der Gemeinde und Gott (S. 113f) vor und während der Abfassungszeit verdankt und von diesem geprägt ist, so daß die Interpretation "of its intercessory prayer material within Paul's apostolic ministry must take the fullest account of the situation" (S. 111).

Zunächst beleuchtet Wiles im Anschluß an die Klärung der Abfassungssituation (S. 108-162) die Funktion des Fürbittegebets im Rahmen des paulinischen Apostolats gegenüber der Gemeinde in Thessalonich (S. 162-202) und gewinnt vier Aspekte, in deren letzten das Fürbittegebet einzuordnen ist: die Rolle des Paulus als "missionary-pastor" und "priest-intercessor" (S. 183-193).[289] Denn verschiedene Stellen in seinen Briefen (S. 185)[290] lassen erkennen, "that Paul believed himself to be appointed to mediate between God" und den ihm anvertrauten Gemeinden "in the eschatological age; his mediation worked in two directions: the 'manward' direction of representing God to man (as missionary, teacher, pastor, friend), and the 'Godward' direction of representing man to God (as priest and intercessor). One means of representing man to God was by intercessory prayer." (S. 183f).[291]

Diese Auffassung sieht Wiles durch neun der zehn gebetsbezogenen Abschnitte des 1 Thess bestätigt (S. 185-190),[292] die er anschließend exegesiert (S. 203-409) und deren Ergebnisse er in folgenden Punkten zusammenfaßt:

1. Die Funktion der Texte innerhalb des Briefes (S. 413-418): Inhalt und Form des Gebetsmaterials[293] stehen in engem Zusammenhang mit Inhalt und Struktur des Briefes (S. 413).[294] Darüberhinaus fungieren die Abschnitte paränetisch - als Ermutigung zu weiterer Glaubensbetätigung der Leser - und lehrhaft - als Anweisung zum rechten Gebet. Aufgrund der Beobachtung, "how easily and often without any obvious break the apostle passes from exposition or paraenetic material into a more direct prayer form and vice versa", folgert Wiles als Grundeinsicht über das Verhältnis von Gebet und Briefschreibung im 1 Thess: "Thus the mood of prayer, thanksgiving, and intercession is never far beneath the surface and the letter seems to be written in a continual atmosphere of intercessory activity." (S. 418, vgl. S. 409).[295]

2. Die Funktion der Texte im Rahmen der Abfassungssituation (S. 418-423): Die Gebetsabschnitte sind hervorgerufen und geformt durch eine dreifach zu qualifizierende "epistolary situation" (S. 418): a) als Reaktion auf verschiedene Ereignisse in der Gemeinde (S. 419, vgl. S. 116-142); b) als Folge und Wiedergabe des der Gemeinde verkündigten Evangeliums;[296] c) als Ausdruck der drängenden Parusieerwartung.[297]

3. Die Funktion des Fürbittegebets im Verhältnis zum Dankgebet und zum "Rühmen" (S. 426-428):[298] Für Paulus stehen beide Seiten in einem reziproken Verhältnis zueinander auf der Grundlage des "urgent and unprecedented eschatological age with its 'inaugurated' and 'futurist' aspects" (S. 426).[299]

4. Die Funktion des Fürbittegebets im Rahmen des paulinischen Apostolats (S. 428-436): Das Fürbittegebet des Paulus muß verstanden werden als spezielle Aufgabe innerhalb einer von allen

Gläubigen beständig ausgeübten fürbittenden Tätigkeit und umfaßt drei Aspekte (S. 429):

a) die apostolische Verantwortlichkeit für die Gemeinde: Paulus verstand sein Amt als "a means of representing the believers to Christ" (S. 431). Deswegen sind zum einen die Gebetsabschnitte Ausdruck seines komplexen Verhältnisses zur Gemeinde (vgl. S. 171-193) und dienen selbst als "a mode in which the apostle presents the converts to God". Zum anderen sah Paulus seine gesamte Aufgabe darin, die Gläubigen zur "presentation to Christ at the parousia and judgement" hinzuführen. "He would present them back to Christ in intercessory fashion with joy and boasting ... Thus his total apostolic office had a pervasive representative aspect, and within that office he exercised a more specifically representative function of intercessory prayer closely linked with thanksgiving and boasting." (S. 432).

b) die Verantwortlichkeit der Thessalonicher für Paulus, aufgrund ihres Heilsstandes vor Gott fürbittend für den Apostel einzutreten (S. 434f, vgl. S. 333).

c) die theologische Grundlegung des Fürbittegebets, die "from the prior loving act of God in Christ" auszugehen hat (S. 435f). Somit ergibt sich als Raum zur Einordnung des Fürbittegebets bei Paulus ein "nexus of three-way intercessory relationships" (S. 435), der Gott, den Apostel und die Gemeinde umfaßt.

Als Fazit ergibt sich für Wiles: Das Fürbittegebet erweist sich am Beispiel des 1 Thess "to be so basic and all pervasive an element of the very fibre of Paul's life and ministry, that it profoundly shaped and affected that ministry" (S. 436). Bedenkenswert ist die Folgerung aus dieser Erkenntnis: "Then the apostle's doctrine would have to be seen in the light of his intercessory function rather than apart from it." (S.436f).

Wiles ließ seiner Dissertation 1974 eine weitere Arbeit folgen: "Paul's Intercessory Prayers. The Significance of the Intercessory Prayer Passages in the Letters of St. Paul".[300] Darin unterzieht er das Fürbittegebetsmaterial der übrigen sechs anerkannten Paulusbriefe einer ausführlichen Exegese[301] und findet dabei im wesentlichen die aus der Untersuchung des 1 Thess gewonnenen Einsichten bestätigt. Der Hauptertrag des Buches besteht in der Ermittlung eines Komplexes von vier bzw. fünf Funktionen vor allem der Gebetswünsche und Fürbittegebetsberichte.[302]

Beide Gruppen erfüllen demnach folgende Aufgaben gemeinsam: 1. eine briefliche: Die Texte reflektieren den zentralen Inhalt der Briefe, unterstreichen die wichtigsten Anliegen und bilden Übergänge zwischen verschiedenen Themen;[303] 2. eine pastorale: Die Abschnitte sind lebendiger Ausdruck von Verantwortung, Liebe, Ängsten und Hoffnungen des Apostels gegenüber seinen Gemeinden;[304] 3. eine paränetische: Die Stellen verleihen der brieflichen Paränese ein größeres Gewicht und ermutigen die Gläubigen zur Betätigung des Glaubens, zum Gebet und insbesondere zur Fürbitte für Paulus;[305] 4. eine lehrhafte: Das Material fungiert beispielhaft und belehrend über den rechten Inhalt und die rechte Art des Betens sowie anregend hinsichtlich der Anwendung im Gottesdienst der Empfänger.[306]

Mit der Herausarbeitung dieses Funktionskomplexes hat Wiles die enge Verknüpfung der Fürbitte mit dem paulinischen Apostolat verdeutlicht: Die Fürbitte - wie das Briefeschreiben - ist eine Funktion des Apostolats, und der Apostolat ist der Lebensraum der Fürbitte. Dazu bemerkt Wiles abschließend: "The writing of these letters he (sc. Paulus) saw as a continuation of his intercessory activity ... But alongside ... there was the ceaseless remembering of his churches in prayers of thanksgiving and supplication, whereby he might continue to minister to them even when compelled to be absent. Prayer buttressed all his mission work - in advance of his visits, during them, and after he had departed. All his plans were conceived under the constant sense of the guidance and will of God. None of his bold advances would have seemed worthwile to him apart from continual undergirding by the prayers of the apostle and his associates. Taken together, then, the intercessory prayer passages offer impressive documentation of Paul's unfailing reliance upon the ministry of supplication, his own and that of his fellow believers." (S. 295f).

Mit seinen Arbeiten hat Wiles einen unaufgebbaren Beitrag zur Erforschung des Gebets bei Paulus geleistet. Sein größtes Verdienst liegt darin, als erster einer zusammenhängenden dreifachen Bedingtheit des paulinischen Gebets Rechnung getragen zu haben: seiner brieflichen Erscheinungsform, seiner Situationsabhängigkeit und seiner apostolischen Funktionalität.[307] Dementsprechend sind Wiles' Erkenntnisse grundlegend für die weitere Exegese der betreffenden Texte. Das gilt besonders für die folgenden Problembereiche: das Verhältnis zwischen tatsächlichem und brieflich wiedergegebenem Gebet; die Einteilung des Materials in Formen und deren Beschreibung und Funktionsbestimmung; Inhalt und Modalität der Texte in ihrer Abhängigkeit von der Abfassungssituation des jeweiligen Briefes; die Klärung der existentiellen Dimension des Gebets bei Paulus: Hier hat Wiles mit der doppelten Verhältnisbestimmung - Fürbitte als spezifische Funktion und zugleich mitbestimmende Norm des Apostolats - wertvolle Grundlagenarbeit geleistet; schließlich: die Festlegung der Funktion der Texte im Zusammenhang des Briefganzen. Wiles' Arbeiten sind somit als der den spezifischen Gegebenheiten des (Fürbitte-) Gebets bei Paulus am umfassendsten gerechtwerdende und für die weitere Exegese in diesem Bereich tragfähigste bisherige Beitrag zu würdigen.

6. DAVID J. McFARLANE

Neben der Fürbitte sind auch Aspekte des Dankgebets als der zweiten bedeutenden Gebetsform des Paulus in jüngerer Zeit erforscht worden. Zunächst bemühte sich 1966 David J. McFarlane im Rahmen seiner Magisterschrift "The Motif of Thanksgiving in the New Testament"[308] um den Nachweis, daß εὐχαριστεῖν im Neuen Testament kein Ausdruck der Dankbarkeit ist. Dabei geht er von den paulinischen einleitenden Gebetsberichten aus, für die er die hellenistische Briefschreibung zwar bedingt als formale Vorläufer gelten läßt (S. 1-30),[309] jedoch inhaltliche Berührungen mit hellenistischem Gedankengut völlig ausschließt. Das gilt vor allem für die erwogene Beeinflussung des Sinngehalts von εὐχαριστεῖν durch gnostische Motive einerseits[310] wie durch populäre hellenistische Vorstellungen von Dankbarkeit andererseits.[311] McFarlane hält es für ausgeschlossen, daß eine "Lehre" von der Dankbarkeit - weder in einem hellenistischen noch in einem biblischen Sinn - als Beweggrund hinter den einleitenden Gebetsberichten steht.[312] Für ihn sind die Passagen lediglich "recitals of what God has accomplished in the community",[313] und das sie bestimmende εὐχαριστεῖν unterscheidet sich - auch in seinem gesamten neutestamentlichen Vorkommen - durch "the absence of the idea of gratitude" von seiner Verwendung im Hellenismus (S. 54). Demnach sind also die einleitenden Gebetsberichte weder vom hellenistischen Briefstil, noch von der Gnosis, noch von irgendwelchen Konzeptionen von Dankbarkeit her hinreichend verstehbar. Es sind vielmehr jüdische Traditionen heranzuziehen, die εὐχαριστεῖν und damit auch das Motiv des Dankgebets im gesamten Neuen Testament geprägt haben (S. 69).

Zur Entfaltung und Begründung dieser These ermittelt McFarlane zunächst zwei Bedeutungsvarianten von εὐχαριστεῖν im Neuen Testament: Das Verb ist Ausdruck "of simple personal gratefulness" einerseits und "of an affirmation of God's activity" andererseits (S. 72f), wobei die zweite Variante als die weitaus häufigere - auch bei Paulus (S. 74) - sinngemäß durch bzw. als εὐλογεῖν, wie es vom Judentum her geprägt ist, zu interpretieren ist.[314] Denn εὐχαριστεῖν muß - als relativ junge Sprachprägung des Hellenismus[315] - als urchristlicher "translation term" (S. 79) für ידה (S. 86f)[316] und später vor allem für ברך (S. 116) angesehen werden, wobei der Bedeutungsgehalt des neuen Wortes keineswegs feststand, sondern für Interpretamente offen war (S. 75ff).[317] Die Urchristenheit - und mit ihr Paulus - verwendete den Terminus jedenfalls "to express in currently Hellenistic Greek terminology a Jewish idiom" (S. 88). Das heißt aber: Was im Neuen Testament unter der Bezeichnung des Dankes erscheint, ist in Wirklichkeit fast ausnahmslos Bestätigung und Lob Gottes (S. 116).

Zum Beweis zieht McFarlane die Verwendung von εὐχαριστεῖν und εὐλογεῖν in den Speisungserzählungen der Evangelien und in den Abendmahlstexten zu Rate und gelangt zu dem Schluß, daß beide Verben als Übersetzungsausdrücke von ברך fungieren und zudem austauschbar sind (S. 89-109).[318] Somit liegt eine "underlying identity" vor, die nicht nur für das Gebet vor Mahlzeiten gilt, sondern - "possibly" - auch für die einleitenden Gebetsberichte (S. 109)[319] und darüberhinaus für das gesamte Neue Testament (S. 109-115).[320] Aus alledem folgert McFarlane abschließend, "that in the New Testament eucharistein (sic) is simply a translation term for the Jewish blessing, and that what appears ... as the 'motif of thanksgiving' is in fact a 'motif of blessing' or 'affirmation'" (S. 116). Dann aber ist es "at least sadly inadequate, and really fundamentally inaccurate", εὐχαριστεῖν mit "danken" im Sinne von "dankbar sein" zu übersetzen. Die richtige Bedeutung lautet vielmehr: "'to affirm that God has acted'" (S. 119), so daß εὐχαριστεῖν im Neuen Testament "serves to indicate a general affirmation of the activity of God in Christ" (S. 120).

McFarlanes Untersuchung kann weder methodisch noch inhaltlich voll überzeugen. Es ist methodisch nicht vertretbar, eine These bezüglich der einleitenden Gebetsberichte aufzustellen,[321] sie anhand des Gebets bei Mahlzeiten zu begründen[322] und mittels einiger weniger Texte auf das ganze Neue Testament auszuweiten (S. 109-116)[323] und somit ohne weitere Begründung für die einleitenden Gebetsberichte als zutreffend zu erweisen. Was McFarlane vorgehalten werden muß, ist die Unterlassung der Exegese derjenigen Texte, um die es ihm eigentlich geht. Von daher ergeben sich inhaltlich folgende Gesichtspunkte, die gegen ihn angeführt werden müssen:

1. McFarlanes wichtigster Ausgangspunkt für die Bestreitung einer hinter den einleitenden Gebetsberichten stehenden "Lehre" von der Dankbarkeit, nämlich die Behauptung, Paulus beginne seine Briefe stereotyp mit einer Danksagung, auch wenn er wenig Grund zum Danken habe (S. 31, vgl. Anm. 312), wird hinfällig mit der Beobachtung, daß gerade im Gal eine solche Danksagung fehlt.

2. Die These von der Synonymität und Austauschbarkeit von $\varepsilon\dot{u}\chi\alpha\rho\iota\sigma\tau\varepsilon\tilde{\iota}\nu$ und $\varepsilon\dot{u}\lambda o\gamma\varepsilon\tilde{\iota}\nu$ mit allen ihren Konsequenzen wird zumindest fraglich durch die dezidierte Verwendung von $\varepsilon\dot{u}\lambda o\gamma\varepsilon\tilde{\iota}\nu$ in 2 Kor 1,3ff (Eph 1,3ff) und die Andersartigkeit dieses Abschnitts im Vergleich zu $\varepsilon\dot{u}\chi\alpha\rho\iota\sigma\tau\varepsilon\tilde{\iota}\nu$ in allen anderen einleitenden Gebetsberichten. Auch bleibt zu erwägen, ob die Interpretation von $\varepsilon\dot{u}\chi\alpha\rho\iota\sigma\tau\varepsilon\tilde{\iota}\nu$ durch $\varepsilon\dot{u}\lambda o\gamma\varepsilon\tilde{\iota}\nu$ nach 1 Kor 14,16-18 (S. 73, vgl. Anm. 314) nicht durch den besonderen Zusammenhang mit der Glossolalie verursacht ist und von daher nicht verallgemeinert werden darf.

3. Zudem müßte erklärt werden, warum das $\varepsilon\dot{u}\chi\alpha\rho\iota\sigma\tau\varepsilon\tilde{\iota}\nu$ ursprünglich eignende Motiv des Dankens als des Ausdrucks von Dankbarkeit im Urchristentum verloren gegangen sein sollte (S. 39-48).[324] Das Fehlen einer ausgeprägten Lehre von der Dankbarkeit im Neuen Testament (S. 39, vgl. Anm. 312) kann schwer-

lich eine Begründung dafür sein. Das Gebet des Neuen Testaments unterscheidet sich von dem des Judentums ja gerade darin, daß es wieder danken kann.[325]

7. PETER T. O'BRIEN

In ausführlicher Weise hat sich Peter Thomas O'Brien mit dem Dankgebet bei Paulus befaßt. Seine 1977 erschienene Hauptarbeit widmete er den "Introductory Thanksgivings in the Letters of Paul".[326] O'Brien versteht diese Studie als Weiterführung der Arbeit P. Schuberts (S. 1-15, bes. S. 13-15),[327] auf deren Ergebnissen aufbauend es ihm im wesentlichen um die exegetische Konkretion der von Schubert vorgenommenen Funktionsbestimmungen der paulinischen einleitenden Gebetsberichte und um die Erhellung der hinter ihnen befindlichen Gebetspraxis des Apostels geht.[328] Zu diesem Zweck analysiert O'Brien die einleitenden Gebetsberichte aller anerkannten Paulusbriefe zuzüglich Kol und 2 Thess sowie die Eulogie 2 Kor 1,3ff (S. 17-258), bevor er die ermittelten Einzelergebnisse und -beobachtungen in einem Schlußabschnitt zusammenfaßt (S. 259-271).[329] Darin hält er zunächst als grundlegende Einsicht fest, daß die unterschiedliche Beschaffenheit und Bedingtheit der Briefe sich bereits in den einleitenden Gebetsberichten kundtut, daß die Bestimmung des Umfangs der Texte nicht in allen Fällen eindeutig erfolgen kann und daß die Abschnitte insgesamt drei Grundelemente erkennen lassen: Dankgebetsberichte, (Für-) Bittgebetsberichte und persönliche Äußerungen, die das Verhältnis der Adressaten zu Paulus betreffen (S. 259-261). In Übereinstimmung mit G. P. Wiles[330] ermittelt O'Brien dann eine vierfache Funktionsbestimmung der einleitenden Gebetsberichte, die von Brief zu Brief verschieden akzentuiert ist. Im einzelnen fungieren die Abschnitte:

1. brieflich, d. h. "they introduce and present the main theme(s) of their letters" (S. 262, vgl. S. 15): Das äußert sich in dem prologartigen Charakter mancher Texte,[331] teilweise in der Prägung der Ausdrucksweise des jeweiligen Briefes,[332] in der Vorbereitung und Vorwegnahme der Hauptthemen und -motive des Briefes[333] sowie in der Anführung zentraler den jeweiligen Briefinhalt prägender Begriffe.[334]

2. pastoral, d. h. die Abschnitte "are evidence of the apostle's deep pastoral and apostolic concern for the addressees" (S. 262, vgl. S. 13): Die meisten Texte sind Ausdruck des Wunsches des Paulus nach Wachstum von Glaube, Liebe, Hoffnung und geistlicher Erkenntnis der Empfänger[335] sowie - als Mitteilung von Dank- und Bittgebet - der Verbundenheit mit seinen Gemeinden.[336] Gelegentlich äußert der Apostel in den Passagen den Wunsch nach unmittelbarer Gemeinschaft mit den Lesern,[337] seine Gefühle und sein apostolisches Verantwortungsbewußtsein für sie.[338]

3. lehrhaft, d. h. "the apostle instructs the recipients ... about what he considers to be important" (S. 14, vgl. S. 262f): Die Abschnitte bereiten auf wichtige Begriffe und Inhalte der paulinischen Theologie vor bzw. legen diese dar.[339] Auch Gebetsanweisung[340] und Erinnerung an die ursprüngliche apostolische Verkündigung[341] kann in diesem Funktionsbereich mit enthalten sein.

4. paränetisch, d. h. nahzu jeder Text "prefigures one or more paraenetic thrusts" des jeweiligen Briefes (S. 14, vgl. S. 263).[342] Am deutlichsten wird diese Funktion, wenn Paulus von seiner Fürbitte um ein bestimmtes Verhalten der Leser berichtet.[343]

Mit dieser vierfachen Funktionsbestimmung stellt O'Brien heraus, "that Paul's introductory thanksgivings were not meaningless devices. Instead, they were integral parts of their letters, setting the tone and themes of what was to follow." (S. 263).

Ein weiteres Augenmerk des Autors gilt der sprachlichen Gestalt der Abschnitte, für die er drei Quellen annimmt (S. 264): das Alte Testament, insbesondere die Psalmen[344], den urchristlichen Gottesdienst[345] und die frühe urchristliche Verkündigung.[346] Die daraus entnommenen Begriffe und Wendungen werden vom Apostel "used ... with a remarkable degree of flexibility, adapting and applying them to the epistolary situation".[347] Dabei hebt O'Brien das stete Vorkommen des Begriffes Evangelium und sinnverwandter Ausdrücke wie Zeugnis, Wort Gottes etc. besonders hervor. "No thanksgiving period omits a reference to the gospel ... Thanksgiving and the gospel are inextricably linked." (S. 265).

Im Anschluß an die bislang dargestellte Textanalyse wendet sich der Verfasser mit der Erhellung der hinter den Abschnitten zu suchenden tatsächlichen Gebete des Apostels und ihrer theologischen Zusammenhänge dem zweiten großen Anliegen seiner Arbeit zu (S. 265-271). Denn vor allem Röm 1,8 und 1 Thess 3,9 entnimmt O'Brien, daß Paulus in den einleitenden Gebetsberichten "informs the recipients of his a c t u a l thanksgivings and a c t u a l petitions" (S. 266). Die Dankgebete sieht er dabei auf einer zweifachen Grundlage erwachsen: Zum einen dankt Paulus für Glaube, Liebe und Hoffnung der Briefempfänger,[348] zum anderen muß "often the prior activity of God ... as the u l t i m a t e ground for thanksgiving" angesehen werden.[349] Als weitere Merkmale des Dankgebetes bei Paulus hält O'Brien fest: die unauflösliche Verknüpfung mit dem Evangelium,[350] die Bezogenheit nicht nur auf Anlässe der Vergangenheit und Gegenwart, sondern auch der Zukunft, insbesondere auf die Parusie,[351] und die ständige Bezogenheit auf die Gemeinden (S. 269). Zweck und Ziel des Dankgebets ist die Verherrlichung Gottes.[352]

Hinsichtlich der hinter den Texten erkennbaren Fürbittegebete hebt O'Brien die enge Verbindung mit dem Dankgebet hervor, die in den Briefen sowohl inhaltlich als auch syntaktisch Ausdruck erhält,[353] desweiteren die überwiegende Bezugnahme auf "growth in Christian maturity" der Leser,[354] die eschatologische Ausrichtung, besonders auf die Parusie hin[355] und die Situationsbezogenheit.[356] Diese Beobachtungen lassen ihn zu dem Schluß kommen, daß die Fürbitte "was a significant weapon in his (sc. Pauli) apostolic armoury".[357]

O'Briens Arbeit ist eine wertvolle Ergänzung zu P. Schuberts Untersuchung, indem sie - auf Schuberts formgeschichtlichen Erkenntnissen aufbauend - das Schwergewicht auf die von ihm nur ansatzweise vollzogene Funktionsbestimmung der einleitenden Gebetsberichte legt. Auch trägt sie dem von Schubert zu wenig beachteten Sachverhalt Rechnung, daß die Texte tatsächliche Gebete wiedergeben, und untersucht diese folgerichtig in zweierlei Hinsicht: einmal als typische Briefbestandteile und zum anderen als Wiedergabeform von Gebet. O'Brien hat mit der vierfachen Funktionsbestimmung der Abschnitte im wesentlichen die Ergebnisse G. P. Wiles'[358] bestätigt und auf den Bereich der paulinischen einleitenden Gebetsberichte ausgeweitet, dabei aber verschiedentlich wiederholt, was Wiles bereits herausgearbeitet hatte.[359]

Nicht überzeugend wirkt die Verhältnisbestimmung zwischen den Gebetsberichten und dem jeweils folgenden Briefkorpus. O'Brien geht grundsätzlich zu wenig auf diesen im Titel seiner Studie in den Blick genommenen Problemkreis ein,[360] indem er die Texte primär als in sich geschlossene Einheiten analysiert. Wo er ihr Verhältnis zum Briefganzen untersucht, beschränkt er sich in der Regel auf den Nachweis gemeinsamer Themen, Motive und Begriffe,[361] womit jedoch über das Verhältnis von Gebetsbericht und Briefkorpus noch nicht allzuviel ausgesagt ist.[362]

O'Brien hat sich über die eben vorgestellte Arbeit hinaus noch in zwei Aufsätzen eingehender mit dem Zusammenhang von Dankgebet und Theologie bzw. Verkündigung bei Paulus befaßt. Während die erste Erörterung von 1975 "Thanksgiving and the Gospel in Paul"[363] im wesentlichen die Ergebnisse der Dissertation (bzw. späteren Monographie) wiedergibt, führt er 1980 in einem weiteren Aufsatz "Thanksgiving within the Structure of Pauline Theology"[364] wichtige Ergänzungen und Weiterführungen des Themenkomplexes vor. Nachdem er das Vorkommen und die Verwendung von εὐχαριστεῖν κτλ. in der Umwelt[365] und in den nichtpaulinischen Teilen des Neuen Testaments[366] sowie schließlich in den Schriften des Apostels selbst[367] dargelegt hat, zieht er eine Reihe von Schlußfolgerungen über das Verhältnis von Dankgebet und Theologie bei Paulus (S. 62f):

Dankgebet ist für den Apostel grundsätzlich - im Gegensatz zur Auffassung McFarlanes[368] - Ausdruck von Dankbarkeit,[369] es reicht aber in seiner Ausrichtung auf Gott nahe an das Lobgebet heran (2 Kor 4,15; vgl. 1,11). Es ist "always a r e - s p o n s e to God's saving activity in creation and redemption" und hat somit seine Grundlage in "the mighty work of God in Christ bringing salvation through the gospel", die sich in "faith, love and hope of the Christian readers" auswirkt, wofür Paulus ebenso dankt.[370] Das aber heißt: "... thanksgiving was almost a synonym for the Christian life."[371] "God's action in Christ is that of grace; our response should be one of gratitude." (S. 63). Mit diesen Beobachtungen hat O'Brien den Zusammenhang von Dankgebet und Theologie bei Paulus grundlegend beleuchtet und eine solide Ausgangsbasis für weitere Arbeit im Bereich dieser Thematik geschaffen.

8. LOUIS MONLOUBOU

P. T. O'Briens Hauptarbeit (372) diente dem Katholiken Louis Monloubou als Vorlage für seine 1982 erschienene Studie "Saint Paul et la Prière" (373). In dieser "French adaption" (374) der Untersuchung O'Briens geht es Monloubou - im Anschluß an eine grundsätzliche Darlegung der Äußerungen des Paulus über das Gebet, die aber keine nennenswerten neuen Erkenntnisse beinhaltet (S. 9-37) - im wesentlichen um die Wiedergabe der Ergebnisse und Beobachtungen O'Briens und um deren Erweiterung unter dem Blickwinkel der Evangeliumsverkündigung des Paulus (375). Diesbezüglich hebt Monloubou den apostolischen Charakter der einleitenden Gebetsberichte hervor, in denen Paulus Gott Lob und Dank für das Evangelium und dessen Annahme bei den Briefempfängern darbringt. Die Verkündigung des Evangeliums ist der wichtigste Aspekt der einleitenden Gebetsberichte, was sich in erster Linie in der "langage de l'évangélisation" zeigt. Die Gebetsberichte werden hervorgerufen durch die Teilhabe der Gemeinden am Evangelium und beinhalten den Dank des Apostels für die Wirksamkeit der ihm von Gott zugewiesenen Tätigkeit der Evangeliumsverkündigung (S. 127-131, Zitat S. 130).

9. DAVID M. STANLEY

Als einzige exegetisch zureichende Monographie nach dem Zweiten Weltkrieg, die sich umfassend mit dem Gebet bei Paulus beschäftigt, ist David M. Stanleys 1973 veröffentlichte Arbeit "Boasting in the Lord"[376] anzusehen. In ihr versucht der Jesuit das Wesen und den Stellenwert des Gebets im Leben des Paulus zu ergründen (S. 2f). Als Ausgangspunkt wählt Stanley Erfahrungen, die seiner Ansicht nach das Gebetsleben des Apostels beeinflußt, wenn nicht gar geprägt haben. Allen voran geht die Berufung, bei der Paulus der Gnade Gottes in besonderer Weise begegnet ist und die - verbunden mit weiteren Gnadenerfahrungen - die Grundlage für sein unaufhörliches Danken bildet (1 Kor 15,8; S. 25). Das christliche Gebet des Paulus ist laut Stanley nur möglich, weil er Christus aufgrund des Berufungserlebnisses als "incarnation of the nearness of God" vernommen hat (Phil 3,7-15; S. 20). Der Dank für die Gnade Gottes, die ihn neu schuf (2 Kor 4,6;

S. 31.33), und die Wahrnehmung Gottes als Vater infolge der Offenbarung seines Sohnes (Gal 1,15f; S. 37) treten als wesentliche, durch die Berufung bedingte Elemente des Gebets des Apostels hervor.

Darüber hinaus hat Paulus - so Stanley - weitere auf sein Gebetsleben einwirkende Erfahrungen gemacht: so etwa "this great mystical experience" der Vereinigung mit Christus und der Erkenntnis seiner Herrlichkeit (2 Kor 12,1-6; S. 51), die Paulus den unauflöslichen Zusammenhang von Gebet und "the mystery of God's graciousness" gelehrt hat (S. 52); desweiteren die Art der Gebetserhörung durch Christus nach 2 Kor 12,7-10, die ihm "the nature of petitionary prayer" verdeutlicht (S. 55f) und sein Vertrauen in das Gebet gestärkt hat (S. 57). Aber auch der antiochenische Zwischenfall ist nach Stanley unter die gebetsrelevanten Erfahrungen des Apostels zu rechnen, weil er ihm den Glauben als alleinigen Weg zur Errettung durch Christi Tod bestätigt und seine Bedeutung als Grundhaltung des Betenden[377] und als Voraussetzung eines wirksamen Gebets vor Augen geführt hat (Gal 2,15-21; S. 65). Schließlich führt Stanley noch die Errettung aus Todesgefahr in der Provinz Asia an, die den Glauben des Apostels an die Macht des Gebets gefestigt hat und ihn das Gebet als Ausdruck der Hoffnung verstehen ließ (2 Kor 1,8-11; S. 72).

Im Anschluß an diese Erhebung der Bedeutung der persönlichen Lebenserfahrungen für das Beten des Paulus untersucht Stanley die eigentlichen Gebetstexte in den paulinischen Briefen. Als solche betrachtet er Doxologien (S. 74-78),[378] spontane Danksagungen (S. 78-80),[379] Gebetswünsche (S. 80-86),[380] Eingangs- und Schlußsegensformeln (S. 87-93) sowie Bekenntnisse (S. 93-98).[381] Ihr vielfaches Vorhandensein in den Briefen zeigt auf, "how deeply saturated with prayer all Paul's apostolic endeavours were, and how rightly his letters may be regarded as the fruit of his own prayer." (S. 73).

In einem weiteren Arbeitsgang erhellt Stanley theologische Aussagen des Apostels über das Gebet. Als ersten Schwerpunkt verzeichnet er die Triade "joy, prayer, thanksgiving", die nach 1 Thess 5,16-22 als "three significant manifestations of the new life" (S. 101) ein "triple element in all genuine Christian prayer" darstellt (S. 100; auch Phil 4,4-7, S. 106). Einen zweiten Schwerpunkt bildet die Rolle des Gebets im Bewußtwerdungsprozeß der Gotteskindschaft des Gläubigen. Hier liegt nach Stanley "the dominant motif in Paul's conception of Christian prayer" vor (S. 115). Ausgehend von Gal 4,4-7, wonach Gott dem Gläubigen die Sohnesannahme durch das Abba-Gebet des Geistes bewußt macht, stellt Stanley fest: "This ist the meaning of Christian prayer for Paul. It ist nothing less than an experience of our filial relationship to God." (S. 120). Das gleiche gilt für das Abba-Gebet nach Röm 8,14-17: "This prayer, arising from the innermost being of the believer, brings a more conscious realization of what his 'adoptive sonship' truly means: 'we are God's children' ..." (S. 125).

Den tiefsten Einblick in Art und Weise sowie Inhalt der eigentlichen Gebete des Paulus gewähren laut Stanley die einleitenden Gebetsberichte, da sie als literarische Darstellung von Gebeten deren Natur am deutlichsten widerspiegeln (S. 135.137.147.152). Darüberhinaus zeigen sie die Abhängigkeit des jeweiligen Briefinhalts vom Gebet an. Denn indem die einleitenden Gebetsberichte auf die zu behandelnden Themen vorausblicken, lassen sie den Schluß zu, "that what he (sc. Paulus) writes ist really the fruit of his own prayer. His letters are written out of his prayer for those whom he thus addresses." (S. 139, vgl. S. 146). Das aber heißt: "Whatever instruction, admonition, or exhortation he may set forth in his letters are the direct result of the joy, intercession, and thanksgiving he has experienced and voiced in the course of his prayer." (S. 147). Dies wird in Kol 1,3-20[382] besonders deutlich, wo eine "prayerful reflection upon the work of Jesus Christ" (S. 163) vorliegt, die weit über "his (sc. Pauli) contemplation of the contemporary Christian existence of his addressees" (S. 164) in den sonstigen einleitenden Gebetsberichten hinausgeht.

Mit diesen Beobachtungen hat Stanley den Grund gelegt für sein Schlußkapitel, in dem er den Zusammenhang zwischen Gebet und Theologie des Paulus exemplarisch erörtert. Dabei geht er vom "contemplative character of his (sc. Pauli) spirituality" aus (S. 165), den er bereits den einleitenden Gebetsberichten entnahm (S. 157ff), ebenso wie die Beobachtung, daß der Apostel in seinen Gebeten die Probleme seiner Gemeinden vorbringt. Beides ermöglicht ihm "in the course of his prayer, to reflect upon the theological implications of the gospel for Christian existence" (S. 167). M. a. W.: Paulus reflektiert im Gebet die existentiellen Belange des Evangeliums, nicht aber seine Theologie im Ganzen.

Zur Konkretisierung seiner Auffassung fügt Stanley - nachdem er als prägendes, dynamisches Element der paulinischen Theologie "the mystery of the risen Christ" hervorgehoben hat (S. 173) - Auslegungen von Phil 1,18b-26; 2 Kor 4,7-15 und Röm 8,31-39 an: Texte, die ihm als "'confessions'", als "echoes of prayer, prolegomena to prayer, or possibly, a transposition of prayer into another manner of discourse" gelten (S. 166). Dabei versteht er Phil 1,18b-26 als "example of prayer that has been transposed into a discription in Christological terms of the present and future life of the Christian" (S. 174), 2 Kor 4,7-15 als Repräsentation der paulinischen "theology of Christian apostleship" und Widerhall des "essentially apostolic character of his prayer" (S. 176) sowie Röm 8,31-39 als Kontemplation des Wunders "of the love of Christ and the love of the Father" (S. 178).

Die Kriterien, die Stanley für die Bestimmung der Nähe der genannten Texte zum Gebet anwendet, sind sprachlicher, stilistischer und psychologischer Natur: so etwa das Vorkommen der Triaden Freude, Bittgebet, Dankgebet und Glaube, Liebe, Hoffnung, Hinweise auf gebethafte innere Haltungen des Paulus (S. 175.178f), Anklänge an die Gebetssprache des Psalters (S. 175.178) und Unterschiede zu Sprache und Stil anderer Briefteile. "The passages ... will be found to stand in marked contrast by their character as 'confessions' with other passages, were the same themes are enucleated in more formally theological language or in a polemical context." (S. 166). Ihre Sprache und Stil "are far removed from the sober and reasoned expression of Pauline theological discourse" (S. 179).

Stanleys aspektreiche Arbeit muß aus drei Gründen als verdienstvoll für die Erforschung des paulinischen Gebets gewürdigt werden:

1. Durch die Rückfrage nach der Berufung und weiteren Ereignissen im Leben des Paulus zeigt sie den Zusammenhang von Gebet und geistlicher (Lebens-)Erfahrung und damit die existentielle Dimension des Gebets bei Paulus auf. Auch macht sie deutlich, daß die Berufung nicht als die einzige das Gebet des Apostels prägende Erfahrung angesehen werden darf (zu S. 11-72). Dennoch bleibt dieser von Stanley gewählte Einstieg in das Thema eigentümlich blaß und wenig konkret. Das liegt zum einen daran, daß er einen Bezug zwischen Erfahrung und Gebet bei Paulus herzustellen versucht, ohne vorab das Gebet des Apostels wenigstens in Konturen skizziert zu haben, also eine Beziehung zu einer noch unbekannten Größe anstrebt. Zum anderen unterläßt er es, die anhand verschiedener Texte erhobenen Erfahrungsaspekte (vor allem Phil 3,7-15; 1 Kor 15,8; 2 Kor 4,6; Gal 1,15f; 2 Kor 12,1-6; Gal 2,15-21) an Abschnitten zu verifizieren, die unmittelbar vom Gebet handeln. Denn nur dann kann ihnen Gewichtigkeit bezüglich des Gebets zuerkannt werden. So hat Stanley die Brücke zwischen

Erfahrung und Gebet zwar geschlagen, sie aber durch fehlende Grundlagenklärung und mangelnde exegetische Konkretion nur wenig überschritten.

2. Der Autor hat eingehend die zentrale Rolle des Gebets bei der Bewußtwerdung der Gotteskindschaft der Gläubigen hervorgehoben. Seinen diesbezüglichen Ausführungen ist unbedingt zuzustimmen.[383] Damit hat Stanley auf einen wesentlichen Aspekt der Bedeutung des Gebets für die Theologie des Paulus hingewiesen.

3. Der Jesuit hat sich um eine grundlegende Klärung des Verhältnisses zwischen Gebet und Theologie bei Paulus bemüht und dabei den gebethaften Hintergrund bzw. Ursprung weiter, vor allem existenzbezogener Teile der paulinischen Briefe wahrscheinlich gemacht. Von daher trifft für Stanley noch mehr zu, was G. Bornkamm in einer Rezension von G. Harders Buch "Paulus und das Gebet"[384] geschrieben hat: Er zeigt, "in welchem Grade die Verkündigung und die theologische Reflexion des Apostels aus dem Lebensbereich des Gebets erwachsen ist und in das Gebet einmündet".[385]

V. ZUSAMMENFASSUNG DER WICHTIGSTEN FORSCHUNGSERGEBNISSE

1. DIE VIER PHASEN DER FORSCHUNG

Die Darlegung der neueren Forschungsgeschichte hat gezeigt, daß sich die historisch-kritische Erforschung des Gebets bei Paulus grob in vier Phasen untergliedern läßt, die durch zeitliche Zäsuren und jeweils dominierende andersartige Fragestellungen voneinander getrennt sind. Eine - nur schwach ausgebildete - anfängliche Phase ist geprägt von der Suche nach einer vernünftigen, sich im Anschluß an Jesus vor allem auf Paulus berufenden Gebetslehre, die die Texte mehr oder weniger als pädagogisch wertvolle und für die Gestaltung der eigenen Frömmigkeit relevante historische Quellen betrachtet, die auf ihren vernunftgemäß-sittlichen Gehalt hin befragt werden. Exegetisch lassen sich aus dieser Zeit noch kaum übergreifende Akzente hinsichtlich des Gebets bei Paulus erheben.

Der die zweite Phase in ihrer Gesamtheit profilierende theologische Liberalismus[386] äußerte sich vor allem darin, daß ihr primärer Gegenstand die von Paulus her zu erhebende menschliche Disposition beim Beten war. Gebet wurde in Übereinstimmung mit einem zentralen Interesse liberaler Theologie vorwiegend als Ausdruck und Betätigung der Frömmigkeit bzw. Sittlichkeit des Menschen verstanden. Dementsprechend versuchte man - und hier kann nur F. Zimmer als Ausnahme genannt werden[387] - durch die Texte hindurch unter psychologischen, soziologischen, moralischen und religiösen Aspekten ein wie auch immer geartetes "Gebetsleben"[388] des Paulus zu erblicken und zu beschreiben. Das aber heißt: Ziel der Exegese war nicht die historische Erhellung und theologische Durchdringung der Texte, sondern das sich in ihnen widerspiegelnde religiöse Leben. Folgerichtig legte diese Phase der Textauslegung das Hauptgewicht auf Probleme wie die innere Haltung des

Paulus beim Beten, das Messen des paulinischen Betens an dem Jesu als des reinen und wahren Beters, die Auswirkungen des Betens auf das übrige religiöse Leben des Apostels sowie die Frage der Möglichkeit des Betens zu Christus.[389]

Eine dritte Forschungsphase zwischen den beiden Weltkriegen war insofern bei vielen ihrer Vertreter von der religionsgeschichtlich orientierten Exegese bestimmt, als auch sie zwar vorwiegend am Gebet als Zeugnis des religiösen Lebens des Apostels interessiert waren, aber nicht mehr unter dem Gesichtspunkt einer als zeitlos gültig zu erhebenen Religiosität bzw. Sittlichkeit, sondern eines Entwicklungsstadiums der antiken Frömmigkeitsgeschichte als Teil der Religionsgeschichte. Diese Phase war also stärker historisch orientiert als die "liberale", und das zeigt sich vor allem in einem Ernstnehmen der Texte in ihrer Geschichtlichkeit. Man fragte nicht mehr durch die Texte hindurch nach der Religiosität des Paulus, sondern versuchte diese aufgrund der Texte zu erhellen. Dementsprechend bemühte man sich, die Abschnitte und die sie prägende Frömmigkeit von alttestamentlich-jüdischer und hellenistischer Religiosität her zu interpretieren. Ihre eschatologische Komponente wurde im Licht der jüdischen Apokalyptik erkannt, ebenso die Notwendigkeit einer Unterscheidung der Texte in Zeugnisse verschiedener Gebetsarten (Dank-, Bitt-, Lobgebet) und die Zusammenhänge von Gebet und theologischen Äußerungen des Paulus.

Eine vierte, bis heute andauernde Phase kann als biblisch-theologisch orientiert bezeichnet werden, da sie nicht mehr die Texte primär unter dem Gesichtspunkt der Religiosität und der antiken Religionsgeschichte, sondern als Bestandteile der paulinischen Briefe und Produkte der missionarischen Tätigkeit des Apostels in den Blick nimmt. Nicht mehr das Gebet als religiöser Vorgang steht im Mittelpunkt des Interesses, sondern die Texte als brieflich-historische Zeugnisse der Theologie und damit auch des Gebets des Apostels. Entsprechend treten drei Komponenten der Exegese in den Vordergrund: die Berücksichtigung des brieflichen Charakters der Texte, vor allem der einleitenden Gebetsberichte,[390] und der historischen Umstände ihrer Entstehung, vor allem in Gestalt des paulinischen Apostolats, sowie die Erhellung ihrer theologischen Implikationen.

2. DIE HAUPTTHEMEN DER FORSCHUNG

Die folgenden thematischen Aspekte sind im Forschungsverlauf besonders hervorgetreten:

a) GEBET ALS ÄUSSERUNG VON FRÖMMIGKEIT UND SITTLICHKEIT

C. F. Stäudlin legte - deutlicher als F. Rehm - mit seiner Einstufung des Gebets als moralischer Tugend, die lehr- und erlernbar ist und die Gesinnungs- und Gemütshaltung des Beters offenbart (S. 7-9),[391] den Grundstein für eine Sicht des Gebets, die für mehr als hundert Jahre die Exegese prägte. Das Gebet bei Paulus ist - darin sind sich die Vertreter der "liberalen" und viele Ausleger der "religionsgeschichtlichen" Richtung einig - eine Äußerung seines inneren religiösen Lebens. Es offenbart seine Gefühle und Empfindungen,[392] seine Stimmung[393] und seine Gesinnung,[394] vor allem in Gestalt des Kindesbewußtseins gegenüber dem himmlischen Vater[395] und daraus resultierender Haltungen wie Vertrauen, Demut, Liebe, Freude, Zuversicht etc.[396] K. Böhme hat dem somit behaupteten Ort des Gebets im Bereich der Religiosität des Apostels entschieden widersprochen und die Sittlichkeit als einzigen Bezugsrahmen gelten lassen (S. 21f), ohne aber Anklang zu finden. G. Harder brachte schließlich die Qualifizierung des paulinischen Gebets als religiösen Prozeß auf den Begriff: Es ist "ein Herzausschütten des neuen Menschen" und "leben ... als Kind Gottes" (S. 45).

b) DAS BETEN DES PAULUS IM VERGLEICH ZUM BETEN JESU

Charakteristisch für die ersten beiden Phasen ist die Betonung der Normativität des Betens Jesu als des Offenbarers des wahren Gottesverhältnisses des Menschen, an dem auch Paulus zu messen ist. Nach C. F. Stäudlin hat der Apostel die Reinheit der Gottesvorstellung und der Sittlichkeit weiterentwickelt, die Jesu Lehre und Praxis des Betens kennzeichnet (S. 8f). Für P. Christ hat er die Vergeistigung und Verinnerlichung des Betens Jesu ebenso bewahrt (S. 12f) wie für E. Frh. von der Goltz die Gebetsgesinnung Jesu in Gestalt des Kindesbewußtseins gegenüber Gott, des Vertrauens und der Demut (S. 18). Nach K. Böhme dagegen reicht die Gebetsauffassung des Paulus bei weitem nicht an die Jesu heran, weil der Apostel im Gegensatz zu Jesus das Gebet aus dem religiösen Prozeß herausnimmt und in die vergleichsweise niedere Sphäre der Sittlichkeit verlagert (S. 21f).[397]

c) DIE FRAGE DES GEBETS ZU CHRISTUS

Da im Forschungsbericht bereits ausführlich auf diese für die "liberale" Phase charakteristische Problematik eingegangen worden ist,[398] braucht sie an dieser Stelle nicht mehr eigens dargelegt zu werden.

d) DIE ERHÖRUNG BZW. WIRKUNG DES GEBETS

Mit dieser Fragestellung haben sich Exegeten vor allem der zweiten Phase auseinandergesetzt, weil in ihr vor dem Hintergrund bestimmter Vorstellungen von Gott, Religion und Sittlichkeit das Problem des Handelns Gottes an Mensch und Welt generell zur Debatte stand. Die Kernschwierigkeit lag dabei bezüglich der Gebetserhörung in der Qualifizierung von Folgeerscheinungen des Betens als Eingreifen Gottes von außen her oder als immanent und psychologisch zu fassende Auswirkungen des Gebetsaktes an sich.[399] Die letzte Sichtweise wurde vorwiegend von Exegeten vertreten, die das Gebet als rein geistige Betätigung der menschlichen Frömmigkeit bzw. Sittlichkeit betrachteten und ihm diesbezüglich eine läuternde und fördernde Wirkung zuschrieben.[400]

In der "religionsgeschichtlichen" Phase wurde die Fragestellung, ob Gebetserhörung als Handeln Gottes an Welt und Mensch denkbar sei, zugunsten einer historisch orientierten Untersuchung der bei Paulus feststellbaren Gewißheit der Gebetserhörung aufgegeben. Nach H. Greeven erwuchs dem Apostel die Erhörungsgewißheit aus der Parusiegewißheit (S. 33), nach G. Harder aus der Übereinstimmung mit dem erkannten Willen Gottes (S. 44). Nachdem in der jüngsten Phase W. Bieder und E. Gaugler die Gebetserhörung bei Paulus auf das Eintreten des Heiligen Geistes zugeführt hatten (S. 55.58), widmete sich A. Dietzel ausführlich der Thematik, indem er die Erhörungsgewißheit als Glaubensgewißheit qualifizierte und die drei göttlichen Personen in ihrer Bedeutung für die Gebetserhörung gesondert betrachtete (S. 64f).

e) DIE BEDEUTUNG DER BERUFUNG FÜR DAS GEBET DES PAULUS

Lediglich vier Forscher haben diese Problematik eingehender behandelt. Sie stimmen in der Beurteilung überein, daß das Berufungserlebnis die sein Leben umwälzende und seinen Apostolat prägende grundlegende Heilserfahrung des Paulus war und von daher auch seine Gebetspraxis und -lehre von diesem Ereignis bestimmt wurde. Dabei werden unterschiedliche Auswirkungen gesehen: E. Frh. von der Goltz betont das paulinische Verständnis einer Gebetsmittlerschaft Christi zu Gott in Analogie zu seiner bei Damaskus erkannten Heilsmittlerschaft (S. 18), A. Juncker akzentuiert den Aufschwung des formalen jüdischen Gebetslebens des Paulus zum friedevollen und vertrauenden Kindesgebet zum himmlischen Vater (S. 22f), und D. M. Stanley hebt die Gnadenerfahrung der Bekehrung als existentielle Grundlage alles Dankens des Apostels hervor (S. 90f).

f) DER INHALT DES GEBETS

In der "liberalen" Phase wurde - im Gegensatz zu den anderen Forschungsabschnitten - vor dem Hintergrund der Wertung des Gebets als religiöser bzw. sittlicher Prozeß der Gegenstand des Betens in zwei entsprechende Kategorien unterteilt. Je nach Schwerpunktsetzung erblickte man den Inhalt des paulinischen Gebets in geistig-geistlichen Dingen,[401] die das Heil betreffen,[402] oder aber ausschließlich in sittlichen Werten.[403]

g) DIE ARTEN DES GEBETS

Nachdem in der "liberalen" Phase mit wenigen Ausnahmen das Gebet des Paulus als einheitliche Größe im Blickfeld lag, unterschied man verstärkt seit der "religionsgeschichtlichen" Zeit verschiedene Ausprägungen bzw. Arten des paulinischen Gebets. Im einzelnen gelangte man diesbezüglich zu folgenden Erkenntnissen, wobei sich keine für einzelne Phasen typischen Aspekte erheben lassen:

1) DAS DANKGEBET

Das Danken wird allgemein als die für Paulus charakteristische Gebetsart angesehen.[404] Als menschliche Antwort auf das göttliche Gnadenwort[405] stellt es für den Apostel die Haltung des Gläubigen gegenüber Gott schlechthin dar, ist es ihm ein Synonym für das christliche Leben,[406] indem er hierin seine Dankbarkeit für das Heilshandeln Gottes in Christus und den Heilsstand seiner Gemeinden zum Ausdruck bringt.[407] Paulus hat mit dem Dankgebet das vom Judentum her übernommene Lobgebet auf seine Weise modifiziert,[408] dabei aber die Funktion des Lobes und der Verherrlichung Gottes mit in das Dankgebet hineingenommen.[409]

2) DAS FÜRBITTEGEBET

Bereits F. Zimmer betonte, daß bei Paulus das Bittgebet in der Form der Fürbitte erscheint (S. 15). Das Fürbittegebet ist dabei eine Handlungsweise des apostolischen Amtes.[410] In ihm bittet der Apostel Gott um die Verwirklichung seines Heilshandelns an der Welt in Gestalt der Evangeliumsverkündigung[411] und vertraut er ihm das Heil seiner Gemeinden an.[412] In der Fürbitte sieht Paulus ein ihm gegebenes Instrument der Heilsvermittlung zwischen Gott und Mensch,[413] das ihm auf der Grundlage des vorausgehenden Liebeshandelns Gottes in Christus erwächst und sein apostolisches Amt derart formt und beeinflußt, daß seine gesamte Theologie in diesem Licht zu interpretieren ist.[414] Im Gegensatz zum Dankgebet, das sich auf vergangene und gegenwärtige Heilserweise bezieht, weist das Fürbittegebet eine starke eschatologische Komponente auf,[415] besonders in seiner häufigen Ausrichtung auf die Parusie Christi.[416]

3) DAS LOBGEBET

Das Lobgebet, vor allem in Form der bei Paulus des öfteren begegnenden Doxologie, wurde bislang nur am Rande behandelt. Lediglich L. G. Champion machte die paulinischen Doxologien und Eulogien zum Gegenstand einer Untersuchung, die ihnen aber jeglichen gebethaften Aspekt im Rahmen der Briefe abspricht.[417]

h) GEBET UND APOSTOLAT

Dieser Aspekt des paulinischen Betens trat erst in der mehr historisch orientierten "religionsgeschichtlichen" Phase in den Blick. Zuvor hatte jedoch F. Zimmer schon die grundlegende Beobachtung gemacht, daß die gesamte apostolische Tätigkeit des Paulus dem Dank und der Verherrlichung Gottes galt und sowohl sein Dank- als auch sein Bittgebet stets auf seine Gemeinden bezogen waren (S. 15).[418] Dies wurde in der Folgezeit konkretisiert: Das Gebet des Paulus erhält seine charakteristische Prägung als Bestandteil seiner missionarischen Tätigkeit. Es soll den Erfolg seiner Missionsbemühungen sichern[419] und bildet die unerläßliche Grundlage für die Wirksamkeit seiner Verkündigung.[420] Der Inhalt von Dank und Fürbitte ist vom Stand der Missionssituation der jeweiligen Gemeinde abhängig, an die Paulus schreibt.[421] A. Hamman geht sogar soweit, Apostolat und Gebet als die zwei Weisen des geistlichen Gottesdienstes des Paulus zu bezeichnen (S. 68f).

i) DIE RELIGIONSGESCHICHTLICHEN VORSTUFEN

Nachdem E. Frh. von der Goltz auf das Loben des Judentums als Vorläufer des paulinischen Dankens hingewiesen hatte (S. 19),[422] widmete sich vor allem die "religionsgeschichtliche" Phase der Erhellung von Vorformen der paulinischen Gebetsäußerungen. Dabei wurde sowohl alttestamentlich-jüdische Frömmigkeit als auch hellenistische Religiosität bedacht. Nach G. H. Boobyer sind Elemente iranisch-gnostischer sowie primitiver Religionen als Ursprung der paulinischen Konzeption der Verherrlichung Gottes durch das Dankgebet anzusehen, die Paulus über das Judentum als Zwischenstufe erreicht haben (S. 29-32). Ebenso nimmt L. G. Champion mandäische und alttestamentlich-jüdische Vorstellungen als Mutterboden der in den paulinischen Briefen begegnenden Doxologien an.[423]

Die Bedeutung des alten Testaments und jüdischer Tradition für das Beten des Paulus hoben C. Schneider und vor allem G. Harder hervor. Schneider betonte die Verwandtschaft von Formulierungen in Segenswünschen, Flüchen und Doxologien mit jüdischen Parallelen. Nach ihm hat die Fürbitte des Paulus ihr Vorbild ebenfalls in jüdischer Frömmigkeit (S. 33f). Harder ergänzte die Erkenntnisse Schneiders: Als Heimatboden des paulinischen Gebets ist die Gebetserziehung und -praxis des hellenistischen Judentums anzusehen, aus dem Paulus stammt. Dabei haben besonders die Psalmen die Gebetssprache des Apostels[424] sowie die eschatologische Ausrichtung und den geistlichen Inhalt seines Fürbittegebets geprägt, wie überhaupt der sittlich-eschatologische Charakter seiner Gebete dem Judentum entstammt (S. 41f). Hellenistische Frömmigkeit hat sich nach Harder lediglich in Gestalt einer allgemeinen spätantiken Gebetskrise auf Paulus ausgewirkt, die er jedoch überwand (S. 42-44).

Einen dezidierten Ansatz im Hellenismus unternahm P. Schubert, wenn auch vorwiegend auf formgeschichtlicher Ebene,[425] indem er hellenistische Papyri als direkte literarische Vorläufer der spezifisch brieflich gehaltenen einleitenden Gebetsberichte erkannte. Mit letzten übernahm der Apostel ein weit verbreitetes Element hellenistischer Briefschreibung, von dem auch der mehr inhaltliche Prototyp der einleitenden Gebetsberichte, 2 Makk 1,11ff, abhängt (S. 52).

Infolge neuer Erkenntnisse auf dem Gebiet der religionsgeschichtlichen Erforschung des Neuen Testaments war man nach dem Zweiten Weltkrieg sehr zurückhaltend, weitere Vorstufen des paulinischen Gebets im Hellenismus zu suchen bzw. anzunehmen, wie überhaupt das religionsgeschichtliche Anliegen wieder in den Hintergrund trat. Lediglich D. J. McFarlane hob in Auseinandersetzung mit P. Schubert den jüdischen Mutterboden der einleitenden Gebetsberichte hervor (S. 82f). Bezüglich der Gebetswünsche hielt G. P. Wiles die Psalmen als liturgischen und 2 Makk 1,1-10 als literarischen Vorgänger fest (S. 75).[426]

j) GEBET UND BRIEFSCHREIBUNG

Die Tatsache, daß die paulinischen Briefe keine eigentlichen Gebete enthalten, sondern nur über das Gebet reflektieren und seine Inhalte anzeigen, trat als Problem erst relativ spät in das exegetische Bewußtsein. Im einzelnen müssen folgende spezifisch briefliche Formen der Wiedergabe von Gebeten in den Paulusbriefen unterschieden werden:

1) EINLEITENDE GEBETSBERICHTE

Nach E. Orphals überzogenem Versuch der Umwandlung von Briefteilen in direkte Gebete (S. 36) war es P. Schubert überlassen, mit den einleitenden Gebetsberichten eine spezifisch briefliche Erscheinungsweise des paulinischen Gebets zu erkennen und zu analysieren. Mit dem Aufweis von zwei Grundstrukturen und einer einführenden Bezogenheit auf den jeweils folgenden Briefkorpus wies Schubert eine generelle literarische bzw. briefliche Form und Funktion der Abschnitte nach und erblickte in ihnen ein konstitutives Element der paulinischen Briefschreibung (S. 50f). Über Schubert hinausgehend bezog G. P. Wiles die Gebetspraxis mit in die Überlegungen ein und sah in den einleitenden Gebetsberichten eine Form der Übertragung von tatsächlichem Gebet in die briefliche Mitteilung (S. 75).[427] Nach D. M. Stanley spiegeln die Gebetsberichte die Natur der Gebete des Paulus am deutlichsten wider (S. 92).

P. T. O'Brien setzte die Forschungen Schuberts fort: Bestehend aus den drei Grundelementen Dankgebetsbericht, Fürbittegebetsbericht und persönliche Äußerungen des Paulus über sein Verhältnis zur Gemeinde zeigen die einleitenden Gebetsberichte aufgrund einer vierfachen - brieflichen, pastoralen, lehrhaften und paränetischen - Funktion die Beschaffenheit und Bedingtheit der Briefe an und erweisen sich damit als integrale Briefbestandteile, die

Charakter und Inhalt prägen (S. 85-87). Darüberhinaus treten laut O'Brien als typische Merkmale der einleitenden Gebetsberichte ihr Erwachsen auf der Grundlage des Heilshandelns Gottes in Christus hervor, ihre ständige inhaltliche Bezogenheit auf das paulinische Evangelium und auf das Glaubensleben der Gemeinden, mit Abstrichen auch die Erwähnung der Parusie (S. 87f). In Anlehnung an O'Brien unterstrich L. Monloubou die Evangeliumsverkündigung als wichtigsten Aspekt der einleitenden Gebetsberichte, in denen der Apostel in der Sprache der Evangelisation seinen Dank an Gott für die Wirksamkeit seiner Verkündigung wiedergibt (S. 90). D. M. Stanley sieht gar den gesamten Briefinhalt infolge seiner teilweisen Vorankündigung in den Gebetsberichten und weiterer häufig auftretender gebetsbezogener Äußerungen als Frucht des Gebets an (S. 91).

2) GEBETSWÜNSCHE UND FÜRBITTEGEBETSBERICHTE

G. P. Wiles unterzog alle mit dem Fürbittegebet in Zusammenhang stehenden paulinischen Texte einer eingehenden Analyse und ermittelte vier Textgruppen: Gebetswünsche, Fürbittegebetsberichte, paränetische sowie lehrhafte Erwähnungen der Fürbitte (S. 74). Dabei gelten ihm die Gebetswünsche und die Fürbittegebetsberichte, die auch Teil der einleitenden Gebetsberichte sein können,[428] als Formen der Übertragung von Gebet in die briefliche Mitteilung, wobei die Gebetswünsche dem Beten des Paulus bei der Abfassung des Briefes am nächsten kommen (S. 74-76). Am Beispiel des 1 Thess zeigt Wiles auf, daß beide Formen in engem Zusammenhang mit Inhalt und Struktur des Briefganzen stehen und das Gebet eine beständige Haltung des Paulus bei der Briefschreibung war (S. 77f). Mit einer fünffachen - brieflichen, pastoralen, paränetischen, lehrhaften und liturgischen - Funktionsbestimmung der Texte (S. 80) legte Wiles die Grundlage für die diesbezüglichen Ausführungen P. T. O'Briens.

k) GEBET UND THEOLOGIE DES PAULUS

Unter diesem Gesichtspunkt sollen die theologischen Implikationen des Gebets bei Paulus thematisch geordnet vorgeführt werden, die ansonsten mehr oder weniger verstreut in der Literatur begegnen.

1) DAS GOTTESBILD

Der Gott, zu dem Paulus betet, ist der Gott seines angestammten Glaubens, des Alten Testaments, zu dem er bereits in seiner Vergangenheit als Jude gebetet hat und den er infolge seiner Berufung als Vater Jesu Christi und seiner selbst erkannte.[429] Mit seinem Dankgebet läßt der Apostel Gott den ihm gebührenden Dank und Lobpreis zukommen,[430] den Gott schon immer vom Menschen gefordert hat[431] und der das Ziel seines Schöpfungs- und Erlösungshandelns darstellt.[432] Die eschatologische Grundlage dafür hat Gott in seinem Heilshandeln in Christus gelegt, in dessen Aneignung Paulus die Nähe, Treue, Liebe und Gnade Gottes erfuhr,[433] so daß er als Folge des seit seiner Berufung bestehenden Heils- und Friedensverhältnissses zu Gott die für ihn charakteristische Anrede Gottes als Abba bzw. Vater verwenden konnte.[434] Diese durch den Heiligen Geist ermöglichte[435] und auf dem Bewußtsein der Einheit mit Christus basierende[436] Vateranrede Gottes ist für Paulus nicht nur Ausdruck,[437] sondern vor allem Erfahrungsmoment der Gotteskindschaft.[438]

2) CHRISTOLOGIE

Christus ist als Träger des Heilshandelns Gottes und als Heilsmittler sowohl der Ermöglichungsgrund als auch der ständige inhaltliche Bezugspunkt des paulinischen Gebets,[439] was sich vor allem im Beten "durch Christus" und "im Namen Christi" erweist. Darüberhinaus vertreten einige katholische Forscher die Ansicht

- wenn auch von verschiedenen Ansätzen her -, daß Christus die Gebete nach dem Verständnis des Paulus an Gott übermittle[440] bzw. durch den Heiligen Geist inspiriere.[441] G. Harder sieht ein Ziel des Christusgeschehens in Sendung, Tod und Auferstehung darin, daß Menschen um die in ihm kundgewordene Kraft des Erhöhten bitten und vor allem dafür danken (S. 45).

3) PNEUMATOLOGIE

Die pneumatologische Dimension ist die am meisten behandelte theologische Problematik des Gebets bei Paulus. Dabei ergeben sich drei Grundlinien des Verständnisses des Zusammenhangs von Geist und Gebet: Die größte Gruppe von Exegeten sieht das gesamte paulinische Beten als Wirkung des Heiligen Geistes an,[442] eine zweite Gruppe tendiert dahin, dem Geist lediglich die Ermöglichung des Gebets zuzuschreiben,[443] während F. Zimmer und G. Harder das Beten mit dem Verstand vom Beten im Geist unterscheiden und als letztes nur die Glossolalie und das Seufzen des Geistes (Röm 8,26f) werten (S. 16.43).

Daneben müssen spezielle Tätigkeiten des Geistes beim Beten beachtet werden: einmal das stellvertretende Eintreten beim Gebet des schwachen Menschen (Röm 8,26f),[444] zum anderen die Aktivität beim Abba-Gebet (Röm 8,15; Gal 4,6), wobei der Geist nach C. Schneider den Zugang zur Gottessohnschaft ermöglicht (S. 34), nach J.-A. Eschlimann kindliche Gefühle mitteilt und zum Ausdruck bringt (S. 37), nach W. Bieder den Vaternamen Gottes mitteilt und somit zum Abba-Gebet befähigt (S. 55) und nach W. Marchel mit dem Bewußtsein der Einheit mit Christus als Sohn Gottes erleuchtet (S. 71). Darüberhinaus gewährleistet bzw. bewirkt der Geist die Erhörung des Gebets.[445]

4) ANTHROPOLOGIE

Einerseits wird der Mensch als Subjekt zumindest des verstandesmäßigen Gebets im Gegensatz zum pneumatischen Gebet angesehen,[446] zum anderen steht dagegen die - meist unausgesprochene - Meinung, der Mensch sei lediglich Träger bzw. Medium des geistgewirkten Gebets.[447] Nach W. Bieder und K. Niederwimmer hat der Mensch an sich keine Möglichkeit zum Gebet zu Gott und auch keine Kenntnis des rechten Gebetsinhalts (S. 55.59). J. Schniewind führt letztes auf den unendlichen Abstand auch des Gläubigen zu Gott zurück (S. 56), E. Gaugler dagegen auf die noch unvollendete heilsgeschichtliche Situation der Gemeinde (S. 58). In dieser Lage ist der Mensch auf das Eintreten des Geistes für ihn angewiesen.

5) SOTERIOLOGIE

Nach der Pneumatologie ist das Heilsgeschehen in Christus sowohl in seiner historischen Dimension als Handeln Gottes als auch in der existentiellen Dimension seiner glaubenden Aneignung der zweite herausragende theologische Bezugspunkt des paulinischen Gebets. Bereits F. Zimmer stellte fest, das Heilshandeln gelte Paulus dem Zweck des Dankes und Lobes Gottes, wozu auch das Gebet beitrage (S. 15). Somit ist das Heilsgeschehen in Christus die Grundlage für das christliche Gebet überhaupt,[448] nicht nur das Dankgebets,[449] sondern auch der Fürbitte.[450] Im Dankgebet bringt Paulus seine Dankbarkeit gegenüber Gott für das Heilshandeln und dessen Aneignung bzw. Auswirkungen in den Gemeinden zum Ausdruck.[451] Im Fürbittegebet bittet er Gott um die weitere Durchführung und teilweise um die endgültige Verwirklichung des an den Gemeinden begonnenen Heilswerks.[452]

Daneben eignet dem Gebet nach Paulus aber auch unmittelbar eine soteriologische Komponente, indem beim Beten jeweils neu der Zugang zur Basileia erlebbar[453] bzw. die Gottessohnschaft real erfahrbar wird.[454] Nach M. Schellbach vollzieht sich im Gebet immer wieder die Übereignung und Erkenntnis des Heilshandelns Gottes, so daß sich der Sünder im Gebet als gerechtfertigt erfährt (S. 49). Ähnlich denkt J. Schniewind, wenn er Röm 8,26f als Zeugnis der Rechtfertigungslehre versteht. Danach überbrückt das personhafte Eintreten des Geistes beim Beten den unendlichen Abstand zwischen Mensch und Gott und vollzieht sich darin Gottes rechtfertigendes Handeln jenseits alles eigenen Betenkönnens des Menschen (S. 56f).

6) ETHIK

So deutlich die Forschung die Bezogenheit des paulinischen Gebets auf Heilsgeschehen und -aneignung herausgestellt hat, so wenig hat sie sich mit der Rolle des Gebets im Zusammenhang der Ethik als das Leben im Heilsstand betreffend befaßt. Für dieses Gebiet fehlen konkrete Untersuchungen und Ergebnisse, es bleibt nur bei Andeutungen. So gilt A. Hamman und P. T. O'Brien das Dankgebet bei Paulus als Synonym für das christliche Leben (S. 67.89). Ferner stellten O'Brien und G. P. Wiles eine funktionale Bezogenheit von Passagen der einleitenden Gebetsberichte auf die Paränese des jeweiligen Briefes fest (S. 80.86).

7) ESCHATOLOGIE

H. Greeven war der erste, der den Zusammenhang zwischen Gebet und Eschatologie im Urchristentum ausführlich beschrieb. Für ihn ist das Gebet des Paulus an sich eine eschatologische Größe, weil eine Wirkung des Heiligen Geistes als Teil des neuen Äons (S. 32). Besonders die Fürbitte ist als Element der apostolischen Tätigkeit auf die Heilszukunft Gottes, insbesondere die Parusie Christi, ausgerichtet,[455] wie das paulinische Gebet überhaupt im Zeichen des auf die eschatologische Vollendung hinsteuernden Heilshandelns Gottes steht.[456]

ÜBERLEITUNG

Im nun folgenden Teil soll versucht werden, die anhand der Darlegung der Forschungsgeschichte aufgewiesenen zentralen Aspekte und Fragestellungen bezüglich des Gebets bei Paulus exegetisch zu konkretisieren. Dies soll an exemplarisch ausgewählten Texten als B e s t ä t i g u n g , E r g ä n z u n g , W e i t e r - f ü h r u n g und K r i t i k der bisher erzielten Ergebnisse geschehen. Auf eine exegetische Betrachtung aller in Frage kommenden gebetsbezogenen Stellen der paulinischen Briefe wird verzichtet, um eine gewisse, notgedrungene Oberflächlichkeit zu vermeiden bzw. den Umfang der Arbeit nicht ins Uferlose auszudehnen. Die zu behandelnden Texte sind so gewählt, daß in ihnen jeweils einer oder mehrere der ermittelten Problemkreise zentral zur Geltung kommen und gegebenenfalls darüberhinaus noch weitere Themen am Rande angesprochen werden bzw. Rückschlüsse auf diese möglich sind. Dabei finden primär theologiegeschichtlich bedingte Aspekte, an denen die neuere Diskussion vorbeigegangen ist, keine Berücksichtigung (457). Auch mehr oder weniger geklärte Problematiken werden nicht mehr eigens mit einer Exegese bedacht (458).

Die Textauswahl erfolgt nicht nur nach thematischen Gesichtspunkten. Gleichzeitig wird mit ihr versucht, neben für die jeweilige Problematik zentralen und von daher auch vielbesprochenen Stellen (2 Kor 12,8; Röm 8,15; Röm 8,26f) die Aufmerksamkeit auf von der Thematik her weniger beachtete, aber nicht minder aufschlußreiche Abschnitte zu lenken (2 Kor 6,2; Röm 7,24f; Röm 15,30-33; Phil 1,3-11). Insgesamt werden Stellen des Röm bevorzugt, um die Relevanz dieses größten Paulusbriefes auch für das Gebet zu erweisen. Dagegen findet das reichhaltige Material aus dem 1 Thess zunächst keine Berücksichtigung, weil es zuletzt von G. P. Wiles einer ausführlichen Exegese unterzogen wurde (459). Die Textauslegungen sind so gehalten, daß in ihnen der gegenwärtige Stand der Forschung möglichst deutlich wird und auch die Beiträge von Exegeten Erwähnung finden, die sich nur am Rande mit Fragen des Gebets bei Paulus befaßt haben. Aus diesem Grund wird vor allem in den Anmerkungen umfangreich darauf verwiesen.

Im einzelnen werden folgende Aspekte im Zusammenhang der Exegese des jeweiligen Textes angesprochen:

2 Kor 12,8 - Gebet zu Christus
2 Kor 6,2 - Gebetserhörung
Röm 7,24f - Berufung, Dankgebet, Briefschreibung, Christologie, Soteriologie
Röm 8,15f - Gott, Pneumatologie, Soteriologie
Röm 8,26f - Pneumatologie , Anthropologie, Eschatologie
Röm 15,30-33 - Fürbittegebet, Apostolat
Phil 1,3-11 - Einleitende Gebetsberichte

In einem abschließenden dritten Teil werden die in der Exegese gewonnenen Einsichten zusammengefaßt und in eine übergreifende Darlegung der wesentlichen Aspekte des paulinischen Gebets hineingestellt.

ZEITER TEIL

EXEGETISCHE STUDIEN ZU ZENTRALEN FRAGEN UND ASPEKTEN DES GEBETS
BEI PAULUS

I. 2 KORINTHER 12,8

1. ZUM PROBLEM

Nachdem man vor allem in der Zeit um die Wende vom 19. bis zum 20. Jahrhundert die Anbetung Christi aus den genannten Erwägungen heraus als problematisch angesehen hatte,[1] stellte die Exegese der letzten 60 Jahre die systematisch-theologische Fragestellung in diesem Zusammenhang zurück und nahm das Gebet zu Christus in der Urchristenheit zunächst einmal als historische Gegebenheit zur Kenntnis und versuchte es als solche zu erklären.[2] Dabei fiel in der Paulusexegese besonderes Gewicht auf 2 Kor 12,8 als "das einzige sichere Zeugnis für ein ' B e t e n ' zu J e s u s in den (echten) paulin. Briefen".[3] Weitere Indizien dafür sah man in 1 Kor 1,2; 16,22; 1 Thess 3,11-13; 2 Thess 2,16f; 3,5; 3,16. Jedoch läßt keine dieser Stellen mit Sicherheit auf Gebete zu Christus schließen.[4]

Für Paulus ist im Normalfall Gott der im Gebet Angesprochene.[5] Umso mehr erstaunt es, in 2 Kor 12,8 die Erwähnung eines an Christus gerichteten Gebets zu finden - ein Gebet, das sich nicht nur durch seine Ausrichtung, sondern auch durch seine Vorgeschichte[6] und seinen Vollzug[7] von allen anderen Gebetsäußerungen des Paulus unterscheidet. Haben wir es hier mit einer zufälligen, einmaligen Begebenheit zu tun oder mit einem durch die Situation bedingten einzigartigen Vorgang, oder tut sich hier ein kleiner Einblick auf in den ansonsten verborgenen Gebetsverkehr des Apostels mit Christus, seinem Herrn? Antwort auf diese und andere Fragen soll die folgende Exegese erbringen.

2. VORFRAGEN

Die formgeschichtliche Einordnung von 2 Kor 12,8 sowie des Rahmens 12,1-10 ist ebenso umstritten wie der Kontextbezug des Verses.[8] Formal gesehen liegt eine Mitteilung vor, die Paulus über persönliche Widerfahrnisse der Vergangenheit macht und die auf das Herrenwort v. 9a und die daraus gewonnene Einsicht v. 9b.10 hinausläuft, in deren Licht der gesamte Abschnitt gestaltet ist. Durch ὑπὲρ τούτου ist v. 8 sprachlich mit dem Vorangehenden verknüpft[9] und erweist sich damit auch inhaltlich als Bestandteil der Einheit 12,1-10, die wiederum den "Höhepunkt der sogenannten 'Narrenrede'"[10] (11,16-12,13) bildet.[11]

Im einzelnen kann ὑπὲρ τούτου sowohl auf σκόλοψ τῇ σαρκί als auch auf ἄγγελος σατανᾶ (v. 7) bezogen werden. Wegen der Näherbestimmungen ἵνα ἀποστῇ ἀπ' ἐμοῦ (v. 8) und ἵνα με κολαφίζῃ (v. 7) liegt es nahe, an die personhafte Tätigkeit des ἄγγελος σατανᾶ zu denken, von dem Paulus befreit werden möchte,[12] der aber wohl mit dem σκόλοψ τῇ σαρκί identisch ist.[13] Dabei deutet κολαφίζειν (mit der Faust schlagen, ohrfeigen)[14] auf ein wie auch immer geartetes körperliches Leiden hin,[15] das in der Sicht des Apostels von einem Satansengel ausgeht. Dieser ist ihm mit seiner peinigenden Tätigkeit gegeben worden (ἐδόθη, v. 7),[16] um ihn an der Selbstüberhebung zu hindern (ἵνα μὴ ὑπεραίρωμαι, v. 7 zweimal),[17] in die er aufgrund der ὑπερβολῇ τῶν ἀποκαλύψεων (v. 7), die ihm zuteil wurden, zu verfallen droht.[18] Diese ihm vor 14 Jahren (v. 2) begegnenden Widerfahrnisse überschreibt Paulus in v. 1 mit ὀπτασίαι καὶ ἀποκαλύψεις κυρίου, bevor er in v. 2-4 den Schleier um die Geheimnisse ein wenig lüftet.[19] Der Apostel geht auf sie ohnehin nur gezwungenermaßen (v. 11) ein, weil er mit ihnen seinen Gegnern und der Gemeinde im Rahmen der Narrenrede zeigen kann, daß er im Rühmen außergewöhnlicher religiöser Vorzüge mühelos mithalten könnte, wenn er wollte.[20] Statt einer solchen Torheit

(11,17.21; 12,11) zieht er es aber vor, sich seiner Schwachheiten zu rühmen (11,30; 12,5.9) und sich von sich selbst als dem 'religiösen Genie' zu distanzieren (v. 2-5).[21]

Damit ist der Kontextbezug von 2 Kor 12,8 kurz umrissen. Bei seiner weiteren Erörterung müssen nun zwei Ebenen unterschieden werden: Die erste ist die des Ablaufs der Ereignisse vor 14 Jahren: Paulus werden Erscheinungen und Offenbarungen Christi in Gestalt zweier Entrückungserlebnisse[22] zuteil, aber auch ein quälendes Leiden, das er auf einen Boten Satans zurückführt. Um davon befreit zu werden, richtet er eine diesbezügliche Bitte an Christus, auf die er auch eine Antwort erhält. Die zweite Ebene erschließt sich im Licht dieser Antwort: Paulus wird mitgeteilt, daß sein Leiden als Mittel fungiert, um ihn in Schwachheit zu führen, damit die göttliche Kraft an ihm zur vollendeten Wirkung gelangen kann (v. 9a). Aus der Perspektive der daraus resultierenden Erkenntnis: Ruhm der notwendigen Schwachheiten, ἵνα ἐπισκηνώσῃ ἐπ' ἐμὲ ἡ δύναμις τοῦ Χριστοῦ (v. 9b), erschließt sich nun diese zweite Ebene der verstehenden und deutenden Wiedergabe der Ereignisse nach 14 Jahren mit allen ihren Eigentümlichkeiten.[23]

Daß die beiden Ebenen hinsichtlich der Erklärung des Zustandekommens des Gebets zu Christus unterschieden werden müssen, ergibt sich daraus, daß dieses Gebet ein Element der ersten Ebene ist. Dies zeigt vor allem v. 7: Wäre Paulus von Beginn an die Sicht des Leidens im Licht der Erkenntnis von v. 9b.10 möglich gewesen, dann wäre ihm das Gebet um die Befreiung davon unmöglich geworden. So aber sah der Apostel sein Leiden zunächst einmal als etwas Negatives an, und erst Christus hat es ihn positiv verstehen und bejahen gelehrt (v. 9a). Daraus folgt: Für eine Untersuchung der Frage, warum Paulus in 2 Kor 12,8 entgegen seiner sonstigen uns bekannten Gewohnheit von einem Gebet zu Christus und nicht zu Gott berichtet, ist allein der Ablauf der Ereignisse vor 14 Jahren mit den Faktoren Entrückung - Leiden - Gebet maßgebend.[24]

Läßt sich nun aus diesen drei Elementen eine befriedigende Erklärung für das Problem des an Christus gerichteten Gebets finden? Zunächst einmal müssen jene Deutungsversuche zurückgewiesen werden, die das Gebet während der Himmelsreise vor dem Thron des erhöhten Christus stattfinden lassen.[25] Mehrere Gründe sprechen gegen diese These: 1. Paulus unterscheidet seine Entrückungen und sein Gebet als verschiedene Begebenheiten dadurch, daß er sich von erstem in Form der Wiedergabe in der dritten Person distanziert, während er letztes uneingeschränkt von sich aussagt. 2. Die zweimalige Deutung ἵνα μὴ ὑπεραίρωμαι (v. 7) ist nur sinnvoll im Zusammenhang der Ausübung des apostolischen Auftrags, setzt also die irdische Befindlichkeit als Ort des Leidens und damit des Gebets des Apostels voraus. 3. Da σάρξ (σκόλοψ τῇ σαρκί, v. 7) im vorliegenden erzählenden Kontext den Körper des Menschen bezeichnet und somit ein körperliches Leiden anzeigt,[26] Paulus aber gerade seine Unkenntnis über eine Beteiligung des Leibes an den Entrückungen betont, ist es unmöglich, beides einschließlich des folgenden Gebets als Elemente ein- und desselben Vorgangs zu betrachten.[27] Demzufolge müssen die Entrückungen und das Leiden/Gebet als separate Begebenheiten angesehen werden.

3. VERSUCH EINER REKONSTRUKTION DER VORGESCHICHTE

Welchen Grund hatte Paulus nun, sich mit seinem Anliegen ausgerechnet an den Kyrios und nicht an Gott zu wenden? Um diese Frage zu beantworten, ist eine Rekonstruktion der Ereignisse erforderlich - soweit sie der Text zuläßt.

Zunächst fällt auf, daß der Apostel den Kyrios, den er anruft, auch mit den ὀπτασίαι καὶ ἀποκαλύψεις in Verbindung bringt (v. 1). Dabei tendiert die Forschung dahin, das dazugehörige κυρίου als genetivus subjectivus aufzufassen (28). Doch ist das Problem keineswegs eindeutig zu lösen. Beim Vergleich des sonstigen paulinischen Gebrauchs von ὀπτασία und ἀποκάλυψις bzw. den entsprechenden Verben ὁρᾶν und ἀποκαλύπτειν läßt sich nämlich sowohl eine subjektive als auch eine objektive Bezogenheit auf Christus feststellen. Subjekt ist Christus bezüglich ἀποκάλυψις in Gal 1,12, bezüglich ὁρᾶν in 1 Kor 15,8, Objekt hinsichtlich ἀποκάλυψις in 1 Kor 1,7 (2 Thess 1,7), hinsichtlich ἀποκαλύπτειν in Gal 1,16, hinsichtlich ὁρᾶν in 1 Kor 9,1. Dabei fällt auf, daß Paulus im Zusammenhang des Berufungserlebnisses - worauf sich vier der sechs Angaben beziehen (29) - von Christus nicht nur als Urheber einer Offenbarung (Gal 1,12), sondern auch als deren Inhalt (Gal 1,16) reden kann (30) und analog dazu als Subjekt einer Erscheinung (1 Kor 15,8) sowie als deren Objekt (1 Kor 9,1) (31). Das aber heißt, daß für den Apostel das Berufungserlebnis Offenbarung und Erscheinung Christi zugleich ist, wobei dem Genetiv sowohl subjektive als auch objektive Bedeutung zukommt: Beides wurde ihm von Christus gewährt und beides hatte Christus zum Inhalt.

Da wir in den paulinischen Briefen kein weiteres Vergleichsmaterial zu diesem Problem besitzen, wird man hinsichtlich der ὀπτασίαι καὶ ἀποκαλύψεις κυρίου in 2 Kor 12,1 kaum etwas anderes erwägen können (32), obwohl es sich mit Sicherheit nicht um das Berufungserlebnis handelt und auch von diesem grundverschieden ist (33). Paulus meint Offenbarungen und Erscheinungen, die von Christus ausgingen und in denen sich der Kyrios ihm mitteilte (34) und sich ihm zeigte (35). Von daher liegt es nahe, κυρίου nicht singulär als genetivus subjectivus o d e r objectivus zu interpretieren, sondern beide Bedeutungen als in der Aussageintention des Apostels liegend anzunehmen: Christus ist Urheber u n d Inhalt der Erscheinungen und Offenbarungen (36).

Dem entspricht es, daß Paulus an einer Konkretion der Funktion Christi im Zusammenhang dieser Vorgänge nicht im geringsten interessiert ist, sondern diesbezüglich alles offenläßt. Auch das verbietet eine allzu sichere Fixierung der Bedeutung des Genetivs auf eine der beiden Möglichkeiten. Zudem muß beachtet werden, daß der Apostel keinerlei Mitteilung über das bei den Entrückungen Gesehene macht, so daß das Argument für eine Ablehnung des genetivus objectivus, er erwähne nicht, daß er Christus gesehen habe (37), jeglicher Grundlage entbehrt. Auch kann Paulus in der Auseinandersetzung mit seinen Gegnern sich nicht damit begnügt haben, ihnen entgegenzuhalten, Christus habe auch ihm ekstatische und visionäre Erfahrungen gewährt. Damit hätte er nichts gewonnen, da die Gegner sich in erster Linie des Inhalts ihrer Erlebnisse rühmten, die wohl in der Schau des Kyrios gipfelten (38). Ließ er sich darauf ein, es im Rühmen seinen Widersachern gleichzutun oder sie gar zu überbieten, so mußte er sie an diesem inhaltlichen Punkt treffen und entsprechende Vorgänge auch von sich selbst behaupten. Daß er sie nicht näher beschreibt, hat seinen Grund in seiner Zurückhaltung hinsichtlich des Rühmens. Aber zur Selbstbehauptung gegenüber seinen Gegnern mußte er auf Erfahrungen verweisen, die ihrem Rühmen entsprachen, d. h. die Christus zum Urheber und vor allem zum Inhalt hatten (39).

Von dieser zentralen Funktion ausgehend ist Christus in jedem Fall als logisches Subjekt der die Vorgänge kennzeichnenden Verbformen ἁρπαγέντα (v. 2) und ἡρπάγη (v. 4) zu denken. Der Kyrios, der den Apostel dieser Entrückungen würdigt, ist es auch, der sie vollführt (40). Nicht umsonst stellt Paulus sich in diesem Zusammenhang als ἄνθρωπος ἐν Χριστῷ vor (v. 2), klingt doch in dieser Bezeichnung der Gedanke einer von Christus ausgehenden Wirkung (41), des Bestimmtseins der inwendigen und auswendigen Geschichte des Glaubenden durch Christus mit (42). Ebenso wird man von der Urheberschaft Christi her, aber auch infolge des vorauszusetzenden Schauens Christi durch Paulus vermuten dürfen, daß die ἄρρητα ῥήματα (v. 4) von Christus ausgegangen sind, wenngleich sich dies nicht weiter begründen läßt (43).

Der Zusammenhang zwischen den Entrückungen und dem Leiden, um dessen Beseitigung Paulus den Kyrios bat, läßt sich nicht genau ermitteln. Begann das Leiden unmittelbar im Anschluß an die Erlebnisse oder erst nach einer kurzen oder gar längeren Zeitspanne? War Paulus sich des Zusammenhangs des Leidens mit seinen Erfahrungen bewußt oder ging dieser ihm erst im Gefolge der Antwort Christi (v. 9a) auf? Warum macht der Apostel über sein Leiden noch weniger detaillierte Angaben als über seine Entrückungen? Zu diesen und ähnlichen Fragen lassen sich kaum exakte Antworten finden. Mit einiger Sicherheit läßt sich nur Folgendes feststellen: Es muß sich um "ein nicht näher bestimmbares körperliches Leiden" gehandelt haben (44), das Paulus zunächst ausschließlich auf die Wirkung eines ἄγγελος σατανᾶ (v. 7) zurückgeführt hat (45). Die Annahme, mit dem Satansengel habe er sein Leiden n a c h t r ä g l i c h religiös gedeutet oder gar auf einen Vorwurf der Korinther angespielt (46), verbietet sich dadurch, daß der ἄγγελος σατανᾶ Inhalt seiner Bitten an den Kyrios war (47). Freilich gibt ἵνα ἀποστῇ ἀπ' ἐμοῦ (v. 8) nur den Inhalt (48), nicht jedoch den Wortlaut der Gebete wieder, jedoch legt die Formulierung ὑπὲρ τούτου in Verbindung mit ἀποστῇ nahe, daß Paulus um die Beendigung der Tätigkeit des Satansengels gebeten hat (49).

Bisher konnte rekonstruiert werden: Der Apostel hatte zwei Entrückungen erlebt, die er nicht nur auf Christus zurückführte, sondern in denen er ihn auch schaute und womöglich sogar Worte aus seinem Mund vernahm. Danach überfällt ihn ein Leiden, in dem er einen Boten Satans am Werk sieht, dessen Sinn er aber nicht erkennt. In dieser Situation wendet er sich an den Kyrios mit der Bitte um Beendigung des Treibens des Satansengels, und erst im Licht der Antwort erkennt er den Zweck seines Leidens: Christus hat es ihm zukommen lassen, um ihn als Voraussetzung für die volle Wirksamkeit seiner δύναμις in Schwachheit zu führen (v. 9) und ihn damit vor einer Vorenthaltung dieser δύναμις durch die Selbstüberhebung zu bewahren, in die er aufgrund der ὑπερβολῇ τῶν ἀποκαλύψεων (v. 7) zu verfallen drohte oder bereits hineingeraten war. Daß Paulus d i e s e n Zusammenhang zwischen seinem Leiden und den Entrückungen erst im nachhinein erkannte (50), verdeutlicht die zweifache präsentische Formulierung ἵνα μὴ ὑπεραίρωμαι (v. 7), die aus dem im Aorist bzw. Perfekt gehaltenen Gang des Berichts (v. 7-9) herausfällt (51) und darüberhinaus die beiden Vorgänge dadurch miteinander verknüpft, daß sie im unmittelbaren Kontext eines jeden auftaucht.

4. DAS GEBET ZU CHRISTUS (VERS 8)

Warum wendet sich Paulus mit seiner Bitte nun aber - entgegen seiner sonstigen uns bekannten Gewohnheit - ausgerechnet an den Kyrios? Am Inhalt kann es nicht gelegen haben. Denn weder sieht der Apostel Christus als spezifischen Überwinder Satans und seiner Machenschaften an,[52] noch ist Christus in seinen Augen derjenige, der für die Aufhebung körperlicher Not zuständig wäre.[53] Auch das Argument, er habe Christus als seinen apostolischen Dienstherrn angerufen, kann nicht überzeugen,[54] ebenso wenig die Meinung, er habe mit Christus in einem ständigen, innigen Gebetsverkehr gestanden,[55] ganz zu schweigen von der den Text vergewaltigenden Auslegung, mit dem Kyrios sei Gott gemeint.[56]

Nach allem bisher Gesagten läßt sich nur e i n e vom Kontext her vertretbare und dem Befund der übrigen Paulusbriefe nicht widersprechende Erklärung für das an Christus gerichtete Gebet finden: Der Apostel muß zu diesem Zeitpunkt noch so unter dem Eindruck der himmlischen Begegnung mit seinem Herrn gestanden und sein Leiden in unmittelbarem Zusammenhang damit gesehen haben, daß ihm Christus i n d i e s e m e i n e n F a l l der zuständige Gebetsadressat zu sein schien. Nicht umsonst erinnert er sich nach 14 Jahren (v. 2) noch genau an die Ereignisse.[57] Nicht umsonst spricht er von τῇ ὑπερβολῇ der Offenbarungen (v. 7) als einem alles in dieser Hinsicht Erfahrenen überragenden Geschehen.[58] Im Gegensatz dazu muß ihn sein Leiden als direkter Kontrapunkt zu seinen Erlebnissen besonders hart getroffen haben.[59] Nicht umsonst sieht er jetzt nicht mehr Christus, sondern den ἄγγελος σατανᾶ (v. 7) am Werk. Schärfer kann er die Gegensätzlichkeit nicht ausdrücken, in der er sein Leiden angesichts der vorausgegangenen Ereignisse empfindet und versteht.[60]

Daß Paulus um die Überwindung der Hemmung seiner "ekstatischen Schau", also um ihre Wiederherstellung, gebetet hat, läßt sich von der Inhaltsangabe seiner Gebete her wenig wahrscheinlich machen.[61] Er wollte lediglich von dem ἄγγελος σατανᾶ befreit werden, der ihn nach der Himmelsreise mit höllischen Schlägen plagte.[62] In dieser Situation ist es naheliegend, daß er sich mit seinem Anliegen an den wandte, der ihm zuvor die genannten Erlebnisse zuteil werden ließ, der sich ihm zuvor gezeigt und geoffenbart hatte und der ihm in diesem Fall als machtvoller und einsichtiger Gegenpart zum schmerzenden Satansengel erschien.[63] Paulus betete zu Christus,[64] weil er durch den außergewöhnlichen Verlauf der Dinge dazu veranlaßt wurde.

In diesem Zusammenhang bleibt zu fragen, ob der Apostel bereits vorher mit der Möglichkeit des Gebets zu Christus vertraut war.[65] Man wird mit Sicherheit davon ausgehen können, daß er "die Anrufung Jesu als 'Herr' im Sprachgebrauch der hellenistisch-christlichen Gemeinde vorgefunden" hat,[66] jedoch muß bezweifelt werden, daß es sich dabei um direkt an Christus gerichtete Gebete gehandelt hat.[67] Vielmehr legt die von ihm in dieser Hinsicht gebrauchte Wendung ἐπικαλεῖν τὸ ὄνομα κυρίου (Röm 10,13; 1 Kor 1,2) den Gedanken an ein liturgisches bekennendes Rufen unter Nennung des Namens des Kyrios nahe.[68] Von daher wird man auch die direkte Formulierung ἐπικαλεῖν αὐτόν (sc. τὸν κύριον, Röm 10,12.14) im Sinne eines Bekenntnisses zu Christus, nicht aber des Gebets zu ihm,[69] auffassen müssen, was ja auch durch den Zusammenhang (ὁμολογεῖν κύριον Ἰησοῦν, v. 9f) bestätigt wird.[70] Ebenso dürfte μαράνα θά (1 Kor 16,22) weniger als eigentliches Gebet, sondern primär als formelhafte Anrufung zu verstehen sein.[71]

Mit diesem Befund stimmt überein, daß Paulus für sein unmittelbar an Christus gerichtetes Gebet in 2 Kor 12,8 mit παρακαλεῖν ein Wort verwendet, das sonst in dieser Bedeutung bei ihm nie wieder begegnet. Freilich legt das Ersuchen Christi um Hilfe in notvoller Situation den Gebrauch dieses Verbums nahe,[72] jedoch wird mit ihm auch die Andersartigkeit dieses direkt an Christus gerichteten Gebets im Verhältnis zum ἐπικαλεῖν des Kyrios und zum Maranatha-Ruf deutlich, ganz zu schweigen von der Unterschiedenheit zum Vokabular, das Paulus für das Beten zu Gott verwendet.[73]

Somit besitzen wir kein sicheres Zeugnis dafür, daß der Apostel je zuvor und danach zu Christus gebetet hat.[74] Von daher muß in Erwägung gezogen werden, daß er - durch die bereits dargelegte Situation von 2 Kor 12,1-7 dazu veranlaßt - zum ersten und unter Umständen einzigen Mal sich laut v. 8 im Gebet unmittelbar an Christus gewandt hat.[75] Die Annahme der Einzigartigkeit dieses Vorgangs wird desweiteren genährt durch die sofort erfolgende Antwort Christi (καὶ εἴρηκέν μοι, v. 9). Denn nirgendwo sonst berichtet Paulus von seinen Gebeten als Wechselrede zwischen ihm und Gott (bzw. Christus) und von im Zusammenhang mit seinem Gebet erfolgenden göttlichen Anworten, Weisungen oder Offenbarungen. Ob die Antwort Christi dabei als Orakel[76] oder als Offenbarung[77] zu bezeichnen ist, ob sie in Ekstase erfolgte[78] und gar mit einer Erscheinung verbunden war,[79] tut nichts zur Sache. Fest steht, daß Paulus sie nicht zu den ὀπτασίαι καὶ ἀποκαλύψεις κυρίου (v. 1) rechnet,[80] weil sie ihm erst den

Schlüssel zu deren Beurteilung lieferte und ihm gerade nicht Anlaß zum καυχᾶσθαι κατὰ σάρκα (11,18) ist. Dadurch kommt ihre Einzigartigkeit noch deutlicher zur Geltung.

5. ERGEBNIS

Nach dem bisher Gesagten bleibt als Ergebnis festzuhalten: Wir besitzen keine eindeutigen Zeugnisse darüber, daß Paulus ein Beten zu Christus in der Form unmittelbarer Anrede gekannt, geschweige denn praktiziert hat. 2 Kor 12,8 ist als Wiedergabe eines einmaligen, durch die Vorgeschichte bedingten Vorgangs anzusehen, aus dem keine Regel abgeleitet werden darf.[81] Nach allem, was uns von Paulus zugänglich ist, hat er - bis auf diese eine Ausnahme - seine Gebete an Gott, den Vater Jesu Christi, gerichtet.

II. 2 KORINTHER 6,2

1. VORFRAGEN

In der Forschung ist die Begründung und Gestalt des paulinischen Erhörungsglaubens (82) bereits verschiedentlich erörtert worden (83). Dabei fällt auf, daß bislang lediglich Texte herangezogen wurden, die indirekt auf die Erhörungsvorstellung des Apostels schließen lassen (84), jedoch nichts über die Gebetserhörung an sich besagen. Eine solche Aussage liegt m. E. in 2 Kor 6,2 vor (85).

Der Vers gehört in den Zusammenhang der Darlegung des Inhalts der paulinischen Versöhnungsbotschaft und deren Ausrichtung (2 Kor 5,14ff) (86) im Rahmen der Apologie des Apostelamtes 2 Kor 2,14 - 7,4. In 6,1 appelliert (87) Paulus in seiner Funktion als Mitarbeiter Gottes (88) an die korinthische Gemeinde (89), die in der Verkündigung der Versöhnung ergehende Heilsgnade Gottes (90) nicht vergeblich zu empfangen. Er sieht die Korinther offenbar in der Gefahr befindlich, ähnlich wie die Galater aus dem Bereich der neuschaffenden Gnade Gottes herauszufallen (Gal 5,4), wenn sie nicht die "Konsequenzen" der glaubenden Annahme "der Heilstat für die Lebensführung" mitübernehmen (91).

2. EXEGESE

An dieser Stelle nun zitiert der Apostel Jes 49,8 wörtlich nach LXX. Ursprünglich ist der Vers Bestandteil einer Heilsankündigung[92] an Israel,[93] in der Jahwe den Deportierten die Erhörung ihrer Klagen[94] und sein helfendes Eingreifen zur Wendung ihres Schicksals in der bereits angebrochenen Zeit des Erbarmens und der Rettung zusagt.[95] Paulus führt das Zitat mit der rabbinischen Formel λέγει γάρ ein,[96] wobei sowohl von Jes 49,8[97] als auch von 2 Kor 6,1 her ὁ θεός als Subjekt zu denken ist.[98] Den Sinn des Prophetenwortes in seinem neuen Zusammenhang erläutert er mit einer exegetischen Nachbemerkung,[99] die die "Dringlichkeit der Mahnung" von v. 1 unterstreicht:[100] Es kommt für die Korinther darauf an, j e t z t zu handeln und ihr Leben in der bereits empfangenen Heilsgnade (vgl. 2 Kor 3,2f) fest zu verankern. Andernfalls droht ihre bisherige Begegnung mit dem Evangelium in Gestalt des Wortes von der Versöhnung ins Leere (εἰς κενὸν, v. 1) zu laufen.[101]

Paulus benutzt Jes 49,8, um die Gegenwart als die eschatologische Heilszeit zu qualifizieren, in der es gilt, die rettende Gnade Gottes, die in der Verkündigung der im Christusgeschehen vollzogenen Versöhnung wirksam werden will, nicht ungenutzt verstreichen zu lassen.[102] Zu diesem Zweck braucht er das Zitat nicht inhaltlich zu explizieren, sondern nur formal zu aktualisieren (v. 2b), will er doch mit ihm lediglich die Gegenwärtigkeit des Heils und damit - im Kontext seiner Mahnung - sozusagen die "Gunst der Stunde" unterstreichen. Das aber kann den Korinthern nur einleuchten, wenn sie mit Paulus in der Beantwortung der Frage einig sind, worin sich denn die Gegenwart als καιρὸς εὐπρόσδεκτος und ἡμέρα σωτηρίας erweist. Unter diesem Aspekt kommt der inhaltlichen Konkretion der Heilszeit nach Jes 49,8 erhebliche Bedeutung zu.[103]

Vom Text her kann die - von Paulus vorausgesetzte - Beantwortung der Frage nur lauten: Die Gegenwart erweist sich darin als Heilszeit, daß sie die Zeit des Erhörens und des Helfens durch Gott ist.[104] Dabei läßt der Zusammenhang keine andere Möglichkeit zu, als die Hilfe in umfassendem Sinne mit dem Versöhnungshandeln Gottes zu identifizieren (5,14-21), während das zweite Merkmal der Heilszeit, die Erhörung, aufgrund der Auslegungstradition von Jes 49,8 als G e b e t s erhörung zu qualifizieren sein dürfte:

Im Hebräischen wird die Heilsankündigung Jahwes durch עֲנִיתִיךָ wiedergegeben, d. h. sie besitzt Antwortcharakter,[105] der im עֲזַרְתִּיךָ realisiert wird.[106] Das muß zwar nicht zwangsläufig als Gebetserhörung geschehen, zumal von vorausgehendem Bitten, Rufen oder

Klagen nur implizit die Rede sein kann.[107] Dennoch ist anzunehmen, daß Jes 49,8 von jeher auf die Gebetserhörung bezogen worden ist. Das geht unzweideutig aus der LXX hervor, die ענה hauptsächlich mit ἀποκρίνεσθαι übersetzt, hier jedoch mit ἐπακούειν wiedergibt,[108] ebenso aus der Übersetzung des Targum und aus der rabbinischen Auslegungstradition.[109] Wenn aber die Deutung auf die Gebetserhörung fester Bestandteil der Interpretationsgeschichte von Jes 49,8 ist, dann muß diese Komponente des Verstehens auch für Paulus vorausgesetzt werden, auch wenn sie bei ihm - bedingt durch den Argumentationsgang - nicht ausdrücklich zur Geltung kommt. Das aber heißt: Die Gebetserhörung ist für Paulus darin begründet und damit gegeben, daß mit Gottes Versöhnungshandeln in Christus die eschatologische Heilszeit angebrochen ist, in der die nunmehr aufgehobene Trennung zwischen Gott und Mensch sich gerade in der Erhörung menschlichen Redens durch Gott realisiert.[110]

Drei Beobachtungen sollen diesen Befund unterstreichen:

1. Paulus hat den unmittelbar vorausgehenden und zentral von der Versöhnung handelnden Abschnitt 5,18-21 so strukturiert, daß er zwischen "Tat-Aspekt" (v. 18b.19ab.21) und "Wort-Aspekt" (v. 18c.19c.20) der Versöhnung unterscheidet und beides abwechselnd, zum Teil in chiastischer Umkehrung, zur Sprache bringt.[111] Diese Differenzierung trifft auch für 6,1f zu, insofern v. 1.2b die Ausrichtung des Versöhnungswortes in die konkrete Situation der Korinther hinein zum Gegenstand haben[112] und v. 2a die im vorliegenden Kontext auf die Versöhnung bezogene "Heilstat" Gottes benennt. Damit ist - zumindest in formaler Hinsicht - eine Gleichwertigkeit zwischen den Aussagen über Gottes Versöhnungshandeln in Christus und über die in Christus erfüllte Heilsverheißung von Jes 49,8[113] gegeben, mithin die Gebetserhörung in den Kontext der Versöhnung gerückt.

2. Paulus spricht die Korinther als bereits mit Gott Versöhnte

an[114] und gewinnt die Argumentationskraft des von ihm paränetisch herangezogenen Zitats[115] nur unter der Voraussetzung, daß die Korinther ihrerseits in der Lage sind, die von Jes 49,8 gezeichnete Situation als Erscheinungsmerkmal der von ihm intendierten Gegenwärtigkeit der Heilszeit zu identifizieren. Das aber heißt, daß die Heilsgegenwart auch (nicht nur) an dem Gegebensein der Gebetserhörung erkennbar ist und diese sowohl dem Apostel als auch der Gemeinde als charakteristisches Element des Lebens als mit Gott Versöhnte gilt.[116]

3. Zu dem formalen und situativen Zusammenhang von Gebetserhörung und Versöhnung nach 5,18-6,2 treten grundsätzliche theologische Erwägungen anhand des paulinischen Redens von der Versöhnung:

Zunächst einmal ist festzuhalten, daß im Versöhnungsgeschehen Gott in Christus der allein Handelnde ist und dem Menschen lediglich die Rolle des Empfangenden zukommt (2 Kor 5,18-21; Röm 5,10f (Kol 1,19-22; Eph 2,14-18)). Diesem "einseitige(n) Akt Gottes ... der allem menschlichen Tun vorausgeht",[117] entspricht die an Jes 49,8 gebundene Rede von der Erhörung, die - in Parallelität mit dem als Versöhnung zu interpretierenden "Helfen" - als alleinige, dem Menschen gnadenhaft gewährte Tat Gottes ohne jegliches menschliche Zutun gewertet wird.[118] Dem Wesen der Gebetserhörung als in Gott allein begründeter Zuwendung zum Menschen und seinem Gebet[119] korrespondiert der Sachverhalt, daß Gott selbst es ist, der etwaige Hindernisse bei der Annahme des Versöhnten bzw. seines Betens zu ihm aufhebt: einmal in dem stellvertretenden Eintreten Christi für die Gerechtfertigten vor Gott (Röm 8,34) und zum anderen in dem stellvertretenden Seufzen des Geistes bei der Bitte um die zukünftigen Dinge des Endheils (Röm 8,26f).[120] Versöhnung und Gebetserhörung entsprechen sich in ihrer theozentrischen Bestimmtheit und begegnen dem Menschen als reines Gnadengeschenk Gottes.

Ein weiteres bleibt zu bedenken. Für Paulus wird mit dem Versöhnungsgeschehen ein von Grund auf neues Verhältnis zwischen Gott und den Menschen gesetzt.[121] Durch den Sühnetod Jesu als dem "Realgrund der geschehenen Versöhnung"[122] hebt Gott selbst den bisherigen Zustand der Feindschaft zwischen sich und den Menschen auf (Röm 5,10 (vgl. Kol 1,21; Eph 2,16f)) und statuiert in seiner Liebe das von nun an unaufhebbar gültige eschatologische Friedensverhältnis, an dem die Glaubenden Anteil haben (Röm 5,1; kosmisch gedeutet Kol 1,20; mit ekklesiologischer Zuspitzung Eph 2,14f.17).[123] Frieden mit Gott aber bedeutet nichts anderes als "'Angenommensein(s)' durch Christus trotz aller Schuld".[124] Dem damit geschaffenen Gemeinschaftsverhältnis,[125] in dem der Glaubende nach der nunmehr aufgehobenen Trennung "auf Gott hin" existiert,[126] eignet eine personale Qualität,[127] die im Gebet als Rede des Versöhnten mit "seinem Gott" eine ihrer spezifischen Konkretionen findet.[128] Dazu aber bedarf es des Glaubens, daß von der versöhnenden "Zuwendung Gottes"[129] zum Menschen auch das Erhören von Gebet als Antwort darauf nicht ausgeschlossen ist. Denn "der Universalität der Heilswirkung des Sühnetodes Christi", der die Versöhnung bewirkt, "entspricht die Universalität der Heilsgaben" (Röm 8,32),[130] zu denen auch die Gebetserhörung gehört.

Paulus stellt einen solchen Zusammenhang zwischen Versöhnung und Gebetserhörung an keiner Stelle ausdrücklich her, wie er überhaupt von der Gebetserhörung als solcher nicht weiter spricht. Die Ursachen dafür sind wohl kaum näher zu ergründen.[131] Vom Gefälle seiner Versöhnungsaussagen her läßt sich jedoch dies eine festhalten, daß in dem den Menschen in seine Gemeinschaft aufnehmenden und eine personale Beziehung zu ihm eingehenden Versöhnungshandeln Gottes als Erweis seiner Liebe die Erhörung des Gebets durch eben diesen Gott eingeschlossen ist.[132] Gebetserhörung als den B e t e r und s e i n B e t e n a n n e h m e n d e Z u w e n d u n g G o t t e s ist ein Teilaspekt der Versöhnung.[133]

3. DIE GEBETSERHÖRUNG BEI PAULUS

Auf der herausgearbeiteten Basis beruhen alle weiteren Motive und Erscheinungsformen des paulinischen Erhörungsglaubens,[134] die in der Forschung bereits mehr oder weniger eingehend untersucht worden sind und hier darum nur noch kurz gestreift werden sollen. Der aus 2 Kor 6,2 hervorgehenden eschatologisch-soteriologischen Fundierung der Gebetserhörung kommt 2 Kor 1,20 am nächsten, obwohl der Sachverhalt auch hier nicht ausdrücklich entfaltet ist. Aber wenn ἀμήν "als bekräftigender und bestätigender Abschluß von Gebeten und Lobsprüchen" fungiert,[135] dann kann dies nur sinnvoll sein im Blick auf die Annahme und Erhörung der so bekräftigten und bestätigten Gebete durch Gott.[136] Davon ausgehend darf 2 Kor 1,20 als christologisches Motiv des Erhörungsglaubens gelten, insofern jenes Amen das Heilshandeln Gottes in Christus zum Ermöglichungsgrund hat.[137] Daneben klingt an dieser Stelle auch das doxologische Moment der paulinischen Erhörungsgewißheit an, indem die δόξα Gottes als Zielpunkt des Betens der Gemeinde[138] erscheint und somit dessen Annahme durch Gott vorausgesetzt ist. In diesem Licht sind auch Phil 1,11 (2 Thess 1,12) zu verstehen, wo jeweils die Verherrlichung Gottes auf dem Weg der Erhörung und Verwirklichung des Erbetenen durch Gott selbst erreicht werden soll. Darüberhinaus sieht Paulus die Gebetserhörung im Zusammenhang mit dem Motiv der Treue Gottes (1 Kor 1,9; 1 Thess 5,24)[139] und der Übereinstimmung des Gebetsinhalts mit dem Willen Gottes (Röm 1,10; 8,26f; 1 Thess 5,16-18; (Kol 4,2-4)).[140]

Alle diese Motive, die ihren letzten Grund im Anbruch der mit dem Christusgeschehen beginnenden eschatologischen Heilszeit haben, zeigen, wie vielfältig der Erhörungsglaube des Apostels ausgeprägt und begründet war. Vor allem scheint ihm die Gebetserhörung in ihrer Erscheinungsform als Hoffnung und Gewißheit (Phlm 22) ein so selbstverständliches Moment des Glaubens gewesen zu sein, daß er - zumindest in den uns erhaltenen Briefen - es unterlassen hat, sie thematisch zu erörtern.

III. RÖMER 7,24f

1. VORFRAGEN

Zur Interpretation des Erlösungsschreis Röm 7,24 und des darauf folgenden Dankrufs v. 25a ist der Rückgriff auf das gesamte siebente Kapitel des Röm mit seinen vielfältigen und vieldiskutierten Problemen unerläßlich. Aus diesem Grund soll zunächst eine Hinführung zu Röm 7,24f anhand einiger exegetischer Beobachtungen unternommen werden - wohlwissend, daß dabei die immer noch ungelösten Fragen von Röm 7 nicht geklärt werden können.

Mit der Problematik des Ich von Röm 7, die im wesentlichen die Auslegung beherrscht, steht zugleich die Frage im Raum, ob v. 24 eine biographische oder rhetorische Äußerung des Paulus darstellt und ob diese auf die vorchristliche oder die christliche Existenz zu beziehen ist (141). Dazu einige exegetische Bemerkungen (142):

Gegen eine biographische Deutung spricht vor allem v. 9, der nicht das vorchristlich-jüdische Leben des Apostels meinen kann (143), ebenso die Unvereinbarkeit von v. 7-13 mit den autobiographischen Angaben Phil 3,5-7. Auch erfordert die Thematik von v. 7-24, in denen das umstrittene Ich begegnet, von ihrer Veranlassung in v. 4-7a her (144), wo die Adressaten durch die Redeweise in der ersten und zweiten Person Plural mit in den Gedankengang eingeschlossen werden (145), mehr als ein persönliches Bekenntnis oder einen individuellen Erfahrungsbericht des Paulus (146) - was jedoch nicht ausschließt, daß der Apostel Aspekte eigener und allgemein menschlicher Erfahrung seinen Ausführungen - vor allem von v. 15 an - zugrundelegt (147). Aus diesem und anderen, hier nicht zu referierenden Gründen ist W. G. Kümmels Interpretation zuzustimmen, die das Ich von Röm 7 als ein generelles versteht. Ebenso ist Kümmels Ergebnis zu bejahen, Paulus spreche in Röm 7 nicht von der Existenz des Gerechtfertigten, sondern von der Situation des Unglaubens, wie sie sich rückblickend aus dem Glauben darstellt (148).

Dazu noch einige bestätigende und ergänzende Beobachtungen: Daß Röm 7,14-25 nicht auf das christliche Leben und die Erfahrung des Glaubenden mit der Sünde und dem Gesetz bezogen werden kann (149), geht mit ziemlicher Eindeutigkeit aus dem Kontext des Abschnitts hervor. Paulus legt in Kap. 6 die Neuheit des christlichen Lebens ($καινότης$ $ζωῆς$, 6,4) als Freiheit von der Macht der Sünde durch die Taufe dar, freilich ohne auf die Mahnung zu verzichten, der Neuheit entsprechend zu leben. In 7,1-6 interpretiert er die Neuheit des Lebens unter dem Aspekt der Freiheit vom Gesetz und seinen Auswirkungen. Dadurch veranlaßt zu der Frage nach dem Gesetz (v. 7a) und infolge dieser Frage beschreibt er kontrastierend das alte Leben in der Knechtschaft des von der Sünde mißbrauchten Gesetzes (v. 7-25), bevor er 8,1 an (150) wiederum auf die Neuheit des christlichen Lebens zu sprechen kommt, nun unter dem alles umfassenden Aspekt der Macht des Geistes.

Auch einzelne Aussagen des Apostels verbieten es, 7,14-25 auf die christliche Existenz zu beziehen. Der gesamte Abschnitt erläutert das Fleischlichsein des Menschen als Verkauftsein unter die Sünde (v. 14). Dies kann für den Gerechtfertigten nicht mehr zutreffen, denn für ihn stellt Paulus ausdrücklich den Indikativ des Nicht-mehr-fleischlich-Seins heraus (7,5; 8,4.9.12), auch wenn er den Imperativ folgen läßt, nicht nach dem Fleisch zu leben (8,13). Noch eindeutiger formuliert er, wenn er betont, daß der Glaubende nicht mehr unter die Sünde verkauft ist (7,14), ist er doch der Sünde gestorben (6,2), von ihr freigesprochen (6,7) bzw. freigemacht (6,18.22), gehört doch die Sklaverei der Sünde der Vergangenheit an (6,17.20; vgl. 5,8) und hat der Christ die nach 7,14-25 gerade n i c h t gegebene Möglichkeit, Widerstand gegen die Sünde zu leisten (6,11-13; 8,13). Auch der für 7,14-25 konstitutiven Befindlichkeit unter dem Gesetz (v. 14.16.22f) ist der Glaubende bereits entnommen (6,14.19; 7,4.6).

Man kann nicht Röm 7,14-25 als Ausdruck der Erkenntnis der menschlichen Innenseite ansehen, die der Gerechtfertigte gewinnt, wenn er - unter Absehung von Gott und seiner Macht - nur sich allein als den auf sich selbst Gestellten betrachtet (151). Eine solche Sichtweise ist für den nach Kap. 8 in der Macht des Geistes Lebenden geradezu ausgeschlossen. Auch für ihn scheint es zwar noch die Möglichkeit des Rückfalls in das alte Leben zu geben (8,13; vgl. 1 Kor 10,12), nicht aber beides zugleich: Existenz unter der Herrschaft der Sünde und der des Geistes. Von daher kann Röm 7,14-25 nicht als besonderer Aspekt von 6,1-7,6 und 8,1ff verstanden werden. Es gibt für Paulus nur das Entweder-Oder: entweder Sklaverei unter der Sünde oder Dienstbarkeit des Gehorsams unter Gott (6,16), entweder Gefangenschaft unter dem Gesetz der Sünde (7,23) oder Freiheit von diesem Gesetz (8,2). Und es gibt für den Apostel nur das Einst und Jetzt: einst Sklaverei unter Sünde, Gesetz und Tod, jetzt aber Indienstnahme durch Gott für die Gerechtigkeit (6,19-22; 7,5f; 8,15; vgl. 5,8f; 2 Kor 5,17) (152).

Diese Beobachtungen mögen genügen, um als Voraussetzung für den Einstieg in die Exegese von Röm 7,24f festzuhalten: Paulus redet im Kontext nicht von seiner individuellen Erfahrung und auch nicht vom Christsein generell (153), sondern er beschreibt die Situation des unerlösten Menschen aus der Perspektive des Glaubens (154).

2. EXEGESE

a) VERS 24

Wie kommt es nun zu jener notvollen Lage, an deren Ende der verzweifelte Schrei nach dem Retter erschallt? Nach dem einleitenden v. 14 geht es um den Zwiespalt, den das geistliche Gesetz im fleischlichen, unter die Herrschaft der Sünde versklavten Menschen hervorruft.[155] Denn die unentrinnbare Knechtung unter die Sünde wirkt sich im Menschen derart aus, daß er - dem guten Gesetz zustimmend (v. 16) und Gefallen an ihm habend (v. 22) - das vom Gesetz geforderte Gute tun will (v. 19.21), dabei aber nicht zum Ziel gelangt, weil die in ihm hausende Sünde sich zum handelnden Subjekt in ihm, dem dagegen völlig Ohnmächtigen, erhebt (v. 17.20) und aus seinem guten, auf die Befolgung des Gesetzes ausgerichteten Willen unausweichlich die böse Tat werden läßt. Der Zwiespalt liegt also im Menschen selbst als dem e i n e n Ich, das wollend auf die Befolgung des guten und heiligen Gesetzes ausgerichtet ist, aber handelnd der Übermacht der Sünde und ihren bösen Auswirkungen hoffnungslos ausgeliefert ist (v. 18.21.23).[156] Dieses Verkauftsein an die Sünde führt zum Tod (5,12; 6,20-23), ja es ist bereits der Tod (7,9-11).[157] In dieser hoffnungslosen Situation bleibt dem Menschen nichts anderes als der verzweifelte Erlösungsschrei (v. 24).

Hinsichtlich der formalen Bestimmung des Schreis gibt es eine Reihe von Vorschlägen,[158] deren Verschiedenartigkeit bereits andeutet, daß man hier nicht von einer selbständigen Form reden kann. Dies wird durch den rhetorischen Charakter des Verses und des gesamten Abschnitts[159] bestätigt. Der Ruf kann in seiner auf der Selbsterkenntnis von v. 14-23 beruhenden Radikalität weder vom vorchristlichen Paulus noch von irgendeinem anderen außerchristlichen Menschen[160] so ausgesprochen worden sein, wie er dasteht. Für den Apostel muß diese Möglichkeit ausgeschlossen werden, da er seine Verlorenheit unter dem Gesetz erst vom Glauben her erkannte (Phil 3,4-9). Ebenso ist der Schrei im Munde eines Heiden undenkbar, leidet dieser nach Paulus ja gerade nicht daran, an die Sünde ausgeliefert zu sein (Röm 1,24.26.28), sondern hat er - ganz im Gegenteil - sogar Gefallen am sündigen Tun (Röm 1,32). Im Judentum dagegen gibt es zwar das Leiden an der Sünde und dem als ihre Folge zu erwartenden zukünftigen Tod,[161] nicht jedoch in der Radikalität der gegenwärtigen ausweglosen Verfallenheit an diese beiden Mächte,[162] die zudem noch mittels des Gesetzes zustandekommt.[163] Deshalb ist der Ruf auch in jüdischem Munde kaum möglich,[164] ebenso - wie bereits gezeigt - als Ausruf des Gerechtfertigten. Somit hat er als rein rhetorische Äußerung und literarisches Stilmittel[165] ohne Herkunft aus einer realen geschichtlichen Situation zu gelten.[166] Er kann darum auch mit dem Dankruf v. 25a nicht auf einer Ebene gesehen werden.[167] Unter formalem Gesichtspunkt stellt der Vers eine (rhetorische) Frage dar;[168] dem Inhalt wird man am ehesten mit der Bezeichnung "Erlösungsschrei" gerecht,[169] da seine über v. 14-23 hinausgehende Intention in dem τίς με ῥύσεται besteht und er damit (aus der Rückschau des Apostels) vorausblickt auf die (von ihm erfahrene) Erlösung von dem in v. 14-23 näher beschriebenen σῶμα τοῦ θανάτου τούτου.[170]

Was die Einzelexegese anbelangt, so kann mit ἐγώ nach allem bisher Gesagten nicht Paulus selbst gemeint sein. Am naheliegendsten ist es, von der deutlichen Befindlichkeit des Ich unter dem mosaischen Gesetz[171] und der jüdischen Herkunft des Apostels ausgehend, an die Judenschaft im allgemeinen zu denken.[172] Für den Juden gilt - rückblickend aus der Glaubensperspektive -, ταλαίπωρος ἄνθρωπος zu sein, "elend und in jeder Hinsicht vom Unglück geschlagen",[173] weil er - von sich aus unaufhebbar - der Sündenherrschaft unterworfen und somit dem Tod verfallen ist.[174]

Τίς με ῥύσεται kann - als rhetorische Frage - nur den Sinn haben, auf die "durch Christus"[175] ermöglichte Befreiung von der Sklaverei unter Sünde, Gesetz und Tod anzuspielen und damit überzuleiten zu dem in 8,1ff dargelegten Leben in dieser Freiheit[176] "in Christus" (8,1).[177] Gleichzeitig ist die Frage die Ursache für den Dankruf v. 25a.[178] ᾿Εκ τοῦ σώματος τοῦ θανάτου τούτου ist nicht eindeutig wiederzugeben.[179] Die Zusammengehörigkeit von ἐκ τοῦ σώματος τοῦ θανάτου[180] und die auffällige Stellung von τούτου am Schluß der gesamten Wendung[181] sprechen für die Übersetzung: aus diesem Todesleib. Dabei kann es nicht um die Befreiung von der physischen, unweigerlich auf den Tod zugehenden Leiblichkeit des Menschen gehen,[182] denn gerade sie ist nach Paulus das Instrument zum rechten Gottesdienst des Gerechtfertigten (Röm 6,12f; 12,1), der Ort der Wirksamkeit des Geistes (Röm 8,13; 1 Kor 6,19) und der Verherrlichung Gottes (1 Kor 6,20).[183] Es geht nicht um die Befreiung von Leiblichkeit und Tod als solchen, sondern um die Rettung aus d i e s e m Todesleib als dem, der in v. 14-23 näher beschrieben ist.[184] Dort aber handelt Paulus von der Existenz des Menschen ohne Christus unter der Herrschaft von Sünde, Gesetz und Tod,[185] für die der Leib die Operationsbasis bzw. die Angriffsfläche darstellt (v. 22f).[186] Somit kann das Ziel des Erlösungsschreis nur der Herrschaftswechsel sein, der sich am und im Menschen als Leib[187] vollzieht: der Ruf nach Beendigung der aus Sünde und Gesetz resultierenden Todesherrschaft[188] und - weil im Rückgriff formuliert - nach der Regentschaft Christi bzw. Gottes (Kap. 6) und der des Geistes (8,1-17) über den Leib, die Freiheit von Sünde, Gesetz und Tod bedeuten.[189] Insofern ist σῶμα τοῦ θανάτου in erster Linie als "Existenzbegriff" zu verstehen,[190] der das "Dasein des Menschen als Dasein des Todes" beschreiben soll,[191] welches im Leib "zur Anschauung" gelangt.[192] Der Erlösungsschrei Röm 7,24 ist der rhetorische "Ruf nach einer grundlegend geänderten menschlichen Daseinsverfassung"[193] und als solcher die literarische Voraussetzung des Dankrufs v. 25a.[194]

b) VERS 25a

Der Anfang des Verses ist in verschiedenen Lesarten überliefert. Für die Ursprünglichkeit von χάρις (δέ) τῷ θεῷ spricht,[195] daß ἡ χάρις τοῦ θεοῦ offensichtlich nachträglich als direkte Antwort auf v. 24 formuliert wurde[196] und εὐχαριστῶ τῷ θεῷ[197] gut eine stilistische Angleichung an die erste Person Singular von v. 7-24.25b sein kann.[198]

Hinsichtlich der formalen Bestimmung des Versteils gehen - wie bei v. 24[199] - die Meinungen teilweise beträchtlich auseinander.[200] Formal korrekt wäre die Bezeichnung "Charis-Spruch",[201] doch legt die Berücksichtigung des Sitzes im Leben eher eine Präzisierung als "Dank(es)ruf" nahe. Denn verschiedene Erwägungen sprechen dafür, den Vorgang des Briefdiktats durch Paulus (vgl. Röm 16,22) als den einzigen Sitz im Leben der Formulierung χάρις τῷ θεῷ ...[202] anzusehen:

Zunächst muß die Unterschiedenheit von den einleitenden Gebetsberichten beachtet werden,[203] die unter formalem Gesichtspunkt Inhaltsangaben von Gebeten sind, die Paulus unabhängig von der Abfassung der Briefe bereits zuvor an Gott gerichtet hat.[204] Im Gegensatz dazu scheint ihm die Formel χάρις τῷ θεῷ ... das geeignete literarische Ausdrucksmittel für ein ad hoc beim Diktieren mit eben diesen Worten begonnenes Dankgebet, für einen spontan formulierten "Dankruf" gewesen zu sein.[205] Geht es bei den einleitenden Gebetsberichten um die ständigen Gebete des Apostels für seine Gemeinden, so bei den χάρις τῷ θεῷ-Formeln um die punktuelle, augenblickliche Danksagung an Gott,[206] hervorgerufen durch den jeweils behandelten Sachverhalt und das darin sich zeigende (Heils-) Wirken Gottes.[207] Es ist also der Gedankengang des Briefes der jeweilige Anlaß zum Gebet und damit die Briefabfassung der Sitz im Leben der χάρις τῷ θεῷ-Formel - während umgekehrt die hinter den einleitenden Gebetsberichten befindlichen

Gebete einem Sitz im Leben entstammen, der zeitlich vor der Briefentstehung liegt und in regelmäßigen täglichen Gebetszeiten des Paulus und seiner Mitarbeiter für die Gemeinden als spezielles Moment der Ausübung des Apostolats[208] zu vermuten ist.[209]

Die feste Verankerung der χάρις τῷ θεῷ-Formel in der Briefschreibung wird darüber hinaus darin deutlich, daß sie - bis auf Röm 6,17 - entweder den Abschluß (1 Kor 15,57; 2 Kor 9,15) oder den Beginn (Röm 7,25a; 2 Kor 2,14; 8,16) eines Gedankenganges markiert.[210] Desweiteren spricht gegen die Annahme eines außerhalb der Briefschreibung liegenden Sitzes im Leben der Formel[211] ihr auf lediglich drei Paulusbriefe begrenztes neutestamentliches Vorkommen. Dieser Sachverhalt läßt die Behauptung ihres Ursprungs im urchristlichen Gottesdienst sehr fragwürdig erscheinen. Statt dessen ist es wahrscheinlicher, daß der Apostel die Formel aus dem Hellenismus übernommen hat,[212] wo sie "überaus häufig" vorkam,[213] um mit ihr seine Danksagungen im Rahmen des Diktiervorgangs[214] von den mit εὐχαριστεῖν beginnenden Mitteilungen über bereits gesprochene Dankgebete abzuheben.[215] Somit legt der exegetische Befund nahe, auch für Röm 7,25a von einem Dankruf auszugehen, dessen genuiner Sitz im Leben die Briefschreibung ist.

Damit ist zugleich sichergestellt, daß v. 25a eine eigentliche, authentische Aussage des Paulus darstellt - im Gegensatz zur rhetorisch zu verstehenden Frage v. 24. Trotz der Verschiedenheit des in ihnen zu Wort kommenden Ich[216] stehen beide Verse in einem unmittelbaren Verhältnis zueinander, indem nämlich der Dankruf auf formaler Ebene die direkte Antwort[217] und auf inhaltlicher Ebene zumindest den Beginn der Antwort auf die Frage bildet, durch die er hervorgerufen wurde.[218] Rief v. 24 nach dem Retter und damit der Rettung von Sünde, Gesetz und Tod, so ruft v. 25a zunächst "völlig unvermittelt"[219] den Dank für diesen Retter und die Rettung durch ihn hinaus,[220] der dann in 8,1ff inhaltlich entfaltet und somit begründet wird.²²¹ Insofern hat v. 25a als der eigentliche Beginn von Röm 8 zu gelten²²² und steht 8,1ff in der Linie des Dankrufs 7,25a. Röm 8 - insbesondere v. 1-4²²³ mit der Darlegung des Heilshandelns Gottes in Christus und seiner Zueignung an den Menschen durch den Geist - muß darum in die Nähe des Gebets des Paulus gerückt werden.²²⁴ Denn hat der Apostel in v. 25a seinen Dank an Gott unmittelbar in den Brief einfließen lassen,²²⁵ so ist es folgerichtig, wenn er auch dessen Gegenstand, wie ihn vor allem 8,1-4 wiedergibt, in der Haltung der Dankbarkeit gegenüber Gott und insofern gebethaft äußert²²⁶ - bedingt durch die Situation des Briefdiktats jedoch nicht als Gebet im eigentlichen Sinne, sondern als "Briefgebet".²²⁷

Rief v. 24 nach dem Retter und der Rettung, so kann die Antwort nur Christus sein.²²⁸ Diese Christozentrik erhält in der Wendung διὰ ʼΙησοῦ Χριστοῦ τοῦ κυρίου ἡμῶν ihren deutlichen Ausdruck. Nun ist um die Formel "durch Christus"²²⁹ in diesem Jahrhundert eine lebhafte Diskussion entstanden, die den Hintergrund für die Interpretation der Formulierung in v. 25a abgibt. Strittig ist vor allem die Frage, inwieweit Paulus beim Gebrauch der Formel an das Christusgeschehen als Heilsgrundlage oder an das gegenwärtige pneumatische Wirken des Erhöhten oder gar an beides denkt. Hinsichtlich des Gebets heißt das: Zielt Paulus mit der Formel "durch Christus" auf das Christusgeschehen als geschichtlichen Ermöglichungsgrund alles (christlichen) Gebets zu Gott²³⁰ oder auf den gegenwärtigen erhöhten Christus als den, der das - und im - Gebet der Gläubigen wirkt,²³¹ oder auf beides gemeinsam?²³² Hinzu kommt eine weitere Fragestellung bezüglich der zweiten Möglichkeit: Ist die Wirksamkeit des Erhöhten beim Gebet lediglich auf die Urheberschaft des Gebetsaktes²³³ oder auf die Übermittlung des Gebets an Gott²³⁴ oder wiederum auf beides zusammen zu beziehen?²³⁵

Was die Gesamtheit der "Durch Christus"-Wendungen angeht, so ist ihre Aufteilung auf b e i d e wesentlichen Bedeutungsbereiche (geschichtlich-kausales sowie pneumatisch-instrumentales und -kausales $\delta\iota\acute{a}$)[236] zweifellos gegeben[237] und nur aufgrund einer einseitigen Exegese von der Hand zu weisen.[238] Von daher ist zu fragen, ob die Formel auch im Kontext des Gebets eine Streuung auf mehrere Bedeutungsgehalte aufweist oder ob hier eine einheitliche Aussageintention vorliegt. Zur Beantwortung dient der folgende Exkurs.

EXKURS: BETEN "DURCH CHRISTUS" IN DEN PAULINISCHEN BRIEFEN

Röm 1,8: ... $\epsilon\mathring{v}\chi\alpha\rho\iota\sigma\tau\tilde{\omega}\ \tau\tilde{\omega}\ \theta\epsilon\tilde{\omega}\ \mu o\upsilon\ \delta\iota\grave{a}\ {}^{\prime}I\eta\sigma o\tilde{\upsilon}\ X\rho\iota\sigma\tau o\tilde{\upsilon}$: $\delta\iota\acute{a}$ usw. ist mit $\epsilon\mathring{v}\chi\alpha\rho\iota\sigma\tau\epsilon\tilde{\iota}\nu$ zu verbinden (239), läßt aber nicht eindeutig erkennen, ob das Danken des Apostels durch das vergangene Heilshandeln Gottes in Christus oder durch das gegenwärtige Wirken des Erhöhten konstituiert ist (240). Fest steht nur, daß die Formulierung sagen will: Es kommt "durch Christus", daß Paulus Gott dankt. Dabei bleibt zu fragen, welchen Sinn es haben sollte, wenn der Apostel der römischen Gemeinde mit der Formel mitteilen wollte, daß sein Danken für ihren Glauben durch die Wirksamkeit des gegenwärtigen erhöhten Christus geschieht (241), zumal die Formel - in dieser Weise verstanden - keinerlei Auskunft darüber gibt, was denn unter der Wirksamkeit Christi näher zu verstehen wäre: der Anstoß zum Dank, die Inspiration des Dankes oder seine Übermittlung an Gott? Neben dieser Unklarheit der Aussageintention spricht desweiteren gegen die präsentische Interpretation der Formel die Verknüpfung des Gegenwartsbezugs mit Gott und nicht mit Christus (242).

Bezieht man dagegen $\delta\iota\acute{a}$ usw. auf das vergangene Heilshandeln Gottes in Christus, so ist der Sinn weitaus deutlicher und würde besagen: Das Christusgeschehen ist der Urgrund, auf dem das Danken des Paulus beruht (243) und worauf es sich inhaltlich letztlich auch immer wieder bezieht: in diesem Fall auf den Glauben der römischen Gemeinde (v. 8), der - ebenso wie das Dankgebet des Apostels - durch die Heilstat Gottes in Christus ermöglicht und bestimmt ist. Für ein derartiges geschichtliches Verständnis der Formel spricht ferner ihre relative Häufung im Kontext des Gebets in der ersten Hälfte des Röm (1,8; 5,11; 7,25), wo Paulus ja nichts anderes tut, als das geschichtliche Heilshandeln Gottes in Christus in seiner Bedeutung für Mensch und Welt - und damit auch für das Gebet - zu entfalten.

Röm 5,11: ... καυχώμενοι ἐν τῷ θεῷ διὰ τοῦ κυρίου ἡμῶν 'Ιησοῦ Χριστοῦ: Entscheidend für das Verständnis der διά-Wendung ist ihre unmittelbare Fortsetzung δι' οὗ νῦν τὴν καταλλαγὴν ἐλάβομεν, die sich durch ihre Parallelität als Erläuterung erweist und somit besagt: Das Rühmen (244) erfolgt insofern "durch Christus", als sein Tod (v. 5-10) die geschichtliche Voraussetzung dafür ist, daß wir jetzt im Raum der Versöhnung (v. 11), des Friedens mit Gott (v. 1) und des Zugangs zu Gott (v. 2) (245) leben, in dem allein solches Rühmen möglich ist (v. 2f.11). Eine präsentische Interpretation des διά usw. würde dem Kontext völlig widersprechen und wäre fehl am Platze (246).

2 Kor 1,20 (247): ... διὸ καὶ δι' αὐτοῦ τὸ ἀμήν ...: Gott selbst hat "in Christus" das Ja zu seinen Verheißungen gesprochen, weil sie in ihm zur Erfüllung kommen bzw. bestätigt werden (Röm 15,8). Paulus dürfte bei dieser Feststellung sowohl den Gekreuzigten und Auferstandenen (248) als auch den Erhöhten (249) als den einen Christus im Blick haben. Dabei weist jedoch die perfektische Formulierung ναὶ ἐν αὐτῷ γέγονεν (v. 19) eindeutig auf das vergangene Heilshandeln Gottes in Christus als das Geschehen, aufgrund dessen das Ja Gottes erfolgt ist und bestehen bleibt (250). Von diesem Vergangenheitsaspekt des ἐν αὐτῷ (v. 19f) ausgehend kann es keine andere Bestimmung des parallelen δι' αὐτοῦ als das vergangene Heilshandeln in Christus betreffend geben, zumal Paulus den Gegenwartsaspekt des Amensagens durch die Weiterführung τῷ θεῷ πρὸς δόξαν δι' ἡμῶν ausdrücklich von Christus weg auf die Gemeinde lenkt (251). Der Sinn des Verses wäre somit: Weil Gott "durch" sein Heilshandeln "in Christus" die alttestamentlichen Verheißungen erfüllt, ist die Gemeinde kraft dieses Geschehens "ermächtigt" (252), Gott zur Ehre das Amen dazu zu sagen (253).

Kol 3,17 (254): ... εὐχαριστοῦντες τῷ θεῷ πατρὶ δι' αὐτοῦ: Trotz aller Umstrittenheit der paulinischen Verfasserschaft des Kol sei die Stelle zur Ergänzung herangezogen, da sie vom Befund der bisherigen Passagen abweicht. In ihrem paränetischen Kontext, vor allem als unmittelbare Fortsetzung der Aufforderung, alles ἐν ὀνόματι κυρίου 'Ιησοῦ zu tun, weist sie deutlich auf den gegenwärtig handelnden erhöhten Christus, dessen "Machtgegenwart" mit der Anrufung bzw. Nennung seines Namens wirksam wird (255) - und zwar auch im Dankgebet der Christen. Dennoch fehlt auch hier die Komponente des Heilsgeschehens nicht, denn der "Mittler" des Dankgebets ist zugleich der von Gott eingesetzte Mittler der Schöpfung und der Versöhnung (256) - und damit auch des Dankgebets der Christen.

Zusammenfassend läßt sich feststellen: Wo in den unumstrittenen Paulusbriefen die Formel "durch Christus" auf das Gebet bezogen ist (Röm, 2 Kor), umschreibt sie nicht das gegenwärtige Handeln des Erhöhten im Gebet, sondern das in Christus vollzogene Heilsgeschehen, "kraft" dessen (257) die Gläubigen in die Lage versetzt sind, Gott zu danken und ihn zu loben (258). Mit der Formel "durch Christus" "beruft" "man sich auf Grund und Recht des Betens" (259).

Gegen ein präsentisches Verständnis der Formel in Röm und 2 Kor sprechen neben den zu den jeweiligen Texten angeführten Gründen noch weitere grundsätzliche Erwägungen:

1. Paulus spricht in der Regel nicht von einer Wirksamkeit des erhöhten Christus selbst, sondern von der Tätigkeit des Geistes (260).

2. Wo im Kontext der Formel der Gegenstand des Dankens und Lobens genannt wird bzw. zu erschließen ist, bezieht er sich immer auf das Heilsgeschehen in Christus bzw. auf seine Auswirkungen bis in die Gegenwart (261), so daß eine präsentische Interpretation dem jeweiligen Zusammenhang nicht gerecht würde.

3. Ein bevorzugtes Argument für die Deutung auf eine Aktivität des Erhöhten beim Gebet ist der Verweis auf die Fürsprache Christi (Röm 8,34), wonach er selbst die Gebete der Gläubigen an Gott übermitteln bzw. den Gebetsverkehr mit Gott vermitteln soll (262). Diese Deutung ist jedoch nicht haltbar, da Röm 8,34 vom Kontext her eindeutig vom "rechtfertigende(n) Eintreten" Christi für die Seinen vor Gott spricht (263). Von G e b e t s vermittlung bzw. -übermittlung durch Christus kann dabei keine Rede sein (264), zumal Paulus einige Verse vorher (Röm 8,26f) eine für den Betenden eintretende Tätigkeit ausschließlich dem Geist zuschreibt (265). Auch bliebe zu fragen, warum der Apostel, sollte er von der Gebetsübermittlung durch Christus an Gott ausgehen, diese nur beim Dank- und Lobgebet erwähnt, nicht aber beim Bittgebet, wo sie eigentlich ihren Platz hätte (266).

Nach all diesen Erwägungen erscheint es somit angemessen, die Formel "durch Christus" im Zusammenhang des Gebets auf das Heilshandeln Gottes in Christus als den Ermöglichungsgrund[267] des paulinischen Dankens und Lobens zu beziehen. Dieses unterscheidet sich gerade darin, daß es "durch Christus" erfolgt, fundamental von allem Loben und Danken, das nicht auf dem Christusgeschehen beruht (vgl. Röm 1,21). Dieses Ergebnis wird auch von Röm 7,25a bestätigt. Paulus dankt Gott διὰ Ἰησοῦ Χριστοῦ τοῦ κυρίου ἡμῶν, nicht weil der Erhöhte in ihm den Dank bewirkt, sondern weil das Christusgeschehen die Antwort Gottes auf die Frage von v. 24 ist[268] und weil das auf der Aneignung dieses Geschehens beruhende Bekenntnis zu Christus als κύριος ἡμῶν denDank des Apostels gegenüber Gott für dessen rettendes Handeln in Christus (8,1-4) überhaupt erst möglich macht.[269] Jede präsentische Interpretation des διὰ Χριστοῦ κτλ. würde dem Zusammenhang des Textes völlig zuwiderlaufen.[270]

3. FOLGERUNGEN

Von Röm 7,24f ausgehend lassen sich einige prägende Merkmale des paulinischen Gebets erheben, die bereits in der Forschungsgeschichte große Aufmerksamkeit auf sich gezogen haben:

1. Der Dank des Apostels ist eine mittelbare Auswirkung seiner Berufung. Nur von ihr her ist der Übergang von der uneigentlichen Redeweise der Frage v. 24 zur eigentlichen Redeweise der Antwort v. 25a möglich. Zwischen beiden Versen als Ausdruck der zwei grundsätzlichen Lebensmöglichkeiten steht die Damaskuserfahrung, in der sich der Auferstandene Paulus als der Kyrios (1 Kor 9,1) in den Weg gestellt[271] und ihn zu seinem Apostel berufen hat (Gal 1,1). Aufgrund dieses Ereignisses gelangte Paulus zur Aneignung der Glaubenserkenntnis, daß Gottes Handeln in Christus "für unsere Sünden" erfolgt ist (1 Kor 15,3f)[272] und zu der neuen Sicht des Gesetzes,[273] die er u. a. in Röm 7,7ff dargelegt hat. Damaskus und seine Folgen sind die biographisch-existentielle G r u n d l a g e , auf der Paulus die Antwort auf v. 24 als persönliche Danksagung an Gott in v. 25a formulieren kann.[274] "Die Radikalität von Röm 7,7ff" - und nicht zuletzt des Übergangs von v. 24 zu v. 25a - "ist Ergebnis des Damaskusgeschehens."[275]

2. Das Dankgebet gehört zu den fundamentalen Lebensäußerungen, mit denen der Apostel auf Gottes Heilshandeln in Christus antwortet.[276] Die im Christusgeschehen manifestierte und sich im Leben des Paulus und seiner Gemeinden immer neu erweisende Gnade Gottes[277] weckt den Dank der Gläubigen,[278] die diesen wiederum Gott zur Ehre darbringen (2 Kor 4,15; vgl. 9,11-15; Röm 15,9; Gal 1,3-5). Im vorliegenden Fall wird wie nirgendwo sonst in den Paulusbriefen die Heilstat Gottes in Christus (Röm 8,1-4), durch die der Apostel sich und seine Gemeinden von Sünde, Gesetz und Tod gerettet weiß, zum Gegenstand seines Dankens.[279] In den meisten anderen Fällen - vor allem in den einleitenden Gebetsberichten - dankt Paulus lediglich für den Glaubensstand seiner Gemeinden ohne dabei ausdrücklich auf das Christusgeschehen zu verweisen, das er als Heilsgrundlage voraussetzt.[280] Somit ergeht sein Dank in erster Linie für das Heil, das Gott in Christus geschaffen hat und an dem die Christen durch das Wirken Gottes im Glauben Anteil erhalten haben.[281] Darin erweist sich die christologisch-soteriologische Fundierung des paulinischen Dankgebets.

3. Weil Gott der Urheber und Lenker alles Heils im Christusgeschehen und durch den Geist im Leben der Gläubigen ist (Gal 4,4-7), gilt allein ihm - und nicht Christus[282] - der Dank des Apostels. Der Satz χάρις δὲ τῷ θεῷ διὰ Ἰησοῦ Χριστοῦ τοῦ κυρίου ἡμῶν läßt den Adressaten und die Grundlage des paulinischen Dankgebets überaus deutlich hervortreten.

IV. RÖMER 8,15f

1. VORFRAGEN

Röm 8 stellt dem in Kap. 7,7-25 geschilderten Leben unter der Herrschaft des Gesetzes in Sünde und Tod - repräsentiert im Erlösungsschrei (7,24) - das eschatologische Leben in der Macht des Geistes gegenüber - repräsentiert im Dankruf (7,25a) und im Gebetsruf Abba (8,15). Dieses neue Leben ist auf der Grundlage des Kreuzes Christi Realität als Wandel nach dem Geist in der Freiheit von Gesetz, Sünde und Tod (8,1-4). So sehr die beiden grundsätzlichen Lebensformen - die natürliche nach dem Fleisch und die eschatologische nach dem Geist - voneinander geschieden werden müssen (v. 5-8) (283), so gewiß ist die zweite Möglichkeit für die Gläubigen die gegebene, sofern der Geist Gottes als die Macht des eschatologischen Lebens in ihnen wohnt (v. 9-11).

Mit v. 12f erhalten die indikativischen Ausführungen des Paulus einen imperativischen Unterton (284), indem er hervorhebt, daß das Fleisch keinerlei Anspruch mehr auf die nach dem Geist Lebenden hat (v. 12), und gleichsam vor dem Tod als Folge dieser Lebensform warnt (v. 13a). Statt dessen gilt es - entsprechend dem Wandel nach dem Geist (v. 4) und dem Innewohnen des Geistes (v. 9-11) - in seiner Macht die vom Fleisch intendierten Handlungen des Leibes (285) nicht zur Ausführung gelangen zu lassen. Nur in dieser Form der Versuchbarkeit und des Kampfes kann es eschatologisches Leben geben, und nur ihr ist es verheißen (v. 13b) (286).

Ab v. 14 erhält der Gedankengang wieder ein "stark indikativisch(es)" Gepräge (287). Dabei ist der Übergang von v. 13 zu v. 14 nicht eindeutig zu klären: Geht es Paulus darum, mit dem zusammenhängenden Abschnitt v. 14-17 das $\pi\nu\epsilon\acute{u}\mu\alpha\tau\iota$ (288) bzw. das $\zeta\acute{\eta}\sigma\epsilon\sigma\theta\epsilon$ (289) (beides v. 13) zu erläutern, oder benutzt er das Stichwort des Geistes zur Einführung des neuen Themas der Gotteskindschaft der Gläubigen? Der Endpunkt des Gedankenganges in v. 17 zumindest legt das zweite nahe: Paulus verwendet die Rede vom Geist zum Erweis der Sohnschaft, auf die es ihm letztlich ankommt, wobei Geistbesitz und Sohnschaft die beiden Seiten der selben Sache sind. Das wird auch von v. 14-16 bestätigt, wo jeweils die Sohnschaft das Ziel der Aussage ist. Es geht dem Apostel "um die $\upsilon\iota o\theta\epsilon\sigma\acute{\iota}\alpha$ in ihrer Gegenwärtigkeit" (290) "im Angesicht des Leidens" (291), das von v. 17 an in den Blick tritt. Dann aber kommt alles darauf an - im Hinblick auf die im Leiden sich in besonderer Weise offenbarende Vorläufigkeit der Sohnschaft (v. 19.23f) - die Gläubigen geradezu seelsorgerlich der gegenwärtigen Realität ihrer Gott e s k i n d s c h a f t zu versichern und sie so auf das Leiden vorzubereiten bzw. darin zu bestärken. Röm 8 erhält in diesen Versen also einen deutlich existenzbezogenen Charakter.

Zu diesem Zweck führt Paulus in v. 14 die Rede von der Sohnschaft ein, indem er sie allen jenen zuspricht, die πνεύματι θεοῦ ἄγονται. Dabei blickt er auf v. 13b zurück, denn das Geleitetwerden durch den Geist begründet das Töten durch den Geist, ebenso das Sohnsein das Leben (292).

2. EXEGESE

a) VERS 15

Mit v. 15 (und v. 16) erfolgt nun in der Formulierung der zweiten Person der Nachweis der Gotteskindschaft der angeredeten römischen Christen, nachdem v. 14 - angeregt durch v. 13b - völlig neutral in der dritten Person das Prinzip der Sohnschaft genannt hat. Somit ist v. 15f mehr als eine rein gedankliche Begründung,[293] Folgerung,[294] Beweisführung[295] oder Erläuterung[296] zu v. 14, nämlich die e x i s t e n t i e l l e   V e r g e w i s s e r u n g der Sohnschaft,[297] auf die es angesichts des Leidens so sehr ankommt. Ruft v. 13b indirekt zum Handeln gegen das Fleisch in der Macht des Geistes auf und konstatiert v. 14 die pneumatologische Grundlage für ein derartiges Handeln als Merkmal der Sohnschaft, so versichert v. 15f die Leser der Gegenwärtigkeit des Sohnseins durch den Verweis auf die erfahrbare Wirksamkeit des Geistes. In diesem Zusammenhang muß die Rede vom Abbaruf in Röm 8,15f interpretiert werden. Es geht in ihr um die vergewissernde E r f a h r b a r k e i t der Sohnschaft der Gläubigen, um die subjektive Seite eines objektiven Sachverhalts.[298]

Weil es der Geist ist, der die Gotteskindschaft offenbar macht, erinnert Paulus die Römer zunächst daran, daß sie de facto den Geist empfangen haben, und zwar, wie ἐλάβετε deutlich macht, bei dem ebenfalls erfahrbaren Vorgang der Taufe.[299] Weil bei der Taufe aber nur der H e i l i g e Geist empfangen wird, ist es ausgeschlossen, in πνεῦμα δουλείας einen anderen als den - in diesem Fall negativ abgegrenzten - Geist Gottes zu sehen.[300] Folglich ist πάλιν zu εἰς φόβον zu ziehen. Weil die Gläubigen befreit sind von dem Gesetz der Sünde und des Todes (8,2), hat der Geist, den Gott ihnen gegeben hat, schlechterdings nichts mit der beendeten Daseinsform der Sklaverei[301] unter die Mächte der Sünde, des Gesetzes und des Todes (7,7-25) zu tun.[302] Es gibt unter der Leitung des Geistes (v. 14) keinen Rückfall (πάλιν) in die entsprechende "objektive Situation"[303] der Angst vor Gottes Gericht, Strafe und Tod[304] - und zwar deshalb nicht, weil der Geist durch sein Leiten die Gläubigen in der Sohnschaft erhält. Insofern ist er πνεῦμα υἱοθεσίας als die ihr zugehörige (gen. qual.),[305] sie bestimmende, prägende und bezeugende göttliche Macht.[306] Dieses Verständnis der an sich nicht eindeutigen Formulierung legt sich auch von Gal 4,6 her nahe, wo die Sohnschaft die Voraussetzung und nicht die Folge des Geistempfangs ist.[307] Von daher ist es fragwürdig, das so bestimmte Verhältnis von Geist und Sohnschaft in Röm 8,15 einfach umzukehren,[308] so sehr die drei Vorgänge Geistempfang, Taufe und Sohnesannahme zeitlich gesehen ein und derselbe Akt sind[309] und das Zustandekommen der Sohnschaft auf das Handeln Gottes im Geist am Menschen zurückgeht (Röm 8,2; 2 Kor 3,6; 1 Thess 1,6).[310]

Der hellenistische Terminus υἱοθεσία dürfte nicht bloß im übertragenen Sinne das "Rechtsgeschäft" der "Annahme an Kindes Statt"[311] durch Gott bei der Taufe[312] bezeichnen, sondern auch und - vom Kontext her - vorwiegend das "Ergebnis dieses Aktes",[313] das πνεύματι θεοῦ ἄγονται als Wesensmerkmal des Sohnes s t a n d e s bzw. der Sohn s c h a f t (v. 14).[314] Πνεῦμα υἱοθεσίας meint somit in Röm 8,15 die bei der Sohnesannahme in der Taufe verliehene und die so zu Söhnen Gottes Gewordenen nunmehr bestimmende Machtwirkung Gottes.

In diesem Geist der Sohnschaft nun rufen die Gläubigen Abba. Dabei gibt es hinsichtlich der Näherbestimmung des ἐν ᾧ, die selbstverständlich instrumental und nicht kausal bzw. modal zu vollziehen ist,[315] drei grundsätzliche Möglichkeiten: 1. Der Geist ist lediglich die sachliche Voraussetzung des Rufes im Sinne der Ermöglichung,[316] der Befähigung[317] oder der Zusammenarbeit mit dem menschlichen Geist.[318] 2. Der Geist ist darüberhinaus die Ursache des Rufes im Sinne der Urheberschaft.[319] 3. Der Geist ist Subjekt des Rufens im Sinne der Inspiration.[320]

Vom Paralleltext Gal 4,6 her, wo der Geist selbst ruft (τὸ πνεῦμα κρᾶζον), ist der dritten Möglichkeit eindeutig der Vorzug zu geben,[321] zumal kein Grund vorliegt, innerhalb des Traditionszusammenhangs von Röm 8,14-17 mit Gal 3,29-4,7 in diese Einzelaussage eine sachliche Differenz hineinzulesen.[322] Ἐν ᾧ besagt also: Der Geist selbst ist es, der in den und durch die Gläubigen Abba ruft.

Dieser Befund wird durch die bei Paulus außerhalb der vorliegenden Tradition nur noch in Röm 9,27 begegnende Verwendung von κράζειν bestätigt. Auch bezüglich dieses Verbums werden in der Forschung mehrere, einander nicht in jedem Fall ausschließende Deutungsvarianten vertreten: 1. κράζειν charakterisiert den Vorgang des Rufens, vor allem seine Lautheit und Zudringlichkeit.[323] 2. κράζειν zeigt die Geistgewirktheit, insbesondere die Inspiriertheit des Rufes an.[324] 3. Das Verb drückt eine ekstatische Qualität des Rufes aus.[325] 4. Es bezeichnet als terminus technicus eine Akklamation.[326]

Bei der Interpretation des Wortes ist zunächst von der paulinischen Verwendung in Gal 4,6 und Röm 9,27 auszugehen. Dabei besagt Gal 4,6 lediglich, daß der Geist das Subjekt des Rufens ist, nicht aber, was unter dem Vorgang selbst zu verstehen ist. Hier hilft Röm 9,27 weiter, wo Paulus mit der Formulierung

Ἠσαΐας δέ κράζει und den folgenden Schriftzitaten dem Sprachgebrauch des rabbinischen Judentums folgt,[327] in dem das Verb "im Sinne der proklamierenden Verkündigung ... vor allem auf die Propheten angewendet" und zu einer "Zitationsformel" für die als inspiriert geltenden Schriftstellen wurde.[328] Daraus ergibt sich für den in rabbinischer Tradition stehenden Apostel: 1. Er verbindet mit κράζειν eine besondere Art der Verkündigung:[329] die Proklamation. 2. Das Wort hat für ihn eine einleitende Funktion. 3. Das so Eingeleitete betrachtet er als inspiriert.[330] Die letzten beiden Punkte lassen sich ohne weiteres auf Röm 8,15 (Gal 4,6) übertragen: Paulus verwendet auf formaler Ebene κράζειν als Zitationsformel für ἀββᾶ ὁ πατήρ und unterstreicht damit die Inspiriertheit der Worte, die ohnehin von Gal 4,6 her feststeht.

Läßt sich auch das Element der proklamierenden Verkündigung für κράζειν in Röm 8,15 (Gal 4,6) wahrscheinlich machen? Um diese Frage zu beantworten, bedarf es vorab einer Klärung der Natur des Abbarufes.

Die Wendung ἀββᾶ ὁ πατήρ hebt sich durch ihre Doppelsprachigkeit und Formelhaftigkeit vom Kontext ab und erweist sich somit als geprägtes Gut, dessen Bekanntheit Paulus sowohl in der römischen als auch in den galatischen Gemeinden voraussetzt. Andernfalls hätte er die Formel erklären müssen.[331] Durch die Fassung im Nominativ anstelle des Vokativs[332] gibt sie sich als "Gottesanrede"[333] und damit prinzipiell als Gebet zu erkennen. Gewöhnlich wird die Doppelsprachigkeit damit erklärt, daß ὁ πατήρ die im hellenistischen Bereich vorgenommene Übersetzung bzw. Erläuterung[334] des aus der aramäisch sprechenden palästinischen Urgemeinde übernommenen Gebetsrufes Abba[335] ist und die Wendung als solche im Gottesdienst[336] der doppelsprachigen Gemeinden des Paulus in Gebrauch war.[337]

Gegen diese Auffassung sprechen aber zwei Erwägungen:

1. Wenn ἀββᾶ ὁ πατήρ doppelsprachig in Gebrauch war, dann müsste dies auch für die aramäischen Wendungen Maranatha (1 Kor 16,22) und Amen (sowie über Paulus hinaus Hosianna und Halleluja) gelten - zumal diese ebenso wie ἀββᾶ ὁ πατήρ einen liturgischen Sitz im Leben haben.

2. Wenn die Formel als inspirierte Äußerung des Geistes anzusehen ist - und dafür sprechen Gal 4,6 und die Verwendung von κράζειν nachdrücklich -, dann war sie aller Wahrscheinlichkeit nach nicht als eine doppelsprachige in Gebrauch, denn es fehlt jegliche Analogie für zwei- oder mehrsprachig inspiriertes Gut. Die Eingebung des Geistes ist immer einsprachig vorausgesetzt (vgl. Mt 10,20; Mk 13,11; Lk 1,41ff.67ff; Apg 7,55f; 13,9; 21,11), und das einer mehrsprachigen Inspiration am nächsten kommende Phänomen, die Glossolalie, vollzog sich im Reden des einzelnen auch immer nur in einer Sprache (1 Kor 14,2.4.11).[338]

Unter Berücksichtigung dieses Sachverhalts muß davon ausgegangen werden, daß der im Gebrauch befindliche inspirierte Gebetsruf lediglich Abba gelautet hat[339] und ὁ πατήρ von Paulus zur Verdeutlichung hinzugefügt wurde,[340] um den für den Gedankengang entscheidenden Vokabeln υἱός, υἱοθεσία und τέκνον (v. 14-17) das entsprechende griechische πατήρ gegenüberzustellen.[341] Abba alleine wäre hier noch zu wenig nachdrücklich gewesen, zumal ja vom Zusammenhang her alles auf die Vergewisserung der Sohnschaft der Gläubigen und damit der V a t e r schaft Gottes hinausläuft.[342] Die Annahme der Einsprachigkeit des Rufes wird desweiteren dadurch bestätigt, daß die verwandte - ebenso als inspiriert geltende - Akklamation Maranatha (1 Kor 16,22) ebenfalls nur in aramäischer Übertragung vorliegt und nicht als zweisprachige Mischformel.[343] Jedoch verlangt dort der Kontext die Übersetzung bzw. Verdeutlichung ins Griechische nicht. Außerdem bliebe zu fragen, warum ausgerechnet das einfacher zu verstehende Abba und nicht das schwierigere Maranatha mit Übersetzung gebraucht worden sein soll.

Auf welchen Vorgang zielt nun Paulus mit der Zitierung der Gottesanrede Abba ab? Daß das Rufen dieses Wortes ein d e n L e s e r n b e k a n n t e s G e s c h e h e n darstellt, ergibt sich daraus, daß der Apostel auf seine a l l g e m e i n e E r f a h r b a r k e i t die Gewißheit des Geistbesitzes und damit der Sohnschaft der angesprochenen Christen sowohl in Rom als auch in Galatien gründet (v. 14f; Gal 4,6f). In der Forschung werden bezüglich der Näherbestimmung dieses Geschehens verschiedene Ansichten vertreten: 1. Paulus bezieht sich mit der Wendung auf das Beten des Vaterunsers im Gottesdienst der Gemeinde.[344] 2. Die Formel steht - unabhängig vom Vaterunser - im Zusammenhang mit dem Gebet a) als Bezeichnung des Betens zu Gott als Vater schlechthin,[345] b) für einen kurzen gottesdienstlichen Gebetsruf[346] oder c) als Zitat der üblichen Vateranrede Gottes im Gebet.[347] 3. Der Ruf ist als gottesdienstliche Akklamation zu betrachten,[348] wobei deren Gebethaftigkeit unterschiedlich bestimmt wird.[349]

Zur Klärung des Problems ist zunächst zu fragen, ob Abba als eigenständige Form der Gottesanrede denkbar[350] und welcher Sitz im Leben ihr zuzuweisen ist.

In der Forschung ist weithin anerkannt, daß Abba die Vaterbezeichnung bzw. Gebetsanrede Gottes im Munde Jesu war.[351] Dafür spricht neben dem Vorkommen des Wortes in Mk 14,36[352] und der grundsätzlichen Möglichkeit der Wiedergabe von Abba im Sinne von "mein Vater"[353] durch die in den Evangelien häufig in den Worten Jesu begegnenden Vokabeln ὁ πατήρ, πάτερ, ὁ πατήρ μου, πάτερ μου[354] vor allem die Unmöglichkeit einer befriedigenden Erklärung für das Eindringen des Wortes in den urchristlichen Traditionsprozeß unter Absehung von der Jesusüberlieferung.[355] Hat Jesus also Gott im Gebet mit Abba angeredet, so kommt in dieser Gebetsanrede die Besonderheit seines Gottesverhältnisses in Gestalt des "Sohnesbewußtsein(s)"[356] zum Ausdruck, das geprägt ist von kindlichem Vertrauen einerseits und Verpflichtung zum absoluten Gehorsam gegenüber Gott andererseits.[357] In Jesu Gebetsanrede Abba offenbart sich das "Herzstück"[358] seines Gottesverhältnisses: die Sohnschaft.[359]

Im urchristlichen Traditionsprozeß der Anrede dürfte - wie J. Jeremias gezeigt hat - das Vaterunser der entscheidende Ausgangspunkt gewesen sein, denn indem Jesus die Jünger dieses Gebet lehrte, ermächtigte er sie gleichzeitig dazu, Gott mit dem bislang nur von ihm selbst gebrauchten Wort Abba anzusprechen.[360] Dabei ist zu vermuten, daß sich die Verwendung des Abba schon frühzeitig vom Vaterunser ablöste und zu einer selbständigen Form der Gebetsanrede Gottes wurde, die zumindest in der aramäisch sprechenden palästinischen Christenheit nicht ausschließlich liturgisch gebraucht worden sein dürfte.[361] Dagegen kann der Übergang des Abba als "Fremdwort"[362] in die hellenistische Gemeinde[363] nur in liturgischem Zusammenhang erfolgt sein.[364] Ein solcher liegt auch den Ausführungen des Paulus in Röm 8,15 (Gal 4,6) zugrunde, wobei weitaus die meisten Exegeten die Taufe als liturgischen Sitz im Leben des Rufes ansehen, vorwiegend wegen des mit dem Taufvorgang verbundenen Geistempfangs ($\dot{\epsilon}\lambda\acute{\alpha}\beta\epsilon\tau\epsilon$ $\pi\nu\epsilon\tilde{\upsilon}\mu\alpha$ ...)[365] bzw. der Einsetzung in die Sohnschaft (... $\upsilon\iota o\theta\epsilon\sigma\acute{\iota}\alpha\varsigma$),[366] als deren unmittelbare Auswirkung der Abbaruf im Munde des Getauften erschalle.[367]

Doch gegen die Annahme der Taufe als Sitz im Leben des Rufes[368] müssen erhebliche Bedenken erhoben werden: Zwar ist nicht zu bestreiten, daß die genannten Merkmale in Röm 8,15 (Gal 4,6) die Taufe im Hintergrund haben. Jedoch muß aus der Übereinstimmung mit Gal 4,4-7 nicht zwangsläufig gefolgert werden, Paulus habe hier und in Röm 8,14-17 eine bereits vorgefundene T a u f tradition übernommen.[369] Dagegen spricht vor allem die Zielrichtung des Argumentationsganges, der die Gewißheit der Gotteskindschaft gerade nicht auf Taufe und Geistempfang, sondern lediglich auf A b b a r u f und G e i s t w i r k u n g gründet. Von daher ist es unwahrscheinlich, daß Paulus eine traditionelle Verbindung von Taufe und Abbaruf vorgelegen hat. Andernfalls hätte er diese Verbindung aufgelöst, und es bliebe zu fragen, warum er sie dann überhaupt benutzte.

Traditionelles - weil liturgisches - Gut dürfte dagegen in den Verbindungen von Taufe, Sohnesannahme und Geistempfang ($\hat{\epsilon}\lambda\alpha\beta\epsilon\tau\epsilon$ $\pi\nu\epsilon\tilde{\nu}\mu\alpha$ $\upsilon\hat{\iota}o\theta\epsilon\sigma\hat{\iota}\alpha\varsigma$) einerseits[370] sowie Abbaruf, Geistwirkung und Sohnschaft ($\pi\nu\epsilon\tilde{\nu}\mu\alpha$ $\upsilon\hat{\iota}o\theta\epsilon\sigma\hat{\iota}\alpha\varsigma$ $\hat{\epsilon}\nu$ $\tilde{\dot{\omega}}$ $\kappa\rho\acute{\alpha}\zeta o\mu\epsilon\nu\cdot$ $\alpha\beta\beta\alpha$) andererseits[371] vorliegen. Die Verknüpfung der beiden traditionsgeschichtlich zunächst voneinander unabhängigen Komplexe erfolgt erst durch den Apostel selbst, indem er über das $\pi\nu\epsilon\tilde{\nu}\mu\alpha$ die Taufe als Vollzug der Sohnes a n n a h m e mit dem Abbaruf als Bestätigung ihres gegenwärtigen Bestandes in der Sohn s c h a f t (als Resultat der Annahme) verbindet.[372] Dabei eignet sich der Geist vorzüglich als Bindeglied der beiden Überlieferungseinheiten, weil seine Verleihung bei der Sohnesannahme in der Taufe die Grundlage und Voraussetzung seiner Bezeugung der Sohnschaft im Abbaruf ist.

Dieser Befund wird durch weitere Beobachtungen bestätigt: Paulus kann das Ziel seines Gedankenganges, den vergewissernden - weil erfahrbaren - Erweis des Sohnesstandes der römischen Christen[373] nur dann wirkungsvoll erreichen, wenn er auf Taufe und Abbaruf als zwei voneinander unabhängige liturgische Vorgänge zurückgreifen kann. Denn die Vergewisserung der Sohnschaft ist nur möglich durch den Nachweis ihrer "Gegenwärtigkeit"[374] in Gestalt des Durch-den-Geist-Geleitetwerdens (v. 14). Die Tatsache der vergangenen Einsetzung in die Sohnschaft, nämlich der Vollzug der Sohnesannahme in der Taufe und der damit verbundene Geistempfang, stehen dabei als Grundlage außer Zweifel und finden nur als solche Erwähnung, ohne mit zur Entfaltung anzustehen. Es geht Paulus vielmehr um den Nachweis, daß das, was mit Taufe, Sohnesannahme und Geistempfang begonnen hat, auch in der Gegenwart angesichts der $\pi\alpha\theta\eta\mu\alpha\tau\alpha$ $\tau o\tilde{u}$ $\nu\tilde{u}\nu$ $\kappa\alpha\iota\rho o\tilde{u}$ (v. 18) Bestand hat. Nicht der vergangene Vorgang der Sohnesannahme, sondern ihr gegenwärtiger Bestand in der Sohnschaft, nicht der vergangene Vorgang des Geistempfangs, sondern die gegenwärtige Wirksamkeit des Geistes muß vom Kontext her erwiesen werden, wobei jeweils das zweite nicht ohne Voraussetzung des ersten geschehen kann. Deshalb verknüpft der Apostel beide Traditionsstränge miteinander, jedoch ohne dabei Taufe und Abbaruf zu verbinden.[375] Zugrundegelegt wird die Tauftradition: In der Taufe erfolgen Sohnesannahme und Geistempfang. Die Folgerung wird mittels der Verbindung mit der Abbatradition gezogen: Indem der Geist den Abbaruf wirkt, können die Gläubigen erfahren, daß sie von dem ehemals in der Taufe empfangenen Geist auch jetzt geleitet werden und von daher der "Akt" der Sohnesannahme in das "Ergebnis" der Sohnschaft eingemündet ist.[376]

Dabei ist vorausgesetzt, daß für Paulus Taufe, Sohnesannahme und Geistempfang das Urdatum des Heilsstandes bzw. des Rechtfertigungsgeschehens sind (1 Kor 2,12; 6,11; 2 Kor 1,22; 5,5; 11,4; Gal 3,2.5.14; 4,6: 1 Thess 4,8), der Apostel jedoch keinen durch die Taufe allein gewährleisteten Fortbestand des Heils kennt.[377] Geistbesitz und Glaubensstand sind ständig gefährdet, ja sie können sogar verlorengehen (Röm 8,13; 2 Kor 13,5; Gal 3,3; 5,4f; Phil 2,12; 1 Thess 5,19). So sehr Sohnesannahme und Geistempfang in der Taufe verbürgt sind, so wenig sind sie durch dieses Geschehen bleibend gesichert. Sie müssen ständig neu realisiert werden. Dieser Gegenwartsaspekt des Heils steht auch im Zentrum von Röm 8,1-17, wo er mittels der - auf der Taufe beruhenden - kontinuierlichen Wirksamkeit des Geistes in den Gläubigen gesichert wird (v. 4.9.11.13-16).[378] Diese Wirksamkeit kann in der Taufe nur als einmaliges Anfangsgeschehen erfahren werden, so daß Paulus zum Erweis ihrer Kontinuität auf einen anderen, sich immer wieder neu ereignenden Vorgang angewiesen ist.[379]

Das ursprüngliche Getrenntsein von Tauftradition und Abbatradition wird noch durch eine weitere Beobachtung wahrscheinlich gemacht: Soll der Verweis auf den Abbaruf B e w e i s k r a f t [380] für die Gegenwärtigkeit der Sohnschaft haben, dann muß in ihm die Wirksamkeit des Geistes, das Durch-den-Geist-Geleitetwerden, unzweideutig evident und erfahrbar werden. Andernfalls kann v. 15 nicht die existentielle Vergewisserung von v. 14 und die empirische Grundlage für v. 16f sein. Die Wirksamkeit des Geistes ist aber nur dann als solche eindeutig, wenn in ihr die Unverfügbarkeit des Geistes zum Ausdruck kommt und jede menschliche Verfügungsmacht ausgeschlossen ist.[381] Folglich kann der Abbaruf die fortgesetzte Wirksamkeit des Geistes (und damit die Sohnschaft) nur dann eindeutig erweisen, wenn er in den Gottesdiensten immer wieder ertönt, und zwar spontan an liturgisch nicht fixierten Stellen.[382] Nur so bleibt er als das freie, unverfügbare Walten des Geistes erfahrbar,[383] so daß seine Interpretation als einmaliger, in der Vergangenheit liegender Ausruf des Getauften bei bzw. nach der Taufe[384] auch von daher problematisch ist.

Weitere Beobachtungen erschweren die Zustimmung auch zu verschiedenen anderen Deutungsvorschlägen: Um beweiskräftig zu sein, muß der Ruf nicht nur als geistgewirkt erfahrbar sein, sondern auch im Mund a l l e r Gläubigen erschallen. Denn nur wer vom Geist geleitet - d. h. hier: zum Abbaruf getrieben - wird,[385] kann für sich die Gewißheit der Sohnschaft in Anspruch nehmen. Demnach muß der Ruf ein von allen Gläubigen gleichermaßen an sich selbst erfahrbares und unter Beteiligung aller sich vollziehendes Geschehen sein.

Aber so wichtig das äußere Erscheinungsbild des Rufes ist, so wenig kann es als solches die Wirksamkeit des Geistes eindeutig offenbaren. Denn wie in 1 Kor 12,3 der Vorgang an sich die Geistgewirktheit nicht enthüllt, sondern der Inhalt,[386] so ist auch in Röm 8,15 das Wort das entscheidende Kriterium. Dabei wird man analog zur Geistgewirktheit des Kyriosbekenntnisses schließen dürfen, daß Paulus auch die Gottesanrede Abba als solche für inspiriert hielt.[387] Da es ihm aber in Röm 8,15 - im Gegensatz zu 1 Kor 12,3 - nicht um die F e s t s t e l l u n g der Geistwirkung, sondern in erster Linie um ihren N a c h w e i s geht, wählt er dazu mit dem Abbaruf ein Geschehen aus, das die Wirksamkeit des Geistes nicht nur vom Wort her bezeugt, sondern vor allem vom Ablauf her augenscheinlich macht. Anders als in 1 Kor 12,3 kommt also in Röm 8,15 dem äußeren Geschehen eine zentrale Funktion zu, das allerdings nur von seinem Inhalt, vom Wort her eindeutig ist.

Dieses Wort-Geschehen ist nach v. 16 ein Bezeugen des Geistes,[388] in dem er - in Analogie zur Abbaanrede Jesu - die "Gottverbundenheit" der Gläubigen in Gestalt der Sohnschaft ausruft.[389] Somit geht es im Abbaruf letztlich um Verkündigung und von daher auch um einen Öffentlichkeitsbezug: um das geistgewirkte proklamierende Zeugnis des Vaterseins Gottes im öffentlichen Geschehen des Gottesdienstes[390] als Erweis der Gotteskindschaft aller Rufenden. Damit sind zugleich die noch offenen Fragen nach dem Verkündigungscharakter[391] und der inhaltlichen Vollständigkeit bzw. Aussagefähigkeit[392] des Rufes positiv beantwortet.

Ebenso sind nun ausreichend Kriterien zur Beurteilung der verschiedenen Deutungsvorschläge des Abbarufes vorhanden.[393] So muß seine Erklärung als Beginn des von Paulus eigentlich gemeinten Vaterunsers zurückgewiesen werden, da: a) der Ruf vollständig (überliefert) ist und keiner Weiterführung bedarf; b) im Vaterunser ein "verfügbares", weil auf der Anweisung Jesu beruhendes Gebet vorliegt, das in der urchristlichen Tradition nicht mit der inspirierenden Wirksamkeit des Geistes in Zusammenhang gebracht wird; c) es nicht einsichtig ist, warum das in den paulinischen Gemeinden doch wohl griechisch zu sprechende Vaterunser mit einem zweisprachigen Anfang bzw. mit übersetztem aramäischem Beginn zitiert sein sollte.[394]

Auch muß die Deutung, die Wendung beziehe sich generell auf das Gebet zu Gott als Vater, abgelehnt werden, da: a) $\kappa\rho\acute{a}\zeta\epsilon\iota\nu$ bei Paulus nicht das Beten allgemein bezeichnet; b) das Beten zum Vater nach Paulus nicht grundsätzlich die Wirksamkeit des Geistes offenlegt; c) einer solchen Annahme die für die Intention von Röm 8,15 entscheidenden Aspekte der allen gemeinsamen Erfahrung, der Verkündigung und der Öffentlichkeit fehlen. Aus diesen Gründen ist auch die damit verwandte Interpretation unzutreffend, Paulus zitiere die allgemein übliche Vateranrede Gottes in den Gebeten der Christen seines Missionsbereichs. Darüberhinaus spricht gegen dieses Verständnis: a) das Fehlen der Bezeichnung Gottes als Vater in den uns erhaltenen paulinischen gebetsbezogenen Texten; b) die Zweisprachigkeit der Formel bzw. das aramäische Abba.

Somit liegt es am nächsten, $\dot{a}\beta\beta\check{a}$ $\dot{o}$ $\pi\alpha\tau\acute{\eta}\rho$ in Röm 8,15 und Gal 4,6 als einen spontanen, im Ablauf des Gottesdienstes an beliebiger Stelle und in unterschiedlicher Häufigkeit von allen Gläubigen gemeinsam geäußerten[395] inspirierten[396] Ruf Abba zu verstehen,[397] dessen Zitierung Paulus die Verdeutlichung $\dot{o}$ $\pi\alpha\tau\acute{\eta}\rho$ beifügt.[398] Formgeschichtlich wird man den Ruf als Akklamation bezeichnen dürfen,[399] die aber - wegen ihres Anredecharakters an Gott - vom Inhalt her als Gebetsruf zu qualifizieren und damit im weitesten Sinne als Gebet zu betrachten ist,[400] wobei sich das akklamatorische Element in der verkündigenden und öffentlichkeitswirksamen Funktion zeigt.

b) VERS 16

Mit v. 16 führt Paulus nicht ein weiteres, von dem Gebetsruf zu unterscheidendes Zeugnis des Geistes für die Sohnschaft an,[401] sondern verleiht er v. 15 "an interpretative clarification".[402] Diese besteht in der Erläuterung des inspirierten Gebetsrufes als einer vom Geist bezeugten und von den Gläubigen sich zu eigen gemachten Vergewisserung, ὅτι ἐσμὲν τέκνα θεοῦ.

Das Kernproblem des Verses liegt in der Bestimmung des συμμαρτυρεῖν und des πνεῦμα ἡμῶν. Der paulinische Gebrauch von συμμαρτυρεῖν[403] und μαρτυρεῖν legt es nahe, das Kompositum nicht einfach als (verstärktes) Simplex wiederzugeben,[404] sondern tatsächlich an ein "Mitbezeugen", also an ein doppeltes Zeugnisgeben zu denken.[405] Denn Paulus verwendet συμμαρτυρεῖν nur da, wo es um einen Bezeugungsvorgang geht, der sich im Menschen abspielt, wo der Mensch als E m p f ä n g e r des Zeugnisses gedacht ist,[406] während er μαρτυρεῖν da gebraucht, wo es um ein Bezeugen nach außen geht, der Mensch also U r h e b e r des Zeugnisses ist.[407] Wo der Mensch aber als Empfänger des Zeugnisses - des Gewissens (Röm 2,15; 9,1) bzw. des Geistes (Röm 8,16; 9,1)[408] - erscheint, liegt der Nachdruck auf dem Annehmen des Empfangenen, auf dem Sich-zu-eigen-Machen des Zeugnisses, so daß es gleichsam um ein Mitbezeugen des Bezeugten geht.

Dieses Verständnis wird in Röm 8,16 durch die ausdrückliche Miteinbeziehung des πνεῦμα ἡμῶν in den Bezeugungsvorgang bestätigt.[409] Dabei ist es eine gedankliche Unmöglichkeit, darin den dem Menschen geschenkten bzw. in ihm wohnenden Heiligen Geist zu sehen,[410] denn dieser wird ja gerade als αὐτὸ τὸ πνεῦμα vom πνεῦμα ἡμῶν unterschieden. Von daher liegt es nahe, letztes als eine rein anthropologische Bestimmung aufzufassen, deren Sinn sich aus dem Zusammenhang ergibt: die geistige "Dimension"[411] des Menschen, mit der er das vom Geist Gottes Gesagte aufnimmt und sich zu eigen macht.[412] Für v. 16 bedeutet das: Der Geist Gottes bezeugt in dem von ihm selbst gewirkten Abbaruf dem so Rufenden die Gotteskindschaft, und der "Geist" des Rufenden vernimmt dieses Zeugnis, macht es sich zu eigen und bezeugt von daher sich selbst zusammen mit dem göttlichen Geist die eigene Sohnschaft.[413] Nur wenn dieser Erfahrungs- und Aneignungsprozeß in dem συμμαρτυρεῖν enthalten ist,[414] kommt die existentielle Feststellung und Schlußfolgerung des Paulus: ὅτι ἐσμὲν τέκνα θεοῦ zur Geltung. Sie ist ja selbst nichts anderes als ein Zeugnis, das der zusagende göttliche und der zustimmende menschliche Geist gemeinsam vertreten.[415]

In dieser Gemeinsamkeit der beiden Zeugen und ihres Zeugnisses besteht letztlich die G e w i ß h e i t , auf die es dem Apostel angesichts des Leidens so sehr ankommt (v. 17.28ff. 31ff, vor allem v. 38f: πέπεισμαι γάρ). Von daher gehören v. 15 und v. 16 unauflöslich zusammen: In beiden Versen geht es um das Zeugnis des Geistes,[416] das die Gläubigen sich zu eigen machen. Sie erfahren im Abbaruf, daß sie durch den Geist Gottes geleitet werden (v. 14), und sind von daher in der Lage, sich das Zeugnis der Gotteskindschaft nicht nur dem Wort glaubend, sondern vor allem es erlebend anzueignen und damit zur unerschütterlichen Gewißheit werden zu lassen.[417]

3. FOLGERUNGEN

Man wird bei Röm 8,15f mit der Ableitung von Folgerungen, die das Gebet bei Paulus generell betreffen, sehr zurückhaltend sein müssen, da es sich hier um einen speziellen Gebetsakt und zugleich um eine Randerscheinung des Gebets handelt,[418] die freilich in den hellenistischen Gemeinden ein charakteristisches Element des Gottesdienstes gewesen sein dürfte.[419] Von daher bietet Röm 8,15f keine ausreichende Basis, aus der man die grundsätzliche Inspiriertheit des paulinischen Gebets[420] sowie den ständigen Gebrauch der Vater- bzw. Abbaanrede durch Paulus und seine Gemeinden[421] erheben könnte.

Dennoch ist es m. E. exegetisch verantwortbar, auf die vorliegende Stelle die folgenden Beobachtungen zu gründen:

1. Indem die Gläubigen Gott als Vater anrufen, bringen sie ihr Gottesverhältnis nicht nur unmittelbar zum Ausdruck, sondern erscheint das Gebet bzw. die Gottesanrede geradezu als Vollzugsmoment der Gottesbeziehung. Denn mit der Vateranrede bezeugen die Christen vor Gott, vor einander und vor der Öffentlichkeit die Stellung, die sie gegenüber Gott innehaben und wenden sie sich an den "Vater", von dem sie sich geliebt und angenommen wissen. Mit dem Abbaruf vollzieht die Gemeinde ihre Sohnesstellung als ein an den "Vater" gerichtetes Sprachgeschehen und läßt Gott sie auf diese Weise seine Vaterstellung erfahren. Das Moment der Gottesbegegnung ist in keinem anderen Äußerungselement des Glaubens in dieser Unmittelbarkeit gegeben. Von daher darf man - über den Abbaruf hinausgehend - das Gebet in der Direktheit seiner Hinwendung zu Gott und der sich darin bezeugenden Zuwendung Gottes zum Menschen als in dieser Hinsicht einzigartiges Vollzugs-, Erfahrungs- und Ausdrucksmoment des Gottesverhältnisses bzw. des Glaubens ansehen.

Dem entspricht es, wenn Paulus in den einleitenden Gebetsberichten des öfteren von Gott als $\theta\epsilon\tilde{\omega}$ μou spricht (Röm 1,8; 1 Kor 1,4; Phil 1,3; Phlm 4).[422] In die gleiche Richtung deutet es, wenn der Apostel umgekehrt die gestörte Gottesbeziehung in einen (fiktiven) Ruf münden läßt, der als Schrei nach Erlösung unausgesprochen Gott zum Adressaten hat (Röm 7,24), und er unmittelbar danach das neue, intakte Gottesverhältnis als Gerechtfertigter bzw. als Sohn in Gestalt des Dankrufs an Gott ausdrückt, vollzieht und erfährt.

2. Die Rolle des Geistes beim Gebet besteht nach Röm 8,15 in der Wirkung der gebethaften Hinwendung zu Gott in den Gläubigen und der Inspiration der Gottesanrede Abba. Darin wird man zumindest einen Hinweis darauf sehen dürfen, daß das Gebet für Paulus grundsätzlich eine Machtwirkung des Geistes darstellt (vgl. Phil 1,19 (Eph 5,18-20; 6,18)) und ohne diesen nicht zustandekommt.[423] So wie der Geist die Wirkursache für das neue Gottesverhältnis der Gläubigen ist (2 Kor 3,6; 1 Thess 1,6; Röm 5,5; 7,6; 8,2), so befähigt er sie auch, sich diesem neuen Verhältnis entsprechend im Gebet an Gott zu wenden. Man wird aber von dem besonderen Fall des Abbarufs nicht ableiten dürfen, daß der Geist grundsätzlich bei jedem Gebet in den Gläubigen spricht, also quasi selbst zu Gott betet.[424] Für eine solche Ausnahme liefert die Inspiration der Gottesanrede Abba keine ausreichende Grundlage. Röm 8,15f kann m. E. lediglich als Zeugnis für den Zusammenhang von Gebet und Geist dahingehend interpretiert werden, daß der Geist in den Gläubigen die gebethafte Hinwendung zu Gott sowie die in den Formen des Lobes, des Dankes und der (Für-)Bitte sich äußernde Gewißheit des Sohnesstandes vor Gott bewirkt, aus der die - dem damit gesetzten Vertrauens- und Gehorsamsverhältnis gegenüber Gott[425] entsprechenden - jeweiligen Gebetsinhalte hervorgehen.

3. Im Gebet erhält für Paulus das auf dem Glauben beruhende, im Glauben angenommene und demnach geglaubte Rechtfertigungsurteil Gottes (Röm 4,16-25) eine existentielle Dimension. Denn indem die Gläubigen Abba rufen, erfahren und e r l e b e n sie die mittels des Glaubens erhaltene προσαγωγή zu Gott als Ausdruck der Rechtfertigung und des Friedens mit Gott (Röm 5,1f; vgl. Eph 2,18). Dieser unmittelbare Zugang zu Gott wird im Abbaruf in besonderer Weise erfahren, jedoch auch in jedem anderen Gebet zu Gott eröffnet.[426] Somit eignet dem - zumal vom Geist gewirkten - Gebet die existentielle Funktion der Erfahrbarkeit des Heilsstan-

des und damit eine eindrückliche Art seiner Vergewisserung.[427]
Solches Gebet vom Glauben her wird nur dem Glaubenden möglich.
In ihm erhält der Glaube ein dem Gottesverhältnis adäquates Äußerungsmoment.

4. Das Gebet gehört für Paulus nicht nur zum persönlichen Glaubensvollzug des einzelnen,[428] sondern in gleicher Weise zum Gottesdienst der Gemeinde.[429] In diesem Zusammenhang ist es von Bedeutung, daß die Heilserfahrung im Abbaruf **i n   d e r   G e m e i n d e v e r s a m m l u n g** ihren Ort hat. Damit wird einem Heils- und Gebetsindividualismus gewehrt und die Annahme genährt, daß das Gebet nicht nur ein wesentliches Gestaltungselement des urchristlichen Gottesdienstes war (vgl. 1 Kor 14,23ff; Apg 2,42; 4,23ff; 12,12), sondern auch und vor allem die Einheit der Gemeinde sich als Einheit im Gebet äußerte und darin eine ihrer Wurzeln hatte (Röm 15,5-7; 2 Kor 9,13f; Phil 4,1-3.6). Der Gottesdienst der versammelten Gemeinde ist zwar nicht der einzige Ort des Gebets, wohl aber der Anlaß und der Rahmen, in dem die ἐκκλησία als ganze im Gebet vor Gott tritt und sich in der Gemeinsamkeit der Hinwendung als κοινωνία erfährt, der Gott sein Heil bleibend zugewendet hat.

5. Es ist m. E. möglich, von Röm 8,15f und 7,24f her einiges zum Verhältnis von Gebet und Theologie bei Paulus zu bemerken - ausgehend von der Beobachtung, daß es bei beiden Stellen nicht um das Gebet an sich geht, sondern die Erwähnung des Gebets bzw. gebethafte Äußerungen ausschließlich zum Zwecke der Darlegung der paulinischen Theologie erfolgen.

a) Gebet geht der Theologie voraus und prägt diese: Paulus greift in 8,15f auf den Abbaruf zurück, um mit seiner Hilfe die theologische Feststellung v. 14 existentiell zu bestätigen und zu der theologischen Konsequenz von v. 17 zu gelangen. Das kann er aber nur, weil er und die Gemeinden der Sohnschaft, um die es ihm vom Kontext her geht (vgl. Gal 4,1-7), im Gebetsruf Abba bereits gewiß geworden sind. Der Abbaruf ist also die existentielle Voraussetzung der Rede von der Sohnschaft in 8,14-17 und das prägende Element ihrer theologischen Einarbeitung (v. 15f).

Wenn aber der Abbaruf für Paulus eine grundlegende Heilserfahrung darstellt, mit der er mindestens in zwei Fällen (Röm 8,15; Gal 4,6) den Heilsstand begründet hat, und wenn die Verkündigung des Apostels, zu der auch seine Briefe gehören, im weitesten Sinne der Entfaltung des Heils dient, so wird man daraus schließen können, daß über Röm 8,14ff hinaus die Heilserfahrung im Gebet[430] grundlegend für die Heilsentfaltung in Verkündigung und Theologie ist.[431] Dies wird zumindest von Röm 7,25a im Kontext der Kapitel 7 und 8 bestätigt, insofern hier - auf der Basis der Heilsgewißheit von 8,14ff[432] - der Ausdruck der Dankbarkeit des Paulus gegenüber Gott für die Erlösung von dem alten Leben unter Sünde, Gesetz und Tod der Entfaltung des neuen Lebens in der Macht des Geistes vorausgeht (Kap. 8), vor deren Hintergrund wiederum die Darlegung von 7,7-24 nur möglich ist.[433] Auch hier wird im (Dank-) Gebet bereits vorweg als existentieller Akt vollzogen und damit angeeignet, was anschließend theologisch seinen Niederschlag findet.[434]

b) Theologie vollzieht sich als Gebet bzw. gebethaft, sofern Röm 8,1-4 die literarische Durchführung und inhaltliche Entfaltung des Dankrufs 7,25a ist.[435] Auch die zahlreichen in den jeweiligen Gedankengang eingebetteten bzw. durch ihn hervorgerufenen Dankrufe,[436] Doxologien (Röm 1,25; 9,5; 11,33-36; 2 Kor 11,31; Gal 1,5) und Gebetswünsche (Röm 15,5f; 15,13; 1 Thess 3,11-13; 5,23) zeigen die Gebetshaltung des Paulus bei der Darlegung seiner Theologie in den Briefen an.

c) Gebet folgt aus der Theologie, insofern Röm 7,24 der - wenn auch nur fiktive - gebetartige Ausdruck der auf dem Heilsstand beruhenden rückblickenden Erkenntnis des vorherigen Unheils ist. Hier erscheint die (notvolle) Wendung an Gott als Konsequenz theologischer Erkenntnis. In die gleiche Richtung deutet es, wenn die paulinischen Gebete inhaltlich völlig von seiner Theologie her geprägt sind[437] - wobei sich allerdings die Annahme einer Wechselwirkung zwischen Gebet und Theologie nahelegt, deren einzelne Komponenten oft nicht mehr genau bestimmbar sind.

V. RÖMER 8,26f

1. VORBEMERKUNG

Nachdem bereits im Forschungsbericht die wichtigsten neueren Auslegungen von Röm 8,26f ausführlich dargelegt und kritisiert worden sind,[438] soll an dieser Stelle in entsprechender Kürze lediglich ein Beitrag zur Klärung der strittigen Hauptprobleme erfolgen. Diese sind m. E.: 1. Die Zuordnung zum Kontext; 2. Die Bestimmung der Schwachheit des Beters; 3. das Verständnis des Eintretens des Geistes.

2. PROBLEMORIENTIERTE EXEGESE

a) DIE ZUORDNUNG ZUM KONTEXT

Seit Th. Zahn[439] ist man sich weitgehend darüber einig, daß sich v. 19-22.23-25.26f formal wie konzentrische Kreise um die These v. 18 gruppieren und diese entfalten bzw. begründen.[440] Uneinigkeit besteht dagegen in der Frage, ob die drei Versgruppen inhaltlich als Steigerung des Gedankenganges[441] oder als parallele Gedankenführung[442] zu qualifizieren sind. Desweiteren gehen die Meinungen über den konkreten inhaltlichen Bezugspunkt von v. 26f auseinander: Ist es das Seufzen der Kreatur bzw. der Christen (v. 22f)[443] oder die Hoffnung[444] bzw. die Heilsgewißheit der Christen (v. 24f)?[445]

Eine Klärung dieser Fragen kann sinnvollerweise am besten mittels einer Näherbestimmung von ὡσαύτως δὲ καὶ (v. 26) erfolgen, womit Paulus den Bezug zum Kontext einleitend und damit richtungweisend für das Gesamtverständnis der beiden Verse herstellt. Dabei wird grundsätzlich zu wenig beachtet, daß ὡσαύτως als Adverb[446] auf die Modalität eines Vorgangs bzw. einer Tätigkeit verweist.[447] Da das Subjekt des Handelns in v. 26a der Geist ist, liegt es nahe, den mit ὡσαύτως angesprochenen Vergleichspunkt[448] in einer vorausgehenden Erwähnung einer Tätigkeit des Geistes zu suchen.[449] Dabei kommen v. 15f nicht in Frage, weil sie lediglich als Hinführung zur Thematik von v. 18-27 dienen[450] und mit dem Problem der Schwachheit des Beters nichts zu tun haben.[451] Somit bleibt nur die Rede vom Geist als den Gläubigen gewährte ἀπαρχή in v. 23 übrig. Ein Problem dabei ist, daß hier nicht ausdrücklich von einer Tätigkeit des Geistes die Rede ist, auf die sich ὡσαύτως δὲ καὶ unmittelbar beziehen könnte. Jedoch läßt sich aus der Bezeichnung des Geistes als ἀπαρχή im Kontext des Verses soviel ersehen, daß der Geist als "eschatologisches Unterpfand"[452] gesehen ist, das die "künftige Erlösung verbürgt".[453]

Somit hat als der primäre inhaltliche Bezugspunkt von v. 26f die Tätigkeit des Geistes als Erstlingsgabe und nicht das Seufzen, die Hoffnung oder die Heilsgewißheit der Christen bzw. der Schöpfung zu gelten.[454] Die Verknüpfung von v. 26f mit dem Kontext müsste demzufolge paraphrasiert lauten: In der gleichen Weise (ὡσαύτως), wie der Geist als eschatologisches Unterpfand die zukünftige Erlösung unseres Leibes verbürgt, so verbürgt er auch (καί)[455] die gegenwärtige Gottgemäßheit unseres Gebets. Die Gleichheit des Handelns des Geistes liegt dabei darin, daß er sich in beiden Fällen der Schwachheit der Gläubigen annimmt: einmal der Schwachheit ihres noch unerlösten Leibes, dem er sich "als göttliche Kraft der endzeitlichen Heilswirklichkeit bereits jetzt" in Erfahrung bringt[456] und so zum Bürgen der Erlösung wird, zum anderen der speziellen Schwachheit des so qualifizierten Beters, als dessen Stellvertreter er das Gebet vor Gott bringt.

Damit ist zugleich in formaler Hinsicht entschieden, daß v. 26f nicht als Parallele zu v. 19-22.23-25 zu sehen sind,[457] sondern als Steigerung - allerdings nicht im Sinne einer Weiterführung des Gedankengangs, sondern im Sinne einer Konkretion, die am Beispiel des Gebets zeigt, was es für die seufzenden, hoffenden und wartenden Christen bedeutet, die Erstlingsgabe des Geistes zu besitzen. Das Entscheidende hat Paulus bis v. 25 gesagt; was jetzt folgt, ist eine beispielhafte Anwendung des Gesagten auf die zuvor grundlegend eschatologisch bestimmte Existenz der Christen.

b) DIE SCHWACHHEIT DES BETERS

Die Schwachheit, in der der Geist den Glaubenden aushilft,[458] beschreibt Paulus mit den Worten: τὸ ... τί προσευξώμεθα καθὸ δεῖ οὐκ οἴδαμεν. Damit ist "keine allgemeine Erfahrung"[459] ausgesprochen, sondern der Apostel zieht die Konsequenz aus dem Vorausgehenden für den Bereich des Gebets: Die Gläubigen, die zwar die Erstlingsgabe des Geistes haben und auf das von ihm verbürgte endgültige Heil hoffen und warten, sind nicht in der Lage, diesbezüglich angemessen zu beten, weil sie als unter den Gegebenheiten ihrer gegenwärtigen leiblichen Existenz in dieser Welt Lebende, Leidende und Seufzende von ihrer Heilszukunft zeitlich und sachlich noch getrennt sind. Deshalb sind sie in dieser Situation auf die Hilfe des ihnen verliehenen Geistes angewiesen.

Dabei kann es nicht um eine grundsätzliche Unfähigkeit zum Gott wohlgefälligen Gebet bzw. um eine fundamentale Gebetsaporie gehen,[460] denn dem Hoffen, Warten und Seufzen - als Ausdruck des Verlangens[451] - der noch nicht vollerlösten Christenheit[462] entspricht nur das auf die Heilszukunft ausgerichtete B i t t g e b e t. Mehr und anders kann in dieser Hinsicht nicht gebetet werden. Dementsprechend formuliert Paulus mit τί als Akkusativ "der erbetenen Sache", so daß προσεύχεσθαι hier nicht mehr die gewöhnliche Bedeutung des Betens im allgemeinen hat,[463] sondern heißt: "etw. erbitten, um etw. bitten".[464] Stünde das Beten generell in Frage, dann hätte sich der Apostel doch wohl anders ausdrücken müssen, etwa: γὰρ προσεύχεσθαι καθὸ δεῖ οὐκ οἴδαμεν. Daß er aber speziell an das Bittgebet denkt, ergibt sich auch aus der Verwendung von (ὑπερ-)ἐντυγχάνειν zur Beschreibung der Tätigkeit des Geistes, wo jeweils der Vorgang des Bittens mitklingt.[465] Durch die betonte Voranstellung des τί ist ferner gesagt, daß es nicht um die richtige A r t u n d W e i s e , sondern lediglich um den rechten I n h a l t des Bittgebets geht.[466] Nicht der Vorgang des Bittens, sondern sein Gegenstand hat gottgemäß[467] zu sein.

Dies alles bedeutet: Die Schwachheit des Beters ist nach Röm 8,26 keine grundsätzliche menschliche Unfähigkeit zum gottgemäßen Gebet,[468] so daß a l l e s Beten der Interzession des Geistes bedürfe,[469] sondern sie besteht "in der noch anhaltenden Zeit der Leiden und des Stöhnens" der Christen "darin, daß ihre Teilhabe an der endzeitlichen Herrlichkeit ihre Zukunft ist, von der sie in der gegenwärtigen Teilhabe an der Vergänglichkeit der gesamten Schöpfung noch getrennt sind".[470] Von daher trifft die Deutung W. Bindemanns Inhalt und Kontext von Röm 8,26f m. E. am prägnantesten: In der genannten Schwachheit[471] tritt der Geist vor Gott "gerade für diejenigen bittend ein, die nicht wissen, was sie erbeten sollen, weil sie nicht in visionärer Schau[472] ihrer Wirklichkeit vorausgeeilt sind und nun - wie der Apostel es wohl in unserem Briefabschnitt auch bewußt nicht tut - zukünftige Heilsgüter im Gebet nicht konkret benennen und plastisch ausmalen können".[473] Angesichts der Schwachheit der Christen erweist sich der Geist gerade im Gebet "als ἀπαρχή ihrer υἱοθεσία, als Macht und Hauch einer neuen Welt".[474] Das will Röm 8,26f im Kontext von v. 18-27 sagen. Das geschilderte Gebetsproblem ist also primär nicht anthropologischer, sondern eschatologischer Natur.

c) DAS EINTRETEN DES GEISTES

Die Forschung ist sich weitgehend darüber einig, daß die Hilfe des Geistes nicht in der Hinführung zu einem neuen, qualitativ verbesserten und damit gottgemäßen Gebet des Menschen besteht,[475] sondern in einem stellvertretenden Beten "an unserer Statt".[476] Religionsgeschichtlich ist diese Auffassung untermauert durch Arbeiten von S. Mowinckel,[477] N. Johansson[478] und O. Betz,[479] die u. a. die Vorstellung vom Geist als Fürsprecher vor Gott vor allem im Judentum untersucht haben, auf die Paulus hier neben anderen Motiven zurückgreift.[480] So sehr damit die Bedeutung des (ὑπερ-) ἐντυγχάνειν einhellig geklärt ist, so wenig herrscht Übereinstimmung in der Auslegung der στεναγμοὶ ἀλάλητοι, mit denen der Geist uns vor Gott vertritt. Wo der Versuch der Konkretion unternommen wird, denkt man in der Regel entweder an Glossolalie,[481] an ein davon unterschiedenes Übersetzen des menschlichen Seufzens "in die Sprache Gottes selbst"[482] oder an ein wort- bzw. sprachloses Eintreten des Geistes vor Gott.[483]

Neben den bereits genannten Argumenten[484] spricht gegen die Deutung als Glossolalie vor allem der Wortsinn von ἀλάλητος, auch wenn nicht eindeutig bestimmbar ist, ob das Verbaladjektiv mit "unaussprechlich" oder "unausgesprochen" bzw. "wortlos" wiederzugeben ist.[485] Beides trifft für die Glossolalie jedenfalls nicht zu: Sie ist sowohl aussprechbar[486] als auch worthaft (1 Kor 14,19) und darum deutlich von den στεναγμοὶ ἀλάλητοι unterschieden.[487]

Das Verständnis eines Übersetzens des menschlichen Seufzens in eine himmlische bzw. göttliche Sprache durch den Geist wird fraglich, wenn man bedenkt, daß Seufzen im Neuen Testament eine sprachlose Äußerungsweise bezeichnet[488] und gerade bei Paulus (Röm 8,23; 2 Kor 5,2.4) "der e x i s t e n t i e l l - k ö r -

perliche Ausdruck" des Verlangens nach dem endgültigen Heil ist.[489] Was sollte den Geist veranlassen, menschliches sprachloses Seufzen in eine himmlische Sprache zu übersetzen, zumal Gott als der die Herzen Erforschende und um das Trachten des Geistes Wissende keineswegs auf Sprache als Kommunikationsmittel angewiesen sein dürfte? Auch der Verweis auf die ἄρρητα ῥήματα ἃ οὐκ ἐξὸν ἀνθρώπῳ λαλῆσαι (2 Kor 12,4) kann nicht eine himmlische Sprachlichkeit des Seufzens des Geistes nahelegen,[490] da sie wegen des H ö r e n s (ἤκουσεν) eines Menschen an Sprache gebunden sind, in Röm 8,26f aber ein Kommunikationsprozeß zwischen G o t t und seinem G e i s t ausgesagt wird.

Somit ist der drittens angeführten Deutungsmöglichkeit der Vorzug zu geben, wonach ἀλάλητος nicht nur für den Menschen "unaussprechlich", sondern generell "wortlos" bzw. 'sprachlos, unsprachlich' heißt: Der Geist tritt an unserer Stelle vor Gott mit einem Seufzen, das keiner Sprache - auch keiner göttlichen - bedarf, weil Gott als der, der sowohl das menschliche Herz als auch das Trachten des Geistes kennt, das Seufzen des Geistes auch ohne Sprache vernimmt und versteht. Daß dabei das Eintreten des Geistes in der Weise der στεναγμοί geschieht, hat darin seinen Grund, daß der Geist so unser Seufzen ἐν ἑαυτοῖς (v. 23), in unseren Herzen (v. 27),[491] aufnimmt, das er stellvertretend gottgemäß vor Gott bringt. Denn wir können nicht um zukünftige Heilsgüter bitten, weil wir nicht wissen, was wir diesbezüglich erbeten sollen. Wir können in unserer Schwachheit nur nach dem endgültigen Heil seufzen (Röm 8,23; 2 Kor 5,2.4). Dieses Seufzen bringt der Geist an unserer Stelle gottgemäß vor Gott, indem er es mit Inhalten füllt, die dem zukünftigen Heil und damit Gott selbst entsprechen (vgl. 1 Kor 15,28).[492] So vertritt er uns in dem Bitten, das wir nicht können.

3. FOLGERUNGEN

1. Röm 8,26f besagt entgegen verbreiteter Auffassung weder, daß grundsätzlich alles menschliche Beten der Stellvertretung des Geistes vor Gott bedürfe,[493] noch, daß der Geist generell der Wirkgrund alles christlichen Betens sei.[494] Letztes ist zwar von der paulinischen Pneumatologie her, wonach "der Geist ... Inbegriff des neuen Lebens bis in alle ... Einzelheiten und Alltäglichkeiten hinein" ist,[495] nicht abzustreiten, aber ähnlich wie in Röm 8,15f geht es auch in 8,26f nur um einen S p e z i a l - f a l l des Gebets - genauer um ein Gebet, das ausschließlich außerhalb des Menschen und seiner Möglichkeiten liegt und das darum von allem sonstigen Beten strengstens zu unterscheiden ist. Von daher kann von Röm 8,26f aus noch weniger als von 8,15f her hinsichtlich der Gebets abstrahiert werden.

2. Die Schwäche des Beters von Röm 8,26f ist keine primär anthropologisch, sondern eschatologisch bedingte, auch wenn gerade im Gefüge von Röm 7 und 8 Anthropologie und Eschatologie miteinander verwoben sind. Aber wiederum muß die spezielle Intention von Röm 8,26f bedacht werden, wonach es nicht um eine grundsätzliche Unfähigkeit des Menschen - auch des Christen nicht - zum gottgemäßen Gebet, geschweige denn zum Beten überhaupt geht. Das Problem der Stelle ist vielmehr der gottgemäße Gebetsinhalt. Paulus weiß ansonsten sehr wohl um Gott und seinem Heilswillen entsprechende Inhalte in Lob (Gal 1,3-5), Dank (1 Thess 5,18) und (Für-) Bitte (Röm 15,30-32). Seine Gebetsäußerungen verraten nichts von jener Schwäche, die nicht weiß, was sie bitten soll, und wo dies tatsächlich einmal der Fall ist (z. B. Röm 1,10), bringt er sein Bitten dennoch sicher zur Sprache.

Paulus scheint demzufolge davon auszugehen, daß der Christ, den der Geist Gottes leitet, von diesem in die Lage versetzt wird, inhaltlich gottgemäß zu beten. Nur an einem Punkt konstatiert der Apostel eine Ausnahme: Wenn es um die Bitte um die zukünftigen Dinge des Endheils geht, weiß auch der den Geist als Erstlingsgabe besitzende Gläubige nicht mehr gottgemäß zu bitten. In dieser Lage kann er nur noch pauschal nach der endgültigen Heilsverwirklichung seufzen (Röm 8,23; 2 Kor 5,2.4). Dabei darf er aber um die Hilfe des Geistes wissen, der in gottgemäßem Seufzen mit gottgemäßen Bitten an seiner Statt das Bitten ausübt, das er selbst nur als Seufzen in Schwachheit andeuten kann.

VI. RÖMER 15,30-33

1. VORFRAGEN

Die Ermahnung zur Fürbitte (Röm 15,30-33) ist das Ziel, auf das Paulus am Ende des Röm hinsteuert, nachdem er im Anschluß an die Behandlung des Problems der Starken und Schwachen in der Gemeinde (14,1-15,13) an seinen apostolischen Auftrag und Dienst erinnert (15,14-21) und der Gemeinde seine Pläne zur künftigen Missionsarbeit in Spanien mitgeteilt hat (15,23f.28f), bei der sie die wichtige Funktion des "Geleitens" übernehmen soll (15,24) (496). Beabsichtigt Paulus also, die römische Gemeinde in Zukunft aktiv an der Ausübung seines Apostolats zu beteiligen, so strebt er bereits gegenwärtig ihre Mitarbeit bei seinem schwierigen Amt an. Denn vor aller Realisierung künftiger Missionspläne steht die offensichtlich gefährliche und nicht ganz problemlose Überbringung der Kollekte für die Jerusalemer Urgemeinde (v. 31). Weil die Römer durch ihre Fürbitte zum Gelingen dieses Vorhabens beitragen und damit die Voraussetzung für sein Kommen nach Rom und die von dort ausgehende Spanienmission mitschaffen sollen, weist der Apostel auf die Jerusalemreise im Zusammenhang der Darlegung seiner Zukunftspläne ausdrücklich hin (v. 25.28a) (497) und versäumt es nicht, ihren Anlaß sowohl geschichtlich (v. 26) als auch theologisch (v. 27) zu begründen, um die Gemeinde von der Wichtigkeit der Angelegenheit zu überzeugen. Nur so kann er sie in aller Eindringlichkeit zur Fürbitte ermahnen, mit der sie zu einem gewissen Grad mit dafür sorgen kann, daß er nach dem erfolgreichen Abschluß der Kollekte zu ihnen kommt (v. 32) und so seine weiteren Pläne verwirklicht werden können (498).

2. EXEGESE

a) VERS 30

Mit παρακαλῶ kommt Paulus auf sein eigentliches Anliegen zu sprechen,[499] auf das die vorausgehenden Verse hinzielen. Es geht ihm dabei um eine sachbetonte Aufforderung[500] im Zusammenhang des Kontextes, deren Wichtigkeit und Dringlichkeit[501] formal durch die Anrede ἀδελφοί[502] und die damit erreichte Parallelität zu Röm 12,1 unterstrichen wird, so daß παρακαλεῖν hier wohl eher den Sinn des Ermahnens und nicht nur des Bittens hat.[503] Daß hier apostolische Paraklese vorliegt, wird inhaltlich durch die folgenden Wendungen διὰ τοῦ κυρίου ἡμῶν Ἰησοῦ Χριστοῦ καὶ διὰ τῆς ἀγάπης τοῦ πνεύματος bestätigt, die als "Voraussetzung und Grundlage"[504] der Mahnung Eindringlichkeit[505] und Autorität verleihen.[506] Paulus beruft sich mit seiner Aufforderung auf den ihm und den Römern gemeinsamen Herrn (κύριος ἡμῶν) und auf die Liebe, die der Geist wirkt[507] und in deren Raum sowohl die Mahnung als auch ihre Befolgung möglich sind.

Bezüglich des Verständnisses von συναγωνίσασθαί μοι ἐν ταῖς προσευχαῖς werden in der Forschung vier Varianten vertreten: 1. Paulus meint damit das Gebet als Kampf mit Gott[508] bzw. 2. gegen hinderliche Mächte und Gewalten.[509] 3. Der Apostel will mit der Wendung auf die Inständigkeit des zu erfolgenden Betens hinweisen.[510] 4. Er bezeichnet damit seinen Apostolat, besonders angesichts der zu erwartenden Nöte in Jerusalem, als Kampf, den die Römer in Gestalt ihrer Gebete mitkämpfen sollen.[511]

Eine Lösung des Problems hat von einer Klärung des συναγωνίζεσθαι im Zusammenhang des Kontextes auszugehen. Das Verb alleine läßt als hapax legomenon noch keine Konkretion zu, sondern besagt lediglich, daß die Römer aufgefordert sind, mit Paulus zusammen zu kämpfen[512] - und zwar, wie die Fortführung zeigt, in ihren Gebeten. Auch ein Blick auf die paulinische Verwendung der Wortgruppe ἀγών/ἀγωνίζεσθαι vermag noch keine Klarheit zu verschaffen: Während Phil 1,30 und 1 Thess 2,2 mit ihrem Bezug zum Leid[513] mehr für die vierte Deutungsmöglichkeit sprechen, begünstigen 1 Kor 9,24-27 (Kol 1,29; 2,1 und vor allem 4,12) eher die Interpretation als Gebetskampf, also grundsätzlich die ersten drei Möglichkeiten.

Diese sind jedoch vom Kontext her auszuschließen. Denn es ist zu-

- 174 -

nächst bezeichnend, daß Paulus - entgegen seiner sonstigen Gewohnheit - für seine Gebetsmahnung kein Verb des Betens verwendet (vgl. 1 Thess 5,25 (2 Thess 3,1ff; Kol 4,3; Eph 6,19)). Mit der Wahl von συναγωνίζεσθαι zielt er vielmehr auf einen K a m p f ab, den die Römer zusammen mit ihm ausfechten sollen. Es geht ihm also um ihr Gebet als Funktion eines Kampfes. Diesen beschreibt er in v. 23-28 und vor allem in v. 31 zur Genüge, so daß man in ihm den Abschluß der Kollekte mit den in Jerusalem zu erwartenden Bedrohungen und Problemen zu sehen hat. Für einen Gebetskampf dagegen fehlen im Kontext jegliche Hinweise. Paulus will die Römer dafür gewinnen, daß sie im Bunde mit ihm zusammen den apostolischen Kampf ausfechten, den die Überbringung der Kollekte für ihn darstellt. Aufgrund der räumlichen Entfernung[514] ist aber das Gebet, speziell die Fürbitte (προσευχαῖς ὑπὲρ ἐμοῦ),[515] die angemessene Art und Weise, in der die Gemeinde sich an diesem Kampf beteiligen kann. Das Gebet ist in dieser Situation die besondere "Kampfesform",[516] nicht aber der Kampf selbst, um den es Paulus geht. Daß es dabei in einem inständigen, ernsthaften und dauerhaften Bitten um einen guten Ausgang der Sache besteht, ergibt sich als selbstverständliche Konsequenz aus der Dringlichkeit der Mahnung.[517] Von daher dürfte Paulus auch mehr als nur das gottesdienstliche Gebet der Römer im Auge haben.[518] Wenn er dabei Gott als den Adressaten ihrer Gebete hervorhebt (πρὸς τὸν θεόν), so unterstreicht dies einmal mehr seine Gewohnheit, zu Gott als dem Urheber seines Apostolats (Röm 15,15f; Gal 1,15f) zu beten[519] und von ihm die Führung darin zu erbitten.

Es ist umstritten, wie die Gebete inhaltlich zu bestimmen sind, zu denen Paulus die Gemeinde ermahnt: Soll sie nur für seine Errettung von den Ungehorsamen in Judäa und die Willkommenheit der Kollekte bei der Urgemeinde bitten[520] oder auch für sein freudiges Kommen nach Rom und den dortigen Aufenthalt?[521] Die Frage ist nur annähernd zu beantworten. In der Regel gibt der Apostel bei Verwendung von προσεύχεσθαι bzw. προσευχή den Gebetsinhalt mit ἵνα an (so Phil 1,9f (2 Thess 1,11; 3,1f; Kol 1,9; 4,3; 4,12)),[522] insofern er damit - wie es der finalen Bedeutung des Wortes entspricht - jeweils das Ziel nennt, auf das hin das Gebet ausgerichtet ist.[523] Dabei wird man kaum von 2 Thess 1,11f her, wo zuerst ἵνα und dann ὅπως steht, in dem Sinne unterscheiden können, daß mit ἵνα ausschließlich der Gebetsinhalt und mit ὅπως ein darüber hinausgehendes, nicht zum eigentlichen Gebet gehöriges Ziel genannt wird, denn nach Phlm 6 ist ὅπως auch deutlich auf den Gebetsinhalt bezogen.[524] Diese Beobachtung läßt zumindest die Möglichkeit offen, daß Paulus mit ἵνα in Röm 15,32 ein nicht zum Gebet gehöriges, aber von ihm abhängiges Geschehen im Auge haben könnte.[525] Dafür scheint auch die Feststellung zu sprechen, daß in 2 Thess 3,1f beide den Inhalt benennende ἵνα-Sätze mit καί verbunden parataktisch aneinandergereiht sind, während Röm 15,32 hypotaktisch von v. 31 abhängt.[526] Das Gleiche ist jedoch auch in Phil 1,9f der Fall, und dort gehören beide ἵνα-Sätze eindeutig zur Inhaltsangabe des Gebets.[527] So gesehen legt zwar die syntaktische - und auch logische - Unterordnung von Röm 15,32 unter v. 31 eine Differenzierung nahe. Unter Berücksichtigung der vergleichbaren paulinischen Stellen wird man diese jedoch nicht in einer Abgrenzung des Gebetsinhalts treffen dürfen,[528] sondern in der Einstufung als zwei separate Ziele, für deren Realisierung gebetet werden soll, wobei das Erreichen des zweiten Zieles von der Verwirklichung des ersten abhängig ist.[529]

b) VERS 31

Demnach sollen die Römer zuerst für die Errettung des Apostels vor den Ungehorsamen in Judäa und die Willkommenheit der Kollekte bei der Urgemeinde[530] beten. Beide Anliegen hängen - wie bereits ihre Verknüpfung durch bloßes καί im Gegensatz zum nochmaligen ἵνα (v. 32) zeigt[531] - eng miteinander zusammen, insofern sie die Ankunft bzw. den Aufenthalt in Jerusalem betreffen. Paulus geht es zunächst einmal darum, dort mit dem Leben davonzukommen,[532] denn er weiß seit Jahren um die lebensbedrohlichen Verfolgungen seitens der "dem christlichen Kerygma den Glauben verweigern(den)" Juden[533] (vgl. 1 Thess 2,14f; Apg 13,50; 14,4f.19; 17,5ff.13) und scheint nun in besonderer Weise mit dem Fanatismus[534] der palästinischen Judenschaft[535] in Gestalt von Anschlägen auf sein Leben zu rechnen. Wie bereits in 2 Kor 1,10f, so vertraut er auch hier auf die Wirksamkeit der Fürbitte angesichts tödlicher Bedrohung.

Bei der Interpretation der Fortführung des Gebetsanliegens gehen die Meinungen zum Teil erheblich auseinander: 1. Es überwiegt die Auffassung, Paulus befürchte mit den Worten καὶ ἡ διακονία μου ... εὐπρόσδεκτος ... γένηται eine Ablehnung der Kollekte seitens der Urgemeinde.[536] 2. Andere sehen darin nicht grundsätzliche Zweifel an der Annahme der Kollekte, sondern lediglich erwartetete Probleme bei ihrer Übergabe.[537] 3. Einige deuten die Worte als Ausdruck apostolischer Bescheidenheit ohne Hinweischarakter auf etwaige Schwierigkeiten oder Spannungen mit Jerusalem.[538]

Ohne im Rahmen einer gebetsbezogenen Exegese auf die komplexe Problematik der paulinischen Kollekte für Jerusalem im einzelnen eingehen zu können,[539] sollen zumindest einige Aspekte für ihr Verständnis in v. 31 skizziert werden. Ausgangspunkt hat dabei die Klärung der Frage zu sein, worauf Paulus mit dem Anliegen abzielt, die Kollekte möge der Urgemeinde εὐπρόσδεκτος sein. Ein lexikalischer Vergleich ergibt zunächst die Synonymität und Austauschbarkeit von εὐπρόσδεκτος mit προσδεκτός, δεκτός, ἀπόδεκτος und εὐάρεστος,[540] was für Paulus durch 2 Kor 6,2[541] und Phil 4,18[542] bestätigt wird. Dabei dreht sich der Sinn der Wortgruppe nicht um die Annahme bzw. Ablehnung einer Gabe, sondern um deren "Angenehmsein"[543] aus der Sicht des Empfängers, also um eine positive Beurteilung dessen, was angenommen wird. Dies bestätigt sich durch Heranziehung des ursprünglichen Sitzes von רצה, das dem Vorkommen der Wortgruppe in der LXX meistens zugrundeliegt, in der Beute- oder Erbteilung. Demnach kann man den zustehenden Anteil gut oder schlecht finden, "ihn wohlwollend annehmen oder eher widerstrebend auf sich zukommen lassen".[544] Entscheidend ist, daß רצה im Alten Testament "fast ausnahmslos als Ausdruck einer positiven Einschätzung gebraucht" wird.[545] Diese Grundbedeutung gilt auch für den Bereich des Opferkultes,[546] mit dem die Wortgruppe in der LXX in Verbindung steht und über den sie traditionsgeschichtlich wesentlich den Eingang in das Neue Testament gefunden hat.[547] Paulus selbst verwendet εὐπρόσδεκτος in diesem Zusammenhang kurz zuvor in Röm 15,16, und davon dürfte die Wortwahl in v. 31 aufgrund der Nähe erheblich bestimmt sein. Das aber bedeutet - auch wenn hier kein kultischer Kontext vorliegt -, daß der Apostel mit dem Wunsch, die Kollekte möge den Heiligen εὐπρόσδεκτος sein, nicht an der Annahme der Sammlung durch Jerusalem zweifelt, sondern lediglich an ihrer Willkommenheit.[548]

Daß es nicht um die Ablehnung der Kollekte seitens der Urgemeinde gehen kann, ergibt sich auch von 2 Kor 9,12-14 her. In diesen Versen, die Paulus wahrscheinlich nur ein halbes bis ein Jahr vor dem Röm abgefaßt hat,[549] läßt er keinerlei Zweifel an der Annahme der Sammlung erkennen. Er geht im Gegenteil sogar noch von ihrer Willkommenheit aus, die sich nach seiner Einschätzung bei der Urgemeinde in Dank, Lobpreis, Fürbitte für die paulinischen Gemeinden und dem Wunsch nach Gemeinschaft mit ihnen auswirken wird. An dieser grundsätzlich positiven Erwartung hinsichtlich der Entgegennahme der Kollekte durch die Urgemeinde ändert auch der Beweggrund des Paulus nichts, mit 2 Kor 8 und 9 für die Durchführung der Sammlung in Korinth werben zu müssen.

Wenn der Apostel also noch kurze Zeit vor der Abfassung des Röm weder an der Annahme der Kollekte noch an ihrer Willkommenheit gezweifelt hat, dann müssen in der Zwischenzeit neue Entwicklungen eingetreten sein, die seine im Röm geäußerten Bedenken hervorgerufen haben. Das können aber nach allem, was wir über die Geschichte des Urchristentums wissen, weder die Spannungen zur Urgemeinde bzw. zu ihrem judaistischen Flügel[550] noch der Übergang der Gemeindeleitung von Petrus auf Jakobus[551] bzw. eine Frontstellung des Jakobus gegen Paulus[552] noch die antipaulinische Haltung der palästinischen Juden[553] gewesen sein, denn alle diese Konstellationen müssten auch für die Abfassung von 2 Kor 8 und 9 vorausgesetzt werden, und die Annahme einer grundlegenden Änderung der Verhältnisse in einzelnen dieser Punkte in der Zeit zwischen 2 Kor und Röm ist nicht belegbar.

Somit empfiehlt es sich nicht, εὐπρόσδεκτος in Röm 15,31 vor dem Hintergrund der Befürchtung einer möglichen Ablehnung der Kollekte zu interpretieren[554] oder gar zum Exempel dafür zu statuieren. Ebenso ist die Deutung als Ausdruck apostolischer Selbstbescheidung abzulehnen, denn dann bliebe uneinsichtig, warum Paulus die Äußerung als G e b e t s anliegen vorgebracht hat.[555] Vielmehr liegt es nahe, bei dem Apostel selbst die Ursache für die Bedenken zu suchen, die Sammlung könnte in Jerusalem nicht mehr so willkommen sein, wie er es noch wenige Zeit vorher angenommen hatte. Diese Ursache liegt vermutlich in einer Uminterpretation der Kollekte, die Paulus gegenüber 2 Kor 8 und 9 vollzogen hat und die nicht nur damit erklärt werden kann, daß er im Röm die Angelegenheit einer unbeteiligten Gemeinde vorträgt. Denn es fällt auf, daß er - im Gegensatz zu 2 Kor 8 und 9 und teilweise auch zu 1 Kor 16,1-4; Gal 2,10 - in Röm 15 die Kollekte als völlig freiwillig von seinen Gemeinden ausgehende κοινωνία mit Jerusalem vorstellt (v. 26), die er zudem rein theologisch motiviert (v. 27).[556] Dahinter steht wahrscheinlich das mit dem Näherrücken der Übergabe gewachsene Interesse, die Sammlung "ihres rechtlichen Charakters ... zu entkleiden"[557] und als

"Frucht" (v. 28) des eigenen "Willens zur κοινωνία"[558] zu verstehen. "Diese Uminterpretation ist vermutlich der Grund, weshalb Paulus der Ablieferung der Kollekte mit einiger Besorgnis entgegenblickt. Er weiß nicht ... ob seine eigene Vorstellung" von ihr "in der Muttergemeinde gebilligt werden würde".[559]

Dabei denkt er nicht an eine Ablehnung der Kollekte, sondern eher an die Möglichkeit, Jerusalem könnte bei ihrer Entgegennahme auf seinem rechtlichen Standpunkt beharren und den eigenen zurückweisen. Damit wäre natürlich auch die Abweisung von Vorstellungen verbunden, die Paulus grundsätzlich mit der Kollekte verknüpfte: die von seinen Gemeinden ausgehende Demonstration kirchlicher Einheit mit Jerusalem[560] und die Aufforderung[561] der Urgemeinde zur Bestätigung seines Evangeliums und seiner Missionsarbeit.[562] Gerade dies aber würde für seine weitere Tätigkeit in Rom und Spanien eine schwere Hypothek bedeuten. Deshalb fordert er die Gemeinde auf, durch ihr Gebet dazu beizutragen, daß der Urgemeinde die Kollekte nach wie vor herzlich willkommen ist, allerdings - und das sagt er den Römern so nicht - in der von ihm vertretenen Deutung.

Daß Paulus, dieses Ziel im Auge, alles vom Gebet erwartet und darüberhinaus nichts unternimmt, macht seine Überzeugung deutlich, daß Gott allein die Jerusalemer zur willkommenen Annahme der Kollekte und der damit verbundenen Anerkennung seiner Position bewegen kann.[563] So wird das Gebet zum Bestandteil seiner apostolischen Tätigkeit. Er erbittet es für diese entscheidende Phase der Weichenstellung im Hinblick auf seine weitere Arbeit,[564] nicht nur damit sich seine Pläne und Erwartungen erfüllen,[565] sondern vor allem um Gott selbst die Führung in die Zukunft zu überlassen.

c) VERS 32

Der Apostel scheint davon auszugehen, daß Gott die Jerusalemreise und die Kollektenübergabe zu dem Ausgang bringen wird, den er sich erhofft, denn er bittet die Römer auch noch um Fürbitte für das Geschehen danach.[566] Dabei zeigt die Wendung διὰ θελήματος θεοῦ,[567] die wegen ihrer nicht eindeutigen Stellung wohl auf den ganzen Satz zu beziehen ist,[568] seine Überzeugung von der Übereinstimmung seiner Gebetsanliegen mit dem Willen Gottes. Denn im Gegensatz zu Röm 1,9f, wo ἐν τῷ θελήματι τοῦ θεοῦ seine Unsicherheit in den b i s h e r i g e n Gebeten (ἀδιαλείπτως, πάντοτε) bezüglich des Willens Gottes für ein Kommen nach Rom ausdrückt, bedient er sich hier hinsichtlich der k ü n f t i g e n Gebete der Römer einer geprägten Wendung, mit der er gewöhnlich seine Gewißheit über das Geschehen des Willens Gottes - vor allem bei seiner Berufung zum Apostel - zur Sprache bringt (1 Kor 1,1; 2 Kor 1,1; 8,5 (Eph 1,1; Kol 1,1)). Dementsprechend läßt Röm 15,32 erkennen, daß Paulus sein Kommen nach Rom und die dortige Ruhezeit nicht nur dem Willen Gottes anheimstellt,[569] sondern er sich diesbezüglich inzwischen des göttlichen Willens sicher geworden ist[570] und die Römer bittet, für sein Eintreten in dieser konkreten Gestalt zu beten: Die Gemeinde soll darum bitten, daß der Wille Gottes geschieht und Paulus mit dankbarer Freude[571] über den guten Ausgang der Jerusalemreise[572] zu ihr kommen und sich bei ihr ausruhen kann nach den Strapazen des hinter ihm liegenden Kampfes und vor dem neuen Missionsabschnitt mit seinen Kämpfen.[573] Damit gibt der Apsotel gleichzeitig indirekt zu erkennen, daß er auch bei den ersten beiden Gebetsanliegen (v. 31) von der Übereinstimmung mit Gottes Willen ausgeht. Er ermahnt die Römer dringend, sich in der Form des Gebets an seinem apostolischen Kampf zu beteiligen und so mit dazu beizutragen, daß der Wille Gottes sowohl in Gestalt der Jerusalemreise als auch des Kommens nach Rom und der von dort ausgehenden Spanienmission geschieht.

d) VERS 33

Wozu Paulus die Gemeinde ermahnt hat, das praktiziert er nun seinerseits im Hinblick auf sie - und das wohl nicht ohne eine gewisse werbende Absicht. Mit einem fürbittenden Gebetswunsch[574] macht er ihr deutlich, daß sie in sein Gebet eingeschlossen ist.[575] Dabei wird die von ihm des öfteren herangezogene jüdisch-traditionelle Wendung ὁ ... θεὸς τῆς εἰρήνης[576] nicht nur hinsichtlich des umfassenden Heilsfriedens gewählt sein, den Gott den Römern gewähren möge,[577] sondern auch durch den Kontext der drohenden Auseinandersetzungen in Jerusalem bedingt sein, die damit der Friedensmacht Gottes auch im zwischenmenschlichen Bereich anheimgestellt werden.[578]

3. FOLGERUNGEN

Röm 15,30-33 ist in mehrfacher Hinsicht ein hervorragendes Zeugnis für die Stellung des Gebets im paulinischen Apostolat:
1. Das Gebet ist für Paulus eine vorrangige Gestalt apostolischer Arbeit, insofern es diese vorbereitet und damit in gewisser Weise erst ermöglicht. Indem der Apostel die Römer aufruft, für den weiteren Gang seines Dienstes zu beten, und gleichzeitig auf weitere Aktivitäten in dieser Hinsicht sowohl seitens der Gemeinde als auch seiner selbst verzichtet,[579] wird diese im wahrsten Sinne des Wortes Grund-legende Funktion des Gebets gerade in dieser entscheidenden Phase seines Apostolats deutlich.[580] Vom Gebet der Römer[581] erwartet er das Geschehen des Willens Gottes bei den bevorstehenden Unternehmungen und damit das Gelingen seiner apostolischen Arbeit. Dieser konkrete Fall erscheint als Beispiel einer Grundregel der Ausübung seines Amtes: Das Gebet geht dem apostolischen Handeln voraus und ermöglicht dieses, indem es darin dem Wirken Gottes unterstellt wird (vgl. Röm 1,9f; 2 Kor 1,10f; Phil 1,18f; 1 Thess 2,17f; 3,10f; Phlm 22 (Kol 4,3f; 2 Thess 3,1f)).

2. Die den apostolischen Dienst vorbereitende und ermöglichende Funktion des Gebets konkretisiert sich als eine ihn steuernde Funktion. Denn Paulus bittet die Gemeinde, durch ihr Gebet zu einem ganz bestimmten Gang der Dinge beizutragen, der von vornherein nicht so zu erwarten ist. Er stellt die Lebensbedrohung in Jerusalem und die Gefahr der Entzweiung bei der Übergabe der Kollekte mit einer Dringlichkeit unter das Gebet, daß man geradezu sagen kann: Vom G e b e t erwartet er die Überwindung der anstehenden Gefahren[582] und damit die göttliche Steuerung seines Dienstes. Dabei ist ihm das Gebet nicht Mittel zum Zweck, sondern Ausdruck größten Vertrauens, das, im Glauben gründend, alles von Gott erwartet. Insofern besteht die seinen Apostolat in diesem Sinne steuernde Funktion des Gebets nicht in der Beeinflussung des göttlichen Willens,[583] sondern in der Glaubenshaltung, daß sich im Gebet die Herbeiführung des Willens Gottes realisiert.

3. Im Gebet offenbart sich in gewisser Weise das apostolische Selbstverständnis des Paulus. Er weiß sich zum Apostel Jesu Christi durch den Willen Gottes berufen (1 Kor 1,1 u. ö.; vgl. Gal 1,15f) und sucht in seinem Dienst als δοῦλος (Röm 1,1) bzw. λειτουργός (Röm 15,16) Christi ein Werkzeug (vgl. 1 Kor 9,1) zur Durchsetzung dieses Willens in der Heidenmission zu sein. Dabei dient ihm das Gebet zur ständigen Hinwendung zu Gott als seinem "Auftraggeber" und bewahrt ihn so vor Eigenmächtigkeit bei der Ausübung seines Amtes. Daß gerade im vorliegenden Fall die Ereignisse anders verliefen als der Apostel glaubte (vgl. Apg 21-28), darf nicht darüber hinwegtäuschen, daß er zum Zeitpunkt des Entstehens dieser Verse von der Übereinstimmung seiner Anliegen mit dem Willen Gottes überzeugt war. Das zeigt seine Berufung nicht nur auf diesen Willen (v. 32), sondern auch auf die Autorität Christi (v. 30).[584]

4. Der Apostolat ist zwar Paulus alleine aufgetragen, aber wie er durch seine Mitarbeiter Unterstützung in der Ausübung seines Dienstes erhält, so sucht er darüberhinaus weiteren Rückhalt in Gestalt der Fürbitte seiner Gemeinden (vgl. 2 Kor 1,11; Phil 1,19; 1 Thess 5,25; Phlm 22 (2 Thess 3,1f; Kol 4,3.18; Eph 6,19)). Das Bild vom Beten als Mitkämpfen seines apostolischen Kampfes macht dabei deutlich, daß er sich vom Gebet anderer eine nicht unerhebliche Entlastung erhofft. Weil er von der Wirksamkeit des Gebets ausgeht,[585] kann er die Römer in dieser Weise an der Ausübung seines Apostolats beteiligen.[586] Somit gehört das Gebet für ihn unabdingbar zur apostolischen Arbeit und wird - wie im vorliegenden Fall - gezielt "eingesetzt".[587] Von daher eignet dem Gebet nicht nur eine vorbereitende und steuernde, sondern auch das apostolische Handeln begleitende und es in gewisser Weise sogar vollziehende Funktion, indem Paulus darauf verzichtet, über das Gebet hinaus noch Weiteres zur Durchführung seiner Vorhaben zu unternehmen. So kann das Gebet bei ihm zu einer spezifischen Form apostolischen Handelns werden.

5. Die Mitarbeit der Gemeinde am Apostolat in Form des Gebets beinhaltet zudem eine ekklesiologische Komponente. Denn das Gebet als gemeinsame Arbeit an ein und demselben Auftrag ist ein Stück Verwirklichung der κοινωνία zwischen Paulus und seinen Gemeinden sowie der Gemeinden untereinander. Sie besteht in der gemeinschaftlichen Hinwendung zu dem gemeinsamen Gott, in dem sie auch begründet ist, und mag von Paulus auch als vorläufige Form der Gemeinschaft (vgl. 2 Kor 9,14) mit den Römern gedacht sein, die er bei seinem Besuch endgültig mit ihnen anstrebt (vgl. Röm 1,11f; 15,32). Als zentraler Ausdruck des Glaubens in Gestalt der Anrufung des einen Gottes ist das Gebet geeignet, ein einigendes Band der Frömmigkeit nicht nur der paulinischen, sondern der gesamten urchristlichen Gemeinden zu sein (vgl. 2 Kor 9,11-15).

VII. PHILIPPER 1,3-11

1. VORBEMERKUNG

Da Phil 1,3-11 in den vergangenen 15 Jahren bereits Gegenstand verschiedener mehr oder weniger ausführlicher Untersuchungen war,[588] wird an dieser Stelle auf eine eingehende Exegese des gesamten Textes verzichtet. Stattdessen soll auf wichtige Stationen der Erforschung des Abschnitts hingewiesen[589] und davon ausgehend zu drei zentralen, noch ungelösten Problemen Stellung genommen werden.

2. STATIONEN DER NEUEREN FORSCHUNGSGESCHICHTE

a) PAUL SCHUBERT

Die Erforschung von Phil 1,3-11 (und aller anderen einleitenden Gebetsberichte der Paulusbriefe) wurde 1939 von P. Schubert[590] vor allem auf eine solide formgeschichtliche Basis gestellt.[591] Schubert legt zunächst die Erstreckung des Gebetsberichts in Phil 1 von v. 3 bis v. 11 fest, da der Bericht mit einer für ihn charakteristischen Form von εὐχαριστεῖν beginnt (v. 3) und in v. 10f mit der von ihm so genannten und für die einleitenden Gebetsberichte typischen "eschatological ... climax" zum Ziel gelangt, worauf "abrupt" der Briefkorpus folgt (S. 4).[592] Formal weist Schubert den Text dem bereits dargelegten Typ "Ia" der einleitenden Gebetsberichte zu (S. 54f),[593] für den eine Verbindung von Dank und Fürbitte kennzeichnend ist. Dabei analysiert er seine syntaktische Struktur wie folgt: 1. übergeordnetes Verb: εὐχαριστῶ; 2. Personalobjekt im Dativ: τῷ θεῷ μου; 3. temporales Adverb: πάντοτε; 4. pronominale Objektwendung: ὑπὲρ πάντων ὑμῶν; 5. temporaler Partizipialsatz: μετὰ χαρᾶς τὴν δέησιν ποιούμενος mit temporaler Adverbialwendung: ἐν πάσῃ δεήσει μου; 6. kausale Adverbialwendungen: ἐπὶ πάσῃ τῇ μνείᾳ ὑμῶν, ἐπὶ τῇ κοινωνίᾳ ὑμῶν εἰς ... und kausaler Partizipialsatz: πεποιθὼς αὐτὸ τοῦτο; 7. abschließender Kausalsatz: ὅτι ὁ ἐναρξάμενος ...

Im Fürbitteteil v. 9-11 begegnen die syntaktischen Einheiten 5 und 7 in geänderter Form noch einmal: 5. temporaler Partizipialsatz (!): καὶ τοῦτο προσεύχομαι; 7. abschließender Finalsatz:[594] ἵνα ἡ ἀγάπη ... (S. 54f sowie Erläuterungen dazu S. 56-62). Alle sieben syntaktischen Einheiten, die infolge ihrer generellen Erhebung für alle einleitenden Gebetsberichte in der Reihenfolge nicht unbedingt dem Aufbau jedes Einzeltextes entsprechen, finden sich - in teilweise unterschiedlicher Form und mit anderem Inhalt - nur noch in 1 Thess 1,2-5. Da dort jedoch der Fürbitteteil fehlt,[595] ist Phil 1,3-11 der ausgeführteste aller einleitenden Gebetsberichte der Paulusbriefe.[596]

Schubert widmet dem Abschnitt denn auch erhöhte Aufmerksamkeit (S. 71-82) und bestimmt seine spezifische Charakteristik in folgenden, inhaltlich über die übrigen Gebetsberichte hinausgehenden Punkten: 1. in dem Abverbialsatz v. 5, der nach ihm kausal auf εὐχαριστῶ zu beziehen ist (S. 72f.82); 2. in der Adverbialwendung ἐπὶ πάσῃ τῇ μνείᾳ ὑμῶν (v. 3), die er mit zahlreichen Argumenten ebenso als kausales Satzglied mit Bezug zu εὐχαριστῶ wertet (S. 72.73-82);[597] 3. in den Worten μετὰ χαρᾶς (v. 4), die als einzige modale Adverbialwendung aller einleitenden Gebetsberichte auf die "specific epistolary situation" des Phil zurückzuführen sind (S. 72.82, Zitat S. 82).

Darüberhinaus sieht Schubert inhaltliche Verbindungen des Textes zu Phil 4,10-20 und Anspielungen auf Phil 1,12-2,30, so daß er seine grundsätzliche Auffassung auch hier bestätigt findet, "that each thanksgiving not only announces clearly the subject-matter of the letter, but also foreshadows unmistakebly its stylistic qualities, the degree of intimacy and other important characteristics" (S. 76f, Zitat S. 77). Für diese Feststellung bleibt er allerdings - zumindest bezüglich Phil 1,12-2,30 - eine ausreichende Begründung schuldig.[598]

b) GORDON P. WILES

Der von Schubert angeführte und in seiner Bedeutsamkeit erkannte Aspekt der Funktionalität der einleitenden Gebetsberichte wurde in jüngster Zeit von zwei Exegeten aufgegriffen und weiter ausgeführt. Zunächst widmete sich 1974 G. P. Wiles in seiner Untersuchung "Paul's Intercessory Prayers"[599] eingehend dem Fürbitteteil Phil 1,9-11 - u. a. mit der Fragestellung nach der Situationsbedingtheit und den Funktionen des Abschnitts. Wiles zeigt, daß Paulus v. 9-11 im Blick auf die Gefahr der Uneinigkeit der von Gegnern bedrohten Gemeinde formuliert (S. 208.210.213.214). Daneben weist er auf eine mehrfache Funktionalität hin: 1. Der gesamte einleitende Gebetsbericht fungiert brieflich "as a prologue ... setting the tone" - vor allem "the jubilant note" des Briefes durch die Wendung $\mu\epsilon\tau\grave{\alpha}$ $\chi\alpha\rho\tilde{\alpha}\varsigma$ (S. 207) - "and anticipating some of the major themes" (S. 206) - so etwa die Rede von der Verantwortlichkeit des Apostels bei der Parusie (Phil 2,15f; 3,20f; 4,1) durch v. 10b (S. 211), von der geistlichen "Frucht" (1,22; 4,7) und Abhängigkeit des Heils von Christus bzw. Gott (2,13f; 3,9.11) durch v. 11a (S. 212f) und von der Ehre Gottes (2,10f; 4,20) durch v. 11b (S. 213). 2. Der Abschnitt fungiert paränetisch, indem Paulus mit der Darlegung seines eigenen Betens die Gemeinde indirekt zum Gebet für ihn selbst ermahnt (S. 214). 3. Schließlich erblickt Wiles noch eine lehrhafte Funktion, die in der Eignung der Ausführungen des Apostels zur angepaßten Anwendung im Gebet der Gemeinde besteht (S. 214).

Sind zumindest die beiden letzten Funktionen vom Text her nicht belegbar,[600] so wird doch die enge Verknüpfung von einleitendem Gebetsbericht und Briefkorpus bei der ersten Funktionsbestimmung deutlich[601] und damit der briefliche Charakter des Abschnitts hervorgehoben, auch wenn Wiles ihn zugleich als "an actual offering of prayer by the apostle" ansieht (S. 214f).

c) PETER T. O'BRIEN

Nur drei Jahre später (1977) dehnte P. T. O'Brien in seiner umfassenden Studie "Introductory Thanksgivings in the Letters of Paul"[602] die Fragestellung Wiles' (und Schuberts) auf alle einleitenden Gebetsberichte der paulinischen Briefe aus. Dabei modifiziert er teilweise die Funktionsbestimmungen Wiles', indem er unter der brieflichen Funktion von Phil 1,3-11 nur noch die Prägung der Eigenart des Briefes versteht, die bestimmt ist von der Freude (v. 4) und den guten Beziehungen des Paulus zur Gemeinde (v. 4-8; S. 38). Wiles' Auffassung der lehrhaften Funktion ändert O'Brien dahingehend, daß er darunter die Ankündigung von theologischen Begriffen einordnet, die für Wiles noch zur brieflichen Funktion gehört hatte. O'Brien verweist dabei auf Begriffe wie Evangelium (v. 5.7 - wiederaufgenommen in 1,12.16.27; 2,22; 4,3.15), Gemeinschaft (v. 5.7 - 2,1; 3,10; 4,14f), Tag Christi (v. 6.10 - 2,15f; 4,1) und Gerechtigkeit (v. 11 - 3,6ff), die seiner Meinung nach im Briefkorpus an den angegebenen Stellen aufgegriffen und teilweise entfaltet werden (S. 38f). Es muß allerdings bezweifelt werden, daß zum Zweck einer solchen Feststellung die bloße Auflistung begrifflicher Parallelen genügt. Stichhaltige Aussagen über die inhaltlichen Beziehungen zwischen einleitendem Gebetsbericht und Briefkorpus lassen sich m. E. nur durch einen Vergleich der spezifischen Verwendung der Begriffe und ganzer Aussagenkomplexe in ihrem jeweiligen Kontext gewinnen.

Eine paränetische Funktion weist O'Brien dem Fürbitteteil

v. 9-11 zu, der mit seiner Bitte um Wachstum der Liebe in Erkenntnis und Einsicht in die wesentlichen Dinge (v. 9f) entsprechende paränetische Passagen des Briefes vorbereitet (2,1ff; 2,5; 3,8.13f; 4,2ff; 4,8f; S. 39f). Über Wiles hinausgehend spricht O'Brien noch von einer pastoralen Funktion, die in dem Wunsch nach Gemeinschaft mit der Gemeinde (v. 7f), in der Gefühlsintensität der Danksagung (v. 3-6) und der Sorge um die Stellung der Gemeinde bei der Parusie (v. 10f) zum Ausdruck kommt (S. 40).

d) BERTHOLD MENGEL

In seinen "Studien zum Philipperbrief" hat sich B. Mengel 1982[603] der spezifischen "Klangfarbe" (S. 226) von Phil 1,3-11 zugewandt, dessen "Überschwang" (deutlich werdend in v. 4.8.9ff; S. 226.228) sich von allen anderen einleitenden Gebetsberichten des Apostels abhebt (S. 225f). Nach Mengel findet dieser besondere Charakter seine "Erklärung darin, daß Paulus noch ganz unter dem Eindruck des Überwältigtseins diesen Brief beginnt, den der (unverhoffte?) Empfang der Gabensammlung gerade in dieser Situation als Gefangener in ihm hervorrief" (S. 227, vgl. S. 228).[604] Damit hat Mengel die Situationsbedingtheit des Abschnitts verdeutlicht.

e) WOLFGANG SCHENK

Der jüngste bedeutende Beitrag zur Erforschung von Phil 1,3-11 ist eine "textlinguistisch fragende Analyse" (S. 109) von W. Schenk, die als Kommentar unter dem Titel "Die Philipperbriefe des Paulus" 1984[605] veröffentlicht wurde. Darin weist Schenk zunächst jede Gebethaftigkeit von v. 3-6 ab, die er als einen "Selbstbericht des Absenders über seine Beziehungen zu den Adressaten" bezeichnet, "der wohl Dankgebetsmomente neben anderen, die dem Bittgebet und seiner Zuversicht entnommen sind,[606] verwendet" (S. 93). Nach Schenk liegt "nicht Gebet, sondern ein Gebetsbericht" vor, der aber "nicht die Funktion hat, die Empfänger über das Beten des Paulus zu unterrichten, sondern mittels der Selbstberichte über sein Verhältnis zu ihnen die Vertrauensbrücke im Briefeingang zu schlagen" (S. 93, vgl. S. 101). Damit ist die bisher übliche Einstufung des gesamten Abschnitts und besonders von v. 3-6 als D a n k gebetsbericht aufgehoben, denn neben v. 9-11 enthalten auch v. 4.6 klare Bezüge zur Fürbitte (S. 92f).

Darüberhinaus spricht sich Schenk gegen die vielfache Ausgliederung von v. 7f als eines unterbrechenden Einschubs aus. "Vielmehr ist der gesamte Text als Einheit zu nehmen ... Alle Sätze haben den Charakter von Gebetsberichten. In allen Teilen finden sich Dank- und Fürbittelemente." (S. 109). Von dieser Miteinbeziehung der beiden Verse her gelangt Schenk - im Unterschied zur geläufigen Dreiteilung (v. 3-6.7f.9-11) - zur Behauptung einer "Zweiteilung mit einem Haupteinschnitt zwischen V. 6 und V. 7 ..." (S. 109). Damit sind durch Schenk u. a. die Fragen nach Struktur, Form und Funktion von Phil 1,3-11 neu gestellt.

3. PROBLEMORIENTIERTE EXEGESE

Im folgenden sollen exegetische Fragestellungen behandelt werden, die sich vor allem aus den obigen Darlegungen, aber auch aus weiteren nicht vorgeführten Erkenntnissen der genannten Exegeten und weiterer Forscher ergeben.

a) STRUKTUR UND FORM

Phil 1,3-11 hat vom S a t z g e f ü g e her eindeutig eine dreiteilige Grundstruktur. Der erste Teil (v. 3-6) beginnt mit einem mit $εὐχαριστῶ$ eingeleiteten Hauptsatz (bis $ὑπὲρ πάντων$

ὑμῶν, v. 3.4a), dem die beiden Partizipialsätze μετὰ χαρᾶς ... ποιούμενος (v. 4b) und πεποιθὼς αὐτὸ τοῦτο (v. 6a) zugeordnet sind,[607] die jeweils durch einen Nebensatz (ἐπὶ τῇ κοινωνίᾳ ... ἄχρι τοῦ νῦν, v. 5, und ὅτι ὁ ἐναρξάμενος ... Χριστοῦ Ιησοῦ, v. 6b) ausgeführt werden. Teil zwei (v. 7f) setzt - mit καθώς auf v. 3-6 zurückverweisend - wieder mit einem mit finiter Verbalkonstruktion beginnenden Hauptsatz ein (καθώς ἐστιν δίκαιον ... πάντων ὑμῶν, v. 7a), der mit einer Infinitivkonstruktion (διὰ τὸ ἔχειν ... καρδίᾳ ὑμᾶς, v. 7b) und einem Partizipialsatz (ἔν τε τοῖς ... ὑμᾶς ὄντας, v. 7c) begründet wird. Unmittelbar angefügt ist mit μάρτυς γάρ ... ein weiterer Hauptsatz (v. 8). Der dritte Teil (v. 9-11) hebt sich durch den Hauptsatz mit finiter Verbform in der ersten Person Singular (προσεύχομαι) - im Gegensatz zur dritten Person Singular in v. 7f - und durch das auf das Folgende verweisende καὶ τοῦτο (v. 9a) vom Vorausgehenden ab und wird durch zwei Finalsätze (ἵνα ἡ ἀγάπη ... τὰ διαφέροντα, v. 9b.10a, und ἵνα ἦτε ... εἰς ἡμέραν Χριστοῦ, v. 10b) und einem Partizipialsatz (πεπληρωμένοι ... ἔπαινον θεοῦ) fortgeführt.

Eine i n h a l t l i c h e Gliederung läßt sich sachgemäß anhand der Verben vornehmen, mit denen Paulus seine eigene Haltung ausdrückt, da der Text den Charakter eines Selbstberichts hat, in dem der Apostel sein Verhältnis zu den Adressaten beschreibt.[608] Demnach ist die erste übergeordnete Tätigkeit sein Danken bezüglich der Philipper im Rahmen seiner ständigen Gebete (v. 3.4a). Dies wird näher erläutert durch die beiden Partizipialsätze, nach denen er diese Gebete mit Freude (v. 4b.5) und in froher Zuversicht hinsichtlich der Gemeinde (v. 6) verrichtet. Mit v. 7 erhält ein neuer Gedankengang Ausdruck,[609] in dem Paulus auf den Hintergrund seines Betens und der angegebenen Gebetshaltung verweist. Beides bezeichnet er als φρονεῖν ὑπὲρ πάντων ὑμῶν (v. 7a),[610] als ein "zielgerichtete(s) Trachten"[611] im Hinblick auf die Gemeinde, das seine Ursache im "Herz"-lichen

Verhältnis zu ihr hat (v. 7b). Dieses ist wiederum in der tätigen Anteilnahme der Philipper an seinem Apostolat wesentlich bedingt, besonders angesichts der gegenwärtigen Situation der Haft (v. 7c).[612] Das herzliche Verhältnis weckt in ihm die Sehnsucht nach der Gemeinde (v. 8). In einem dritten Gedankengang (v. 9-11) berichtet er dann von seiner Fürbitte für die Gemeinde als Ausdruck seiner Sehnsucht nach ihr (vgl. Röm 1,9-11; 2 Kor 9,14; 1 Thess 3,6.9-13).

So bestätigt auch der inhaltliche Aufbau die vom Satzgefüge her vorgenommene Dreiteilung. Paulus erwähnt zunächst sein Beten für die Philipper (v. 3-6) und nennt dann die persönlichen und situativen Hintergründe sowohl des Betens als auch speziell der Fürbitte (v. 7f), deren Inhalt er anschließend wiedergibt (v. 9-11). Von daher ist allen zuzustimmen, die an dieser herkömmlichen Einteilung des Textes festhalten.[613]

Man wird den Abschnitt schwerlich als Gebet[614] bzw. Dank(gebet) und (Für-) Bitte(gebet)[615] oder thanksgiving und prayer[616] bezeichnen können. Denn er ist kein Gebet an sich, sondern gibt lediglich Auskunft über ein Beten,[617] das unabhängig vom Schreiben des Briefes erfolgt, wie aus der Zeitangabe πάντοτε ἐν πάσῃ δεήσει μου (v. 4) hervorgeht. Gleiches gilt auch für die übrigen Proömien der Paulusbriefe (vgl. Röm 1,9f; 1 Kor 1,4; 1 Thess 1,2f; 2,13; Phlm 4 (Eph 1,15f; Kol 1,3f.9; 2 Thess 1,3.11; 2,13)). Von daher ist die Kennzeichnung des Textes als "Bericht"[618] bzw. "report"[619] angemessen. Es geht ihm zwar i n h a l t l i c h um das Beten des Paulus, aber er stellt f o r m a l gesehen nur eine Darlegung desselben dar,[620] auch wenn Paulus die Verse in dankbarer bzw. bittender Haltung gegenüber Gott verfaßt haben dürfte.[621]

Es ist bislang noch nicht gelungen, sich außer der übergeordneten Form des Proömiums auf eine einheitliche formale Bezeichnung zu einigen, die die Inhalte dieses Briefeingangsabschnitts prägnant benennt.[622] Selbst in den wenigen Fällen, in denen die formale Eigenart des Berichts zur Geltung kommt, schwankt die Begrifflichkeit zwischen "Dank- und Fürbittbericht"[623] und "Gebetsbericht"[624] bzw. "thanksgiving period(s)"[625] mit den speziellen Formen des "thanksgiving report"[626] und "intercessory prayer report"[627] oder "prayer-report".[628] Analoges gilt für die weiteren Proömien der Paulusbriefe.

Daß es nicht ganz einfach ist, zu einer angemessenen einheitlichen Bezeichnung zu gelangen, soll am Beispiel von Phil 1,3-11 erläutert werden: Der letzte Teil des Textes (v. 9-11) ist deutlich erkennbar ein Fürbittegebetsbericht.[629] Doch schon beim ersten Teil (v. 3-6) wird die Bestimmung schwieriger, denn es handelt sich keineswegs um einen einheitlichen D a n k gebetsbericht,[630] wie die Wendungen $\dot{\epsilon}\nu$ $\pi\dot{\alpha}\sigma\eta$ $\delta\epsilon\dot{\eta}\sigma\epsilon\iota$ $\mu o\upsilon$ und $\tau\dot{\eta}\nu$ $\delta\dot{\epsilon}\eta\sigma\iota\nu$ $\pi o\iota o\dot{\upsilon}\mu\epsilon\nu o\varsigma$ (v. 4) zeigen.[631] Demzufolge liegt hier eine Mischform von speziellem Dankgebetsbericht (v. 3) und artübergreifendem Gebetsbericht (v. 4) vor. In diesem Fall wäre der umfassende Terminus "Gebetsbericht" der angemessene, zumal darunter auch die die Gebetshaltung betreffenden Aussagen (v. 5f)[632] am ehesten zu subsumieren sind.

Lassen sich demnach v. 3-6.9-11 noch ziemlich eindeutig als Wiedergabe von G e b e t e n erfassen, so ist dies bei v. 7f nur noch indirekt möglich, insofern Paulus hier seine M o t i v a t i o n   z u m   G e b e t erwähnt, nämlich das herzliche Verhältnis zur Gemeinde als Antrieb zum (Dank-)Gebet für sie und die Sehnsucht nach ihr als Auslöser der Fürbitte. Somit haben alle drei Textteile zwar mit Gebet zu tun, aber in jeweils verschiedener Weise bzw. mit unterschiedlichem Inhalt. Da es sich in allen Teilen aber um die Mitteilung von Gebeten bzw. deren Hintergründen handelt, trifft die Bezeichnung "Gebetsbericht" den Sachverhalt m. E. am deutlichsten.[633] Jedoch sollte - wie der folgende Abschnitt zu zeigen versucht - noch das Adjektiv "einleitend" dem Terminus vorangestellt werden.

b) FUNKTION

Dem Text eignet in gewisser Weise eine pastorale, eine paränetische und eine lehrhafte Funktion, insofern Paulus mit ihm 1. die Gemeinde seines ständigen Betens[634] für sie als ihr A p o - s t e l versichern will[635] (pastorale Funktion), 2. die Gemeinde indirekt ermahnt, sich um die Verwirklichung der Inhalte besonders des Fürbitteteils zu bemühen[636] (paränetische Funktion) und 3. die Gemeinde indirekt im rechten Beten unterweist[637] (lehrhafte Funktion). Jedoch erklären diese Funktionen noch nicht hinreichend die Existenz und die Stellung der ausgeführten paulinischen Gebetsberichte im Brief e i n g a n g.

Auch die sogenannte briefliche Funktion, d. h. die Ankündigung bzw. Vorwegnahme der Hauptthemen und der Eigenart des jeweiligen Briefes,[638] die zwar die Stellung rechtfertigt, kann schwerlich die leitende Absicht des Paulus beim Verfassen der Gebetsberichte gewesen sein. Daß es zu Übereinstimmungen in Inhalt und Charakter zwischen ihnen und dem jeweils folgenden Briefkorpus gekommen ist,[639] hat seine Ursache nicht primär in einer diesbezüglichen Bestrebung des Apostels, sondern ist m. E. die Folge der Tatsache, daß das Beten, von dem er berichtet, auf die selben gemeindlichen Umstände und Situationen bezogen ist,[640] die - neben weiteren Themen, die nicht in der Form des Gebetsberichts begegnen - auch der jeweilige Brief aufgreift.[641]

Für den Fall des Phil heißt das u. a.: Weil Paulus Freude über die materielle Unterstützung[642] und den Glaubensstand der Gemeinde empfand, hat er dies nicht nur im Brief zum Ausdruck gebracht (vgl. das überaus häufige Vorkommen von $\chi\alpha\rho\acute{\alpha}/\chi\alpha\acute{\iota}\rho\epsilon\iota\nu$, ferner 1,25f.29f; 2,12.16-18; 4,10-20), sondern auch bereits vorher in seinen Gebeten (1,3-7). Weil er um die Notwendigkeit spezieller geistlicher Förderung der Gemeinde wußte, hat er nicht nur im Brief diesbezüglich konkrete Dinge angesprochen (so etwa 1,27ff; 2,1ff; 2,15; 4,8), sondern auch bereits zuvor darum gebetet (1,9-11). So sind die Übereinstimmungen zwischen Gebetsbericht und Briefkorpus in erster Linie die F o l g e der dem Apostel bekanntgewordenen gemeindlichen Situation(en). Von diesem gemeinsamen Ausgangspunkt her ergibt sich naturgemäß eine gewisse in den Brief einführende und ihn prägende Funktion der Gebetsberichte,[643] die aber genau so wenig wie die ersten drei genannten Funktionen ihre Existenz und Eigenart ausreichend zu begründen vermag.

Zu diesem Zweck muß noch ein weiterer Aspekt hervorgehoben werden, der in der Forschung bisher relativ unbeachtet geblieben ist: die kommunikative Funktion.[644] Paulus verfaßt seine weit über den Inhalt und die einfache Form der Parallelen in den hellenistischen Briefen hinausgehenden Gebetsberichte mit der Absicht, bereits im Briefeingang durch die betonte Erwähnung seines Betens hinsichtlich der Empfänger - vor allem in Form des Dankens - sein gutes Verhältnis zu ihnen zu unterstreichen und damit die kommunikative Intention des Briefes[645] zu fördern. Nur so läßt sich die regelmäßige Stellung seiner ausgeführten Gebetsberichte im Brief e i n g a n g erklären. Alle anderen genannten Funktionen - bis auf die einleitenden Aspekte der brieflichen Funktion, die aber in gewisser Weise mit der kommunikativen zusammenfallen - erfordern diese Stellung nicht.

Der kommunikative Aspekt wird vor allem deutlich, wenn man die von der Regel der Gebetsberichte abweichenden Briefeingänge berücksichtigt: Gal, 2 Kor und in gewisser Weise 1 Kor.[646] In diesen drei Briefen greift der Apostel aufgrund eines mehr oder weniger belasteten Verhältnisses zur Gemeinde nicht oder nur bedingt auf die gemeinschaftsfördernde Erwähnung der guten Beziehungen in Gestalt eines Gebetsberichts zurück, indem er auf ihn völlig verzichtet (Gal), ihn durch eine Eulogie ersetzt (2 Kor) oder zu einem D a n k gebetsbericht reduziert (1 Kor).[647] Ebenso variiert er aber auch in den "positiven" Fällen je nach Art und Stand des Verhältnisses zwischen ihm und der Gemeinde, wie vor allem im Röm und Phil deutlich wird. Während sich die im Grunde erst noch herzustellende Beziehung zu Rom in der Kargheit des Berichts Röm 1,8-10 niederschlägt, wirkt sich umgekehrt die herzliche Verbindung zu Philippi in dem ebenso herzlichen Ton von Phil 1,3-11 aus.[648] Beidemale aber beabsichtigt der Apostel, mit dem Gebetsbericht im Briefeingang ein Klima der gegenseitigen Zuneigung zu schaffen.

Ein weiteres Indiz für die überwiegend kommunikative Funktion der Berichte ist ihre Eigenart, über die Erwähnung des Betens hinaus das gute Verhältnis selbst, das zwischen Apostel und Empfängern herrscht, unmittelbar anzusprechen (Röm 1,10-15; Phil 1,7f; 1 Thess 1,5f; Phlm 7 (Kol 1,7f; 2 Thess 1,4)).[649] Diese Abweichung von einem reinen G e b e t s bericht, aber auch der Zusammenhang beider Elemente miteinander ist im Falle des Phil klar ersichtlich, wo Paulus sowohl seine Stellung zu den Philippern (1,7b.8) als auch die Haltung der Gemeinde ihm gegenüber (1,7c) direkt benennt und dies zugleich als Beweggrund seines Betens erkennen läßt (1,7a.8). So erscheint das Gebet deutlich als Auswirkung der guten Beziehungen zwischen Gemeinde und Apostel, deren Erwähnung ihrer Bekräftigung und Vertiefung durch das Medium des Briefes dient.

Ein weiterer Hinweis auf die überwiegend kommunikative Funktion der Gebetsberichte ist der gemeinschaftsorientierte Charakter des Betens im Hinblick auf die Gemeinden. Dieses Beten ist - wie gerade aus Phil 1,7f hervorgeht - für Paulus Ausdruck des Willens zur Gemeinschaft sowie ihre vorläufige Form (vgl. 2 Kor 9,14), und es kann darüberhinaus auch als Mittel zur Herstellung unmittelbarer Gemeinschaft fungieren (Röm 1,9-11; 1 Thess 3,6.9-13). Wenn der Apostel im Briefeingang in der Regel von solchem Beten berichtet, dann gibt er damit dem vor allem aus seinem Gebet ersichtlichen guten Verhältnis zwischen ihm und den Empfängern einen typisch brieflichen Ausdruck und schafft so ein geeignetes Klima, in dem der jeweils folgende Briefinhalt von den Lesern wohlwollend und vertrauend aufgenommen werden kann. Von daher ist es - auch unter Berücksichtigung aller weiteren genannten Aspekte - m. E. angebracht, die betreffenden Abschnitte "einleitende Gebetsberichte" zu nennen.

c) GRUND DES GEBETS

Von der gewonnenen funktionalen Basis aus läßt sich nun auch die umstrittene Frage nach dem Grund bzw. den Gründen des paulinischen Betens für die Philipper klarer entscheiden. Sehen die deutschsprachigen Forscher nahezu einhellig in v. 5 die Ursache für das Gebet angegeben,[650] so votieren die ausländischen Exegeten, die sich eingehender mit dem Text befaßt haben, in dieser Hinsicht entweder für v. 3.5[651] oder für v. 3.5f.[652]

Die Beantwortung hängt zunächst von der Frage ab, ob die Wendung ἐπὶ πάσῃ τῇ μνείᾳ ὑμῶν (v. 3) temporal[653] oder kausal[654] zu übersetzen ist.[655] Hier haben Schubert,[656] O'Brien[657] und zuletzt Schenk[658] überzeugende Argumente für die kausale Lösung vorgebracht, die jetzt im einzelnen nicht dargelegt zu werden brauchen.[659] Ist demzufolge v. 3b als Anlaß - und von daher wohl auch als Inhalt - des Dankens anzusehen, so wird der Apostel dabei nicht nur die Gabe der Philipper, sondern auch ihre Gebete (deshalb π ά σ η τῇ μνείᾳ) für ihn. (vgl. 1,19) im Blick haben.

Bei v. 5, der von fast allen Exegeten als Angabe eines oder des einzigen Gebetsgrunds interpretiert und dabei auf εὐχαριστῶ bezogen wird,⁶⁶⁰ scheint die Entscheidung trotz aller Einmütigkeit nicht so eindeutig zu treffen zu sein. Denn immerhin muß beachtet werden, daß ἐπὶ τῇ κοινωνίᾳ ... von der Stellung her wohl eher zu μετὰ χαρᾶς ... ποιούμενος (v. 4b) als zu εὐχαριστῶ zu ziehen ist,⁶⁶¹ zumal in v. 6 das Partizip ebenfalls durch einen vollständigen Nebensatz erläutert wird. Ist dies der Fall, dann scheidet v. 5 als Begründung speziell des Dankens aus, auch wenn τὴν δέησιν ποιούμενος von εὐχαριστῶ abhängt.⁶⁶² Vielmehr läßt der Apostel mit v. 5 die Philipper wissen, warum er ganz allgemein für sie betet - und zwar μετὰ χαρᾶς. So gesehen bietet der Vers also nicht die Begründung des Gebets an sich, sondern seiner erfreulichen U m s t ä n d e , mit deren Hervorhebung Paulus die kommunikative Funktion des Gebetsberichts in besonderer Weise zur Geltung bringt. Denn die Philipper dürften den Brief ebenfalls erfreut zur Kenntnis nehmen,⁶⁶³ wenn der Apostel sie darin des freudigen Betens für sie versichert, zumal der Grund dafür die "Gemeinschaft" ist, "die Paulus und die Gemeinde verbindet":⁶⁶⁴ "durch das Evangelium gestiftet, an dem sie gemeinsamen Anteil haben, und auf das Evangelium bezogen, dem sie je auf ihre Weise dienen".⁶⁶⁵ Neben der betont kommunikativen Funktionalität zeigen v. 4b.5 auch, daß es Paulus in v. 3-6 keinesfalls nur um das Danken geht, das er allerdings - entsprechend der Eigenart der einleitenden Gebetsberichte - als besonderen Aspekt seines Betens für die Gemeinde ausdrücklich hervorhebt (v. 3).⁶⁶⁶

Ähnlich liegen die Dinge in v. 6, der als Ausdruck des Vertrauens zu Gott bzw. Christus hinsichtlich der Adressaten auch in anderen einleitenden Gebetsberichten begegnet (1 Kor 1,8; 1 Thess 1,4; vgl. 2 Kor 1,7).⁶⁶⁷ Πεποιθώς ist syntaktisch zwar eine Weiterführung von εὐχαριστῶ,⁶⁶⁸ der so eingeleitete Satz bezieht sich inhaltlich aber auf v. 5,⁶⁶⁹ so daß mit dem gesamten v. 6 das freudige Beten des Apostels als ein zugleich vertrauendes qualifiziert wird. Das Vertrauen, von dem Paulus zu seinen Gebeten für die Philipper bewegt und in ihnen geleitet wird, besteht in der Gewißheit, daß Gott das von ihm inaugurierte "christliche Handeln"[670] der Gemeinde[671] zum Ziel bei der Parusie bringen wird. Der so geäußerte Gedanke ist auch als Grundlage der Fürbitte um ethische Vervollkommnung der Philipper (v. 9-11) anzusehen.[672] Auch er hat eine kommunikative Funktion, indem er die Gemeinde als Objekt der Zuversicht anspricht, die sich in den Gebeten des Apostels für sie einen Ausdruck verschafft.

Somit läßt sich festhalten: Paulus begründet sein Danken in v. 3b, insofern er hier dessen äußeren Anlaß nennt. Dagegen beschreibt er in v. 4b.5 und v. 6 die innere Haltung der Freude und des Vertrauens, die ihn zum Gebet bewegt[673] und ihn darin bestimmt. Unter diesem Gesichtspunkt können diese Verse als Grundlage - in Ergänzung zur Begründung - seines Betens gelten.

DRITTER TEIL

ZUSAMMENFASSUNG, WEITERFÜHRUNG, AUSBLICK -

GRUNDZÜGE DES PAULINISCHEN GEBETS

VORBEMERKUNG

Nachdem im exegetischen Teil zentrale, von der Forschungsgeschichte her erhobene Fragen und Aspekte des paulinischen Betens zur Sprache gekommen sind, sollen nun in einem abschließenden Arbeitsgang die wesentlichen Ergebnisse zusammengefaßt und - da sie oftmals nur exemplarischen Charakter besitzen - im Zusammenhang des weiteren Horizonts der jeweiligen Problematik bedacht werden. Dabei wird wiederum auf theologiegeschichtlich bedingte Themen[1] und weitgehend abgeklärte Fragestellungen[2] verzichtet, so daß das Gewicht auf den gegenwärtig relevanten Aspekten des Gebets bei Paulus liegt. In diesem Zusammenhang bedürfen auch die im exegetischen Teil aufgegriffenen Probleme des Gebets zu Christus und der Gebetserhörung keiner weiteren Erörterung (s. u. Pkt 1.2.), da sie bezüglich der in Frage kommenden Texte sehr eng umgrenzt sind und bereits im Rahmen ihres jeweiligen Problemkreises behandelt wurden.[3]

1. DER ADRESSAT DES PAULINISCHEN BETENS

Das Zeugnis der Paulusbriefe läßt keine andere Annahme zu als die, daß der Apostel - von einer Ausnahme abgesehen, die aber von ihrer außergewöhnlichen Vorgeschichte her zu erklären ist (2 Kor 12,8)[4] - seine Gebete stets an Gott selbst und nicht an Christus gerichtet hat.[5] Diese Praxis scheint Ausdruck einer "Theo-logie" zu sein, die den Menschen auf Gott selbst als sein "Ziel ausgerichtet" sieht und Christus dabei die Rolle der "Mittlerschaft" zuschreibt (1 Kor 8,6).[6]

2. DIE GEBETSERHÖRUNG

Paulus thematisiert die Gebetserhörung an keiner Stelle seiner

Briefe. Er setzt sie vielmehr glaubend voraus und gründet sich dabei auf die Gewißheit, daß in der Gegenwärtigkeit der Heilszeit in Gestalt des Versöhnungsgeschehens auch die erhörende Zuwendung Gottes zum Beter und seinem Gebet mitgegeben ist (2 Kor 6,2). Auf dieser Grundlage erfährt der paulinische Erhörungsglaube verschiedene Nuancen, die alle im Heilshandeln Gottes ihre Einheit finden.[7]

3. DIE BEDEUTUNG DER BERUFUNG FÜR DAS GEBET DES PAULUS

Die Berufung des Paulus darf nicht als isolierter Aspekt in Beziehung zu seinem Beten gesetzt werden,[8] sondern nur im Zusammenhang seines Apostolats als dessen geschichtlicher Anfangspunkt. Insofern sie eine Berufung zum **Apostel Jesu Christi** ist, bedeutet sie zugleich den Beginn des **christlichen** Betens des Paulus im allgemeinen und seines **apostolischen** Betens im besonderen sowie das Ende seines jüdischen Betens.[9] Leztes erfährt infolgedessen zwei miteinander zusammenhängende Änderungen:

a) Paulus richtet sein Gebet zwar nach wie vor an Gott, nun aber nicht mehr als Gott Israels (vgl. Röm 11,1f), sondern als Vater Jesu Christi (Röm 15,6; 2 Kor 1,3 (Kol 1,3)) und in ihm als Vater aller Glaubenden (Phil 4,20; 1 Thess 1,3; 3,11 (Kol 1,12)). Sein nunmehr christliches Beten hat das Heilshandeln Gottes in Christus zur Grundlage und erfolgt von daher "durch Christus"[10] und zu einem wesentlichen Teil als Ausdruck des Dankes für den gewaltigen Umschwung zum Heil, der sich auf dieser Basis in seinem Leben und dem der anderen Gläubigen vollzogen hat (Röm 7,24f;[11] vgl. Röm 6,17; 1 Kor 15,57; Gal 1,3-5 (Eph 1,7f; Kol 1,12-14; 2 Thess 2,13f)). Somit ist das Dankgebet für das Heil in Christus eine sein christliches Beten prägende unmittelbare Auswirkung der Berufung.

b) Darüberhinaus wird das jüdische Beten des Paulus zu einem apostolischen, insofern es vor der Berufung das Beten eines Mannes war, der "die Gemeinde Gottes über die Maßen verfolgte und sie zu vernichten suchte" (Gal 1,13), nun aber zum Gebet dessen wird, der von der ihm aufgetragenen "Sorge um alle Gemeinden" (2 Kor 11,28) bestimmt ist. Somit darf die das paulinische Beten kennzeichnende Gemeindebezogenheit, vor allem in Form des Fürbittegebets, als eine weitere unmittelbare Auswirkung der Berufung zum Apostel angesehen werden.

4. GEBET UND APOSTOLAT

Von Röm 15,30-33 her ergaben sich den Apostolat vorbereitende, steuernde und in gewisser Weise auch ausübende Funktionen des Gebets.[12] Dies wird vom Befund der übrigen Briefe bestätigt: Nach Röm 1,10; 1 Thess 3,10 erwartet Paulus von seinem eigenen Gebet, nach Phlm 22 von dem der Gemeinde die göttliche Lenkung seines apostolischen Weges, und nach 2 Kor 1,10f (2 Thess 3,2) erhofft er sich vom Gebet der Gemeinde die Rettung aus leiblichen Gefahren und Behinderungen seiner Arbeit.[13] Daneben rechnet er auch mit dem Gebet als vorbereitende Grundlage seines eigentlichen Verkündigungsdienstes (1 Thess 3,10 (2 Thess 3,1; Kol 4,3f)).

Noch deutlicher tritt das Gebet als spezifische Form apostolischen Handelns in Erscheinung, wenn Paulus Gott um Erhaltung und Wachstum der Gemeinden in Glaube, Liebe und Hoffnung, in Erkenntnis und Heiligung bittet (Röm 15,5f.13; 2 Kor 13,7.9; Phil 1,9-11; 1 Thess 1,3; 3,12f; 5,23; Phlm 6 (Kol 1,9-11; 2 Thess 1,11f; 2,16f)). Unter anderem diesen Zweck verfolgen auch seine Briefe,[14] so daß man nicht nur für sie, sondern auch für das Gebet - genauer: die Fürbitte, denn um sie handelt es sich in den genannten Fällen - feststellen kann: Sie dient "der Fortführung seiner missionarischen Wirksamkeit aus der Ferne"[15] und erweist sich damit als Element seiner apostolischen Tätigkeit und als die ihr entsprechende Gebetsform.

Daß es Paulus in der Fürbitte nur um die Erhaltung und Stärkung seiner Gemeinden im Glauben geht, nicht aber um Glaubensweckung, dürfte darin begründet sein, daß er sich mit seinen Briefen ausschließlich an bereits Glaubende wendet. Von der Situationsbedingtheit dieses Sachverhalts ausgehend wird man aufgrund Röm 10,1 annehmen dürfen, daß der Apostel auch das Gebet um die Bekehrung, auf die seine missionarische Verkündigung zunächst hinausläuft (1 Kor 9,16-23; 2 Kor 5,18-21), praktiziert hat.[16]

Neben der die apostolische Tätigkeit vorbereitenden, lenkenden und teilweise unmittelbar ausübenden Funktion erscheint das paulinische Gebet auch als Folge bzw. Auswirkung seines Apostolats. Dies gilt vor allem für die Dankgebete, in denen Paulus Gott für sein anfängliches und fortgesetztes Heilshandeln an den Gemeinden dankt (Röm 1,8; Phlm 4 (Kol 1,3-5)), zumal wenn es unter seiner eigenen Beteiligung geschah bzw. seinen Anfang nahm (1 Kor 1,4-9; Phil 1,3-6; 1 Thess 1,2f; 2,13 (2 Thess 1,3; 2,13f)). Ebenso erwächst auch die Fürbitte aus der apostolischen Verantwortung, insofern sie sich auf Anliegen, die die jeweilige Gemeindesituation hervorruft, rückbezieht (Röm 15,5f; Phil 1,9-11; 1 Thess 3,9-13 (Kol 1,9-11)). Somit darf die Fürbitte als d i e "apostolische" Gebetsform bei Paulus gelten, da sie Aspekte der Gegenwart, der Vergangenheit und der Zukunft seiner Amtsausübung umfaßt und von ihnen bestimmt ist.

5. DIE GEBETSARTEN

Paulus kennt im wesentlichen drei Arten des Gebets:

a) DAS DANKGEBET

Erscheint die Fürbitte als spezielle Funktion des Apostolats, so stellt Paulus das Dankgebet in ein wesentlich weiter gefaßtes und grundsätzlich theologisches Umfeld. Der Apostel sieht in der Verherrlichung Gottes den "eigentlichen - um nicht zu sagen: einzigen - Zweck" der menschlichen Existenz (Röm 1,21).[17] Diesem dient nicht nur die christliche Lebensführung im allgemeinen (Phil 1,9-11), sondern auch das Lob- und Dankgebet im besonderen, so daß Paulus dem Danken primär eine doxologische Funktion zuweist (Röm 1,21;[18] 2 Kor 4,15; 9,11-13). Entsprechend sieht er in dem auf die δόξα θεοῦ ausgerichteten Dankgebet eine Grundhaltung des Gläubigen gegenüber Gott (Röm 14,6; Phil 4,6; 1 Thess 3,9; 5,18 (Kol 2,7; 3,15-17; 4,2; Eph 5,4.20)), eine menschliche Antwort auf Gottes Heilshandeln (Röm 7,25a; 1 Kor 15,57 (Kol 1,12-14; 2 Thess 2,13f)),[19] ein Ziel christlichen Handelns (2 Kor 9,11f) und nicht zuletzt seines eigenen apostolischen Wirkens (2 Kor 1,11).[20] Von daher ist es zu erklären, warum er - im Gegensatz zu seinen Bittgebeten - auch Dankgebete erwähnt, die keinen unmittelbaren Bezug zu seinen Gemeinden haben: Er kann mit ihnen (Röm 7,25a;[21] 1 Kor 15,57; 2 Kor 2,14) ebenso die δόξα θεοῦ verfolgen wie mit den Dankgebeten, die das Heilshandeln Gottes an den Gemeinden zum Gegenstand haben (Röm 1,8; 6,17; 1 Kor 1,4-9; Phil 1,3.5; 1 Thess 1,2f; 2,13; 3,9; Phlm 4f (2 Thess 1,3; 2,13f; Kol 1,3-5)). Aus der deutlich überwiegenden Zahl der gemeindebezogenen Gebete geht zugleich die apostolische Bindung des paulinischen Dankgebets hervor.

b) DAS BITTGEBET

Das Bittgebet ergeht nach den paulinischen Briefen unter Absehung von dem als Sonderfall zu wertenden Gebet in 2 Kor 12,8[22] ausnahmslos im Hinblick auf die Gemeinden und erscheint infolgedessen in der typisch apostolischen Form der Fürbitte.[23] Von ihr erwartet sich Paulus das Wachstum des Heilsstandes der Gemeinden (Röm 15,5f.13; 2 Kor 13,7.9; Phil 1,9-11; 1 Thess 1,3; 3,12f; 5,23; Phlm 6 (Kol 1,9-11; 2 Thess 1,11f; 2,16f)). Dabei macht die Fürbitte - indem sie das Handeln glaubend Gott überträgt - deutlich, daß im paulinischen Apostolat letztlich Gott selbst zum Heil der Menschen am Werk ist, so daß Paulus das Fürbittegebet nicht nur dankbar als Weise apostolischer Arbeit schätzt (Phil 1,4; 2 Kor 1,11; Röm 15,30-32), sondern auch ihm eine Heilswirksamkeit beimißt (Phil 1,19).

c) DAS LOBGEBET

Das Lobgebet wurde in der vorliegenden Arbeit nicht behandelt, weil es in seiner doxologischen und hymnischen Erscheinungsform und seinem liturgischen Hintergrund gesonderter form- und traditionsgeschichtlicher Untersuchungen bedarf[24] und einen mehr eigenständigen Komplex am Rande des paulinischen Betens darstellt. Davon abgesehen läßt sich an dieser Stelle allerdings so viel grundsätzlich bemerken, daß das Lobgebet bei Paulus im Zuge der doxologischen Zielrichtung seiner Theologie[25] gesehen werden muß (Röm 1,21.25; 15,6f.9-11; Phil 2,11) und von daher als verbaler Beitrag zur $\delta\acute{o}\xi\alpha\ \theta\epsilon o\tilde{u}$ - neben anderen (vgl. Phil 1,11; 1 Kor 6,20) - ein erhebliches Gewicht erhält (Röm 9,5; 11,33-36;[26] 2 Kor 1,3ff; 11,31; Gal 1,5; Phil 4,20).

6. GEBET UND BRIEFSCHREIBUNG

a) EINLEITENDE GEBETSBERICHTE

Die markanteste briefliche Erscheinungsform paulinischen Betens ist die der einleitenden Gebetsberichte.[27] Auch sie müssen in ihrer deutlich über den Stil hellenistischer Briefschreibung hinausgehenden Gestalt als eine Handlungsweise des paulinischen Apostolats angesehen werden, denn sie stellen eine zum Zweck der brieflichen Mitteilung vorgenommene Form der Wiedergabe seines Betens dar,[28] mit der Paulus eine pastorale, paränetische, lehrhafte und briefeinführende Absicht verfolgt.[29] Die primäre Funktion der einleitenden Gebetsberichte, von der her ihre Form und Eigenart erst hinreichend erklärbar wird, ist jedoch eine kommunikative: Paulus will mit ihnen die Voraussetzungen für eine wohlwollende, auf Gemeinschaft beruhende Aufnahme des Briefinhalts in den Gemeinden schaffen.[30] Davon ausgehend kann man seinem Gebet eine doppelte apostolische Funktionalität auf zwei Ebenen zuschreiben: einmal die des Betens an sich in Gestalt des Dankes und der Bitte für die Gemeinden,[31] zum anderen die der brieflichen Verwendung dieses Betens zum Zweck der Unterstützung der Anliegen des Briefes. Darüberhinaus ist der vielfachen Übereinstimmung der einleitenden Gebetsberichte mit dem jeweiligen Briefinhalt[32] zu entnehmen, daß die Paulusbriefe in nicht geringem Maße die Frucht bzw. Folge seines Betens für die Gemeinden sind.[33]

b) "BRIEFGEBET"

Neben der asynchronen Verhältnisbestimmung von Gebet und Briefschreibung in Gestalt der einleitenden Gebetsberichte ist - ausgehend von Beobachtungen zu Röm 7,24-8,4 - auch ein synchroner Zusammenhang zwischen dem Beten und dem Schreiben (bzw. Diktieren) des Apostels in Form des "Briefgebets" erkennbar.[34] Für die Bestimmung derartiger, in gebethafter Haltung formulierter Abschnitte[35] sind noch keine zuverlässigen Kriterien erarbeitet. Bei dieser Aufgabe müssten die folgenden Aspekte berücksichtigt werden:

Hinsichtlich der Gewinnung dankender Briefgebetspassagen müßte ausgegangen werden von den Dankrufen als Ausdruck des Dankes beim Vorgang des Briefdiktats, da hier ebenfalls ein synchroner Zusammenhang von Gebet und Briefschreibung vorliegt.[36] Diese Rufe sind geprägt von jubelndem Dank über die Gewißheit der Teilhabe am neuen Leben, insbesondere als Rettung aus bzw. Sieg über Sünde, Gesetz und Tod (Röm 6,17; 7,25a; 1 Kor 15,57; 2 Kor 2,14).[37] Sie verraten durch die Ausrichtung auf die erste bzw. zweite Person eine existentielle Betroffenheit vom Heil Gottes. Dies gilt auch von dem bereits als "Briefgebet" ermittelten Abschnitt Röm 8,1-4, wo ebenfalls - von 7,25a her - die Thematik des neuen Lebens in Freiheit von Sünde, Gesetz und Tod vorliegt. Ausgehend von diesen beiden Kriterien, die allerdings noch präzisiert und erweitert werden müßten - existentieller Bezug zum Heil, in Gestalt des neuen Lebens in Freiheit von Sünde, Gesetz und Tod - könnte vielleicht bei den folgenden Passagen am ehesten ein Vorliegen dankender "Briefgebete" vermutet werden, was selbstverständlich von Fall zu Fall noch zu erweisen wäre: Röm 5,1f.8-11; 6,18; 7,4-6; 8,31-39; 1 Kor 15,10; 2 Kor 1,21f; 2,15-17;[38] 4,6-15; 5,18-21; 8,17; Gal 2,16.19-21; 3,13f.23-29; 4,4f; Phil 3,7-12.20f; 1 Thess 5,9f.

Zur Ermittlung von (für-) bittenden Briefgebetsabschnitten wäre von den ebenfalls synchron mit der Briefschreibung zusammenhängenden Gebetswünschen[39] auszugehen. Aufgrund ihrer inhaltlichen Ausrichtung auf Ziele der Paränese,[40] des manchmal fließenden Übergangs von Fürbitte und Paränese (Röm 15,5f; 2 Kor 13,7.9; 1 Thess 5,23) sowie der paränetischen Funktion der Fürbitteteile der einleitenden Gebetsberichte[41] wäre zu erwägen, ob Paulus nicht die Paränese grundsätzlich in fürbittender Haltung formuliert hat und sie somit auch als "Briefgebet" anzusehen ist. - Als lobende Briefgebetsabschnitte schließlich wären die ohnehin offen zutageliegenden doxologischen und hymnischen Briefteile anzusprechen und darüberhinaus - aufgrund der doxologischen Zielsetzung des paulinischen Dankens[42] - auch die dankenden Briefgebetspassagen.[43]

7. GEBET UND THEOLOGIE

a) THEO-LOGIE

Bereits der Sachverhalt des alleinigen Richtens der Gebete an Gott selbst[44] muß als Ausdruck dessen gewertet werden, daß der Apostel sich und "den Menschen stets als vor Gott gestellt"[45] sieht. So wird seine theozentrische Gebetsausrichtung zum Extrakt seiner Theologie, in der Gott als der den Menschen beanspruchende Schöpfer (Röm 1,18-32; 1 Kor 8,6) und ihn im Christusgeschehen mit sich selbst Versöhnende (2 Kor 5,18-21; Röm 5,1-11) derjenige ist, dem die Hinwendung des Gerechtfertigten und Versöhnten im Gebet - und darin vor allem in Lob und Dank - gilt.[46] Diese Ausrichtung auf Gott hin als "Ziel" des Menschen[47] wird besonders deutlich, wenn Paulus Gott als $\tau\tilde{\omega}$ $\theta\epsilon\tilde{\omega}$ $\mu o \upsilon$ dankt (Röm 1,8; 1 Kor 1,4; Phil 1,3; Phlm 4)[48] und damit eine personale Gottesbeziehung offenlegt.[49] Grundsätzlich darf das Gebet in der Unmittelbarkeit der Gottesansprache als Vollzugs- und Erfahrungsmoment des Gottesverhältnisses gelten,[50] jedoch muß die verbreitete These, dies geschehe in Gestalt der Abba- bzw. Vateranrede,[51] aufgrund des speziellen Charakters des als Beleg dafür herangezogenen Abbarufs als Akklamation (Röm 8,15; Gal 4,6)[52] und wegen mangelnder weiterer Hinweise zurückgewiesen werden.

b) CHRISTOLOGIE

Wie das Christusgeschehen in Sendung, Tod und Auferweckung Jesu das Fundament der Theologie des Paulus ist, so auch seines Betens. Im Glauben an Christus sieht er sich durch das Heilshandeln Gottes in seinem Sohn und damit "durch Christus" dazu e r - m ä c h t i g t , Gott vor allem zu danken und ihn zu loben (Röm 1,8; 5,11; 7,25a).[53] Weil Gott in Christus seine Verheißungen wahr gemacht hat, ergeht auf dieser Grundlage nicht nur das Amen jedes christlichen Gebets (2 Kor 1,20), sondern sind auch die Gläubigen dazu b e r u f e n , Gott für seine Heilstat zu loben (Röm 15,7-11; Gal 1,3-5 (vgl. 2 Kor 1,20)), was sich für Paulus wesentlich im Dank- und Lobgebet ereignet.[54] Damit wird das Gebet indirekt zum Bekenntnis des Glaubens an Jesus Christus und zum Erfahrungsmoment der Teilhabe am durch Christus gewirkten Heil. Gleichzeitig wird es zeitlich durch das Christusgeschehen determiniert, indem es auf dem vergangenen Heilshandeln in Christus fußt und immer wieder auf die zukünftige Parusie Christi hinausblickt (1 Kor 1,7f; Phil 1,6.10f; 1 Thess 3,12f; 5,23). Es erscheint somit als christologisch bestimmte Weise der endzeitlichen Hinwendung des Menschen zu Gott in Lob, Dank und Bitte.

Bei den Gebetstexten, die Christus direkt zum Inhalt haben, muß zwischen Dank- und Bittgebet unterschieden werden: Gemäß der christologischen Fundierung erfolgt das Dankgebet weit überwiegend für das in Christus geschaffene und im Glauben angeeignete Heil (1 Kor 1,4.6.8; 15,57 (Kol 1,4.13f)),[55] während in der Fürbitte das Christusgeschehen primär im Zusammenhang der Ethik begegnet, und zwar als Grundlage (Phil 1,11), Anlaß (Röm 15,6 (Kol 1,10)) und vor allem als ihr Ziel bei der Parusie (Phil 1,10; 1 Thess 3,12f; 5,23).[56] Dies unterstreicht den Befund der übrigen Gebetstexte, nach denen in der Regel das Dankgebet für den Indikativ der Heilsübereignung ergeht und das Bittgebet den Imperativ der Heilsverwirklichung im Blick hat.[57] Daraus ergibt sich eine intentionale Entsprechung zwischen Dankgebet und lehrhaften Texten sowie Bittgebet und paränetischen Abschnitten.[58]

Es fällt auf, daß Paulus außer den Eigennamen "Jesus" und "Christus" bzw. "Jesus Christus" nur den Kyriostitel in seinen Gebetstexten verwendet (Röm 7,25a; 1 Kor 1,7f; 15,57; Gal 1,3-5; 1 Thess 1,3; 3,12f; 5,23 (Kol 1,10; 3,17; 2 Thess 1,12; 2,16f; 3,1)). Man sollte diesen Sachverhalt nicht exegetisch und theologisch überbewerten, doch scheint er für die Annahme zu sprechen, daß im paulinischen Gebet die existentielle Betroffenheit vom Christusgeschehen im Munde dessen zum Ausdruck vor Gott kommt, der "in den Sklavendienst des H e r r n Christus eingetreten ist und aus dieser Wirklichkeit heraus" lebt.[59]

c) PNEUMATOLOGIE

Die verbreitete Behauptung der pneumatischen Fundierung a l - l e s paulinischen Betens allein von Röm 8,15.26f; Gal 4,6 her ist in dieser Einseitigkeit nicht haltbar.[60] Denn Röm 8,15; Gal 4,6 besagen speziell die Geistgewirktheit der gottesdienstlichen Abbaakklamation,[61] und in Röm 8,26f ist lediglich von der Stellvertretung des Geistes beim Bittgebet um die Dinge der zukünftigen Heilsvollendung die Rede.[62] Außer diesen beiden "Sonderfällen" des Gebets[63] geht Paulus an keiner weiteren Stelle explizit auf einen Zusammenhang von Geist und Gebet ein,[64] so daß man in Röm 8,15.26f; Gal 4,6 nicht die Begründung,[65] sondern nur einen Hinweis bzw. eine Bestätigung für die ansonsten von anderer Seite her zu erschließende pneumatische Dimension des paulinischen Betens sehen darf. Denn immerhin geht aus den genannten Stellen zumindest hervor, daß der Apostel ein "Rufen und Beten des Geistes in unseren Herzen"[66] kennt. Diese Gebetswirksamkeit des Geistes steht im Einklang mit grundlegenden pneumatologischen Aussagen, nach denen der Geist als der "Lebensgeist"[67] die "Kraft" ist, "die den neuen, gläubigen Menschen ständig erfüllt"[68] und in allen Lebensäußerungen leitet (Röm 8,4.13f; Gal 5,16.18.25; 6,8). Von daher und aufgrund der Beobachtung, daß Paulus die in Röm 8 zentrale Thematik der Macht des Geistes in den Gläubigen gerade am Beispiel des Gebets erläutert (v. 15.26f), ist die Folgerung unumgänglich, daß für ihn das Beten in allen seinen Ausprägungen eine Machtwirkung des Heiligen Geistes darstellt.[69] Diese ergeht jedoch nicht in inspiratorischem, sondern in dynamischem Sinn: Nicht der Geist selbst betet im Menschen,[70] sondern der Gläubige betet mit erneuertem Nous (Röm 12,1f.12; vgl. 1 Kor 14,14f.19f) in der Macht des Geistes (vgl. Eph 5,18-20; 6,18; Kol 1,29). Somit läßt sich von den theo-logischen, christologischen und pneumatologischen Implikationen eine dreifache grundlegende göttliche Bezogenheit des paulinischen Gebets erheben: Es richtet sich an Gott selbst, es basiert auf dem Heilshandeln Gottes in Christus, und es geschieht in der Macht Gottes im Heiligen Geist.

d) ANTHROPOLOGIE

Auch wenn eine prinzipielle menschliche Unfähigkeit zum vor Gott rechten Gebet der in diesem Zusammenhang vielzitierten Stelle Röm 8,26f nicht zu entnehmen ist,[71] läßt sich für Paulus schwerlich das Gegenteil behaupten. Das liegt zum einen daran, daß er das Gebet kaum mit dem Menschsein an sich in Verbindung bringt, und zum anderen daran, daß er zwar von dem schöpfungsgemäßen Auftrag des Menschen zu Dank und Lob gegenüber Gott ausgeht (Röm 1,21),[72] das Gebet aber gleichzeitig an den Glauben bindet (Röm 10,14),[73] so daß er das Lob Gottes gerade den durch den Glauben Angenommenen und Begnadigten zuschreiben kann (Röm 15,7-9). Damit erklärt er den Menschen zwar nicht generell für unfähig zum Gebet, weist dem gottgewollten Loben und Danken aber einen Ort zu, von dem allein aus es gottgemäß erfolgen kann: der Heilsstand der Glaubenden. Für ihr Gebet gilt, was bereits zuvor unter anderem Gesichtspunkt gesagt wurde: Es ist nicht das Gebet der unter Sünde, Gesetz und Tod Stehenden, sondern das der aufgrund des Christusgeschehens glaubend Gerechtfertigten,[74] und es ist nicht das der aus sich selbst heraus, sondern nur in der Macht des Geistes beten Könnenden.[75] Zu diesem christologisch und pneumatologisch bestimmten Aspekt der anthropologischen Dimension des paulinischen Betens kommt noch der theo-logische hinzu: Insofern der Mensch auf Gott hin als sein Ziel ausgerichtet ist,[76] gelangt der vom Christusgeschehen her und "im Geist" Betende in einer für diesen Äon spezifischen Art zu seinem Ziel.[77] Im Gebet findet der Glaubende in unmittelbarer Weise zu Gott und damit zu sich selbst.[78]

e) ETHIK

Zwischen Gebet und Ethik läßt sich bei Paulus eine dreifache Bezogenheit feststellen:

1. Gebet als Förderung des Handelns der Glaubenden: Für Paulus ist der Geist "die erneuernde und bewegende Kraft" "des neuen Lebens",[79] durch die Gott die Gläubigen zum Tun seines Willens befähigt (Röm 8,4.13f; Gal 5,16-6,10). Sind diese damit zwar nicht der Eigeninitiative und -verantwortung entnommen,[80] so ist es aber doch letztlich Gott selbst, der durch den Geist in ihnen die Handlungen und Verhaltensweisen des neuen Lebens wirkt.[81] Auf der Basis dieses pneumatologischen Ansatzes der Ethik erhält bei Paulus vor allem das Fürbittegebet eine grundlegende ethische Relevanz. Denn indem der Apostel um das Eintreten und Anwachsen des der Rechtfertigung gemäßen Handelns und Lebens in den Gemeinden bittet (Röm 15,5f; 2 Kor 13,7.9; Phil 1,9-11; 1 Thess 1,3; 3,12f; 5,23; Phlm 6 (Kol 1,9-11; 4,12; 2 Thess 1,11; 2,17)), erwartet er betend von Gott selbst die Herbeiführung entsprechenden Tuns und Denkens bei den Gläubigen. Damit wird die Fürbitte zu einem entscheidenden Moment der Ermöglichung des neuen Lebenswandels von Gott her, indem sie - als Bitte um

Gottes Wirken im Geist an den Gemeinden - wesentlich zur Entstehung und zum Vollzug dieses Wandels beiträgt. Sie ist somit eine der Grundlagen christlichen Lebens.

2. Gebet als glaubendes Handeln selbst: Paulus versteht das Gebet nicht als beliebige Privatangelegenheit, sondern er weist ihm einen Ort als festem Bestandteil des Lebensvollzugs der Glaubenden zu, indem er es in der Paränese gleichwertig neben andere anzustrebende Handlungs- und Verhaltensweisen stellt (Röm 12,12; Phil 4,6; 1 Thess 5,18 (Kol 2,7; 3,15-17; 4,2; Eph 5,4.18-20)) bzw. diese vom Gebet abhängig macht (1 Kor 7,5). Sich im Gebet bittend, dankend und lobend an Gott zu wenden, ist für den Apostel nicht Selbstzweck, sondern Gottesdienst (Röm 12,1f.11f; 1 Thess 5,18 (Kol 3,17)), der in Lob und Dank Gott verherrlicht und in der Fürbitte dem Nächsten dient.

3. Gebet als Folge des Handelns der Glaubenden: Die doxologische Ausrichtung, die wie der paulinischen Theologie im ganzen auch seiner Ethik im besonderen eignet, wird auf zweierlei Weise realisiert: einmal unmittelbar, indem das Handeln aus Glauben an sich zur Herrlichkeit und zum Lobpreis Gottes geschieht (Phil 1,9-11 (2 Thess 1,11f)), zum anderen mittelbar, indem es Dank hervorruft und auf diese Weise Gott verherrlicht[82] (2 Kor 9,11-13; vgl. Röm 6,17; 14,6; Phil 1,3.5f; Phlm 4f (Kol 1,3f; 2 Thess 1,3)). Somit erscheint das Dankgebet als ein vorläufiger Zielpunkt, auf den nach Paulus die Lebensführung unter dem übergeordneten Gesichtspunkt der δόξα θεοῦ hinausläuft. Diesem ist letztlich auch die Fürbitte zuzuordnen, indem sie zur Ermöglichung der dem Glauben gemäßen Lebensgestaltung beiträgt.

f) EKKLESIOLOGIE

Die ekklesiologische Komponente des Gebets bei Paulus ergibt sich vor allem aus seiner Gemeinschaftsbezogenheit. Die Gemeinde erfährt sich als Gemeinschaft der zum Heil Berufenen in der gemeinsamen Hinwendung zu Gott im Gebet (Röm 8,15; 15,5f; vgl. Kol 3,15-17).[83] Das Gebet kann die Herstellung von Gemeinschaft zum Ziel haben (Röm 1,10f; 15,30-33; 1 Thess 3,10f),[84] es kann Ausdruck der Sehnsucht nach Gemeinschaft sein (2 Kor 9,14; Phil 1,8f),[85] und es kann als gemeinsames Stehen hinter einer gemeinsamen Sache zu einer spezifischen Form von Gemeinschaft zwischen Paulus und seinen Gemeinden werden (Röm 15,30-33).[86] Als zentraler Ausdruck des gemeinsamen Glaubens in Gestalt der Hinwendung zu dem einen gemeinsamen Gott ist das Gebet geeignet, ein einigendes Band nicht nur der paulinischen, sondern aller urchristlichen Gemeinden (vgl. 2 Kor 9,11-15) und damit ein konstitutives Element sowohl von "Kirche" als auch von "Ökumene" zu sein.

g) ESCHATOLOGIE

Das paulinische Beten erhält seine unerschöpfliche Lebendigkeit und Dynamik als eschatologische Größe im Rahmen der Zeit zwischen Auferstehung und Parusie Christi. Es basiert auf dem Heilshandeln Gottes in Christus[87] als Beginn dieser Zeit, es erfolgt in der Macht des Geistes[88] als der göttlichen Heilsgabe in dieser Zeit (vgl. Gal 3,14), und es blickt auf die Parusie als Ende dieser Zeit (1 Kor 1,7f; Phil 1,6.9-11; 1 Thess 3,12f; 5,23). In solcher Eigenart ist es die eschatologische Weise der auf der Zuwendung Gottes gründenden glaubenden Hinwendung des Menschen zu Gott, die erst in der Heilsvollendung durch eine unmittelbare, neue Art der Gottesgemeinschaft überboten werden wird (vgl. 2 Kor 5,6-8; Phil 1,23; 1 Thess 4,17). Als Größe der nach Paulus kurz vor ihrem Ende befindlichen eschatologischen Heilszeit (vgl. Röm 13,11; 1 Kor 7,29; 15,51f; Phil 4,5; 1 Thess 4,15-17) ist dem Gebet die Erhörung durch Gott verheißen (2 Kor 6,2),[89] darf es in Sorglosigkeit und unbegrenztem Vertrauen erfolgen (Phil 4,5f), entnimmt es seine Zuversicht hinsichtlich der nahe bevorstehenden Heilsvollendung (1 Kor 1,8; Phil 1,6)[90] und die Gewißheit, in der Macht des Geistes selbst ein Teil dazu beitragen zu können (Phil 1,19). Gleichzeitig erweist sich das Gebet als Größe der noch unvollendeten Heilszeit, indem es vor den Grenzen der endgültigen Heilsverwirklichung Gottes Halt machen muß und auf die Stellvertretung des Geistes angewiesen ist (Röm 8,26f).[91]

Auch als Vollzugsmoment des Apostolats[92] erhält das Gebet bei Paulus einen grundsätzlich eschatologischen Charakter. Es ist das Beten eines Mannes, der sich als Apostel der letzten Stunde (vgl. Röm 13,11) dazu gerufen weiß, den Glaubensgehorsam unter allen Völkern aufzurichten (Röm 1,5) und die so Gewonnenen Christus als eine "reine Jungfrau" zuzuführen (2 Kor 11,2). Von daher ist es zu erklären, wenn der zuversichtliche und bittende Ausblick auf die Parusie zu einem der am häufigsten begegnenden Motive seines Betens geworden ist (1 Kor 1,7f; Phil 1,6.9-11; 1 Thess 3,12f; 5,23). Dies unterstreicht einmal mehr die apostolische Ausrichtung des paulinischen Gebets. Es dient ganz und gar der Ausübung seines auf die Parusie zueilenden und in ihr zur Vollendung gelangenden missionarischen Auftrags (1 Thess 2,19f) und in diesem besonders der Verherrlichung Gottes[93] - um seiner Barmherzigkeit willen (Röm 15,9), auf der die eschatologische Heilszeit und in ihr beides, Apostolat und Gebet des Paulus, als Gaben dieser Zeit beruhen.

8. ORT UND GESTALT DES GEBETS IN DER PAULINISCHEN THEOLOGIE

Im Gegensatz zu den vorangehenden Abschnitten, in denen die zu behandelnden Aspekte in ihrer Verschiedenheit von der Forschungs-

- 216 -

geschichte und den durchgeführten Exegesen her vorgegeben waren, soll nun abschließend versucht werden, eine umfassendere Einordnung des Gebets in die paulinische Theologie vorzunehmen. Dies kann angesichts der thematischen Vielfalt dieser Theologie sinnvollerweise nur von ihrer Mitte aus geschehen. Nun würde es den Rahmen unserer Untersuchung sprengen, die Mitte der paulinischen Theologie zu ermitteln. Ein solches Unterfangen erweist sich angesichts der Forschungslage auch nicht als zwingend notwendig, da in dieser Frage weithin Einigkeit herrscht. Soweit gewichtige Stimmen der neueren Paulusexegese zu überblicken sind, läßt sich feststellen, daß diese in der "Soteriologie" das Zentrum der paulinischen Theologie erblicken[94] - genauer gesagt: in der Entfaltung des in Kreuz (und Auferstehung)[95] Jesu Christi durch Gott geschaffenen Heils für Mensch und Welt. Dabei treten vor allem die beiden Aspekte der Christologie bzw. des Kreuzes[96] und der Rechtfertigung bzw. Gerechtigkeit Gottes[97] in den Vordergrund. Dieser zentrale Sachzusammenhang von Christologie, Rechtfertigung und Soteriologie in der Theologie des Apostels wird von U. Wilckens treffend beschrieben: "Die auf die Christologie konzentrierte Theologie des Paulus hat ... als solche soteriologischen Skopos, der in der Rechtfertigungsverkündigung ausgeführt wird."[98] Läßt sich dem zustimmen, so stellt sich die Aufgabe, das Gebet in Relation zu den genannten Hauptelementen der paulinischen Theologie zu setzen und mögliche Beziehungsstrukturen aufzuhellen.

Weil der Apostel das Kreuzesgeschehen als das zentrale Heilsereignis begreift,[99] sieht er auch die menschliche Existenz im Licht dieses Geschehens. So kann er die mit der Taufe erfolgte Existenzwende als Kreuzigung des alten Menschen umschreiben (Röm 6,6; vgl. Gal 2,20; 5,24) und - daraus resultierend - von der Neuheit des Lebens (Röm 6,4) bzw. der neuen Kreatur des Glaubenden sprechen (2 Kor 5,17).[100] In dieser Neuheit der Existenz hat nun nach Paulus auch das Gebet seinen Ort, das sich in seinen Briefen ausschließlich als Lebensäußerung des bereits Glaubenden erweist.[101] Insofern läßt sich feststellen: Das Heilsgeschehen am Kreuz bildet die von Gott gesetzte Grundlage alles paulinischen Betens.[102] Unter Absehung vom Kreuz Christi ist Beten, wie es sich in den paulinischen Briefen darstellt, nicht möglich. Beten und Gebet des Apostels resultieren als Existenzäußerung des Glaubenden aus der allem christlichen Leben zuvorkommenden und es begründenden Heilstat Gottes in Christus.

Über diese - für Paulus im Grunde selbstverständliche - Feststellung hinaus und auf ihr beruhend lassen sich nun weitere Verbindungslinien zwischen Kreuzesgeschehen und Gebet ziehen.

Zunächst einmal verbietet sich von der paulinischen Kreuzestheologie her ein Verständnis des Gebets als Leistung, die den Menschen vor Gott ausweist. Damit begibt sich das paulinische Gebet in einen deutlichen Gegensatz zu entsprechenden Tendenzen des Judentums.[103] Zwar fordert der Apostel seine Gemeinden immer wieder zum Beten auf und qualifiziert es somit als menschliches "Tun" vor Gott (Röm 12,12; Phil 4,6; 1 Thess 5,17f.25 (Eph 5,20; 6,18; Kol 2,7; 3,17; 4,2f; 2 Thess 3,1), aber wie für ihn alles Handeln des Glaubenden keinen Verdienstcharakter innehat, sondern geistgewirkte "Frucht" des bereits gewährten Heilsstandes ist (Röm 7,4-6; Gal 5,16-25; Phil 1,11), so muß andererseits auch das Gebet unter dieser Grundbedingung christlicher Existenz gesehen werden. Wenn Paulus darum Beten und Wirksamkeit des Geistes miteinander verbindet (Röm 12,11f; 1 Thess 5,17-19; Röm 8,15.26f; Gal 4,6), so kommt darin das Gebet als Element der pneumatischen Existenz zum Tragen,[104] der jeder Werkcharakter abhanden gekommen ist. Beten ist für ihn eine allein von Gott her begründete und ermöglichte Lebensäußerung des Glaubenden. Es entspricht damit dem Skopus seiner Kreuzestheologie, in der er das Kreuz als das Nein Gottes zu aller Verdienstlichkeit, als das Nein Gottes zu allem menschlichen Eigenruhm herausstellt (Röm 3,26-28; 1 Kor 1,28-31).[105] Vom Kreuz her wird deutlich: Beten kann für Paulus nicht heißen, sich vor Gott annehmbar zu machen, sondern es muß heißen, als ein aufgrund des Kreuzesgeschehens bereits von Gott Angenommener sich zu dem alleinigen Urheber und Geber alles Heils hinzuwenden. Beten kann angesichts des Kreuzes nicht Mittel zur Heilserlangung, auch nicht zur Heilssicherung sein, sondern nur Heilsäußerung. Entsprechend geht es im paulinischen Gebet nicht um den Menschen und seine Möglichkeiten, sondern allein um Gott und seine Verherrlichung als Telos seines Heilshandelns (Röm 11,33-36;[106] 15,5-7.9-11; 2 Kor 1,3ff; 4,15; 9,11-15; 11,31; Gal 1,3-5.24; Phil 4,20 u. ö.).

Ein weiteres Merkmal des Gebets ergibt sich aus der Kreuzestheologie: Für Paulus vollzieht sich die Kreuzesnachfolge in Analogie zum schwachen, gekreuzigten Christus in aller menschlichen Schwachheit. Dadurch wird Gottes Macht zur Existenz bestimmenden Größe (2 Kor 13,4; 12,9f; 6,4-7; 1 Kor 2,3f),[107] so daß nicht mehr der Mensch Subjekt seines Handelns ist, sondern Gott in Christus (Gal 2,20) bzw. im Geist (Röm 8,14). In der in seiner eigenen Existenz sichtbaren und vom Kreuz her zu bestimmenden Schwäche des Apostels "wird die Stärke Gottes erkennbar ... damit Gott und Mensch radikal unterschieden bleiben".[108] Geht es also in der paulinischen Kreuzesnachfolge im Kontext seiner Kreuzestheologie letztlich "um die Gottheit Gottes",[109] so spricht sich dies in seinem Gebet als Bestandteil der Kreuzesnachfolge in aller Deutlichkeit aus. Denn im Lob Gottes, im Dank für sein Heilshandeln (Röm 6,17; 7,25a; 1 Kor 1,4ff; 15,57; 2 Kor 2,14; 9,15; 1 Thess 2,13; Phlm 4f u. ö.) und in der Bitte um weitere Gnadenerweise (Röm 15,13.30-32; 2 Kor 13,7.9; Phil 1,9-11; 1 Thess 3,12f; 5,23; Phlm 6) geht es um die Anerkennung der Gottheit Gottes in doppelter Weise: einmal direkt als Anerkennung der alleinigen, heilschaffenden Schöpfermacht Gottes über Mensch und Welt, zum anderen indirekt als Bekenntnis der totalen Abhängigkeit des Menschen, der alles Gott verdankt und alles von ihm erwartet. Gebet ist demnach existentiell-verbale Äußerung der im Kreuz Christi offenbaren völligen Abhängigkeit des Menschen,[110] die Gott dadurch Gott sein läßt, daß sie nicht nur dem Wesen des Kreuzesgeschehens entsprechend das Heil allein von Gott erwartet (vgl. Röm 10,1),[111] sondern auch das Menschsein in all seinen Belangen unter die Herrschaft Gottes stellt (Phil 4,6; 1 Thess 5,17f). Von seinem Verständnis des Kreuzes Christi her kann darum das Gebet des Paulus nichts anderes sein, als was es sich darstellt: lobende, dankende und bittende Hinwendung des schwachen Menschen zu Gott, der nichts von sich selbst, aber alles von der Macht des Angerufenen erwartet und ihm gerade darin die Ehre gibt. Als solches erweist sich das Gebet als unverzichtbarer Bestandteil des Gottesdienstes "der in der Kreuzesnachfolge stehenden Gemeinde".[112]

Wird vom Kreuzesgeschehen her das Gebet des Paulus im allgemeinen qualifiziert, so entspricht mit dem Dankgebet eine Gebetsart in besonderer Weise diesem Geschehen. Denn das Heilshandeln Gottes im Kreuz begegnet als souveräne Tat Gottes dem Menschen im Wort vom Kreuz als Widerfahrnis, auf das er nur noch reagieren kann (1 Kor 1,18-24; vgl. 2 Kor 5,18-20). Dabei resultiert aus dem glaubenden Sich-beschenken-Lassen mit dem am Kreuz gestifteten Heil[113] als der einzigen Möglichkeit des Zugangs das Dankgebet als verbale Antwort auf Gottes Heilshandeln. Paulus trägt dem in zweifacher Weise Rechnung: einmal durch das - bereits exkursartig behandelte - Dankgebet "durch Christus",[114] zum anderen dadurch, daß bei ihm das Dankgebet (in Verbindung mit dem Lob; vgl. 2 Kor 4,15) in den Vordergrund tritt - im Gegensatz vor allem zu Jesus, der das Bittgebet als die der Stellung des Menschen vor Gott adäquate Gebetsart herausgestellt hat.[115] Im Dankgebet bringt Paulus das "extra nos" des Heils zur Geltung, indem er einzig dankend annimmt, was Gott bereits getan hat. Wenn der Apostel desweiteren auch unter Absehung vom Christusgeschehen Lob und Dank als die angesichts der Schöpfertätigkeit Gottes dem Menschen gebührende Haltung gegenüber Gott einschätzt (Röm 1,21), so dürfte dahinter jüdisch-alttestamentliche Gebetstradition stehen.[116] Aber gerade daran, daß der Mensch Gott Lob und Dank verweigert, wird deutlich: Beides ist in gottgefälliger Weise erst auf der Grundlage des im Kreuz Christi geschaffenen Heils möglich.

Paulus kann Gott für das Kreuzesgeschehen danken, weil er darin den endzeitlichen Liebeserweis Gottes erblickt (Röm 5,6.8.10; 1 Thess 1,4 (Kol 3,12; 2 Thess 2,16)),[117] auf dem alles weitere gnadenhafte Handeln Gottes an den Gemeinden, an die Paulus schreibt und für das er dankt, beruht. Diese im Kreuz offenbare Liebe Gottes eröffnet eine personale Beziehung zwischen Gott und Mensch, in der das Gebet eine Weise der Kommunikation darstellt und nicht selten den Liebeserweis Gottes zum Anlaß hat (1 Thess 1,4f (2 Thess 2,13f) vgl. auch Röm 7,24f; 15,9). Die Liebe, die Gott im Kreuz erwiesen hat und dem Menschen zuwendet, verdient unbedingtes Vertrauen, das sich u. a. im Gebet äußert: so etwa, wenn Paulus sich in Anlehnung an alttestamentliche Gebetstradition als Angefochtener "auf 'seinen Gott' beruft" (Röm 1,8; 1 Kor 1,4; Phil 1,3; Phlm 4; vgl. Ps 22,2.11; 25,2; 38,22; 69,4),[118] wenn die Gemeinde der Gottessöhne ihren Vater mit "Abba" anruft (Röm 8,15; Gal 4,6),[119] oder wenn die Gottesprädikationen in paulinischen Gebetstexten Gott als den in Liebe gebenden kennzeichnen (Röm 15,5.13.33; 2 Kor 1,3; 1 Thess 5,23).[120] Von daher ist das Gebet eine Äußerungsweise, in der der von der Liebe Gottes Ergriffene auf diese Liebe antwortet. Daß Paulus sich dabei mit Ausnahme von 2 Kor 12,8 durchweg an Gott wendet,[121] resultiert aus dem Wesen des Christusgeschehens, und hierin besonders des Kreuzesereignisses, in dem sich Gott als der Mensch und Welt liebende zutiefst geoffenbart hat.[122]

Wie das Gebet bei Paulus bestimmten, vom Kreuz Christi her qualifizierten Zusammenhängen entspricht, so auch der Struktur der neuen Existenz des Glaubenden als Gerechtfertigter und Versöhnter.[123] Diese Existenz zeichnet sich in erster Linie dadurch aus, daß sie Leben in einem neuen Verhältnis zu Gott bedeutet, das durch Gottes Rechtfertigungs- und Versöhnungshandeln konstituiert ist. Sowohl Rechtfertigung als auch Versöhnung intendieren eine "neue(n) Beziehungsrealität"[124] zwischen Gott und Mensch. Es geht in beiden Vorstellungsbereichen um "das durch die Sündenvergebung gewährte heilvolle Gottesverhältnis"[125] bzw. um die "Herstellung der individuellen heilshaften Gottesbeziehung"[126] des Menschen (vgl. Röm 5,1f; 1 Kor 1,30; 6,11; 2 Kor 5,21). Im Rahmen dieser neuen Gottesrelation kommt es im Gebet zu einem existentiellen "Vollzug" dieser Beziehung, insofern der Beter sich jeweils neu auf Gott hin als seinen letzten und eigentlichen Bezugspunkt ausrichtet.[127] Rechtfertigung und Versöhnung als relationale Vorgänge erfahren im Gebet als dem unmittelbaren, verbalen Moment der Gottesbeziehung des Menschen eine letzte existentielle Verdichtung.

Zur Konkretion mag Röm 5,1-11 dienen: Paulus beschreibt hier das mit Rechtfertigung und Versöhnung gesetzte neue Gottesverhältnis als Frieden mit Gott und Zugang zu seiner Gnade (v. 1f).[128] In beiden Fällen geht es um die "neueröffnete Gottesnähe":[129] einmal um das durch die Versöhnung als "Aufhebung der Feindschaft der Menschen gegen Gott"[130] bewirkte Friedensverhältnis zu ($πρός$) Gott,[131] zum anderen um die gnadenhaft gewährte "Überwindung der Schwelle der Zugehörigkeit zu Gott".[132] Grundlegend für das so interpretierte Heilsgeschehen ist also eine Annäherung Gottes zum Menschen, die den vorausgehenden Zustand der Trennung von Gott in ein Gemeinschaftsverhältnis hinein aufhebt.[133] Sowohl Rechtfertigung als auch Versöhnung bedeuten nach Röm 5,1f nichts anderes als "das durch den Kreuzestod erwirkte Angenommensein von und durch Christus in die Gottesgemeinschaft".[134] Da

Gott in seinem Heilshandeln aber nicht die Personalität des Menschen aufhebt,[135] stellt die neueröffnete Gottesgemeinschaft - dem Wesen von Rechtfertigung und Versöhnung entsprechend - die neue "Wirklichkeit der personalen ... Relation"[136] zu Gott dar, in der der Mensch als gnädig angenommenes Gegenüber Gottes im Rahmen einer "Ich-Du-Beziehung"[137] zu Gott existiert.

Innerhalb dieser Beziehung hat nun das Gebet seinen Ort. Es ist die von Gott gnädig gewährte und in der Wirkung des Geistes realisierte Möglichkeit verbaler Hinwendung des Menschen zu dem Gott, der ihn in eine heilvolle Beziehung zu sich gebracht hat. Hat Gott im Geschehen von Rechtfertigung und Versöhnung die Grundsünde aufgehoben, ihm gegenüber "Selbständigkeit zu bewahren" (vgl. Röm 1,18ff),[138] hat er den Menschen also von der Selbstbezogenheit hinein in die Gottesbezogenheit erlöst, so muß in der gebethaften Hinwendung zu Gott ein Moment dieser neuen Daseinsrelation gesehen werden, in der der Mensch auf Gott hin und von ihm her existiert.

Wieder dient Röm 5,1-11 zur Konkretion: Nach v. 2f.11 rühmen sich die Gerechtfertigten und Versöhnten angesichts des an ihnen vollzogenen Heilsgeschehens. Daß Gott das Ziel dieses Rühmens ist, geht aus v. 11 hervor,[139] so daß es sich nicht um Selbstruhm handelt (vgl. Röm 3,27; 1 Kor 1,29), sondern allein um Gottesruhm (vgl. 1 Kor 1,31). Die durch das Christusgeschehen in das Verhältnis des Friedens und der Gottesnähe Versetzten loben und danken[140] dem Gott, dem sie alles zu verdanken haben.[141] Insofern ist ihr Rühmen "der unmittelbare, die Existenz des Versöhnten und der Gemeinde der Versöhnten als ganzer prägende doxologische Ausdruck der ... Versöhnung"[142] und als solcher "die Realisierung der durch Christus mit dem Empfang der Versöhnung erschlossenen $προσαγωγή$".[143] Neben Lob und Dank resultiert aber auch das Bittgebet aus dem zuvorkommenden Heilshandeln Gottes, indem es als Gebet des durch Rechtfertigung und Versöhnung in die Haltung der "nova oboedientia" versetzten Apostels[144] um die weltweite Verwirklichung des Heilshandelns Gottes und um weitere Heilserweise bittet.

Ist das Gebet bei Paulus grundsätzlich in das Heilsverhältnis zu Gott gewiesen, so wird in ihm in gewisser Weise auch das Heil erfahrbar. Denn im Gebet kommen Gerechtfertigtsein und Versöhntsein als verbaler Vollzug des durch Christus eröffneten Zugangs zu Gott zum Ausdruck. Die Erfahrung der Möglichkeit der unmittelbaren verbalen Hinwendung zu Gott stellt eine existentiell verdichtete Erfahrung des Verhältnisses der Gottesnähe dar. Weil Gott im Gebet erreichbar geworden ist, nachdem er sich durch Rechtfertigung und Versöhnung zuvor umfassend erreichbar gemacht hat,[145] erfährt der Beter im Vollzug der lobenden, dankenden und bittenden Hinwendung zu ihm Rechtfertigung und Versöhnung als Geliebtsein und Angenommensein von Gott, als Gemeinschaft und Frieden mit Gott. Diese Erfahrung ereignet sich nicht gefühlsmäßig, sondern nur als letzte, in diesem Äon des Glaubens (vgl. 2 Kor 5,7) mögliche existentielle Realisierung des unmittelbaren Zugangs zu Gott.[146] Sie ist grundsätzlich an den Glauben gebunden und von daher eine Erfahrung, der alle Anfechtbarkeit des Glaubens eignet. Denn wie Rechtfertigung und Versöhnung als solche nicht anschaulich und erlebbar sind, sondern geglaubt werden müssen,[147] so erfährt der Beter im Gebet auch nur, was er glaubt - nicht mehr und nicht weniger. Heilserfahrung als Gebetserfahrung ist Glaubenserfahrung, die sich im Vollzug des Gebets als gnädig gewährter Möglichkeit der Hinwendung zu Gott und Äußerung der Gottesnähe erweist.[148] Mit dieser Beschränkung steht auch das Gebet unter dem eschatologischen Vorbehalt: Es ist als existentielle Realisierung des durch Christus erschlossenen Zugangs zu Gott die eschatologische Vorwegnahme der erhofften Gottesunmittelbarkeit (vgl. Röm 8,23; 1 Kor 15,29; 2 Kor 5,8) unter den Bedingungen dieses Äons.[149] Und für diesen gilt: Auch im Gebet kann alle Nähe zu Gott nur geglaubt, aber noch nicht "geschaut" werden.

Hat das paulinische Gebet seinen Ort in der Gottesbeziehung des Glaubenden, so ist nun noch der Glaube in seiner Relevanz für das Gebet zu erhellen. Damit wird sozusagen die menschliche Ebene von Rechtfertigung und Versöhnung angesprochen, insofern dem Heilshandeln Gottes auf der Seite des Menschen der Glaube entspricht (vgl. 2 Kor 5,19f).[150] Dabei sind beide Aspekte des Glaubens bei Paulus zu berücksichtigen: einmal das Gläubigwerden, also die Herstellung des Gottesverhältnisses als soteriologische Grundvoraussetzung des paulinischen Betens, und zum anderen die "durative Wirkung des Glaubens ... als Kraft ... zum Stehen vor Gott",[151] also die Permanenz des Gottesverhältnisses[152] als existentieller Rahmen, in den das Gebet eingebettet ist.

Glaube und Gebet berühren sich zunächst einmal deutlich in dem Antwortcharakter, den beide miteinander teilen. Als "immer neue Annahme" der Heilstat Gottes in Christus[153] ist der Glaube ebenso wie das Gebet menschliche Reaktion auf Gottes Aktion. Beiden, Glaube und Gebet, geht das Handeln Gottes voraus, auf dem allein sie beruhen, von dem allein her sie möglich sind und auf das sie sich ständig beziehen - letztes allerdings in unterschiedlicher Weise: Gibt der Glaube die umfassende Antwort,[154] mit der sich der Mensch mit seiner ganzen Existenz unter den Anspruch des Evangeliums beugt, so bildet das Gebet einen speziellen Vollzugsmoment dieser Antwort, indem es sie verbalisiert und damit aktualisiert (vgl. Röm 7,25a; 8,15; 1 Kor 15,57; 2 Kor 1,20; 2,14; Gal 1,3-5; 4,6 u. ö.). Der Glaube als Antwort **a u f   d a s   E v a n g e l i u m** spricht sich aus im Gebet als Antwort **a n   d e n   G o t t   d e s   E v a n g e l i u m s**. Insofern setzt das Gebet den Glauben immer voraus, ist es seine Funktion. In der Antwort des Glaubens wird das Heil jeweils ergriffen, in der Antwort des Gebets dagegen als bereits ergriffenes vor Gott bekannt[155] und somit festgehalten. So gesehen wirkt das Gebet Glauben erhaltend, indem es eine Form darstellt, in der sich dieser seiner selbst bewußt wird. Ein Glaube, der nicht ins Gebet mündet, ist - wenn es ihn überhaupt gibt - eine Vorstellung, die den paulinischen Briefen zumindest fremd ist.

Im Hinblick auf den Heilsgrund, auf dem Glaube und Gebet gemeinsam beruhen, kommt dem Dank eine eminente Bedeutung zu. Diese liegt darin, daß Dankbarkeit nicht erst eine Haltung des Betens, sondern schlechthin des Glaubens ist. Denn Dank entspricht zutiefst der Ausrichtung des Glaubens auf Gott als den, der in Jesu Tod und Auferweckung Heil geschaffen hat (Röm 4,17.24; 10,9; 1 Kor 15,4; 1 Thess 4,14)[156] und den Menschen umsonst daran teilhaben läßt (Röm 3,24).[157] Glaube als die Annahme der Heilstat Gottes in Christus ist darum zugleich immer ein "Sich-beschenken-Lassen" mit der Gnade Gottes[158] und enthält als solches notwendig das Moment der Dankbarkeit gegen Gott (vgl. Kol 1,12-14; 2,7).[159] Wenn Paulus für den Glaubensstand seiner Adressaten dankt (Röm 1,8; 1 Thess 1,2f; 2,13; Phlm 4 (Kol 1,3f; 2 Thess 1,3f; 2,13) vgl. Röm 6,17f; 1 Kor 1,4), so ist dies nichts anderes als der Ausdruck dafür, daß Glaube und Dank zusammengehören und der Glaube zum Dank ruft und ihn aus sich entläßt, weil er sich und sein Heil Gott zu verdanken hat. Die neue Gottesbeziehung, in die der Glaube stellt (Röm 3,25f; 4,5),[160] ist der Raum, in dem das Dankgebet als genuine Äußerung des Glaubens seinen Ort hat.

Die Priorität des Dankgebets ist allerdings nur unter dem Aspekt des Heilshandelns Gottes gegeben, dem der Glaube zustimmt und dem er sich zu verdanken hat. Das Dankgebet verliert seine dominierende Stellung, wo der Glaube als gegenwärtiges Stehen vor Gott in den Blick kommt, wo die Betonung nicht mehr primär auf seinem Fundament und seinem Gegenstand, sondern auf seiner "Struktur"[161] liegt als die Haltung des Menschen vor Gott, der ihn in ein "Gemeinschaftsverhältnis"[162] mit sich berufen hat. In dieser Hinsicht schälen sich bei Paulus im wesentlichen drei Strukturmomente heraus, die den Glauben als Leben aus Gott und für Gott umschreiben: Vertrauen, Gehorsam und Hoffnung.[163] Für das so strukturierte Gemeinschaftsverhältnis mit Gott ist eine Affinität mit dem Bittgebet kennzeichnend, insofern der Glaubende als nicht mehr nach dem Fleisch lebender sich in völlige Abhängigkeit von Gott begeben hat (Röm 8,5-14; Gal 5,24f)[164] und nun sich und sein Leben von Gott "erbittet".

Diese Haltung äußert sich zum einen im Vertrauen, das der Glaube Gott entgegenbringt (2 Kor 1,9; 3,4; vgl. Röm 4,17; Phil 3,3f).[165] Diese "völlige Hingabe eigener Sorge und Kraft an Gott",[166] die alles von Gott und nichts von sich selbst erwartet, führt ins (Für-) Bittgebet. Denn in ihm vertraut sich der Glaubende mit seiner Existenz Gott an, indem er dessen Macht zur einzig bestimmenden Realität werden läßt. Dies geht nicht nur aus den Bittgebeten angesichts der Kollektenübergabe (Röm 15,30-32)[167] und hinsichtlich des "Pfahls im Fleisch" (2 Kor 12,8)[168] hervor, sondern auch aus der Bitte um Fürbitte um Bewahrung durch Gott in Todesgefahr (2 Kor 1,10f), aus der Bitte um Bewahrung vor dem Tun des Bösen und um Vervollkommnung der Korinther (2 Kor 13,7.9), aus der Bitte um Wachstum der Liebe und darauf basierender Heilsgaben bei den Philippern (Phil 1,9-11) und bei den Thessalonichern, letzte verbunden mit der Bitte um Führung des apostolischen Weges hin zur Gemeinde (1 Thess 3,10-13). In allen Fällen äußert sich der Glaube als Vertrauen derart, daß Paulus alles Handeln und Geschehen Gott überläßt und von ihm erwartet.[169] Solch erwartendes Vertrauen kann sich im Bittgebet auch als Gewißheit äußern, die sich der Heilswirksamkeit Gottes sicher ist (1 Kor 1,8f; Phil 1,6.[170]19; 1 Thess 5,23f).

Glaube als Vertrauen gibt alles eigene Sorgen an Gott ab, indem er "in allen Dingen" seine "B i t t e n in Gebet und Flehen mit Danksagung vor Gott kund werden" läßt (Phil 4,6).[171] Ein derartiges Vertrauen ist das Kennzeichen der Söhne Gottes, die ihren Vater mit "Abba" anrufen (Röm 8,15; Gal 4,6)[172] und sich bei ihm für Zeit und Ewigkeit geborgen wissen (vgl. 1 Kor 15,29). Freilich gehört auch das Dankgebet zu den Äußerungen des Vertrauens zu Gott, insofern es dankbares Vertrauen auf Gottes Heilstat in Christus ist und im Dank bereits das Vertrauen mitschwingt, das Bitten überhaupt erst ermöglicht[173] und aufgrund des gewährten Heils um die Erhörung weiß (vgl. Phil 4,6).[174]

Der Glaube als Leben aus und für Gott äußert sich desweiteren als Gehorsam (Röm 1,5; 10,16; 15,18; 2 Kor 9,13; Gal 5,7),[175] wobei nicht "die gläubige Annahme der Botschaft ... als ein Akt des Gehorsams"[176] von Relevanz ist, die über den bisher erörterten Zusammenhang von Heilsempfang und Gebet hinausginge,[177] sondern der Gehorsam des von Gott in Dienst genommenen und beanspruchten Glaubenden (Röm 6,16-22). Nach alledem, was sich diesbezüglich den paulinischen Gebetstexten entnehmen läßt (Röm 1,10; 15,32;[178] 1 Thess 3,10f), steht dabei das Erbitten des Geschehens des Willens Gottes als Ausdruck des völligen Verzichts auf jegliches eigenmächtige Handeln beherrschend im Vordergrund, was sich bei Paulus gerade darin erweist, daß er die Stationen seiner apostolischen Wirksamkeit im Gehorsam vom Willen Gottes abhängen läßt (vgl. 1 Kor 4,19; 16,7). So wird das Bittgebet zum Vollzugsmoment des Glaubensgehorsams, der es Gott überläßt, was in der jeweiligen Situation zu tun und zu lassen ist, weil er sich betend dem Geschehen des Willens Gottes ausgesetzt hat.

Über diese Fälle hinaus, in denen sich der Gehorsam unmittelbar im Gebet ausspricht, läßt sich für alles paulinische Beten der Aspekt des Gehorsams erheben, insofern es in ihm durchweg um die Ausübung des Paulus aufgetragenen apostolischen Amtes geht.[179] Sein Gehorsam in der Ausübung dieses Amtes (vgl. 1 Kor 9,16f; Gal 1,15f) prägt sein Beten, indem er es in den Dienst seines Amtes stellt[180] und nicht in den eigenmächtiger Interessen und Wünsche. Wird so das Gebet zur Funktion des Gehorsams, indem es gehorsames Handeln ermöglicht und begleitet, so ist Beten an sich bereits gehorsames Befolgen des Willens Gottes. Denn: Ständig Gott zu bitten und ihm in allen Situationen und Belangen zu danken, ist dem Glaubenden als in Christus offenbarer Wille Gottes vorgegeben (1 Thess 5,17f; vgl. Röm 12,12; Phil 4,6 (Kol 1,12; 2,7; 3,15-17; 4,2).

Schließlich äußert sich der Glaube als Hoffnung (Röm 4,18; 2 Kor 1,10),[181] die frei und offen ist "für die Zukunft",[182] die um den eschatologischen Vorbehalt weiß (vgl. Röm 8,23f; Gal 5,5) und "das kommende Heil" erwartet (Röm 5,2.9f; 8,23; 1 Thess 5,9f).[183] Diesem Glauben obliegt zuallererst das Bittgebet um die zukünftigen Dinge des Endheils, das aber allein der Geist stellvertretend für den "schwachen" Menschen ausrichten kann (Röm 8,26f).[184] Mit der Hoffnung teilt auch das Gebet die Erwartung der Parusie als Anbruch des endgültigen Heils (vgl. 1 Thess 4,17 (2 Thess 2,1)). Dabei kommt wiederum dem Bittgebet besonderes Gewicht zu, denn die Untadeligkeit, auf die bei der Parusie alles ankommt, kann nur von Gott erbeten werden (Phil 1,10f; 1 Thess 3,13; 5,23), so zuversichtlich hoffend sich der Beter diesbezüglich auch äußern mag (1 Kor 1,8; Phil 1,6). Dem völligen Angewiesensein auf Gottes Gnade bei der Heilsvollendung trägt einzig das auf diese Gnade hoffende Bittgebet Rechnung. Dankgebete kennt Paulus in diesem Zusammenhang nicht, weil sie der Ausrichtung der Hoffnung auf die Zukunft nicht entsprechen.

Der Glaube als Hoffnung blickt aber nicht nur auf die Heilsvollendung, sondern auch auf Gottes Handeln in diesem Äon, was sich wiederum anhand des Bittgebets zeigt. So mündet die Hoffnung des Apostels auf Rettung durch Gott in Gefahr in die Bitte um Fürbitte der Korinther als Bittgebet um das erhoffte Handeln Gottes (2 Kor 1,11), und die Hoffnung auf Gemeinschaft mit Philemon und seiner Hausgemeinde gründet sich auf die Wirkung ihrer Fürbitte (Phlm 22).[185] Hoffnung und Bittgebet stehen also bei Paulus in einem Verhältnis gegenseitiger Abhängigkeit und erweisen darin ihre gemeinsame Ausrichtung auf Gottes zukünftiges gnädiges Handeln. Darauf zu hoffen, heißt für Paulus zugleich, darum zu bitten.

Die Entfaltung des Glaubens, der Gottes Heilshandeln in Christus annimmt, sich darauf gründet und daraus in Vertrauen, Gehorsam und Hoffnung lebt, hat sich nach allem bisher Ausgeführten als Ort des Gebets in der paulinischen Theologie ergeben. Die paulinische Rede vom Gebet nimmt somit einen Platz im Bereich der Mitte seiner Theologie ein und verdeutlicht ihren soteriologischen Skopus auf existentielle Weise. Denn das Gebet erweist die Lebendigkeit des Glaubens als der Realität der durch Christus eröffneten heilshaften Gottesbeziehung des Menschen im Dank für Gottes Heilshandeln, auf das sich der Glaube bezieht und dem er sich verdankt, und in der Bitte um Gottes Heilswirksamkeit, der sich der Glaube in Vertrauen, Gehorsam und Hoffnung vorbehaltlos ausgeliefert hat.

Sosehr das Gebet von der Ausrichtung Gottes auf den Menschen im Christusgeschehen, in Rechtfertigung und Versöhnung abhängt und qualifiziert ist, so sehr ist es doch in seiner Ausrichtung auf Gott eine Funktion des Glaubens. Von hier aus ergeben sich die weiteren Bezugspunkte des Gebets zum paulinischen Apostolat,[186] zur Ethik,[187] zur Ekklesiologie[188] und zur Eschatologie[189] in ihrer Ableitbarkeit von Glaube, Rechtfertigung, Versöhnung und Christusgeschehen. So gesehen läßt sich sagen, daß sich im Gebet die verschiedenen Aspekte der paulinischen Theologie treffen, nicht im Hinblick auf ihre Explikation, aber hinsichtlich ihrer existentiellen Dimension. Denn Beten heißt für Paulus, sich auf Gottes Heil zu gründen, in Gottes Heil zu leben, auf Gottes Heil zu hoffen. Und darauf kommt es für den Glauben an.

AUSBLICK

Ausgehend von der Ansicht, daß Exegese nicht um ihrer selbst willen erfolgt, sondern letztlich der Verkündigung des Evangeliums mit dem Ziel der Weckung, Erhaltung und Förderung des Glaubens durch Gott dient, sei abschließend in aller Kürze auf einige Gesichtspunkte des paulinischen Gebets hingewiesen, die m. E. in systematischer und praktischer Theologie weiter bedacht sowie in gegenwärtiger christlicher Lebenspraxis beachtet werden sollten. Denn gerade angesichts des in jüngster Zeit verstärkt geltend gemachten Aspekts des Beten-"Lernens"[190] werden Theologie und Kirche nicht umhin können, sich an Paulus als dem ursprünglichen Vertreter christlichen Betens zu orientieren.[191] Auch wenn uns nahezu zwei Jahrtausende von dem Apostel trennen, kann nicht alles, was er gebetet und über das Gebet gesagt hat, in den "garstigen Graben" der Geschichte geworfen werden. Dazu sind seine Gebetsäußerungen zu sehr eingebettet in die von ihm grundlegend vollzogene theologische Durchdringung und Entfaltung des Evangeliums von Jesus Christus, auf die sich die evangelische Christenheit mit Recht zu allen Zeiten berufen hat.

Gleichwohl kann es heute nicht darum gehen, den Beter Paulus zu kopieren und seine Gebetsaussagen unreflektiert zu übernehmen. Vielmehr stellt sich gegenwärtiger Theologie und Frömmigkeit die Aufgabe, von Paulus her Kriterien zu erheben, die Zeit übergreifend verdeutlichen können, was Beten und Gebet angesichts des Heilshandelns Gottes in Jesus Christus bedeuten.

Im Zuge dieser Bemühung ist zunächst auf das Wesen des Gebets zu verweisen, wie es sich bei Paulus darstellt: als lobende, dankende und (für-) bittende Hinwendung des Glaubenden zu "seinem" Gott. Dieses auf dem Heilsgeschehen in Christus beruhende Gebet ist immer auf Gott als personhaftes und liebendes Gegenüber ausgerichtet. Insofern ist unter Berufung auf Paulus allen modernen (Fehl-) Deutungen zu widersprechen, die etwa das Gebet als "Einübung auf die Reflexion der Erfahrung",[192] als Erhaltung einer "Illusion"[193] oder als "innere Sammlung in der Tiefe"[194] interpretieren. Wenn christliche Theologie an der personalen Offenbarung Gottes in Jesus Christus festhält, dann wird sie - auch und gerade von Paulus her - auch am Gebet als der dadurch ermöglichten und darauf beruhenden Hinwendung des Menschen zu eben diesem personhaft sich offenbarenden und handelnden Gott festhalten.[195]

Über diese grundsätzliche Wesensbestimmung des Gebets hinaus ergeben sich von der Eigenart des paulinischen Gebets her vier bedenkenswerte Gesichtspunkte für heutige Gebetstheologie und -praxis:[196]

1. Die Beobachtung, daß für Paulus das Gebet eine Funktion des Glaubens darstellt, eine Form gelebten Glaubens ist, führt zu der Frage, wie es die Christenheit heute mit dem Gebet hält. Zwar ist für den Menschen in einer Zeit vormals ungeahnter technischer Weltbemächtigung und nahezu unbegrenzter Kommunikationsmöglichkeiten Beten längst keine Selbstverständlichkeit mehr und das Gebet nicht zuletzt in der Theologie in eine Krise geraten,[197] aber der Glaube wird auch unter diesen Umständen immer wieder in das Gebet münden, wenn er Glaube a n G o t t als Schöpfer, Versöhner und Vollender der Welt sein und bleiben will.[198] Hier gilt, was der derzeitige Ratsvorsitzende der Evangelischen Kirche in Deutschland, Bischof Martin Kruse, betont hat: "Einen Christen macht (u. a.; so sinngemäß, d. Verf.) das Gebet aus. Es ist die Urpraxis des Glaubens"[199] - und zwar nicht nur im Gottesdienst[200] als einem abgrenzbaren Bereich christlicher Existenz, sondern auch und vor allem im Alltag, der als Raum des Lebensgottesdienstes (vgl. Röm 12,1f) zugleich der Raum des Gebets ist (vgl. Röm 12,12). Der Apostel hat in dieser Hinsicht uns Christen wesentliches zu sagen, und wir täten gut dar-

an, nicht nur auf den Theologen, sondern auch auf den Beter Paulus zu hören.

2. Wenn bei Paulus das Dankgebet in Verbindung mit dem Lob Gottes im Vordergrund steht, so muß das nicht heißen, daß christlichem Gebet grundsätzlich diese Gewichtung eignet. Aber die Dominanz des Dankes kann uns davor bewahren, die Bitte als das eigentliche bzw. wichtigste christliche Gebet von den anderen Gebetsarten abzuheben[201] und damit in die Gefahr zu geraten, das Heilshandeln Gottes in Christus aus dem Blick zu verlieren. Wenn von Paulus her Gebet Antwort auf dieses Heilshandeln ist und ihm eine Erfahrbarkeit des Heils bzw. Gottes eignet,[202] dann wird es in der Zuversicht der Erhörung[203] Gott für das bereits gewährte Heil danken u n d ihn um die Vollendung des Heils bitten. Beides entspricht unserem Stand vor Gott in diesem Äon. Wo Dank und Lob überbetont werden, droht die Christenheit in die Gefahr des Enthusiasmus zu verfallen, der meint, bereits alles zu besitzen (vgl. 1 Kor 4,6ff) - wo Bitte und Fürbitte Lob und Dank verdrängen, drohen die Gläubigen das zu vergessen, was ihnen in Christus geschenkt ist, und damit ihre Identität als Christen aufzugeben. Paulus kann hier mit seinem Beten in Gestalt von Dank (Lob) u n d (Für-) Bitte evangeliumsgemäße Orientierung vermitteln.

3. Ein weiteres Charakteristikum des paulinischen Betens ist seine Gemeindebezogenheit. Sie lehrt uns, daß es im Gebet nicht in erster Linie um uns selbst und unsere eigenen Belange geht - so gewiß diese nicht vom Beten auszunehmen sind (vgl. Phil 4,6; 1 Thess 5,17f; 1 Petr 5,7) -, sondern um die S a c h e   G o t t e s , d. h. um die Durchsetzung seines Willens für Mensch und Welt. Entsprechend wird christliches Gebet primär um Mission und Evangelisation,[204] um Diakonie, Seelsorge und Nächstenliebe[205] kreisen.

4. Indem Paulus das Gebet zur Funktion und zu einer spezifischen Weise der Ausübung seines Apostolats macht,[206] verdeutlicht er die elementare Verknüpfung von Gebet und Amtsausübung. Daran hat sich auch in der heutigen Zeit nichts geändert.[207] Geistliche, die das Gebet vernachlässigen, müssen sich deshalb fragen lassen, ob sie damit nicht Eigenmächtigkeit und Willkür in ihrem Amt Vorschub leisten und es auftragsgemäß ausüben. In diesem Zusammenhang verdient hervorgehoben zu werden, was U. Wilckens als eine bei Paulus anzutreffende Selbstverständlichkeit der Kirchenleitung angeführt hat: "daß nämlich die eigentlichen 'kirchenpolitischen' Entscheidungen im Gebet vor Gott und nicht durch kirchenpolitische Maßnahmen von Menschen fallen".[208]

Mit diesen Randbemerkungen sei nur auf wenige für die Gegenwart bedeutsame zentrale Aspekte des Gebets bei Paulus hingewiesen, die weiter bedacht werden sollten. Darüberhinaus wird man beim Apostel auch Aufschlußreiches u. a. über die Rolle des Gebets in ekklesiologisch-ökumenischer Hinsicht[209] und über das Verhältnis von Gebet und Theologie[210] erheben können, was an dieser Stelle nur angedeutet werden soll. Dies beruht - ebenso wie die übrigen Ausführungen - auf der Ansicht, daß gegenwärtige Gebetstheologie und -praxis sachgemäß vorgeht, wenn sie sich auch an Paulus orientiert, weil bei ihm die zeitlich und sachlich dem Heilshandeln Gottes in Christus am nächsten stehende Ausprägung christlichen Gebets begegnet.

ANMERKUNGEN

ERSTER TEIL

ANMERKUNGEN ZU S. 2-4: ZUR EINFÜHRUNG

1) Dietzel, Gründe, 1-5 (hinsichtlich der Gebetserhörung); O'Brien, Thanksgivings, 4-15 (hinsichtlich der "einleitenden Gebetsberichte" (zum Terminus vgl. S. 195f)); McFarlane, Motif, ist insgesamt forschungsgeschichtlich orientiert, aber auf Aspekte des Dankgebets beschränkt.

2) Vielfach machen - wie die Forschungsgeschichte zeigt - Einzelheiten und die Exegese einzelner Stellen einen wesentlichen Bestandteil des Themenkomplexes aus.

3) Näheres siehe S. 111f.

4) Vgl. Merk, Anfänge.

5) Aus diesem Grund wurden etliche, vor allem in jüngerer Zeit sich häufende Aufsätze zur Thematik forschungsgeschichtlich nicht herangezogen. Sie finden aber im exegetischen Teil gebührende Beachtung.

6) So ist beispielsweise die Zeit des größten Einflusses der "Religionsgeschichtlichen Schule" gesamtexegetisch erheblich früher anzusetzen als hinsichtlich des Gebets bei Paulus, wo sie erst seit etwa 1930 maßgeblich in Erscheinung trat. - Auch wurde nicht zwischen einzelnen Strömungen innerhalb exegetisch-theologischer Richtungen unterschieden, da eine solch detaillierte Zuordnung sich als für die Darstellung nicht erforderlich erwiesen hat.

7) Leider war mir die bereits 1799 in Nürnberg erschienene Arbeit "Historisch kritischer Versuch über das Gebet" von Ernst Heinrich Simon trotz erheblicher Bemühungen nicht zugänglich. Laut einer Rezension (Litteratur-Zeitung, 8) verspricht der Titel allerdings "mehr, als der Text leistet", geht es in ihm angeblich um "einen Beweis über seine Sache ... die doch niemand zu bezweifeln einfiel ... nämlich, daß es bey allen Völkern und Religionen, Sitte war und ist, vor und nach Tische zu beten".

ANMERKUNGEN ZU S. 5-10: I. DIE ANFÄNGE

8) F. Rehm, Historia Precum Biblica, Göttingen 1814.

9) Im ersten Teil der Arbeit bieten alle in deutscher Sprache angeführten Zitate nicht deutschsprachiger Werke eine freie Übersetzung des jeweiligen Textes.

10) Wobei - in "kanonischer Ordnung" - anhand der "eigentümlichen Stellen" die "unklaren" ausgelegt werden sollen (Historia, 74). Im einzelnen handelt es sich um: Röm 8,15; 8,26f; 8,34; 12,12.14; 14,6; 15,5f; 15,30f; 1 Kor 7,5; 11,2-16; 14,13-19; 2 Kor 1,11; 9,11-14; Eph 5,19f; 6,18f; Kol 2,7; 4,2f; Phil 1,19; 4,6f; 1 Thess 5,17f.25; 2 Thess 3,1; 1 Tim 2,1f; 4,3-5; 5,5; Phlm 22.

11) Zum anthropozentrischen Verständnis des Geistes Gottes vgl. S. 13.

12) Röm 8,26f; 1 Kor 14,13-19; 11,2-16; 7,5 (Historia, 101f).

13) C. F. Stäudlin, Geschichte der Vorstellungen und Lehren von dem Gebete, Göttingen 1824.

14) Vgl. ebd. III.

15) Historia, 90. Ein Nachteil, den Rehm auch durch eine abschließende Betrachtung nicht abstellen konnte.

16) Diese Feststellung begründet Stäudlin mit Röm 8,26f, indem er - ähnlich wie Rehm - das dortige $\pi\nu\epsilon\tilde{\upsilon}\mu\alpha$ mit dem "heiligen Sinn" des Menschen gleichsetzt (Geschichte, 123).

17) Stäudlin entnimmt dies Phil 4,4.6 (ebd. 124).

18) Auch 1 Kor 11,2-16; 14,13-19 gehören nach Stäudlin zu den rein zeitbedingt zu sehenden Gebetsäußerungen des Paulus (ebd. 127).

19) Vgl. ebd. 132; Rehm, Historia, 100.102.106.

20) Dies führt zu Aussagen wie etwa: "Man bemerkt (hinsichtlich der Theorie und Praxis des Gebets, d. Verf.) ein Fortschreiten und Rückschreiten und endlich den Gipfel der Vollkommenheit in Jesu." (Stäudlin, Geschichte, 133), bzw.: "So hat auch Christus die Gewohnheit zu beten angenommen, aber, wie er alles reiner gemacht hat, so hat er auch diese als bessere Gelehrsamkeit den Seinen übergeben." (Rehm, Historia, 99).

21) Vgl. die Einschätzung Stäudlins: "Welch einen herrlichen Unterricht über das Gebet finden wir in der Sammlung von Büchern, welche man die Bibel genannt hat! Er ist belehrender und macht mehr Eindruck als eine geordnete, vollständige wissenschaftliche oder populäre Theorie." (Geschichte, 133).

22) Vermittelt vor allem durch Christus, "den göttlichen Unterweiser" (Historia, 100), und die Apostel, "unsere Lehrer der moralischen Gelehrsamkeit" (ebd. 74).

23) Vgl. S. 16f u. Anm. 49.58.

24) F. Lücke, De invocatione Jesu Christi in precibus Christianorum accuratius definienda, Göttingen 1843.

25) Es handelt sich um die Formeln διὰ ’Ιησοῦ Χριστοῦ bzw. ἐν ὀνόματι (τοῦ) κυρίου’Ιησοῦ (Χριστοῦ) im Kontext des Gebets (vgl. S. 139-143).

ANMERKUNGEN ZU S. 11-23: II. DIE ZUM THEOLOGISCHEN LIBERALISMUS TENDIERENDE PHASE

26) Selbstverständlich finden sich in Kommentaren und anderen exegetischen Veröffentlichungen um die Mitte des 19. Jahrhunderts mehr oder weniger verstreut Hinweise und Bezugnahmen auf Aspekte des paulinischen und nachpaulinischen Gebets. Ohne Vollständigkeit anzustreben sei beispielsweise und in zeitlicher Reihenfolge verwiesen auf: Hemsen, Apostel, 159f (zu 1 Thess 3,9-13).161 (zu 1 Thess 5,17f.25); Rückert, Röm, 22 (zu Röm 1,8).322 (zu Röm 7,24).353 (zu Röm 8,15).374-378 (zu Röm 8,26f).566 (zu Röm 12, 12).639 (zu Röm 15,30); Usteri, Entwickelung, 17 (zu Röm 1,21). 104f (zu Röm 8,15; Gal 4,6); Bauer, Lehrbuch, 151f (zu 1 Tim 2,1; 1 Kor 11,4); Huther, Kol, 51-58 (zu Kol 1,3-5).70-76 (zu Kol 1,9).82f (zu Kol 1,11).347-351 (zu Kol 3,16f).366f (zu Kol 4,2f); Philippi, Röm, 23f (zu Röm 1,8f).274-277 (zu Röm 7,25). 306f (zu Röm 8,15).328-331 (zu Röm 8,26f).615-617 (zu Röm 15, 30-32); Hefele, Archäologie, 334 (zu Röm 8,26).340 (zu Eph 5,19; Kol 3,16; 1 Tim 2,1).347 (zu 1 Kor 11,4ff); Baur, Vorlesungen, 148f (zu Röm 7,24f).194 (zu Röm 9,5); ders., Paulus, 137 (zu Röm 8,15; Gal 4,6).260 (zu Röm 9,5; 2 Kor 1,3; 11,31).263f (zu Röm 9,5).

27) In diesem Zusammenhang sind etwa zu sehen: Kaftan, Lehre; Schlatter, Gebet; Kähler, Berechtigung.

28) P. Christ, Die Lehre vom Gebet nach dem Neuen Testament. Ein Beitrag zur Kenntnis und Würdigung des ursprünglichen Christenthums, Leiden 1886.

29) Nämlich erstens, die hervorragende Bedeutung und Ausprägung des Gebets im Christentum im Gegensatz zu den nichtchristlichen Religionen zu erweisen, und zweitens, innerchristliche Verfälschungen des Gebets vom Urchristentum her abzuweisen (ebd. 1-3). Entsprechend lautet die Auszeichnung der Arbeit: "Von der Haager Gesellschaft zur Vertheidigung der christlichen Religion gekrönte Preisschrift".

30) Vgl. ebd. 13f.

31) Nach Christ basiert die Christologie auf der Menschheit Jesu (ebd. 39), in dem er vor allem den "gottgeeinten Menschen" (ebd. 22) und den Bruder der Menschen (ebd. 40) erblickt.

32) Erst seit dem Beginn des 2. Jahrhunderts sei ein Beten zu Christus nachzuweisen (ebd. 28.39).

33) Christ widmet dem Vaterunser eine eingehende Besprechung (ebd. 50-67). Er sieht in ihm das "Mustergebet" und "Vorbild eines Gebetes" (ebd. 66).

34) Diese Aussagen beruhen auf Christs Verständnis des Christentums als einer "Geistesreligion" (ebd. 143).

35) Bezeichnenderweise kann Christ diese Ausführungen nur mit Mk 14,32-42 par; 2 Kor 12,1-10 begründen (ebd. 100-107).

36) Christ ordnet denn auch den Terminus "Erhörung" dem Begriff "Frucht des Gebetes" unter bzw. stellt es in das Ermessen des Lesers, "ein anderes Wort" für Erhörung im Sinne von Frucht des Gebets zu wählen (ebd. 112).

Grundsätzlich bewegt er sich damit auf der Linie Albrecht Ritschls, der dem Gebet ebenso lediglich eine innere geistige Wirkung zuschreibt, vor allem Glaubensstärkung sowie Förderung von Demut und Geduld (Lehre, 597.600). - Negativ, aber deutlich formuliert Walther Wolff: Es darf sich im Bittgebet "nie und nirgend ... um äußere Hilfe an und für sich handeln" (Frage, 617). Eigenartig unklar bleibt aber seine positive Feststellung, bei der Gebetserhörung gehe es um das, "was mit den Nöten unserer Seele und mit unserem irdischen Beruf in der unmittelbaren Beziehung steht" (ebd. 618).

Anders dagegen Martin Kähler, der aufgrund des biblischen Zeugnisses das (Bitt-) Gebet als unwillkürliche Äußerung des persönlichen Verhältnisses des Menschen "zu dem lebendigen Gott" (Berechtigung, 9) einstuft und vom Glauben an den "lebendigen Schöpfer" und "fürsorgenden Vater" (ebd. 13) her, der allezeit an Welt und Mensch handeln und eingreifen kann (ebd. 14), die reale Gebetserhörung ausdrücklich als verheißene Folge eines vertrauensvollen (Bitt-) Gebets jeglichen Inhalts begreift (ebd. 17-23). - Ähnlich - wenn auch mit anderem Ansatz - Wilhelm Herrmann: Indem sich Gott dem Menschen als persönliches Leben offenbart, erschließt er sich als eine jenseits der Natur befindliche Wirklichkeit, die wiederum die Natur dazu benützt, um den Menschen mit sich in eine innige Verbindung zu bringen (RE 6, 391f). Von daher ist dem Christen "auch der Gedanke erreichbar, daß sinnlich faßbare Ereignisse geschehen infolge seiner Bitte und als eine Anwort Gottes auf sein Verlangen nach ihm" (ebd. 392).

37) Einem derartigen Verständnis des Heiligen Geistes widersprachen nur zwei Jahre später (1888) Johannes Gloël und Hermann Gunkel mit bahnbrechenden Arbeiten insbesondere über die paulinische Pneumatologie. Zunächst zeigte Gloël, daß der Heilige Geist nach paulinischem Zeugnis zwar in das Innere des Menschen ein-, aber nicht darin aufgeht, "so daß er lediglich zu einer menschlichen Bewußtseinsform würde" (Geist, 375). Vielmehr sieht der Apostel im Geist "eine einheitliche lebendige Größe von o b j e k t i v e r   R e a l i t ä t" (ebd. 374) mit tragender Kraft und überragender Hoheit, was gerade aus Röm 8,26f hervorgeht, "wo von dem στενάζειν des Christen das στενάζειν des Geistes unterschieden wird" (ebd. 376).

Noch deutlicher formuliert Gunkel, der anhand einer Untersuchung alttestamentlicher, jüdischer und neutestamentlicher Texte zu dem Ergebnis gelangt, daß im Neuen Testament hinsichtlich des Heiligen Geistes menschliches und göttliches Wirken einen einander ausschließenden Gegensatz bilden (Wirkungen, 24). "D i e   W i r k u n g   d e s   G e i s t e s   i s t also nicht etwa eine Steigerung des in allen Menschen befindlichen Natürlichen, sondern d a s   s c h l e c h t h i n   U e b e r n a t ü r l i c h e   u n d   d a h e r   G ö t t l i c h e." (ebd.). Infolgedessen versteht die apostolische Zeit den Heiligen Geist als die von Gott durch Christus den Gläubigen gesandte "übernatürliche Kraft", die in ihnen Wunder wirkt (ebd. 47) - und zwar im Sinne des Supranaturalismus (ebd. 110). Diese Auffassung wird auch von Paulus grundsätzlich geteilt (ebd. 66) und durch Röm 8,26f bestätigt, wo nicht von einem "Produkt menschlicher Seelentätigkeit", sondern vom Seufzen des Geistes selbst die Rede ist (ebd. 67).

38) Nach W. Herrmann ist das "Seelenleben" gerade nicht der Ort, an dem Gott und Mensch im Gebetsverkehr zusammentreffen, sondern nur die eine, menschliche Seite dieses Verkehrs, der die göttliche Seite gegenübersteht (Verkehr, 163). Herrmann spricht von einem Verkehr der Seele selbst "m i t   dem lebendigen Gott" und vom Gebet als der "Kundgebung unseres Innern an ihn" (ebd., Hervorhebung von mir).

39) Symptomatisch dafür ist seine Abweisung einer gegensätzlichen Verhältnisbestimmung von Gott und Mensch unter Anspielung auf die anthropologische Randaussage Apg 17,27f (Lehre, 112).

40) Vgl. Christs Identifizierung des Geistes Gottes als des menschlichen Geistes "in seiner bestimmungsgemäßen Entfaltung" (ebd. 131).

41) Der menschlichen Aktion im Gebet entspricht deshalb eine "i n n e r l i c h e göttliche Reaktion" (ebd. 142, Hervorhebung von mir).

42) Dieser geistige Prozeß kann dann auch nur geistige Wirkungen als Erhörung hervorrufen (vgl. S. 12 und Kähler, Berechtigung, 14).

43) Christ kann das Gebet "den lebendigsten, unmittelbarsten Ausdruck des religiösen Gefühls" nennen (Lehre, 130; vgl. ebd. 112f.140f.143).

44) F. Zimmer, Das Gebet nach den paulinischen Schriften, in: Theologische Studien und Skizzen aus Ostpreussen, Bd. 1, Königsberg 1887, 117-174.

45) Eine solche liegt deutlich den Arbeiten Rehms, Stäudlins und Christs zugrunde. Problematisch ist dabei - und dem will Zimmer entgegenwirken - eine Exegese, die lediglich zur Untermauerung vorgefaßter Aussagen dient.

46) Hier wäre allerdings stärker zu differenzieren.

47) Gerade dies hatte Christ, Lehre, 93f energisch bestritten. Kaftan, Lehre, 20f bezeichnet ein derartiges Ansinnen als nicht mehr christlich.

48) A. Seeberg, Die Anbetung des "Herrn" bei Paulus, Riga 1891.

49) Die Gottheit Christi ist das Grundproblem bei der Frage nach seiner Anbetung. Seeberg selbst möchte sie sogar von der Anbetung her bewiesen sehen (ebd. 1)! - Nach Theodor Zahn ist die Anbetung Christi "der naturnotwendige Ausdruck des von Jesus in seinen Jüngern gestifteten religiösen Lebens" (Anbetung, 41), die ohne theologische Reflexion (ebd.) von der Zeit der ersten Christen an (ebd. 9) durch bewußte Übertragung der Anbetung Gottes auf Jesus praktiziert worden ist (ebd. 16). Voraussetzung dafür ist freilich der Glaube der ersten Christen, "daß der erhöhte Herr im Besitz göttlichen Wissens und göttlichen Vermögens stehe" (ebd. 22). - Wilhelm Lütgert sieht in der Anbetung Christi die "unwillkürliche Wirkung des Eindrucks", den Jesus auf seine Jünger gemacht hat (Anbetung, 53; ähnlich Barth, Anrufung, 227). Für Lütgert kommt ein Gebet zu Jesus einem Bekenntnis seiner Gottheit gleich (Anbetung, 50). Entsprechend stellt er fest: "Der Gekreuzigte wird darum angebetet, weil Gott in ihm ist. Diese Anbetung wird ohne weiteres zur Anbetung Gottes." (ebd. 65). Laut F. Barth liegt die Ursache für die Anbetung Christi darin, daß die Jünger aufgrund des Gesamteindrucks des Lebens Jesu und fortdauernder Erfahrungen ihres religiösen Lebens Jesus "immer deutlicher von der Menschheit abgrenzten und auf Gottes Seite stellten" (Anrufung, 231).

Nach Meinung des Katholiken Alexius Klawek ist Jesus bereits unmittelbar nach der Auferstehung bei verschiedenen Epiphanien in Gestalt der Proskynese angebetet worden (Gebet, 15-18). Daß Jesus eine derartige Anbetung angenommen hat, beweist "das Vorhandensein göttlichen Selbstbewußtseins bei ihm" (ebd. 18). Für das paulinische Beten zu Christus liefert - wie bei Seeberg - der Kyriostitel die Voraussetzung, der "im Sinne der Gottgleichheit verstanden werden muß" (ebd. 65).

Reduziert auf das Gebet im Namen Jesu wird seine Anbetung bei Alfred Juncker, Stellung, 55. - Abgelehnt wird sie schließlich von Paul Chapuis, der sie im Sinne einer "Anerkennung des Angebeteten als Gott" versteht (Anbetung, 56). Da Paulus Christus aber nicht als wesenhaften Gott betrachtet (ebd. 47), sondern - mit dem gesamten Neuen Testament - lediglich als "Geschöpf" (ebd. 48.49.56), das er Gott unterordnet und streng von ihm scheidet (ähnlich Christ, Lehre, 32), läßt er ihm auch keine Anbetung zukommen (Anbetung, 48). Von der Anbetung ist jedoch die Anrufung zu unterscheiden (vgl. Harnack, Lehrbuch, 203 Anm. 3) als Ausdruck des Glaubens an die Macht des Angerufenen oder des Vertrauens zu ihm (Anbetung, 56). Eine derartige Anrufung Christi kennt das Neue Testament, weil es in dem Verklärten ein "lebendiges Wesen" erblickt, an das sich - obgleich Geschöpf bleibend - die Gläubigen wenden, es aber nicht als Gott anbeten (ebd.).

50) Diese Grundzüge des paulinischen Kyriostitels beruhen traditionsgeschichtlich auf Ps 110 (Anbetung, 10f).

51) $\dot{\epsilon}\pi\iota\kappa\alpha\lambda\epsilon\tilde{\iota}\sigma\theta\alpha\iota$ gilt in der LXX als terminus technicus der Anrufung Jahwes im Sinne des Gebets (ebd. 40).

52) Seeberg nennt selbst andere Deutungsmöglichkeiten der Wendung $\dot{\epsilon}\pi\iota\kappa\alpha\lambda\epsilon\tilde{\iota}\sigma\theta\alpha\iota\ \tau\grave{o}\ \check{o}\nu o\mu\alpha\ \tau o\tilde{v}\ \kappa\nu\rho\acute{\iota}ov$ (u. a. die von Christ, Lehre, 30 vertretene), die er aber sämtlich ablehnt (Anbetung, 38.41).

53) Kol 2,18; 1 Kor 12,2ff (ebd. 34-37); 1 Tim 1,12; Eph 5,19; Röm 9,5; 2 Kor 12,8ff; 1 Kor 16,21; Phil 1,19 (alle ebd. 47-55).

54) Da S. 114-123 eine exegetische Erörterung der Frage des Gebets zu Christus erfolgt, kann hier eine spezielle Stellungnahme unterbleiben.

55) E. Frh. von der Goltz, Das Gebet in der ältesten Christenheit. Eine geschichtliche Untersuchung, Leipzig 1901.

56) Ein Unterfangen, das W. Bousset in Frage gestellt hat (Rezension, 265).

57) Vgl. S. 16f und Anm. 49.

58) Goltz beschreitet hier einen Mittelweg in der Diskussion um die Anbetung Christi. Während sie von einer Seite aufgrund der Subordination abgelehnt (Chapuis, Christ) und von anderer Seite

von der Gottheit Christi her befürwortet wird (Seeberg, Zahn, Lütgert, F. Barth, Klawek), läßt Goltz Paulus die Subordination aufheben (obwohl er das nicht konsequent durchhält; vgl. Gebet, 99) und trotzdem keine eigentliche Anbetung Christi vollziehen. Denn ihm gilt der Kyrios als Offenbarungs- und Herrschaftsträger Gottes (ebd. 100), so daß seine Anbetung im Grunde eine Anbetung Gottes ist, weil Kyrios "als der Offenbarungsname Gottes ohne wesentlichen Unterschied von dem geoffenbarten Gott und dem offenbarenden Christus gelten konnte" (ebd. 98) und die Anrede Christi als Kyrios sachlich der Anrede Gottes als Vater Christi sowie dem Gebet "in Christus" bzw. "durch Christus" entspricht (ebd. 99f).

Auch in der "Religionsgeschichtlichen Schule" wird dem Problem des an Christus gerichteten Gebets erhebliche Aufmerksamkeit zugewandt. Bousset, Rezension, 271 sieht in der durch die Übertragung des alttestamentlichen Kyriostitels ermöglichten Anbetung Christi ein Indiz dafür, "daß wie hier so in der Gesamtauffassung der große Wandel und die Umgestaltung des einfachen Evangeliums Jesu in ein Evangelium von Christus mit dem paulinischen Zeitalter beginnt". (Zur weiteren Erörterung der Problematik vgl. u. a. Bousset, Kyrios, 86f.153 Anm. 3.154; Dibelius, Paulus, 95f; ders., Mystik, 144; Heitmüller, Jesus, 74f.123f; Weiß, Urchristentum, 355; Wernle, Jesus und Paulus, 23.41f).

59) Spätestens jetzt befaßt sich Goltz nicht mehr direkt mit der Ergründung des inneren Lebens des Beters Paulus, sondern mit der literarkritischen und traditionsgeschichtlichen Erforschung der Gebetstexte, die er zuvor (Gebet, VIII) teilweise zurückgewiesen hatte.

60) Vgl. Goppelt, Theologie, 412.

61) G. Bindemann, Das Gebet um tägliche Vergebung der Sünden in der Heilsverkündigung Jesu und in den Briefen des Apostels Paulus, BFChTh 6/1, Gütersloh 1902.

62) Anders P. Wernle, nach dem die Sünde für Paulus "keine gegenwärtige Größe" mehr ist (Christ, 15) und der Apostel eine Vergebungsbitte entsprechend dem Vaterunser nicht kennt (ebd. 53).

63) Hier genügt auch nicht ein allgemeiner Hinweis auf traditionsgeschichtliche Zusammenhänge (Gebet, 55; vgl. dazu S. 150.155f).

64) K. Böhme, Das Paulinische Gebet, in: Protestantische Monatshefte 6, 1902, 426-431.

65) Das Messen der paulinischen Gebetsvorstellungen an denen Jesu ist die Folge einer Theologie, der der vor allem aus den synoptischen Evangelien entnommene "historische" Jesus als Norm und

Verkörperung des wahren Christlichen, der vollendeten Gottesbeziehung gilt. Als solcher ist Jesus auch Maßstab und Vorbild des Betens.

66) Dies erweise sich im "Zurücktreten des Vaternamens für Gott" und zeige den Abstand des Paulus von der "Unmittelbarkeit der Frömmigkeit beim synoptischen Christus" (Gebet, 429).

67) Böhme sieht darin die Ursache für ein "fast völlig(es)" Verschwinden des Bittgebets bei Paulus hinter dem Dank- und Lobgebet (ebd. 430).

68) Böhme setzt als Normalfall - ähnlich wie Christ (vgl. S. 12) - die "innerhalb der religiösen Beziehung zu Gott sich natürlich vermittelnde Erhörung" voraus, wie etwa das Entstehen von "Selbstbescheidung, Geduld, Frohsinn" im Leben des Christen (Gebet, 429). Paulus befasse sich ohnehin kaum mit den Folgen des Gebets, da er sich mit der sittlichen Lebensführung, also auch mit dem Gebet, die göttliche Gnade nicht aneignen wolle, sondern für sie danke. Von daher gelangt Böhme zu der - zweifellos zutreffenden - Beobachtung, "daß bei Paulus auch das Beten ... als letzten Zweck die δόξα θεοῦ verfolgt" (ebd.).

69) A. Juncker, Das Gebet bei Paulus, in: Biblische Zeit- und Streitfragen zur Aufklärung der Gebildeten, 1. Serie 1905, 1-32.

70) Vgl. Vollmer, Rezension, 1095.

71) Dabei grenzt sich Juncker, Gebet, 10-12 aufgrund der Beobachtung, daß beide Formeln bei Paulus nur das Dankgebet charakterisieren, nicht aber das Bittgebet, von W. Heitmüller ab, der die Formel "im Namen Jesu" bzw. "durch Jesus" auf die direkte Vermittlung der Dank- und Bittgebete durch den erhöhten Christus an Gott bezogen wissen will (Namen, 261-263). - Eine weitere Deutungsmöglichkeit vertritt A. Schettler, der die Formel "durch Christus" auf den "Antrieb" zum Gebet durch den "in den Gläubigen wirksamen Christus" bezieht (Formel, 37.48), wobei er die Identität des erhöhten Christus mit dem Heiligen Geist hinsichtlich der Wirkungen voraussetzt (ebd. 47).

72) Vgl. Vollmer, Rezension, 1095.

ANMERKUNGEN ZU S. 24-53: III. DIE ZUR RELIGIONSGESCHICHTLICHEN EXEGESE TENDIERENDE PHASE

73) Daß kein Stillstand einsetzte, geht aus zahlreichen Bezugnahmen vor allem der "Religionsgeschichtlichen Schule" auf das Gebet bei Paulus und im übrigen Neuen Testament hervor, auf die in

den Amerkungen 58.81.82.84.90.94.95.108.110.113.118.127.132.145.
158.176.181.182 hingewiesen wird.

74) F. Heiler, Das Gebet. Eine religionsgeschichtliche und religionspsychologische Untersuchung, München 1918.

75) Der Haupttext blieb von der zweiten Auflage an unverändert, das Buch wurde aber jeweils durch Nachträge erweitert. Die folgenden Seitenangaben beziehen sich auf den Text der zweiten Auflage von 1920.

76) Das lag auch nicht in seiner Absicht, denn es ging ihm um eine umfassende Darstellung des Gebets "in der Mannigfaltigkeit seiner Erscheinungsformen und in seinem tiefsten religiösen Wesensgrunde" (Gebet, IX).

77) Weitere Untersuchungsbereiche sind die Frömmigkeit großer kultureller Persönlichkeiten (ebd. 410-420), die primitiven und antiken Religionen (ebd. 38-190), die hellenistische Kultur (ebd. 191-201), die Philosophie (ebd. 202-219), der Gottesdienst (ebd. 421-477) und die Gesetzesreligionen (ebd. 478-485).

78) Heiler spricht im Zusammenhang des prophetischen Frömmigkeits- und Religionstyps auch von "biblische(r)" oder "evangelische(r)" Religion bzw. "Offenbarungsreligion" (ebd. 249).

79) Vertreten etwa durch Bernhard von Clairvaux, Franz von Assisi, Augustinus, Thomas von Aquin, Meister Eckhart, Mechthild von Magdeburg und Gerhard Tersteegen (vgl. ebd. 284f).

80) Hierzu zählt Heiler neben anderen Mose, Jeremia, Jesus, Paulus, auch Augustinus und Franz von Assisi (bei den letzten beiden ist also eine Mischform der Frömmigkeits- und Gebetstypen anzutreffen), desweiteren vor allem Luther, außerdem Zwingli, Calvin und Kierkegaard (vgl. ebd. 347).

81) Heiler nennt im Zusammenhang dieser Aussage Eph 6,18; Röm 8,26; 8,15; Gal 4,6 (ähnlich - allerdings unter Absehung von Eph 6,18 - Weiß, Urchristentum, 30; Dibelius, Paulus, 57.84). Auf die Glossolalie bzw. ekstatisches Beten wollen Bousset, Kyrios, 110f und Wrede, Paulus, 64 die unmittelbare Wirksamkeit des Geistes beim Gebet beschränken. Weiter geht Wernle, Anfänge, 187f, nach dem nicht nur Beten "an der Grenze des Zungenredens", wie Paulus es in Röm 8 darlege (vgl. ders., Jesus und Paulus, 82), sondern "jedes Gebet eines Christen, das mit dem Vaternamen anhebt ... aus dem Geist" hervorgeht.

82) Zum Gebet der Gemeinde im Gottesdienst vgl. Bousset, Kyrios, 86f; Wernle, Paulus, 24.

83) Auch die Anbetung Christi sieht Heiler durch Paulus begründet, aber ausschließlich in dessen Glaubensverhältnis zu Christus und nicht im Gottesdienst (Gebet, 240f).

84) Bousset geht lediglich davon aus, daß sich "die Sitte des Gebets im Namen Jesu" "bereits im paulinischen Zeitalter ... herausgestellt haben" muß (Kyrios, 1. Aufl., 102). Es war "wohl von Anfang an zu Gott ... gerichtet" (ebd. 103), wobei "der Name des Herrn ... das gewaltige Kultmittel" ist, "durch das die Anwesenheit seiner Kraft verbürgt wird" (ebd. 104). Zur Auseinandersetzung mit Bousset vgl. Wernle, Jesus und Paulus, 25-27, der bei Bousset bemängelt, in diesem Zusammenhang nicht von einem "lebendigen Verkehr" der Urgemeinde mit Jesus, d. h. von einem "Jesuskult" gesprochen zu haben (ebd. 27).

85) Beispielsweise in der Formel "Gelobt sei der Gott und Vater unseres Herrn Jesus Christus" (2 Kor 1,3).

86) Vor allem durch die Formeln "durch Christus" und "in Christus".

87) Einzelheiten darüber sind Heilers Werk leider kaum zu entnehmen.

88) Siehe S. 26.

89) Immerhin ist die Nähe dieser Werte zu den Kategorien beachtlich, nach denen Rehm, Stäudlin, Christ, Goltz und Juncker das Gebet beurteilen.

90) Daß die "Religionsgeschichtliche Schule" von ihrem an der Frömmigkeit orientierten Ansatz her bereits seit längerer Zeit dem Gebet eine erhöhte Aufmerksamkeit zollte, wird in einer programmatischen Aussage angedeutet, die J. Weiß 1908 verlauten ließ: "Wir möchten die neue Kraft, die in diesen Menschen waltet, fühlen, möchten möglichst lebendig erkennen, wie es in diesen Menschenseelen aussah, wenn sie beteten oder auf die Mission auszogen oder das Martyrium erlitten." (Aufgaben, 48).

91) Das mag zum einen daran liegen, daß die "Dialektische Theologie" im Gegensatz zur "Religionsgeschichtlichen Schule" weniger exegetisch gearbeitet hat, zum anderen aber auch daran, daß hinter dem die "Dialektische Theologie" prägenden Primat des Wortes G o t t e s das Gebet als m e n s c h l i c h e s Wort von vornherein zurückstehen mußte. Symptomatisch und in gewisser Weise auch programmatisch dafür steht etwa der von Karl Barth bereits 1916 geäußerte Satz: "Nicht wie wir mit Gott reden sollen, steht in der Bibel, sondern was er zu uns sagt, nicht wie wir den Weg zu ihm finden, sondern wie er den Weg zu uns gesucht und gefunden hat ..." (Welt, 28). So gilt ihm das Gebet lediglich als "eine besondere Gestalt menschlichen Tuns im Verhältnis zu

Gott" (KD III/4, 95; zum Gebet bei Barth (und Emil Brunner) vgl. Beintker, Verständnis, 52 Anm. 9.55f). Gleichwohl lassen sich im Einflußbereich der "Dialektischen Theologie" auch exegetische Äußerungen zum Gebet auffinden, vor allem bei Rudolf Bultmann, dessen umfangreichste und für die weitere Jesusforschung Akzente setzende Behandlung des Gebets in seinem Jesusbuch vorliegt (Abschnitt "Gebetsglaube", 165-174, wo er das Bittgebet als vertrauenden und opferbereiten Ausdruck des Gottesglaubens Jesu herausstellt). Auf das Gebet bei Paulus hat Bultmann weniger ausführlich, aber permanent Bezug genommen. Es mögen hierzu daher die folgenden Literaturhinweise genügen: Stil, 73.87.103; Beten, 593f; GuV 1, 170.281f; 2, 250.256f; 3, 16.45; 4, 153; ThWNT 3, 651f; 4, 595; Theologie, 129f.157.162.163f.321.322.325.353; Predigten, 69.179; Exegetica, 226.481; 2 Kor, 25f.34f.41.45.125f. 219.227.249f.250.260; Wort, 182-189.267 (Zur bisher wohl "eingehendste(n) nachweisbare(n) Behandlung des Gebets bei Paulus im Werke R. Bultmanns", nämlich in einem Vorlesungsmanuskript zum 1 Thess aus den Jahren 1913/14, vgl. Merk, Auslegung, 193).

Neben Bultmann hat vor allem Barth das Gebet bei Paulus mit exegetischen Hinweisen bedacht (z. B. Röm, 10.302f.410.444f.520; Erklärung, 5-10.27.120-123) sowie zur Grundlage mannigfacher gebetsbezogener Ausführungen in der Kirchlichen Dogmatik gemacht, wobei er sich - in eigenartiger Spannung zu seiner Wertung des Gebets als "menschlichen Tuns" - mit Abstand am meisten auf Röm 8,26f bezieht (I/1, 23.489; I/2, 779.782; II/2, 623.812; III/3, 551.552; III/4, 51f.97f.99.102.103f.110.122; IV/1, 347.649.657f. 795.819; IV/2, 368f; IV/3, 1012.1083; vgl. zum Gebet in systematisch-theologischer Hinsicht vor allem die beiden längeren Abschnitte III/3, 301-326; III/4, 95-127). Desweiteren haben sich gelegentlich auch andere Vertreter der "Dialektischen Theologie" exegetisch zum Gebet (bei Paulus) geäußert, wie etwa Eduard Thurneysen (Bergpredigt, 15.29f.38; Phil, 22f.28.137.161), Friedrich Gogarten (Verkündigung, 73f.88.96.210f.230.259f) und Emil Brunner (Röm, 9.60.63.89.100.105), ohne dabei bedeutsame Akzente zu setzen.

92) Vgl. S. 97

93) G. H. Boobyer, "Thanksgiving" and the "Glory of God" in Paul, Leipzig 1929.

94) Von M. Dibelius, bei dem die Arbeit angefertigt wurde, liegt aus dem Jahr 1925 ein Hinweis auf die von Boobyer aufgegriffene Problematik vor (Thess, 15f).

95) Vgl. ebd.

96) Zur Begründung seines materiellen δόξα-Verständnisses stützt sich Boobyer auf 2 Kor 3,7.18 (Thanksgiving, 12f). Das kann m. E. nicht überzeugen. Denn in 2 Kor 3,7 gibt Paulus ledig-

lich eine alttestamentliche Vorstellung wieder (Ex 34,29-35), und in 3,18 ist umstritten, worauf δόξα κυρίου zu beziehen ist. Eindeutige Belegstellen existieren nicht, so daß Boobyers Konzept von vornherein mit einer schweren Hypothek belastet ist.

97) Koptisch-gnostische und hermetische Schriften.

98) Sir; Ps; 2 Bar; Philonische Werke.

99) Zweifelhaft ist dieses Vorgehen deshalb, weil in der LXX die δόξα immer schon wesenhaft zu Jahwe gehört (vgl. Hegermann, EWNT 1, 837), die αἴνεσις dagegen eine erst vom Menschen zur Verherrlichung Jahwes zu erbringende Tat oder Haltung ist (vgl. Balz, EWNT 1, 94). Insofern stehen δόξα und αἴνεσις Jahwes in engem Zusammenhang, sind aber nicht identisch.

Problematisch sind auch Boobyers weitere Folgerungen. Er schließt aus dem Vorhandensein derartiger Vorstellungen im nachexilischen Judentum auf das hohe Alter der sich darin bezeugenden mandäischen und manichäischen Anschauungen und postuliert daraus deren wesentlich frühere Existenz im Verhältnis zu den sie wiedergebenden Schriften (Thanksgiving, 61f). Ein derartiger Zirkelschluß muß als äußerst fragwürdig bezeichnet werden, und die neuere Forschung hat denn auch ergeben, daß die voll entwickelte Theologie der Mandäer nachchristlich ist. Von daher muß es zumindest als unwahrscheinlich gelten, daß das εὐχαριστία-Konzept im Sinne Boobyers bereits im 6. Jahrhundert v. Chr. ausgeprägt war.

100) Dazu ist Folgendes zu bemerken: 1. Paulus weiß sich zwar wesentlich als Mensch von Gott u n t e r schieden, aber durch Christus nicht mehr g e schieden (Röm 5,1; 1 Kor 5,17f; Gal 2,19f; Röm 8,14-17; Gal 4,3-7). 2. Die Gnade Gottes erscheint bei Paulus nicht als Urheber des Gebets (zu Boobyers Verständnis von Kol 3,16 und 2 Kor 4,15; Thanksgiving, 77), sondern als die heilvolle Sphäre, aus der das Gebet erwächst. 3. Röm 8,26f bezieht sich ausschließlich auf das Bittgebet hinsichtlich der Heilsvollendung (vgl. S. 166f), und aus 1 Kor 14 geht nicht die Geistgewirktheit des Gebets allgemein, sondern nur der Glossolalie hervor. 4. Mit diesen Ungenauigkeiten geht bei Boobyer ein Verschwimmen der Begrifflichkeit einher. Ging der Autor bislang von der εὐχαριστία κατὰ θεόν aus, so spricht er im Paulusteil fast nur von "κατὰ θεόν prayer o r thanksgiving" (ebd. 75f, Hervorhebung von mir) oder allgemein von "κατὰ θεόν prayer" (ebd. 77). Dies ist m. E. darin begründet, daß Boobyer für Paulus eine spezielle εὐχαριστία κατὰ θεόν nicht nachweisen kann, dies aber durch Verallgemeinerung zu bewerkstelligen sucht.

101) Jetzt setzt der Verfasser voraus, was er vorher gerade nicht beweisen konnte.

102) Boobyer spricht jetzt nur noch von einer "realistic conception" (Thanksgiving, 82), was jedoch von früheren Äußerungen her (bes. ebd. 4.14) materiell verstanden werden muß.

103) Als Gründe für ein realistisch-materielles Verständnis des Dankgebets des Paulus nennt Boobyer: 1. den hellenistischen Hintergrund; 2. das angeblich realistisch-materielle Erscheinungsbild der δόξα θεοῦ (vgl. aber Anm. 96); 3. die Betonung der Wichtigkeit von Dank- und Lobgebet durch den Apostel (ebd. 82f).

104) Es bleibt zu erwägen, ob nicht der Begriff "Bestätigung" anstelle von "Wachstum" den paulinischen Aussagen gerechter würde.

105) Vgl. zur weiteren Kritik an Boobyer: McFarlane, Motif, 55-59 und Schubert, Form, 89-91.

106) H. Greeven, Gebet und Eschatologie im Neuen Testament, NTF 3/1, Gütersloh 1931.

107) Nämlich: "1. Welche Bedeutung hat die Tatsache des Betens angesichts des sich durchsetzenden Reiches Gottes, des heraufziehenden neuen Äons? 2. Wie drückt sich im Gebet die Tatsache aus, daß das Reich Gottes nahe herbeigekommen, der neue Äon im Anbruch begriffen ist?" (ebd. 8).

108) Vgl. Heitmüller, Jesus, 106.

109) Besonders in der Glossolalie wird dies nach Greeven augenscheinlich (ebd. 151-155).

110) Wernle, Anfänge, 248 spricht in diesem Zusammenhang vom "Eifer des Gebetslebens" in den paulinischen Gemeinden.

111) Unter Berufung auf Phil 4,6. Dabei stützt sich μηδὲν μεριμνᾶτε auf die Gewißheit des nahen Herrn, dem dann als aktive Seite der Wendung die Erhörungsgewißheit entspricht (ebd. 142).

112) Dies erweist sich besonders durch die Bezugnahme auf die Hoffnung der Gläubigen (1 Kor 1,7; Kol 1,5; 1 Thess 1,3) und auf den Tag des Herrn (Phil 4,6; 2 Thess 1,5-10) (Gebet, 178).

113) Bereits zuvor hatte vor allem W. Bousset mannigfache Aspekte des Gebets im Judentum erhellt (vgl. etwa Religion, 85.154-157.159.169.200f.247.307.324.351.356.361f.370.377f; Kyrios, 100.298; Gebetssammlung).

114) C. Schneider, Zwei Paulsstudien. 1. Paulus und das Gebet, in: ΑΓΓΕΛΟΣ. Archiv für neutestamentliche Zeitgeschichte und Kulturkunde 4, 1932, 11-28.

115) Vgl. S. 145f.

116) Vgl. S. 209-211.

117) F. Ménégoz, Le Problème de la Prière. Principe d' une revision de la Méthode théologique, Paris 2. Aufl. 1932.

118) Eine mystische Dimension des Gebets bei Paulus hat insbesondere M. Dibelius gesehen. Nach ihm vollzieht sich "die mystische Vereinigung des Apostels mit dem Herrn" u. a. "im Gebet" (Thess, 54). Drei Aspekte hebt Dibelius in diesem Zusammenhang hervor: den Abbaruf (Röm 8,15) als "inspirierte(s) Gebet, bei dem der Betende die göttliche Macht selbst ist" (Mystik, 148f), das Gebet zum erhöhten Herrn (2 Kor 12,8) als Element der "Leidensmystik des Paulus" (ebd. 144) und die Glossolalie als Phänomen "mystische(r) Ekstase" (Glaube, 96.114; vgl. Mystik, 154).

119) Gal 1,15; 1 Kor 15,7-10; Phil 3,6-13; 1 Kor 14,18; 2,12; 2 Kor 12,5; 11,31; Röm 7,24f; 2 Kor 2,14; 1 Kor 15,57; 2 Kor 9,15.

120) 1 Thess 3,10-13; Phil 1,5.9-11; Röm 15,5-7.13; Phlm 6; Phil 1,6; 2 Thess 1,11f; Phil 4,19; 2 Kor 13,7.9.11.

121) 1 Thess 5,1-11; Röm 13,11f; Phil 4,5; Röm 2,5f.16; 1 Kor 3,12f; Phil 3,19-4,1; 1 Thess 3,13; 5,23; 1 Kor 1,8; Phil 1,3-11; 1 Thess 2,19f; Phil 2,15-17. Beispielhaft wird nach Ménégoz die Sehnsucht des Paulus nach der endgültigen Heilsvollendung in Röm 8 deutlich, wo die größte Sorge seiner Gebete ihren Ausdruck finde (Problème, 310-313).

122) E. Orphal, Das Paulusgebet. Psychologisch-exegetische Untersuchung des Paulus-Gebetslebens auf Grund seiner Selbstzeugnisse, Gotha 1933.

123) Schneider, Rezension, 632. Schneider hält dies allerdings nur für eine "Überspitzung eines richtigen methodischen Gesichtspunktes" (ebd.).

124) J.-A. Eschlimann, La Prière dans saint Paul, Lyon 1934.

125) Dieser Aspekt klingt bereits bei C. Schneider (vgl. S. 34) und F. Ménégoz (vgl. S. 35) an.

126) Die Äußerung solcher Gefühle erfolgt laut Eschlimann u. a. in Gestalt des unaussprechlichen Seufzens des Geistes (Röm 8,26f), "que percoit seulement l'âme mystique de l'Apôtre" (Prière, 59).

127) Vgl. Wernle, Jesus und Paulus, 50.

128) Vgl. S. 156.158f.

129) Nicht so sehr mit Christus (vgl. S. 114-123).

130) Vgl. S. 181-183.

131) G. Harder, Paulus und das Gebet, NTF 1/10, Gütersloh 1936 (vgl. Bornkamm, Rezension).

132) Vgl. Dibelius, Paulus, 34f.

133) Gegen Ende der Untersuchung lautet Harders Urteil über die Rolle des Judentums bei der Herausbildung des paulinischen Gebets: "Nur ein Jude, geistig und geistlich ernährt an der Bibel, am Psalter, an den Manifestationen eines sittlich ernstzunehmenden, lebendigen und wollenden Gottes, konnte offen sein für den Neuwert, der sich mit Christus in Form und Inhalt für den Geist und das Gebet auftut, um nicht zu sagen, aufdrängt." (Paulus, 208).

134) Vor allem auf die äußere Gebetshaltung (ebd. 5-8), die Regelmäßigkeit des Betens (ebd. 9-19), die Übung des Gebets (ebd. 20-24), die Formen der Gebetswünsche (ebd. 27-29), die Gebetssprache (ebd. 33-41) sowie den hymnischen Gebetsstil (ebd. 46-60; vgl. 100-105).

135) Insbesondere auf die Verwendung von "Amen" (ebd. 79-82), die Danksagung für Heilstatsachen (ebd. 83f), die Gottesprädikationen in der Gebetsanrede (ebd. 84-91), die Vateranrede Gottes (ebd. 92-96), den Umgang mit dem Kyriosnamen (ebd. 96-99), die Bekenntnisfunktion des Gebets (ebd. 107f), die eschatologische Ausrichtung vor allem der Bittgebete (ebd. 110-121), das Tischgebet sowie Fluch und Verfluchung (ebd. 122).

136) Harder nennt $\grave{\epsilon}\nu\delta o\xi\acute{a}\zeta\epsilon\iota\nu$, $\grave{\epsilon}\pi\iota\kappa\alpha\lambda\epsilon\tilde{\iota}\sigma\theta\alpha\iota$, $\epsilon\grave{\upsilon}\lambda o\gamma\epsilon\tilde{\iota}\nu$, $\grave{\epsilon}\xi$-$o\mu o\lambda o\gamma\epsilon\tilde{\iota}\sigma\theta\alpha\iota$ und $\grave{\upsilon}\psi o\tilde{\upsilon}\nu$ (ebd. 65).

137) Die Erschütterung der Gebetsgewißheit wurde ausgelöst durch eine Wandlung des Gottesgedankens und die damit verbundene Ungewißheit, wo und unter welchen Umständen Gott für den Beter gegenwärtig und damit erreichbar bleibt (ebd. 133f). Auch die Erfahrung nichterhörter Gebete trug dazu bei (ebd. 135).

138) "Mit dieser Einstellung hängt zusammen, daß in den Vordergrund jüdischen Betens der Lobpreis tritt, der Hymnus, das hymnische Gebet." (ebd. 135).

139) U. a. daraus erklärt sich der rege Zulauf der hellenistischen Mysterienkulte, die eben jene Vergottung des Mysten gewährleisteten. In ihnen betet der Myste "als Gott, er redet mit Gott als Gott, darum Gott verständlich, in des Gottes Sprache und Wesensart ... Gewissermaßen als Gott legitimiert sich nun der anti-

ke Beter vor dem Gott, den er anruft." (ebd. 142).

140) Damit setzt sich Harder in Widerspruch zu Heiler, der das Gebet der Mystik - wenn auch mit Einschränkungen - zu den beiden Hauptformen der hochentwickelten Gebetsfrömmigkeit rechnet (Gebet, 220).

141) Harder schließt dies aus 1 Kor 11,4f.13-15, wonach ein Gebet bestimmten Erfordernissen (hier Kopfbedeckung der Frau) entsprechen müsse, um zu Gott zu gelangen (da andernfalls Engel sich trennend zwischen Gott und Mensch stellen könnten) (Paulus, 151-161).

142) Dieser Ansicht liegt Röm 8,26f zugrunde: "Der Geist redet und betet göttlich, d. h. mit der von Gott gegebenen Erleuchtung, die ihn das sagen läßt, was Gott will und was er hört, was zu Gott dringt und von ihm wirklich aufgenommen wird." (ebd. 161).

143) Vgl. Anm. 142. Harder leitet die paulinische Anschauung vom Gebet "im Geist" vom ekstatischen Gebet in hellenistischen Zauberpapyri sowie von der Geistvorstellung prophetischer Schriften des Alten Testaments und vor allem der Sapientia Salomonis ab (ebd. 164-168).

144) Dabei grenzt Harder das Gebet "im Geist" auf ekstatisches Beten, auf die Glossolalie, ein (ebd. 170-172).

145) Zur Diskussion der Glossolalie in der "Religionsgeschichtlichen Schule" vgl. Bousset, Kyrios, 110f; ders., Religion, 377; Dibelius, Paulus, 84.88f.125; Weiß, 1 Kor, 327-331.335-339; Wernle, Paulus, 29; Wrede, Paulus, 64.

146) Diese Interpretation beruht auf der Untersuchung der Verwendung der Präposition διά im Zusammenhang des Gebetsvorgangs in zahlreichen Schriften des hellenistischen Judentums (Paulus, 179-182).

147) Die Anbetung Christi wird nach Harder durch die Übertragung des alttestamentlichen Gottesnamens auf den Auferstandenen ermöglicht, wobei Paulus jegliche Spekulation über die Gottheit Christi unterläßt (ebd. 188-190). "Seinem Wesen nach ist Christus für Paulus eine Größe der himmlischen Welt. Das genügt ihm." (ebd. 190).

148) In diesem Zusammenhang ist das eigenartige Verschwimmen der Begriffe Gott, Christus und Kyrios bei Harder einer Klärung des Problems der Anbetung Christi gewiß nicht dienlich.

149) Vgl. Müller, Methode, 169f.192.

150) Somit ist das Dankgebet selbst Gegenstand und Ziel des Bittgebets (Paulus, 204).

151) Vgl. ebd. 209: "Daß der Dank reicher wird, ist Ziel der Bitte, und er wird eben reicher, je mehr der Christ in der Erfahrung der Heilstat Gottes und seiner Gnadengaben steht."

152) Dabei nimmt Harder den "grandiosen Durchbruch" der "Welt Gottes" zur "Voraussetzung des christlichen Dankgebets" und der entsprechenden "Grade des Dankes" (ebd. 204).

153) Im Gegensatz zum antiken Gebet um das Gute, das nur um einen "Begriff", nicht aber um "lebendige Güter" bittet (ebd. 207).

154) U. a. aus diesem Grund lehnt Harder das Bußgebet um die Vergebung der Sünde für Paulus ab (ebd. 210-213).

155) Somit ergibt sich ein Zirkel von Dank- und Bittgebet: Aus dem Dank an Gott für sein Heilshandeln erwächst der Mut zur Bitte um dessen Vollendung mit dem Ziel des erneuten und gesteigerten Danks (und auch des Lobes) (vgl. ebd. 204f.209 und Anm. 150. 151).

156) So sinngemäß ebd. 182f.184.186.195.199.205.211.

157) Eine Sichtweise, die in Heilers religionsgeschichtlichem Werk nicht zum Tragen kommt.

158) Vgl. Dibelius, Jesus, 107-109; Heitmüller, Jesus, 114f.126; andeutungsweise auch Bousset, Predigt, 49.

159) Siehe Anm. 144.

160) So erfolgt beispielsweise nur eines der aufschlußreichsten und wichtigsten Dankgebete des Paulus im Rahmen der einleitenden Gebetsberichte "durch Christus" (Röm 1,8), während bei allen anderen der Verweis auf Christus fehlt (1 Kor 1,4; Phil 1,3; 1 Thess 1,2; Phlm 4 (2 Thess 1,3; Kol 1,3)). Und das Gebet "zum Kyrios" bildet ohnehin die Ausnahme bei Paulus, kann also gar nicht als "eigentliche" Gebetsform gelten (vgl. S. 114-123).

161) Vgl. S. 210f.

162) Vgl. Müller, Methode, 182f.

163) Vgl. S. 172-183.202f.

164) M. Schellbach, Paulus als Beter. Von Gottes Gebot und Verheißung im Gebet, Berlin 1938.

165) So grenzt sich Schellbach von der religionsgeschichtlichen Exegese ab, weil sie seiner Meinung nach "dazu beiträgt, ein rein formales, blutleeres, lebloses und starres Bild des Gebetsinhaltes oder der Gebetsgestalt eines Paulus ... zu zeichnen" (ebd. 6). Statt dessen strebt er eine "biblisch-theologisch" ausgerichtete Untersuchung an (ebd. 5), die "aus der eigenen Gebundenheit als Christ und Theologe an das Gebet ... auf das Wort des Apostels zu hören und aus diesem Hören zu reden" hat (ebd. 7).

166) So etwa - freilich ohne ausdrückliche Bezugnahme - bei Dietzel, Gründe, bezüglich des "in Christo"-Seins des Beters, und Wiles, Prayers, hinsichtlich des Zusammenhangs von Apostolat und Fürbittegebet.

167) D. h. konkret: "... zu zeigen, wie das Gebet die gesamte Verkündigung des Paulus trägt und sie dadurch geistmächtig wirksam werden ließ und läßt" (Paulus, 4).

168) Eph 6,19f; Kol 4,3; 2 Thess 3,1; vgl. 1 Kor 16,9; 2 Kor 2,12.

169) An diesem Punkt etwa müsste unbedingt exegetisch erwiesen werden, inwieweit das Gebet Handeln Gottes am Menschen ist. Mit dem Verweis auf die beständige Gebetsverbindung zwischen Paulus und Gott (Paulus, 31) ist diesbezüglich noch nichts ausgesagt.

170) Damit begibt sich Schellbach in einen direkten Gegensatz zu Harder (vgl. S. 44f).

171) Röm 15,16; 1,9; Phil 3,3; vgl. 2 Tim 1,3.

172) "So geht es dem 'durch Christus' betenden Christen auf, daß Gott durch Christus rechtfertigend, versöhnend, heiligend und erlösend tätig ist ..." (Paulus, 71).

173) P. Schubert, Form and Function of the Pauline Thanksgivings, BZNW 20, Berlin 1939.

174) Zum Termninus vgl. S. 191-196.

175) Das sind Röm 1,8ff; 1 Kor 1,4-9; 2 Kor 1,3-11; Phil 1,3-11; 1 Thess 1,2ff; Phlm 4-7 (Eph 1,3-14.15-19; Kol 1,3ff; 2 Thess 1,3-12). - Zu den beiden einleitenden Gebetsberichten in 1 und 2 Thess vgl. Wrede, Echtheit, 20.

176) Bereits Dibelius hatte sich mit dieser Fragestellung beschäftigt und festgestellt, daß sowohl die "Danksagung" als auch die "Versicherung der Fürbitte für den Adressaten im Briefeingang" Bestandteil der profanen antiken Briefschreibung war. Dabei lasse sich allerdings nur "schwer entscheiden", "inwieweit

diese Gewohnheit wirklich fromm, inwieweit sie nur höflich ist".
Über Paulus fällt sein diesbezügliches Urteil dagegen eindeutig
aus: Beim Apostel wird alles formelhaft Vorgegebene "in den Zusammenhang lebendigen Gebetsverkehrs mit Gott gestellt" (Thess,
2f).

177) Diese Grundähnlichkeit wird zunächst im Hinblick auf das
Briefganze erhellt, um daraus die Funktion betreffende Schlüsse
zu ziehen (Form, 24-38), und anschließend in einem weiteren Abschnitt mit Akribie analysiert und beschrieben (ebd. 43-94).

178) Schubert spricht von einer "conditio sine qua non of let-
ter-writting" bei Paulus (ebd. 25).

179) Diese grundlegende Beobachtung Schuberts ist knappe 40 Jahre später von O'Brien, Thanksgivings, aufgegriffen und präzisiert worden.

180) Sie bestimmt über die Wendung hin zur Fürbitte bzw. das Verbleiben bei der Danksagung (Form, 62).

181) Die Situationsbezogenheit zumindest der "Danksagung" hebt
auch Weiß hervor (Urchristentum, 305), während Dibelius speziell
dem Fürbitteteil eine unmittelbare Abhängigkeit von der jeweiligen Briefsituation abspricht (Epignosis, 4).

182) Vgl. dagegen die bereits dargelegte Ansicht Dibelius' in
Anm. 176.

183) Dieser Anspruch wird durch Wendungen wie $\varepsilon \dot{v} \chi \alpha \rho \iota \sigma \tau \tilde{\omega} \ \tau \tilde{\omega}$
$\theta \varepsilon \tilde{\omega} \ \mu o v$ (Röm 1,8; 1 Kor 1,4; Phil 1,3; Phlm 4; vgl. 1 Thess 1,2
(Kol 1,3; 2 Thess 1,3), $\dot{\varepsilon} v \ \pi \acute{\alpha} \sigma \eta \ \delta \varepsilon \acute{\eta} \sigma \varepsilon \iota \ \mu o v \ \dot{v} \pi \grave{\varepsilon} \rho \ \pi \acute{\alpha} v \tau \omega v$
$\dot{v} \mu \tilde{\omega} v$ (Phil 1,4), $\pi \varepsilon \rho \grave{\iota} \ \dot{v} \mu \tilde{\omega} v \ \pi \rho o \sigma \varepsilon v \chi \acute{o} \mu \varepsilon v o \iota$ (Kol 1,3) und $\mu v \varepsilon \acute{\iota} \alpha v$
$\pi o \iota o \acute{v} \mu \varepsilon v o \iota \ \dot{\varepsilon} \pi \grave{\iota} \ \tau \tilde{\omega} v \ \pi \rho o \sigma \varepsilon v \chi \tilde{\omega} v \ \dot{\eta} \mu \tilde{\omega} v$ (1 Thess 1,2) unbedingt erhoben.

184) Wohl aus diesem Grund hat O'Brien, Thanksgivings, die Texte
nicht nur bezüglich ihres Briefcharakters, sondern auch ihres Ge-
betscharakters untersucht (s. S. 87f).

185) Die Frage, um die es Schubert geht, lautet: "To what extent
can we trace concretely the antecedents in Hellenistic Greek of
the basic structure of the Pauline thanksgivings?" (Form, 40).
Dementsprechend ordnet er die Behandlung der paulinischen Gebetsberichte einer "STRUCTURAL AND FUNCTIONAL ANALYSIS OF THE USAGES
OF ΕΥΧΑΡΙΣΤΩ, ΕΥΧΑΡΙΣΤΙΑ, AND ΕΥΧΑΡΙΣΤΟΣ IN THE HELLENISTIC
WORLD" unter (ebd. 39).

186) Beide Formtypen entnimmt Schubert der Verwendung von
$\varepsilon \dot{v} \chi \alpha \rho \iota \sigma \tau \varepsilon \tilde{\iota} v$ in den paulinischen Gebetsberichten. Davon unterscheidet er noch das Vorkommen von $\varepsilon \dot{v} \chi \alpha \rho \iota \sigma \tau \varepsilon \tilde{\iota} v$ in umgangs-

sprachlichem Sinne (Typ II; ebd. 83f), im Zusammenhang des Gebets bei Mahlzeiten (Typ III; ebd. 84-86) und innerhalb theologischer (Typ IVa) sowie paränetischer (Typ IVb) Äußerungen über das Dankgebet (ebd. 86-93).

187) Mit mehr oder weniger geringfügigen Variationen repräsentiert in 1 Thess 1,2-5; 3,9f; Phil 1,3-11; Kol 1,3-12; Eph 1,15-19. Einem "mixed Type" rechnet Schubert Röm 1,10 und 2 Thess 1,11f zu (ebd. 43f).

188) Nämlich: 1. einer Form von εὐχαριστεῖν; 2. einem Personalobjekt im Dativ: ausnahmslos τῷ θεῷ; 3. einer temporalen Wendung: meistens πάντοτε; 4. einer pronominalen Objektwendung: περὶ (oder ὑπὲρ) ὑμῶν; 5. einer Partizipialkonstruktion in Verbindung mit einer temporalen Wendung: in der Regel μνείαν ποιούμενος ἐπὶ τῶν προσευχῶν μου; 6. einem kausalen Satzglied: entweder einer Partizipialkonstruktion (z. B. μνημονεύοντες ὑμῶν) oder einer adverbialen Wendung (etwa ἐπὶ πάσῃ τῇ μνείᾳ ὑμῶν); 7. gewöhnlich einem Finalsatz (eingeführt durch ὅπως, ἵνα oder εἰς τὸ mit Infinitiv), selten einem Kausalsatz (eingeführt durch ὅτι) (ebd. 56-62; vgl. S. 184f, wo die Struktur am Beispiel von Phil 1,3ff erläutert wird).

189) Die ersten vier Einheiten stimmen mit dem des Typs Ia überein. Als fünfte Einheit kommt ein Kausalsatz, eingeführt durch ὅτι, hinzu (ebd. 51f).

190) Mit geringen Modifikationen repräsentiert in 1 Kor 1,4-8; Röm 1,8; 2 Tess 1,3ff; 2,13-15; 1 Thess 2,13ff. Eine "'mixed' structure" haben 1 Thess 1,4f und Phil 1,6 (ebd. 44f).

191) Laut Schubert ist hier der Punkt erreicht, "where the specific epistolary situation begins to influence form and content (sc. der Gebetsberichte) more strongly" (ebd. 62).

192) Im übrigen Neuen Testament (ebd. 95-100), bei den apostolischen Vätern (ebd. 100-105) und den frühen Apologeten (ebd. 106-114).

193) Dazu ergänzt Schubert: "From the genetic point of view, however, a prototype is much more significant than a mere 'parallel'." (ebd. 119).

194) Dabei setzt Schubert voraus, daß die beiden Briefe in 2 Makk "can be considered only meager and accidental survivals of the strongly developed epistolary and literary technique developed in Alexandria among the Jewish Hellenists", d. h. in "the immediate cultural environment of Paul, the diaspora Jew" (ebd. 119). - Darüberhinaus stellt Schubert fest, daß εὐχαριστεῖν ausschließlich hellenistischem Sprachgebrauch entstammt und als Koine-Produkt nicht vor 300 v. Chr. aufkam (ebd. 121).

195) Bezeichnenderweise räumt er aber ein: "A number of the papyrus examples may more correctly be described as parallels, with slightly different formal variants, to the Pauline formulas ..." (ebd. 172). Und in der Ergebniszusammenfassung spricht er nur noch von "parallels" der paulinischen Formtypen in den Papyri (ebd. 181). Damit hebt er indirekt die Bedeutung von 2 Makk 1,11ff hervor (vgl. Anm. 193).

196) Die gemeinsame Linie, auf der 2 Makk und die Papyri liegen, sieht Schubert offensichtlich in der einheitlichen Verwendung von εὐχαριστεῖν als "a firmly fixed, conventional and traditional formula which suffered hardly any changes throughout the centuries", bewirkt durch einen fixierten Stil und eine in den meisten Fällen feste Stellung am Briefanfang (ebd. 172).

197) Schubert gründet sich dabei u. a. auf die durch ein Einzelbeispiel gestützte Folgerung, daß - in Parallele zu den Paulusbriefen - "the εὐχαριστῶ period is a fixed epistolary formula which serves to introduce the subject matter of the letter in a more formal manner than would be possible without it" (ebd. 162). Auch die in einer Anzahl von Papyri bezeugte Verbindung von Danksagung und Fürbitte sieht er als Erklärungsgrund dafür, daß Paulus mit dem Formtyp Ia "followed a typical and general Hellenistic usage, adapting it, of course, in form and content to the particular epistolary situation ... It demonstrates beyond the shadow of doubt the strictly epistolary form and function of the Pauline thanksgiving and its specifically pagan Hellenistic, non-Jewish origin." (ebd. 168). Auch dem Typus Ib entsprechende Papyribeispiele führt Schubert an (ebd. 169f), die Paulus nicht als "a Jew who was 'exposed' to Hellenistic 'influences'", sondern als "an indigenous Hellenist" (ebd. 184) aufgenommen und verarbeitet hat.

198) So beispielsweise bei Dietzel, Gründe, 213; Robinson, Hodajot, 202; McFarlane, Motif, 4.12.44ff.54; Wiles, Prayers, 162f; O'Brien, Thanksgivings, 1.6-8.12-15.28.116.144.261.269; Stendahl, Paul, 241.

199) So etwa bei Robinson, Hodajot, 201f, der auch jüdische Parallelen für die paulinischen Gebetsberichte, vor allem des Typs Ib, beansprucht und urteilt: "Allerdings wird man in diesem Fall nicht mehr uneingeschränkt mit SCHUBERT ... von einem 'specifically pagan Hellenistic, non-Jewish origin' der paulinischen Danksagung sprechen können." (ebd. 202 Anm. 26; vgl. Anm. 197; ferner die Zusammenstellung der Kritik an Schubert bei O'Brien, Thanksgivings, 10-12).

200) McFarlane, Motif, 12.

ANMERKUNGEN ZU S. 54-95: IV. DIE ZU BIBLISCH-THEOLOGISCHEN FRAGE-
STELLUNGEN TENDIERENDE PHASE

201) Vgl. S. 97f.

202) Diese lassen sich in der Exegese freilich nie ganz ausschalten, sondern treten - zumindest in Gestalt des jeweiligen Vorverständnisses (zum Problem des Vorverständnisses in der Exegese vgl. Bultmann, Problem, 51ff) - immer wieder mehr oder weniger dominierend auf den Plan. Dies wird bereits im folgenden Darstellungsgang anhand der verschiedenen Meinungen zum Verständnis von Röm 8,26f ersichtlich.

203) Die Funktion des Geistes beim Gebet war auch eines der zentralen Themen im bisherigen Forschungsverlauf (vgl. S. 21.22f. 25.31.32.34.37.43).

204) W. Bieder, Gebetswirklichkeit und Gebetsmöglichkeit bei Paulus. Das Beten des Geistes und das Beten im Geiste, ThZ 4, 1948, 22-40.

205) Beruhend auf der Feststellung, daß $\kappa\rho\acute{a}\zeta\epsilon\iota\nu$ "an der Galaterbriefstelle mit dem Pneuma als Subjekt verbunden (wird), während an der Römerbriefstelle die Gläubigen es sind, die das $\kappa\rho\acute{a}\zeta\epsilon\iota\nu$ vollziehen" (ebd. 25).

206) Bieder nimmt hier den "proklamatorischen Sinn" von $\kappa\rho\acute{a}\zeta\epsilon\iota\nu$ mit Bezug auf den "Hörbereich" für Paulus in Anspruch, der im Neuen Testament allerdings nur im Johannesevangelium deutlich vorliegt (ebd. 26f).

207) "So ist die Gemeinde in allen ihren Gliedern vor die für sie bestimmte geheimnisvolle Proklamation des Vaternamens durch den Geist gerufen, b e v o r sie in ihrem Gebet und in ihrem Bekenntnis Gott und der Welt weiterzugeben hat, was sie empfangen durfte." (ebd. 27). Denn der "Name des Vaters und damit der Vater im Himmel selbst steht nach Paulus nicht dem christlichen Menschen, sondern dem göttlichen Pneuma zur Verfügung. Nach Paulus ist es der Dienst des Pneuma, diesen Namen den Christen zum Bekenntnis- und Gebetsgebrauch leihweise zu übergeben." (ebd. 28).

208) Dabei ist das Beistandswerk des Geistes eschatologisch-soteriologisch qualifiziert als Fürsprache mit Blick auf die kommende Erlösungszeit (ebd. 32f).

209) Vgl. S. 164-171.

210) Vgl. Dietzel, Gründe, 255f.

211) Vgl. zu den Anfragen die Exegese von Röm 8,15f S. 144-163.

212) Vgl. zum Ganzen und zu aller weiteren Kritik an den noch folgenden Arbeiten die Exegese von Röm 8,26f S. 164-171.

213) Vgl. Röm 10,1.13; 1 Kor 1,7-9; 2 Kor 1,10; Gal 1,4; Phil 1,6.9-11.19; 1 Thess 3,12f; 5,23f (2 Thess 2,13f).

214) J. Schniewind, Das Seufzen des Geistes. Röm. 8,26.27, in: ders., Nachgelassene Reden und Aufsätze, hg. von E. Kähler, Berlin 1952, 81-103. Der Aufsatz war ursprünglich als Beitrag zur Bultmann-Festschrift 1949 gedacht, geriet dann aber bereits in der Vorbereitung zu umfangreich und konnte schließlich wegen des frühen Todes Schniewinds leider nicht mehr zur Vollendung gebracht werden (vgl. ebd. 81). Die Arbeit muß also in etwa zeitgleich mit der Bieders entstanden sein, die Schniewind auch nicht zu kennen scheint.

215) R. F. Boyd, The Work of the Holy Spirit in Prayer. An Exposition of Romans 8:26,27, Interpretation 8, 1954, 35-42.

216) E. Gaugler, Der Geist und das Gebet der schwachen Gemeinde. Eine Auslegung von Röm. 8,26-27, IKZ 51, 1961, 67-94. - Kurz erwähnt werden soll noch der Artikel von A. Dietzel, Beten im Geist. Eine religionsgeschichtliche Parallele aus den Hodajot zum paulinischen Gebet im Geist, ThZ 13, 1957, 12-32. Dietzel gelangt durch einen Vergleich mit Vorstellungen in den neuentdeckten Schriften der Qumrangemeinde zu dem Ergebnis, daß zum religionsgeschichtlichen Verständnis des Gebets "im Geist" bei Paulus, wie es in Gal 4,6; Röm 8,15f.26f; Phil 1,19 anzutreffen ist, "in erster Linie nicht die ekstatischen Gebete der hellenistischen Zauberpapyri (vgl. Anm. 143) ... sondern die formal gleichen Vorstellungen im Spätjudentum heranzuziehen" sind (ebd. 32). Was diese Vorstellungen konkret für die Auslegung der betreffenden Stellen besagen, gibt Dietzel allerdings nicht an.

217) Gaugler nennt dies das "d o p p e l t e Nichtwissen" der Gemeinde (Geist, 75).

218) K. Niederwimmer, Das Gebet des Geistes, Röm. 8,26f., ThZ 20, 1964, 252-265.

219) Mit Gaugler sieht auch Niederwimmer in der Bitte um Erlösung den Inhalt des Betens des Geistes (Gebet, 254).

220) Niederwimmer operiert hier zu bedenkenlos mit systematischen Voraussetzungen.

221) E. Käsemann, Der gottesdienstliche Schrei nach der Frei-

heit, in: Apophoreta. FS E. Haenchen, BZNW 30, Berlin 1964, 142-155 (= Paulinische Perspektiven, Tübingen 1969, 211-236. Seitenangaben im folgenden nach dieser Ausgabe).

222) Vgl. die Exegese von Röm 8,15f S. 144-163 und zu weiterer Kritik an Käsemann: Jones, Freiheit, 222 Anm. 81.

223) H. Balz, Heilsvertrauen und Welterfahrung. Strukturen der paulinischen Eschatologie nach Römer 8,18-39, BEvTh 59, München 1971.

224) Zu diesem "gottgemäßen Gebet" sind die Glaubenden "unterschiedslos" (ebd. 69f) "unfähig" (ebd. 74).

225) Dabei gelten die Punkte zwei bis vier grundsätzlich auch für die Kritik an Käsemanns Interpretation.

226) Im Röm erwähnt er die Glossolalie in einer Aufzählung von Charismen nicht einmal (12,6-8), statt dessen ermahnt er wenig später zum "normalen" Gebet (12,12).

227) Röm 12,12; 15,30; 1 Kor 7,5; 2 Kor 1,11; Phil 4,6; 1 Thess 5,17f.25 (Kol 2,7; 4,2f; 2 Thess 3,1).

228) W. Bindemann, Die Hoffnung der Schöpfung. Römer 8,18-27 und die Frage einer Theologie der Befreiung von Mensch und Natur, Neukirchener Studienbücher 14, Neukirchen-Vluyn 1983.

229) Zur Weiterführung der Kritik an den vorgestellten Auslegungen vgl. die Exegese von Röm 8,26f S. 164-171.

230) A. Dietzel, Die Gründe der Erhörungsgewißheit nach den Schriften des Neuen Testamentes, Diss. Mainz 1955.

231) Das gilt vor allen Dingen für seine Reisen und in lebensbedrohlichen Situationen.

232) Die trinitarische Bezogenheit entnimmt Dietzel Gal 4,6 und Röm 8,15: Diese "beiden einzigen direkten Gebete in den P.-Briefen (sic) ... sind ermöglicht durch Christus ... richten sich an den Vater und geschehen durch Vermittlung des heiligen Geistes". Diese Interpretation überträgt Dietzel anschließend auf alles Beten des Paulus (Gründe, 233-235, Zitat 235).

233) Der Grundgedanke dieser Auffassung verläuft in etwa wie folgt: Nach Paulus kann "durch Christus" nur derjenige beten, der auch "in Christus", d. h. in der Wirkungsmacht Christi lebt. Dann aber muß auch der Dank selbst bereits als "Wirkung des Erhöhten" verstanden werden. Ein weiterer Begründungsgang folgert aus der Untersuchung Boobyers (vgl. S. 29-32): "Als Zurückerstatten der von Gott verliehenen Gabe an Gott wird der Dank διὰ

Χριστοῦ dann am deutlichsten, wenn er als Wirkung des Erhöhten verstanden wird und zwar als Dank dafür, was dem Beter διὰ Χριστοῦ von Gott verliehen ist; denn dann gehört auch der Dank selbst zur verliehenen, nicht nur zur erstatteten Gabe. Solches Dankgebet ist das neue, 'eigentliche, christliche' Gebet ..." (Gründe, 242).

234) Die Verallgemeinerung des Betens im Geist von Röm 8,15 und Gal 4,6 auf "alles christliche Gebet" begründet Dietzel damit, "daß für P. (sic) das ganze Leben der Christen ... ein Leben ... 'im Geist' sein soll" (ebd. 259).

235) Vgl. S. 139-141.

236) Vgl. S. 144-171.

237) A. Hamman, La Prière. I. Le Nouveau Testament, Bibliothèque de théologie, Tournai 1959.

238) Vom selben Autor wurde zuvor bereits veröffentlicht: Prières des premiers chrétiens, Paris 1952; Les prières eucharistiques des premiers siècles, Paris 1957; Prière et culte chez saint Paul, Studii Biblici Franciscani Liber Annuus 8, 1958, 289-308.

239) Er untersucht im einzelnen das Gebet im Alten Testament und Judentum (Prière, 9-57), bei den Synoptikern (ebd. 59-169), bei den Aposteln (ebd. 170-244; gestützt auf Apg, Jak, 1 Petr), bei Paulus (ebd. 245-334; Hebr in einem Anhang, ebd. 334-337) und in den johanneischen Schriften (ebd. 338-422; darunter auch Apk).

240) Hamman sieht diesen Sachverhalt durch das häufige Vorkommen von διὰ Χριστοῦ bestätigt und vermutet darin eine bereits festgefügte liturgische Verwendung (ebd. 278).

241) Vgl. ebd. 331: "L-Esprit est l'âme de la prière chrétienne, parce qu'en découvrant le mystère de la paternité divine, qui s'exprime dans l'agapè du Père, révélée dans et par le Christ, il inspire l'action de grâces aux fidèles."

242) Nach Hamman arbeitet Paulus zwar keine "théologie trinitaire" aus, ist sich aber "de la trinité des agents" bewußt (ebd. 281).

243) Zur religionsgeschichtlichen Ableitung des paulinischen Gebets aus dem Alten Testament und dem Judentum vgl. ebd. 326-329.

244) Vgl. Hamman, Prière et culte, passim. Der Verfasser hat diesen Aufsatz in leicht geänderter Form und um einen kurzen Abschnitt ergänzt in sein Buch aufgenommen (Prière, 305-326).

245) Dabei steht der Apostel laut Hamman in der Tradition eines in alttestamentlicher Zeit beginnenden und sich im Judentum verstärkenden Spiritualisierungsprozesses des Kultes, dessen Vollendung im Neuen Testament, und dort vor allem bei Paulus, erreicht ist (ebd. 306-310.313).

246) Als Beispiele seien etwa folgende Positionen Hammans angeführt: Abba-Gebet als Ausdruck der Erfahrung des Paulus mit der Kirche (ebd. 268); göttliches "Niveau" Christi wegen seiner Vermittlung des (Gebets-) Zugangs zu Gott (ebd. 277); Ermöglichung des Gebets zu Christus aufgrund der communicatio idiomatum (ebd. 279); Christushymnen als Widerhall der Eucharistiefeier (ebd. 279, vgl. ebd. 292); doppelt begründete Vermittlung von Gebet und Gottesdienst an Gott durch Christus: historisch durch Christi Auferstehung sowie "mystisch und geheimnisvoll" durch sein Herrsein über die Kirche (ebd. 279); bewußtes trinitarisches Denken bei Paulus (ebd. 281, vgl. Anm. 242); Gebet als Opfer im geistlichen Gottesdienst der Christen (ebd. 312f) auf der Grundlage der Eucharistie (ebd. 320).

247) Vgl. S. 181-183.

248) W. Marchel, Abba, Père! La Prière du Christ et des chrétiens. Étude exégétique sur les origines et la signification de l'invocation à la divinité comme père, avant et dans le Nouveau Testament, Analecta Biblica. Investigationes scientificae in res biblicas, Bd. 19A, Rom 2. Aufl. 1971 (= völlig neue Überarbeitung der ersten Auflage von 1963).

249) Unterteilt in Altes Testament (ebd. 23-62), hellenistisches Judentum (ebd. 63-84) und palästinisches Judentum (ebd. 85-97).

250) Dabei erfolgt die Untersuchung der Wendung $\dot{\alpha}\beta\beta\check{\alpha}\ \dot{\text{o}}\ \pi\alpha\tau\acute{\eta}\rho$ (Mk 14,36) (ebd. 100-123), der Frage, ob Jesus zum Vater immer mit der Anrede Abba gebetet hat (ebd. 124-138), sowie der Bedeutung von Abba im Gebet Jesu überhaupt (ebd. 139-167).

251) Formgeschichtlich wäre Sitz im Leben der geeignete Ausdruck, der bei Marchel so jedoch nicht begegnet.

252) "Dans les deux épîtres, Paul oppose la religion de la Loi et de la crainte à la religion de la liberté et de la charité, l'ancienne économie à la nouvelle, cette dernière liée intimement à l'action de l'Esprit Saint. Dans les deux cas, la prière Abba apparaît comme une donnée de première importance et, de plus comme un fait général." (Abba, 177).

253) Auch die Wertung von $\dot{\alpha}\beta\beta\check{\alpha}\ \dot{\text{o}}\ \pi\alpha\tau\acute{\eta}\rho$ als bekannte und von allen Gläubigen verstandene Formel sowie die präsentische Formulierung $\kappa\rho\acute{\alpha}\zeta o\mu\epsilon\nu$ legen nach Marchel eine liturgische Verwendung dieser Anrufung nahe (ebd. 176).

254) Zur weiteren Begründung fügt Marchel hinzu, daß Christus in den Gebetstexten häufig mit dem Vater in Verbindung gebracht wird und Paulus nie von Gott als "unser" Vater spricht ohne gleichzeitige Erwähnung Christi (ebd. 193).

255) Marchel erhebt die "theologischen Aspekte" des Abba-Gebets mittels einer Interpretation des Kontextes von Gal 4,6, wobei er das Hauptaugenmerk auf Gal 4,4f und 3,27f legt. Dabei qualifiziert er die Grundvoraussetzung für das Abba-Gebet, die Sohnschaft der Gläubigen, als "ordre ontologique" (Röm 8,29-32; ebd. 206), als "réalité ontologique" (Gal 4,6; ebd. 207), als "participation réelle" an der Sohnschaft des Sohnes Gottes "par nature" (Röm 8,10-15; ebd. 206) und damit als Teilhabe am "vie divine elle-même", um schließlich und endlich zu folgern: "De la sorte, l a   f i l i a t i o n   c h r é t i e n n e   e s t   u n e   n o u v e l l e   r é a l i t é, une vie plus haute, une vie divine." (ebd. 207).

256) Marchel beruft sich diesbezüglich auf Röm 8,16: "En agissant en nous, l'Esprit crée en nous un esprit filial qu'il associe en même temps à sa prière." (ebd. 224).

257) Grundlagen, 319. Mit diesem Zitat sei eine Stellungnahme angedeutet. Ausführlichere Erwägungen würden zu weit führen.

258) Vgl. S. 151-154.

259) Siehe S. 50-53.

260) G. P. Wiles, The Function of Intercessory Prayer in Paul's Apostolic Ministry with Special Reference to the First Epistle to the Thessalonians, Diss. Yale University 1965.

261) Bereits Schubert, Form, hatte diese Probleme erkannt, als er die paulinischen Dankgebete auf der Stufe ihrer schriftlichen Fixierung als Einführungsabschnitte von Briefen untersuchte und nach ihnen zugrundeliegenden literarischen Gewohnheiten der Spätantike forschte. Darauf aufbauend hat Wiles die generelle Problematik der Exegese der Gebetstexte in zwei Punkten formuliert, auf die hier wegen ihrer Grundsätzlichkeit ausführlich eingegangen werden soll:

1. "... we are dealing here with letters, not with liturgical texts. Thus the canons of epistolary style and the realities of the epistolary situation prohibit the inclusion of any prayer directly addressed to God. For this reason the prayer material is both indirect in form and limited in range and amount ... Prayer (including intercessory prayer) must therefore be introduced indirectly, either by recasting direct prayers into prayer-wishes mentioning God in the third person, but addressed formally to

the readers, or by prayer-reports describing the prayers of the addressant. Thus liturgical vocabulary, style and content must be introduced into the letters in a somewhat modified form." (Function, 12f).

Von daher ergeben sich für die Exegese zwei Probleme:

a) Die Bestimmung des Umfangs des in Frage kommenden Materials (vgl. Schubert, Form, 4-9); da der Übergang zwischen darlegenden bzw. paränetischen Texten und auf das Gebet bezogenen Passagen oft fließend ist bzw. überhaupt nicht ausgemacht werden kann (Function, 13f). - Zur Identifizierung des Fürbittegebetsmaterials nennt Wiles folgende methodische Richtlinien: "Criteria of function need to be checked by the use of other marks such as those of content and those of form, e. g., characteristic contexts, introductory formulae, forms of address to God, syntactical shape, verb forms, special intercessory prayer vocabulary, and indications that the prayer is on behalf of others." (ebd. 6).

b) Die richtige Interpretation und Ergründung der vollen Bedeutung der Texte, "since they are recast with the reader in mind rather than directly addressed to God". Methodisch lautet das Problem also: Sind gewisse Texte in erster Linie als briefliche Äußerungen oder als Gebete zu interpretieren? (ebd. 15f).

2. Mit der eben genannten Frage steht das zweite Hauptproblem in engem Zusammenhang: Wenn verschiedene Wendungen und Passagen auf der Übernahme brieflicher Konvention durch Paulus beruhen, welches Gewicht kann diesen Äußerungen (beispielsweise Eingangs- und Schlußgrüße, einleitende Gebetsberichte) dann noch hinsichtlich dahinterstehender Gebete beigemessen werden? (ebd. 7.9-12).

Die grundsätzliche exegetische Problematik besteht demnach in der Differenz zwischen der hinter den Texten befindlichen und sie teilweise bedingenden Gebetspraxis des Apostels und der spezifischen Art ihrer Wiedergabe sowie der daraus resultierenden Frage: Wie sind Gebete zu interpretieren, die keine Gebete mehr sind?

262) Dazu zählt Wiles in den Homologumena: Röm 1,7; 15,5f.13.33; 16,20; 1 Kor 1,3.8; 16,22f; 2 Kor 1,2: 9,8; 13,11b.14; Gal 1,3.8f; 6,16.18; Phil 1,2; 4,7.9b.19.23; 1 Thess 1,1b; 3,11-13; 5,23f.28; Phlm 3.25 - und in den Antilegomena: Eph 1,2; 6,23f; Kol 1,2; 4,18; 2 Thess 1,2; 2,16f; 3,3.5.16.18.

263) Homologumena: Röm 1,9f; 10,1; 9,1-3 (fraglich); 2 Kor 1,7; 9,14; 13,7.9b; Phil 1,4.9-11; 1 Thess 1,2; 3,10; Phlm 4.6 - Antilegomena: Eph 1,16-23; 3,14-20; Kol 1,3.9-14.29; 2,1-3.5; 4,12; 2 Thess 1,11f.

264) Homologumena: Röm 12,12; 15,30-32; 1 Kor 5,3-5; 2 Kor 1,11; Phil 1,19f; 4,6f; 1 Thess 5,17f. 25; Phlm 22 - Antilegomena: Eph 6,18-20; Kol 4,2-4; 2 Thess 3,1-3.

265) Röm 8,15f.22f.26f.34ff; 11,2-5; 1 Kor 2,9-16; 11,10; Gal 4,6.

266) Die Kennzeichnung dieser Textform als "wish-prayer" geht nicht auf Wiles zurück. Schon Dobschütz, Thess, 148 verwendete den Terminus "Gebetswunsch", der sich allgemein durchsetzte.

267) Die Umformung geschieht "by changing the words for God from the nominative into the vocative case, the pronouns or nouns for those to be benefitted from the second to the third person, and the verb back from the optative into the imperative mood" (Function, 29).

268) Aufgrund von Parallelen in der antiken Briefschreibung, im Alten und im Neuen Testament ist nach Wiles das fehlende Verb im Modus des Optativs zu ergänzen, so daß die Segenssprüche als (Gebets-) Wünsche zu verstehen sind (ebd. 31-34). Da Paulus sie jedoch an Stelle der üblichen antiken Briefgrüße formulierte und damit - so Wiles - möglicherweise eine urchristliche Gewohnheit übernahm, kann ihnen kein eindeutiger fürbittender Charakter beigemessen werden (ebd. 37; vgl. dagegen ders., Prayers, 155). - Mit diesen Erörterungen greift Wiles auf den zweiten Problemkreis der Exegese von Gebetstexten zurück (vgl. Anm. 261).

269) 1 Kor 16,22; Gal 1,8f; 1 Kor 5,3-5. Diese negativen Gebetswünsche tragen wenig zum Verständnis ihrer positiven Gegenstücke bei, werfen aber Licht "on the seriousness with which the apostle and his readers viewed the reality of the intercessor's role" (ebd. 38f).

270) Beispielsweise δεόμενοι εἰς τό ... oder καὶ τοῦτο προσεύχομαι ἵνα ...

271) Mit der (indirekten) Gottesanrede, z. B. αὐτὸς δὲ ὁ θεός oder ὁ δὲ θεός, beginnt der eigentliche Gebetswunsch.

272) Die Verbform ist das Hauptkriterium für die Identifizierung eines Textes als Gebetswunsch. Dabei fungiert der Optativ als Charakteristikum für den Ausdruck einer Bitte (eines Gebets) in Wunschform, vorfindlich in Röm 15,5; 15,13; 1 Thess 3,11f; 5,23, die Wiles darum auch als "the four principle wish-prayers" (Function, 59) bezeichnet (ebd. 51-53). Problematisch ist dagegen die Sachlage bei indikativischer Formulierung, die in der Regel im Futur erfolgt, weil hier die Unterscheidung zwischen Aussage- und Wunschintention nicht eindeutig getroffen werden kann. Wiles beurteilt von den in Frage stehenden Abschnitten als (Gebets-) Wunsch nur 1 Kor 1,8, als Aussage dagegen 2 Kor 9,8;

13,11b; Phil 4,9; 1 Thess 5,24 (2 Thess 3,3) und als zweifelhaft Röm 16,20; Phil 4,7.19 (ebd. 57f).

273) Erkenntlich in der Verwendung 1. eines Personalpronomens in der zweiten Person Singular oder Plural (z. B. ὁ δὲ θεός ... δώη ὑμῖν, Röm 15,5, oder ... πληρώσαι ὑμᾶς, Röm 15,13) und 2. einer Verbform in der zweiten Person Singular oder Plural (z. B. ... ἵνα ... δοξάζητε, Röm 15,6).

274) Ps 122,6-9; 20; 28; 61; 72; 84; 89; 132. Wiles erläutert dazu: "... the liturgical situation of the psalms makes possible a rapid change of address (either to the congregation or to God), whereas in the epistolary context of Paul's letters this is not possible, and the wish form does not oscillate with the form of direct address to God, but rather the address is always to the reader." (Function, 44).

275) Vgl. Schubert, Form, 118f zu 2 Makk 1,11ff.

276) Anders formuliert: "Behind the wish-prayers in the homologumena lie the language and the structure of the prayers used by Paul and the early Christian church, and behind these lies the prayer tradition of Judasim and the Hellenistic world." (Function, 40).

277) Dabei sind die Gebetsberichte wahrscheinlich nicht so sehr unmittelbarer Ausdruck von tatsächlichen Gebeten wie die Gebetswünsche (ebd. 62).

278) In der Regel Formulierungen, die den Vorgang des Betens bzw. des Bittens ausdrücken, wie beispielsweise μνείαν ... ποιοῦμαι (Röm 1,9), δεόμενοι εἰς τό (1 Thess 3,10), τοῦτο ... εὐχόμεθα (2 Kor 13,9), ἐν πάσῃ δεήσει μου (Phil 1,4).

279) Ersichtlich in der Verwendung eines Personalpronomens im Singular oder Plural entweder der zweiten Person (z. B. μνείαν ὑμῶν ποιοῦμαι, Röm 1,9) oder der dritten Person (z. B. ἡ δέησις ... ὑπὲρ αὐτῶν, Röm 10,1).

280) Röm 1,9f; Phil 1,4.9-11; 1 Thess 1,2; 3,10; Phlm 4.6 (Eph 1,16-23; Kol 1,3.9-14; 2 Thess 1,11f).

281) 2 Kor 13,7.9b; 1 Kor 5,3 (fraglich); Röm 10,1; 9,1-3 (fraglich); 2 Kor 9,14 (Eph 3,14-20; Kol 1,29; 2,1-3.5; 4,12).

282) Form, 43-68.

283) Dabei präzisiert er Schuberts Erkenntnisse: "Yet ... it must be realized that the linking of thanksgiving and intercession, while its epistolary form can be traced to a widespread

convention, is based more fundamentally in the actual indissoluble link between these two types of prayer as such. Evidence of this could be traced in the Old Testament: e. g. ... in the Psalms, and in the shape of the synagogue liturgy ... Thus Paul's use of the epistolary convention of a double assurance does not necessarily preclude his adapting this link for an immediate living purpose in relation to his apostolic ministry." (Function, 75f, vgl. 94f.366f.375; vgl. ders., Prayers, 158-162.165, wo er ausführlicher, aber in der Sache ebenso argumentiert).

284) Vgl. zu Schubert S. 50-53. Zu diesem Schluß gelangt Wiles aufgrund eines Vergleichs zwischen den Fürbittepassagen in den einleitenden Gebetsberichten und dem jeweils folgenden Briefkorpus (Röm 1,9f; 1 Kor 1,8; 2 Kor 1,7; Gal 1,8f; Phil 1,9-11; 1 Thess 3,10; Phlm 6; Eph 1,16-23; Kol 1,9-14; 2 Thess 1,11f) (Function, 81-87). Von der zitierten Feststellung nimmt Wiles 1 Kor teilweise sowie Phlm und 2 Thess gänzlich aus (ebd. 87).

285) Das gilt nach Wiles für Röm 9,3; 10,1; 2 Kor 9,14; 13,7.9b; Eph 3,14-20; Kol 1,29-2,3; 4,12, nicht dagegen für 1 Kor 5,3.

286) Davon sind "direct requests": 1 Thess 5,25; 2 Thess 3,1-3; Kol 4,2-4; 2 Kor 1,11; Eph 6,18-20; Röm 15,30-32 (Function, 96), und "indirect requests": Phil 1,19f; Phlm 22 (ebd. 98). Mit ihnen erbittet Paulus "intercession about his own needs that have arisen in the course of his apostolic work and sufferings" (ebd. 100).

287) Röm 2,12; Phil 4,6f; 1 Thess 5,17f; Eph 6,18; Kol 4,2. Die Stellen "indicate the apostle's constant sense of the urgency and importance of the intercessory task" (ebd. 101).

288) Röm 8,26f; 8,34; 11,2f; 1 Kor 11,10. Die Äußerungen "arise spontaneously out of the argument of the letters" und fungieren innerhalb des sie enthaltenden Gedankenganges, nicht aber im Rahmen der "epistolary situation" (ebd. 105).

289) Die ersten drei Aspekte lauten: "Pioneer missionary preaching and teaching versus continuing pastoral responsibility" (ebd. 172-179), "Official responsibility versus a bond of personal affection" (ebd. 179-181) und "Wielding authority versus lowly service with shared tribulations" (ebd. 181-183).

290) Röm 15,15f; Phil 2,17; Kol 1,28 (unter Berufung auf K. H. Schelkle, Jüngerschaft und Apostelamt, Freiburg 1957).

291) Damit liegt "a deep intercessory sense" hinter der gesamten apostolischen Tätigkeit des Paulus (Function, 185), die Wiles als "an offering (sc. der Gläubigen) to God" charakterisiert (ebd. 187, vgl. 305f). Dabei ist gleichwohl zu beachten, daß die-

se Aufgabe "may involve for Paul his total ministry in a l l its aspects, and not only the obvious means of representing them (sc. die Gläubigen) in consciously spoken prayers of t h a n k s g i v i n g and i n t e r c e s s i o n" (ebd. 186, Hervorhebung von mir). Das Dankgebet ist nach Wiles also mit in die heilvermittelnde Arbeit des Apostels eingeschlossen und von daher zu verstehen (vgl. ebd. 412.235f).

292) 1 Thess 1,1c; 1,2f; 2,13; 2,19f; 3,9f; 3,11-13; 5,16-18; 5,23f; 5,25; 5,28.

293) Wiles hatte in die Exegese auch die ohnehin mit der Fürbitte eng verwobenen Dankgebetsabschnitte eingeschlossen, so daß von jetzt an - wenn er sich nicht ausdrücklich auf das Fürbittegebet bezieht - von Gebet allgemein die Rede sein kann.

294) Dies gilt zum einen hinsichtlich der drei Gebetsberichte: 1,2f faßt im voraus die Gründe für die Dankbarkeit des Apostels zusammen, die bis 3,13 den Brief bestimmen, und bereitet den zweiten, paränetischen Teil des Schreibens (Kap. 4f) vor (Function, 414). 2,13 dient als Überleitung zu einem neuen Thema, und 3,9f gibt den Hauptzweck des Briefes an (ebd. 415). Zum anderen bildet der zentrale Gebetswunsch 3,11-13 den Höhepunkt des ersten Briefteils, indem er dessen wichtigste Anliegen nochmals nennt und die zweite Briefhälfte einleitet. Ein weiterer Gebetswunsch, 5,23f, verdeutlicht die Zielrichtung des paränetischen Briefabschnitts (ebd. 416).

295) Darüberhinaus hält es Wiles für "probable that the writing of the thanksgiving period (sc. 1,1-3,13) with the reports of thanksgiving and intercessory prayers, itself constituted a renewed offering of prayer to God ..." (ebd. 415, vgl. 370f).

296) Paulus übt sein apostolisches Amt und damit auch sein Beten auf der Grundlage des Evangeliums von Jesus Christus aus. Dieses Evangelium wird in "the assurance, content, and emphases of the prayer passages ... in compact though incomplete form" widergespiegelt (ebd. 420).

297) Die Nähe des wiederkommenden Christus bewirkt vor allem "the great joy of the thanksgivings and the continuousness and earnestness of the intercessory prayers" (ebd. 422, vgl. 212.301).

298) Wiles sieht einen engen Zusammenhang von Dankgebet und "Rühmen" ($\kappa\alpha\acute{\upsilon}\chi\eta\sigma\iota\varsigma$), vor allem aufgrund der Verbindung von 2,17-20 (als Beschreibung des Rühmens) mit 3,9-13 (ebd. 426).

299) Gottes Heilserweise in Vergangenheit, Gegenwart und Zukunft, die Situation der Gläubigen in Freude und Leid sowie der heilvermittelnde Dienst des Apostels bestimmen die Ausdruckswei-

se seines Gebets in Dank und Fürbitte (ebd. 427f). Doch im Licht des göttlichen Heilsplans und der Gegenwärtigkeit der Herrschaft Christi wird die Fürbitte vom Dankgebet noch überboten: "Intercession was not made apart from thanksgiving; it was enclosed within and colored by a mood of ceaseless joy and gratitude. Thus the apostle's representative 'Godward' function involved a dynamic unity comprising thanksgiving and boasting in a close dialectical relation with intercessory prayer." (ebd. 428).

300) G. P. Wiles, Paul's Intercessory Prayers. The Significance of the Intercessory Prayer Passages in the Letters of St. Paul, SNTS.MS 24, Cambridge 1974.

301) Im ersten Kapitel (ebd. 1-5) geht Wiles vom wichtigsten Ergebnis der Dissertation aus, der Erhellung des existentiellen Zusammenhangs von Fürbitte und Apostolat bei Paulus (vgl. Function, 428-436). Im zweiten Kapitel (Prayers, 6-21) widmet er sich der auch bereits in der Dissertation (Function, 6-21) abgehandelten exegetischen Problematik. Kapitel drei bis sechs gelten den Gebetswünschen: Hintergrund und Form (Kap. 3, Prayers, 22-44; vgl. Function, 28-61), Funktion in 1 Thess (Kap. 4, Prayers, 45-71; vgl. Function, 257-305.311-329), Funktion in Röm, 1 Kor und Phil (Kap. 5, Prayers, 72-107), Segens- und Fluchsprüche (Kap. 6, ebd. 108-154; vgl. Function, 31-39). Die Fürbittegebetsberichte sind Gegenstand der Kapitel sieben bis neun: Form und Funktion (Kap. 7, Prayers, 156-174; vgl. Function, 61-95), Funktion innerhalb der einleitenden Gebetsberichte (Kap. 8, Prayers, 175-229; vgl. Function, 366-404.239-256), Funktion im Briefkorpus (Kap. 9, Prayers, 230-258). Den Bitten und Ermahnungen zum Fürbittegebet wendet sich Wiles in Kapitel zehn zu (ebd. 259-292; vgl. Function, 95-102.329-334.336-351), gefolgt von einer abschließenden Ergebniszusammenfassung in Kapitel elf (Prayers, 293-296).

302) Dieser ist in der Dissertation nur ansatzweise angeklungen (vgl. Function, 87.413-418).

303) Prayers, 41.52f.63.68.79.81.82.86.89.101.104.106.293f (bzgl. Gebetswünsche), 173.175.179.184.189.191.194.206.212.213. 219.221.225.227ff.241.246.247.255.257.293f (bzgl. Gebetsberichte).

304) Ebd. 50.61.68.99.154.293 (bzgl. Gebetswünsche), 177.180. 185.206.225.229.293 (bzgl. Gebetsberichte).

305) Ebd. 59.69.107.154.294.295 (bzgl. Gebetswünsche), 172.183. 186.214.228.229.247.248.255.258.294.295 (bzgl. Gebetsberichte).

306) Ebd. 69.89.154f.295 (bzgl. Gebetswünsche), 183.214.225.295 (bzgl. Gebetsberichte). Eine fünfte, liturgische Funktion wird vorwiegend von Segenswünschen am Briefschluß ausgeübt, indem die-

se im Rahmen des "liturgically oriented closing pattern" auf die Verlesung des jeweiligen Briefes und die Verwendung seiner Gebetsabschnitte im Gottesdienst der angeschriebenen Gemeinde hinzielen (ebd. 42.70f.90.95.107.155.294).

307) Bereits Schubert hatte die literarische Erscheinungsform zum Gegenstand seiner Untersuchungen gemacht, jedoch die Situationsbedingtheit nur generell angezeigt (Form, 38.62) und die apostolische Funktionalität gar nicht herausgearbeitet.

308) D. J. McFarlane, The Motif of Thanksgiving in the New Testament, Magschr. St. Andrews University 1966.

309) Er betont in erster Linie die Abhängigkeit von 2 Makk 1,1-9.10-17 (ebd. 26-30).

310) Das erweist McFarlane in Auseinandersetzung mit Boobyer, Thanksgiving (vgl. S. 29-32), dem er die durch den Fortgang der Forschung aufgezeigte Fragwürdigkeit der Heranziehung gnostischer und anderer Konzeptionen zum Verständnis neutestamentlicher Aussagen entgegenhält (Motif, 55-69).

311) Dankbarkeit spielt nach McFarlane im Hellenismus eine bedeutende Rolle, wird jedoch in ihrem eigentlichen Sinngehalt des Dankbarseins von Paulus nicht aufgenommen und verarbeitet (ebd. 48, vgl. 46). In diesem Zusammenhang setzt sich McFarlane ausführlich mit Schubert, Form, auseinander (Motif, 39-48).

312) Das begründet er zum einen mit der Beobachtung, "that Paul almost invariably '... begins his letters with thanksgiving, even where there is less to be thankful for than he could wish'" (ebd. 31), zum anderen mit der Feststellung, daß "one simply cannot ... discover any doctrine of gratitude" im Neuen Testament (ebd. 39). Aber auch hellenistische Vorstellungen von Dankbarkeit scheiden als Beweggrund aus, so daß McFarlane geradezu von "distinct absence from the thanksgiving periods of any Biblical or Hellenistic idea of gratitude" reden kann (ebd. 50). In diesem Zusammenhang muß allerdings beachtet werden, daß er zwischen Dankbarkeit (gratitude) und Dankbarsein (gratefulness) in dem Sinne unterscheidet, daß Dankbar k e i t die Lehre bzw. Theorie von der menschlichen Haltung des Dankbar s e i n s ist. Die subjektive Empfindung des Dankbarseins mag zwar hinter den einleitenden Gebetsberichten des Paulus stehen (ebd. 71), nicht aber die Theorie bzw. Theologie der Dankbarkeit (ebd. iif). Im Endeffekt läuft die Studie aber darauf hinaus, daß nicht nur "Dankbarkeit", sondern auch "Dankbarsein" als Motivation der Texte ausscheidet.

313) McFarlane beruft sich dabei auf die briefliche Erscheinungsform der Gebete: "While the thanks are addressed to God, the thanksgiving period ist addressed to the recipients. These

thanksgiving periods take on a declarative, confessional, recitatival tone. The recievers are being told what it is about them for which Paul performs his act of thanksgiving." (ebd. 51).

314) Dies wird nach McFarlane in 1 Kor 14,13-19 deutlich, wo εὐχαριστεῖν einerseits alleine steht (14,18) und einfacher Ausdruck des Dankbarseins ist, andererseits aber mit εὐλογεῖν synonym verwendet wird (14,16f) und somit vom Bedeutungsgehalt von εὐλογεῖν her als Ausdruck der Bestätigung von Gottes Handeln, als Lob, zu qualifizieren ist (ebd. 73).

315) Aufgekommen erst im 3. Jahrhundert v. Chr. (ebd. 74; unter Berufung auf T. Schermann, Εὐχαριστία und εὐχαριστεῖν in ihrem Bedeutungswandel bis 200 n. Chr., Philologus 69, 1910, 375-410).

316) Unter Berufung auf Robinson, Hodajot.

317) Das zeigt sich auch in der Verwandtschaft von εὐχαριστεῖν mit εὐλογεῖν und ἐξομολογεῖσθαι im Sprachgebrauch der LXX (Motif, 82f).

318) Betr. Übersetzungsausdrücke: ebd. 96.108.109.111.116; betr. Austauschbarkeit: ebd. 96.97.109.111.

319) Dabei verweist McFarlane ohne Seitenangabe auf "an earlier section" seiner Studie (ebd. 109). Das kann sich m. E. nur auf ebd. 81 Anm. 24 beziehen, wo er Robinsons Vermutung wiedergibt, "that both the charis to theo and the thanksgiving periods stem from the berakah of Judaism" (vgl. Hodajot, 230; Unterstreichung im Original). Gerade an diesem Punkt wäre eine präzisere Argumentation und exaktere Verweistechnik dringend erforderlich!

320) Unter Bezugnahme auf Sekundärliteratur sowie Joh 11,41f; Lk 18,11; Apk 4,9; 7,12; 11,17, wo "the mood is ascription or affirmation" und "Jewish devotional life ... provides interesting parallel formations" (Motif, 114).

321) Sie sind nicht Ausdruck von Dankbarkeit (ebd. 50-54).

322) εὐχαριστεῖν ist mit εὐλογεῖν Wiedergabe des hebräischen ברך, also Ausdruck der Bestätigung und des Lobes Gottes (ebd. 89-109).

323) Zu den herangezogenen Texten vgl. Anm. 320.

324) McFarlane gesteht in dieser Hinsicht ja auch ein: "... the motif of thanksgiving (sc. bei εὐχαριστεῖν) ... cannot be separated completely from the homely experience of being grateful." (Motif, 71).

325) Vgl. Harder, Paulus, 135ff.200ff.

326) P. T. O'Brien, Introductory Thanksgivings in the Letters of Paul, NT.S 49, Leiden 1977 (= überarbeitete Fassung einer unter demselben Titel 1971 vorgelegten Dissertation).

327) Vgl. S. 50-53.

328) Exakt lautet die Zweckbestimmung der Untersuchung: "(1) to determine the place, importance and function of the introductory thanksgiving p a s s a g e s within the Pauline letters they introduce; and (2) to examine the p r a y e r s found within these passages, particularly the thanksgivings and intercessions, with the aim of assessing their significance, frequency, the grounds for thanksgiving, the objects of Paul's intercessions, etc." (Thanksgivings, 259, vgl. ebd. 2).

329) Es würde zu weit gehen, die Einzelexegese zu referieren. Bei der Darlegung der Zusammenfassung wird aber auf ihre wichtigsten Inhalte verwiesen.

330) Vgl. S. 80.

331) Phil 1,3-11 (Thanksgivings, 37f); Röm 1,8ff (ebd. 225).

332) Phil 1,3-11 (ebd. 37f); Kol 1,3-14 (ebd. 100f); 1 Kor 1,4-9 (ebd. 135); 2 Thess 1,3ff (ebd. 194); 2 Kor 1,3ff (ebd. 255f).

333) Phil 1,3-11 (ebd. 38); Phlm 4-6 (ebd. 58); Kol 1,3-14 (ebd. 100); 1 Kor 1,4-9 (ebd. 134f); 1 Thess 1,2ff (ebd. 164); 2 Thess 1,3ff (ebd. 194); Röm 1,8ff (ebd. 226ff); 2 Kor 1,3ff (ebd. 255f).

334) Phlm 4-6 (ebd. 58); Röm 1,8ff (ebd. 226-228); 2 Kor 1,3ff (ebd. 254).

335) Kol 1,3-14 (ebd. 101); 1 Kor 1,4-9 (ebd. 136); 1 Thess 1,2ff (ebd. 165); 2 Thess 1,3ff (ebd. 193f); Röm 1,8ff (ebd. 229).

336) 1 Kor 1,4-9 (ebd. 136); 1 Thess 1,2ff (ebd. 165); 2 Thess 1,3ff (ebd. 193); Röm 1,8ff (ebd. 229).

337) Phil 1,3-11 (ebd. 40); 1 Thess 1,2ff (ebd. 165).

338) Phil 1,3-11 (ebd. 40).

339) Phil 1,3-11 (ebd. 38f); Phlm 4-6 (ebd. 59); Kol 1,3-14 (ebd. 101); 1 Thess 1,2ff (ebd. 165); 2 Thess 1,3ff (ebd. 194); 2 Kor 1,3ff (ebd. 256).

340) Phlm 4-6 (ebd. 59).

341) 1 Kor 1,4-9 (ebd. 136).

342) Phil 1,9-11 (ebd. 39); Phlm 4-6 (ebd. 59f); Kol 1,3-14 (ebd. 101); 1 Kor 1,4-9 (ebd. 136); 1 Thess 1,2ff (ebd. 165); 2 Thess 1,3ff (ebd. 195); Röm 1,8ff (ebd. 226); 2 Kor 1,3ff (ebd. 256).

343) 2 Thess 1,11 (ebd. 195).

344) Davon sind u. a. geprägt: Kol 1,3-14 (ebd. 77-79.86-97.101-103); 1 Thess 3,11ff (ebd. 158-165); Röm 1,10 (ebd. 217-221. 229); 2 Kor 1,3ff (ebd. 233f.236-244.250.257).

345) Daraus entstammen vor allem festgefügte Wendungen wie ὁ θεὸς καὶ πατὴρ τοῦ κυρίου ἡμῶν Ἰησοῦ Χριστοῦ, ἡμέρα Χριστοῦ Ἰησοῦ, πιστὸς ὁ θεός und διὰ Χριστοῦ (ebd. 264). Aber auch Kol 1,12-14 (ebd. 94.102f), 1 Kor 1,4-9 (ebd. 137) und 1 Thess 3,11ff (ebd. 160f.165f) weisen auf die Sprache des urchristlichen Gottesdienstes zurück.

346) Sie wirkt sich besonders in der Verwendung von Begriffen wie εὐαγγέλιον, μαρτύριον, ὁ λόγος τοῦ θεοῦ, χάρις, πιστεύειν, δέχεσθαι, παραλαμβάνεσθαι, καταγγέλειν und deren Inhalten aus (ebd. 264, vgl. 137.166).

347) Ebd. 265, vgl. 102f.137.166.

348) Ebd. 267, vgl. 50-54.60.75-82.103.146-153.166.171-177.196. 202-210.257.

349) Ebd. 267, vgl. 40f.103.108-116.166.184-193.196.257.

350) Ebd. 268, vgl. 40.82.103.166.196.

351) Ebd. 268, vgl. 40f.123-126.137.

352) Ebd. 271, vgl. 258.

353) Ebd. 269, vgl. 40.60.103.195.

354) Ebd. 270, vgl. 29-37.41.60.85-87.195f.

355) Ebd. 270, vgl. 41.196.

356) Ebd. 271, vgl. 41.60.104.166.179-181.196.257.

357) Ebd. 271, vgl. 166.229f.258.

358) Vgl. S. 80.

359) Zumindest hinsichtlich der Fürbittepassagen innerhalb der einleitenden Gebetsberichte (Phil 1,9-11; Phlm 6; 1 Kor 1,8f; 1 Thess 1,2f; 3,11-13; Röm 1,9f).

360) I n t r o d u c t o r y   Thanksgivings in the L e t -
t e r s of Paul (Hervorhebung von mir).

361) So beispielhaft ebd. 226-229, auch 254f u. ö.

362) Vgl. dazu S. 187f.

363) P. T. O'Brien, Thanksgiving and the Gospel in Paul, NTSt 21, 1975, 144-155.

364) Ders., Thanksgiving within the Structure of Pauline Theology, in: Pauline Studies. Essays presented to Professor F. F. Bruce on his 70th Birthday, hg. von D. A. Hagner und M. J. Harris, Exeter 1980, 50-66.

365) In hellenistischen Inschriften und Papyri, in der LXX, bei Philo und Josephus (ebd. 51f).

366) In ihnen ist εὐχαριστεῖν κτλ. in der Hauptsache beschränkt auf Gebete bei Mahlzeiten und sonstige gebethafte Äußerungen von Dankbarkeit. In der Apk findet es liturgische Verwendung (ebd. 52-54, bes. 54).

367) Dabei Unterteilung der Verwendung von εὐχαριστεῖν κτλ. in folgende Bereiche: einleitende Gebetsberichte (ebd. 55-57), umgangssprachliche Äußerungen (ebd. 57), Dankgebete bei Mahlzeiten (ebd. 57f), Mahnungen zum Dankgebet (ebd. 58f), lehrhafte (theologische) Zusammenhänge (ebd. 59f) und die Formel χάρις τῷ θεῷ (ebd. 60f).

368) Vgl. S. 82-85.

369) Gratitude im Sinne von "grateful attitude" (Structure, 62; vgl. ebd. 59: "... thanksgiving ... springs from a thankful attitude").

370) Den Zusammenhang von Dankgebet und Evangelium hat O'Brien, Gospel, ausführlich beleuchtet. Sein Fazit: "Paul's prayers of thanksgiving are directed to God in gratitude for what He has done through the gospel." (ebd. 155).

371) Dankgebet "ought to accompany any and every Christian activity" (Structure, 59).

372) Siehe S. 85-89.

373) L. Monloubou, Saint Paul et la prière. Prière et évangélisation, Lectio Divina 110, Paris 1982.

374) So der Autor in einem Brief an mich vom 12. August 1985.

375) Paul, 39-126, bes. 48.49.66.81.102.104.106.108.115.

376) D. M. Stanley, Boasting in the Lord. The Phenomenon of Prayer in Saint Paul, New York 1973. - Das Buch "Preghiera e apostolato in S. Paolo" von Silverio Zedda (Fossano 1961) war mir bislang - trotz erheblicher Bemühungen - nicht zugänglich, ebenso die Dissertation von A. Guido, La teologia della preghiera nelle lettere di Paolo ai Tessalonicesi, Universitas Pontificia Salesiana, Roma 1981.

377) Stanley sieht das Gebet in diesem Zusammenhang als "an authentic expression" eines lebendigen Glaubens an (Boasting, 65).

378) Er geht auf 2 Kor 11,31; Röm 9,5; Phil 4,20f; Gal 1,3-5 näher ein.

379) Vor allem 1 Kor 15,57; 2 Kor 2,14.

380) Besonders 1 Thess 3,11-13; 5,23f; 2 Thess 2,16f; 3,5.16; Gal 6,16-18; Röm 15,13.

381) Als solche versteht er 2 Kor 1,3-11 und Eph 1,3-14.

382) Stanley sieht den Hymnus Kol 1,15-20 als mit zum einleitenden Gebetsbericht gehörig an.

383) Vgl. S. 159.160f.

384) Siehe S. 40-47.

385) ThLZ 65, 361.

ANMERKUNGEN ZU S. 96-110: V. ZUSAMMENFASSUNG DER WICHTIGSTEN FORSCHUNGSERGEBNISSE

386) Für die von ihm bestimmte Theologie gilt die Feststellung R. Bultmanns, "daß sie nicht von Gott, sondern von Menschen gehandelt" und "das Christentum als innerweltliche, sozialpsychologischen Gesetzen unterworfene Erscheinung aufgefaßt" hat (liberale Theologie, 2.5).

387) Siehe S. 14-16.

388) Der Begriff begegnet wörtlich bei Goltz (s. S. 18) und Junkker (s. S. 23), der Sache nach aber bei fast allen Exegeten der zweiten Phase (s. S. 11-23) sowie bei einigen Forschern der dritten Phase wie Greeven (s. S. 32f), Schneider (s. S. 34), Harder (s. S. 41.45) und Eschlimann (s. S. 37).

389) Letztere ist in erster Linie die Folge eines dogmatischen Problems (vgl. Anm. 49.58).

390) Insofern ist diese Forschungsphase von P. Schubert eingeleitet worden (vgl. S. 50-53).

391) Diese und alle folgenden Seitenangaben im Haupttext und in den Anmerkungen des Abschnitts V. beziehen sich auf den ersten Hauptteil der vorliegenden Arbeit.

392) Christ S. 13, Zimmer S. 15, Schneider S. 34, Eschlimann S. 37.

393) Juncker S. 23, Greeven S. 32.

394) Goltz S. 18

395) Städlin S. 8, Goltz S. 18, Juncker S. 23, Schneider S. 34, Eschlimann S. 37, Harder S. 45.

396) Goltz S. 18, Juncker S. 23, Eschlimann S. 37.

397) Vgl. Anm. 65

398) Vgl. vor allem Anm. 49.58 sowie S. 11f.16f.18f.23.39.44.

399) Vgl. Anm. 36, wo die Problematik an konkreten Beispielen vorgeführt ist.

400) So bes. Städlin S. 9, Christ S. 11f, aber auch Juncker S. 22f.

401) Christ S. 12.

402) Zimmer S. 15, Goltz S. 19.

403) Böhme S. 21f, in die selbe Richtung tendierend Harder S. 41f.

404) So ausdrücklich Zimmer S. 15, Harder S. 43, Hamman S. 67f.

405) Hamman S. 67f, O'Brien S. 89.

406) Zimmer S. 15, Harder S. 45, Hamman S. 67, O'Brien S. 89.

407) Zimmer S. 15, Goltz S. 19, Greeven S. 33, Harder S. 43, Hamman S. 67f, O'Brien S. 89.

408) Goltz S. 19, Hamman S. 67f.

409) Zimmer S. 15, Boobyer S. 29-32, Eschlimann S. 39, Hamman S. 67f, O'Brien S. 87.89.

410) Schellbach S. 48f, Wiles S. 77-79, O'Brien S. 88.

411) Greeven S. 33, Eschlimann S. 38, Schellbach S. 48f, Hamman S. 68.

412) Schellbach S. 48f, O'Brien S. 86.

413) Wiles S. 77.79.

414) Wiles S. 79.

415) Greeven S. 33, Harder S. 44.

416) Eschlimann S. 38, Wiles S. 79, O'Brien S. 88.

417) Benedictions, 26-34.91.122f. Die Arbeit wurde deshalb auch nicht näher dargelegt.

418) Vgl. Greeven S. 33, Wiles S. 75, O'Brien S. 87f.

419) Ménégoz S. 35.

420) Schellbach S. 48f.

421) Wiles S. 78, O'Brien S. 88, vgl. Monloubou S. 90.

422) Vgl. Hamman S. 67.

423) Benedictions, 54.74.84.

424) Vgl. Stanley S. 94.

425) Vgl. McFarlane S. 82.

426) Vgl. zu den religionsgeschichtlichen Hintergründen von Röm 8,26 S. 62.168.

427) Vgl. O'Brien S. 88.

428) Vgl. S. 106.

429) Hamman, Prière, 264-270.

430) Zimmer S. 15, Boobyer S. 29-32, Hamman S. 67f, O'Brien S. 87.89.

431) Zimmer S. 15.

432) Eschlimann S. 39.

433) Harder S. 43, Dietzel S. 64, Stanley S. 90.

434) Goltz S. 18, Juncker S. 22f, Stanley S. 91.

435) Eschlimann S. 37, Bieder S. 55.

436) Marchel S. 71.

437) Hamman S. 66

438) Stanley S. 92.

439) Goltz S. 18, Juncker S. 23, Harder S. 43, Schellbach S. 49, Stanley S. 90f.

440) Eschlimann S. 38, Hamman S. 66f.

441) Eschlimann S. 38, Marchel S. 72.

442) Böhme S. 21f, Juncker S. 22f, Heiler S. 25, , Boobyer S. 31, Greeven S. 32, Schneider S. 34, Eschlimann S. 37, Dietzel S. 65, Hamman S. 67.

443) Bieder S. 55, Schniewind S. 56f, Gaugler S. 58.

444) Bieder S. 55, Schniewind S. 56f, Gaugler S. 58.

445) Bieder S. 55, Gaugler S. 58, Dietzel S. 65.

446) Zimmer S. 16, Harder S. 43f.

447) Böhme S. 21f, Juncker S. 22f, Greeven S. 32, Schneider S. 34, Eschlimann S. 37, Dietzel S. 65, Hamman S. 67.

448) Harder S. 44.

449) O'Brien S. 87.89.

450) Wiles S. 79.

451) Goltz S. 19, Greeven S. 33, Ménégoz S. 35, Harder S. 43, Dietzel S. 64, O'Brien S. 89, Monloubou S. 90.

452) Goltz S. 19, Schneider S. 34, Ménégoz S. 35, Schellbach

S. 48f, vgl. Dietzel S. 64.

453) Greeven S. 32

454) Schneider S. 34, Stanley S. 92.

455) Greeven S. 33, Eschlimann S. 38, Wiles S. 75.79, O'Brien S. 87.

456) Zimmer S. 15, Greeven S. 32f, Ménégoz S. 35f, Harder S. 44, Gaugler S. 58, Wiles S. 78.

457) Dies gilt für die folgenden Punkte: Das Gebet als Äußerung von Frömmigkeit und Sittlichkeit, das Beten des Paulus im Vergleich zum Beten Jesu und die kategorische Unterteilung des Gebetsinhalts.

458) Wie etwa die religionsgeschichtlichen Vorstufen sowie die Gebetswünsche und Fürbittegebetsberichte.

459) Function, 203-409.

ANMERKUNGEN

ZWEITER TEIL

ANMERKUNGEN ZU S. 114-123: I. 2 KORINTHER 12,8

1) Vgl. S. 16f.18f und Anm. 49.58.

2) Als Beispiele für diese, freilich auch schon zuvor vereinzelt begegnende Haltung seien genannt: Windisch, 2 Kor, 388f; Bultmann, Theologie (1. Aufl.), 127; Furnish, 2 Kor, 529f.

3) Windisch, 2 Kor, 388.

4) Vgl. S. 121f.

5) Röm 1,8-10; 1,21; 1,25; 6,17; 7,25; 8,15: 8,26f; 10,1; 11,33-36; 14,6; 15,5; 15,9; 15,13; 15,30; 1 Kor 1,4; 1,14; 11,13; 15,57; 2 Kor 1,3; 1,10f; 1,20; 2,14; 4,15; 8,16; 9,11-15; 13,7; Gal 1,3-5; 1,24; 4,6; Phil 1,3; 4,6; 4,19f; 1 Thess 1,2f; 1,13; 3,9; 5,23; Phlm 4 (Eph 1,3.6.12.14; 1,16f; 3,14.20f; 5,20; Kol 1,3; 1,12; 3,16f; 4,3; 2 Thess 1,3; 1,11; 2,13).

6) Entrückungen und körperliches Leiden.

7) Als Zwiegespräch (vgl. Zmijewski, Stil, 379).

8) Vgl. Zmijewski, Stil, 363 und ebd. Anm. 289, wo die verschiedenen Möglichkeiten der Einordnung in den Kontext kurz angeführt werden. Zmijewski selbst unterläßt eine genaue formgeschichtliche Bestimmung und beschränkt sich darauf, der paulinischen Narrenrede die "Form der Apologie" zuzuweisen (ebd. 423) und ansonsten die Einheiten 12,2-4.7b-9a global "Erzählung" (ebd. 396) bzw. "Bericht" (ebd. 410) zu nennen (ähnlich Hughes, 2 Kor, 448). Zu den "confessiones" des Paulus zählt den Abschnitt 12,1-10 Saake, Paulus, 153. Präziser bezeichnet Schmithals, Gnosis, 202 12,6ff als "persönliche Konfession". Eine völlig andere Richtung schlägt Betz, Aretalogie, 289 ein, der in 12,7-10 ein "'Heilungswunder'" sieht, "das im Stile einer Aretalogie vorgetragen ist". An anderer Stelle (Apostel, 84f) erblickt Betz in 12,1-10 "zwei Aretalogien" in Gestalt einer "Parodie eines Himmelfahrtsberichtes" (12,2-4) sowie der einer Wundergeschichte (12,7-10; ähnlich Furnish, 2 Kor, 547, nach dem 12,5-10 der "conventional form of healing narratives (aretalogies)" folgt).

9) Zmijewski, Stil, 375 einschl. ebd. Anm. 366.367.

10) Zmijewski, Paulus, 197.

11) Diese grobe Einordnung wird - bis auf die Abgrenzung der Narrenrede - von nahezu allen Exegeten vorgenommen.

12) Vgl. Bultmann, 2 Kor, 227; Furnish, 2 Kor, 530; Barrett, 2 Kor, 316.

13) Zur Relation von ἄγγελος σατανᾶ und σκόλοψ τῇ σαρκί sowie den mannigfachen Deutungsversuchen der Begriffe vgl. Marshall, Enmity, 380; Güttgemanns, Apostel, 162ff; Thierry, Dorn, 303ff; Price, Paradise, 35ff; Black, Paul, 152ff; Greeven, Gebet, 166f; Zmijewski, Paulus, 199ff; Furnish, 2 Kor, 528f.547ff; Barrett, 2 Kor, 314ff; Bruce, Kor, 248; Klauck, 2 Kor, 93f; Wendland, Kor, 249f; Lietzmann, Kor, 156f; Schlatter, Paulus, 666ff; Lang, Kor, 348f.350f.

14) Bauer, Wörterbuch, 872.

15) κολαφίζειν bezieht sich in allen übrigen neutestamentlichen Vorkommnissen ausschließlich auf körperliches Leid bzw. Mißhandlungen (Mk 14,65 par; 1 Kor 4,11; 1 Petr 2,20).

16) Zum Subjekt von ἐδόθη vgl. Anm. 45.

17) Vgl. Zmijewski, Stil, 374; Marshall, Enmity, 377f.

18) Vgl. Zmijewski, Paulus, 203. Dabei wird man ὑπεραίρεσθαι auch mit καυχᾶσθαι (12,1.5.6) in Verbindung bringen müssen, was dem Duktus des Abschnitts entspricht (vgl. Greeven, Gebet, 166; Güttgemanns, Apostel, 162). - Die Lösung des textkritischen Problems von 12,7a spielt hinsichtlich des Aussagezusammenhangs nur eine untergeordnete Rolle. In jedem Fall bleibt der Sinnzusammenhang von τῇ ὑπερβολῇ τῶν ἀποκαλύψεων und ἵνα μὴ ὑπεραίρωμαι bestehen (vgl. zum textkritischen Problem die Kommentare und Güttgemanns, Apostel, 161 Anm. 54, zum Sinnzusammenhang Saake, Paulus, 158; Zmijewski, Paulus, 203; Wendland, Kor, 248; Klauck, 2 Kor, 94).

19) Dabei deutet weniger die Wendung ὀπτασίας καὶ ἀποκαλύψεις, die einfach generelle Themaangabe sein kann (so u. a. Windisch, 2 Kor, 368; Bultmann, 2 Kor, 220), sondern der rückblickende Plural ἀποκαλύψεων (12,7) darauf hin, daß Paulus in 12,2-4 zwei verschiedene Ereignisse anführt (gegen Lührmann, Offenbarungsverständnis, 57; Spittler, Limits, 262; Windisch, 2 Kor, 371; Bultmann, 2 Kor, 223; Furnish, 2 Kor, 542; Klauck, 2 Kor, 92; Lang, Kor, 347). - Zu den zahlreichen, für unsere Fragestellung aber sekundären Problemen von 12,1-4 vgl. neben den Kommentaren Marshall, Enmity, 376ff; Schmithals, Gnosis, 199; Betz, Apostel, 89ff; Saake, Paulus, 154ff; Lincoln, Paul, 204ff; Georgi, Gegner, 297f; Stanley, Boasting, 50f; Hamman, Prière, 273.

20) Zum Platz der ὀπτασίαι καὶ ἀποκαλύψεις im Gedankengang der Narrenrede vgl. Marshall, Enmity, 376ff; Spittler, Limits, 260f; Saake, Paulus, 153f; Betz, Apostel, 89ff, dazu ergänzend 41f.75.77; Black, Paul, 147; Windisch, 2 Kor, 379; Bultmann, 2 Kor, 220; Furnish, 2 Kor, 543.

21) Zu den vielfältigen Erklärungsversuchen zur Rede des Paulus von sich selbst in der dritten Person vgl. außer den Kommentaren Spittler, Limits, 264; Schmithals, Gnosis, 201; Güttgemanns, Apostel, 159ff; Lührmann, Offenbarungsverständnis, 58; Zmijewski, Paulus, 197; Schelkle, Leib, 456.

22) Dabei läßt er es offen, ob es sich um ekstatische ($\dot{\epsilon}\kappa\tau\grave{o}\varsigma\ \tau o\hat{v}$ $\sigma\acute{\omega}\mu\alpha\tau o\varsigma$) oder um leibliche Entrückung ($\dot{\epsilon}\nu\ \sigma\acute{\omega}\mu\alpha\tau\iota$) handelt (12,2).

23) Vgl. Zmijewski, Paulus, 198, nach dem 12,7-10 die theologisch-christologische Begründung des Ruhms der Schwachheit bringt (vgl. ebd. 205), und 12,7 geprägt ist von dem "Bemühen" des Apostels, seine Krankheit "theologisch zu deuten" (ebd. 199.202). Von daher ist es unangemessen, 12,8f lediglich als sarkastische Hinzufügung zum Vorausgehenden zu bezeichnen (gegen Soards, Apostle, 91). - Zur verstehenden und deutenden Wiedergabe in 12,1-10 gehören vor allem die Einordnung in den Kontext des Rühmens und damit der Auseinandersetzung mit den Gegnern (12,1), die Bezeichnung des Erlebten als $\dot{o}\pi\tau\alpha\sigma\acute{\iota}\alpha\iota\ \kappa\alpha\grave{\iota}$ $\dot{\alpha}\pi o\kappa\alpha\lambda\acute{v}\psi\epsilon\iota\varsigma\ \kappa v\rho\acute{\iota}ov$ (12,1), die Redeweise in der dritten Person des $\ddot{\alpha}\nu\theta\rho\omega\pi o\varsigma\ \dot{\epsilon}\nu\ X\rho\iota\sigma\tau\hat{\omega}$ (12,2-4), die Zeitangabe $\pi\rho\grave{o}\ \dot{\epsilon}\tau\hat{\omega}\nu$ $\delta\epsilon\kappa\alpha\tau\epsilon\sigma\sigma\acute{\alpha}\rho\omega\nu$ (12,2), die zweimalige Betonung des Nichtwissens hinsichtlich einer Miteinbeziehung des Leibes (12,2f), die kontextbezogene Deutung der Vorgänge (12,5-7a) einschließlich der zweifachen Deutung des Sinns des Leidens (12,7) sowie die theologisch-existentielle Schlußfolgerung aus der Antwort Christi (12,9b.10), in deren Licht Paulus den ganzen Abschnitt gestaltet.

24) Es sei denn, man will 12,1-10 als literarische Fiktion auffassen. Aber daran ist nicht zu denken. Es kommt im Zusammenhang der Narrenrede gerade auf die Behauptung des Apostels an, ihm seien derartige Entrückungserlebnisse realiter zuteil geworden (vgl. Zmijewski, Stil, 410; Schelkle, Leib, 458; Windisch, 2 Kor, 373f.377; Furnish, 2 Kor, 544; Klauck, 2 Kor, 92. Selbst Betz, der 12,2-4.7-10 als Parodien ansieht (Apostel, 84f), bestreitet damit noch nicht die Historizität des Berichteten (ebd. 89)).

25) So mehr oder weniger deutlich Cerfaux, Apôtre, 476; Hamman, Prière, 270; vor allem Price, Paradise, 37.

26) Hughes, 2 Kor, 448 (vgl. Bultmann, Theologie, 233).

27) Gegen Price, Paradise, 38.

28) So Zmijewski, Stil, 330; Georgi, Gegner, 298 Anm. 1; Schelkle, Leib, 458; Bultmann, 2 Kor, 220; Bruce, Kor, 246; Wendland, Kor 244. - Als gen. obj. versteht Schlatter, Paulus, 658 die Wendung. Unentschieden ist Barrett, 2 Kor, 307. Windisch, 2 Kor, äu-

ßert sich nicht direkt zum Problem, geht aber wohl aufgrund der Feststellung, Paulus habe Christus "geschaut" (ebd. 377), von einem objektiven Sinn des Genetivs aus.

29) Die beiden anderen Belege 1 Kor 1,7 (und - in einem Traditionsstück - 2 Thess 1,7) kennzeichnen Christus als Objekt einer Offenbarung bei der Parusie.

30) Vgl. Schlier, Gal, 45 und bes. 47; Dietzfelbinger, Berufung, 62.

31) Vgl. ebd. 55f. - Dieser Befund wird durch die Apg bestätigt. Dort begegnet aus der uns beschäftigenden Wortgruppe nur ὁρᾶν als Ausdrucksmittel des Damaskuserlebnisses, wobei Christus einerseits als Urheber der Erscheinung (9,17; 26,16) und andererseits als deren Inhalt (9,27; 22,14f) in Frage kommt. Hinsichtlich der Verwendung von ὀπτασία läßt sich nichts Definitives feststellen. Die einzige Stelle außer 2 Kor 12,1 mit einem Genetiv weist objektive Bedeutung auf: Lk 24,23 bezügl. ἀγγέλων.

32) Vgl. Lincoln, Paul, 205.

33) Das läßt allein schon die Zeitangabe (12,2) nicht zu (vgl. Schmithals, Gnosis, 175; Windisch, 2 Kor, 373; Schlatter, Paulus, 661).

34) Vgl. 12,4: ἤκουσεν ἄρρητα ῥήματα.

35) Vgl. Windisch, 2 Kor, 368: "ὀπτασίαι und ἀποκαλύψεις sind beinahe synonyme Wendungen ... man könnte οπτ. als Vision und απ. als Audition fassen ..."; ebd. 377: "... vor allem wird er (sc. Paulus) ... 'den Herrn' selbst ... auf seinem Thron geschaut haben ... werden die Worte, die er vernahm, vom Herrn ausgegangen sein ..."; ähnlich Barrett, 2 Kor, 307: "... v i s i o n s and r e v e l a t i o n s ... cannot be nicely distinguished ... v i s i o n points directly to the thing seen, or the experience of seeing it, r e l e v a t i o n to its intelligible content and its communication ...".

36) Vgl. Lincoln, Paul, 205f und Schelkle, Leib, 455, der über die paulinische Mystik generell urteilt: "Gott offenbart und schenkt sich dabei in Wort und Erscheinung, dem von Seiten des Menschen Hören und Schauen (Audition und Vision) entspricht."

37) So Schelkle, Leib, 458; Georgi, Gegner, 298 Anm. 1; Zmijewski, Stil, 330; Wendland, Kor, 244; Bruce, Kor, 246; Bultmann, 2 Kor, 220.

38) Vgl. Schlatter, Paulus, 659; Barrett, 2 Kor, 306; vor allem Zmijewski, Stil, 345.

39) Paulus läßt sich zu der Torheit hinreißen, "es diesen 'Überaposteln' (11,5), die mit ... ihren besonderen religiösen Erfahrungen in Form von 'Gesichten und Offenbarungen' ... und anderen großartigen Dingen prahlen, im 'Rühmen' einmal gleichzutun" (Zmijewski, Paulus, 197).

40) Vgl. Bruce, Kor, 246.

41) Goppelt, Theologie, 433.

42) Schlatter, Theologie, 354 (vgl. Goppelt, Theologie, 433; Bultmann, Theologie, 328-330).

43) Zu Windisch, 2 Kor, 377; Schlatter, Paulus, 664.

44) Wendland, Kor, 250 (vgl. S. 115.117; so auch die meisten Erklärungen, z. B. Black, Paul, 154; Güttgemanns, Apostel, 164; Zmijewski, Paulus, 200; Lang, Kor, 351; Windisch, 2 Kor, 386-388; Klauck, 2 Kor, 93; Furnish, 2 Kor, 548-550; Barrett, 2 Kor, 315; Bruce, Kor, 249; Hughes, 2 Kor, 448).

45) Zu seiner Zeit war die Vorstellung allgemein verbreitet, "daß derartige Krankheiten auf den Satan und seine Engel zurückgehen" (Zmijewski, Stil, 372; vgl. Windisch, 2 Kor, 385). - Erst als dem Apostel mitgeteilt wurde, daß sein Leiden dazu diente, ihn in Schwachheit für die Kraft Christi empfänglich zu machen (12,9), war er in der Lage, den Satansengel auf ein Handeln Christi zurückzuführen ($\dot{\epsilon}\delta\delta\theta\eta$, 12,7). Daß er zum Zeitpunkt des Gebets nicht an Christus als den letztendlichen Urheber des Leidens gedacht haben kann, zeigt die Formulierung ἵνα ἀποστῇ ἀπ' ἐμοῦ: Paulus betete nicht (paraphrasiert): "Nimm den Satansengel weg" (als Aufhebung des Gebens), sondern lediglich: "Mach', daß der Satansengel aufhört." Er sah also gerade nicht Christus bereits vorher am Werk, sondern erwägt erst jetzt dessen Eingriff in die Angelegenheit. - Es liegt kein zwingender Grund vor, in $\dot{\epsilon}\delta\delta\theta\eta$ ein Passivum Divinum zu erblicken (gegen Zmijewski, Stil, 373.380; ders., Paulus, 198; Stanley, Boasting, 54; Schlatter, Paulus, 665; Klauck, 2 Kor, 93; Furnish, 2 Kor, 528.547; Barrett, 2 Kor, 316), vielmehr legt es die herausragende Stellung Christi in unserem Abschnitt und vor allem die auf der Antwort Christi beruhende Erkenntnis des Apostels nahe, $\dot{\epsilon}\delta\delta\theta\eta$ auf Christus zu beziehen (mit Windisch, 2 Kor, 383; Güttgemanns, Apostel, 162.165; andeutungsweise auch Bultmann, 2 Kor, 227).

46) So Güttgemanns, Apostel, 164f.

47) So selbst Güttgemanns, Apostel, 165f.

48) Zmijewski, Paulus, 206.

49) Zmijewski, Paulus, 205; Bultmann, 2 Kor, 227; Barrett, 2

Kor, 316; Windisch, 2 Kor, 388; Hughes, 2 Kor, 449f; Lietzmann, Kor, 155.

50) Vgl. Windisch, 2 Kor, 383: "Diese Einsicht in den Sinn des Leidens wird dem Ap. freilich erst aufgegangen sein, nachdem er den Bescheid V. 9 erhalten hatte; denn sie setzt volle Ergebung in Gottes Willen voraus, während die Bitte um Befreiung vom Satansengel von einer Auffassung ausgeht, die den tieferen sittlichen Zweck noch nicht ahnt, sondern nur den Satansengel sieht."

51) Mit Ausnahme des $\kappa o \lambda a \phi i \zeta \eta$ (12,7), das aber wohl die Fortdauer des Leidens bis in die Gegenwart anzeigen soll.

52) Gegen Stanley, Boasting, 55; Zmijewski, Stil, 380; Windisch, 2 Kor, 388. Den Gedanken an Christus als den Überwinder Satans könnte zwar 2 Thess 2,8f nahelegen, er wird aber durch Röm 16,20 in seiner Eindeutigkeit relativiert.

53) Gegen Windisch, 2 Kor, 388. Zwar weiß Paulus, daß Christus körperliche Schwachheit am eigenen Leib erfahren hat (2 Kor 13,4; Gal 4,13f), ihre Aufhebung ist nach ihm aber immer die Sache Gottes (2 Kor 13,4; Phil 2,26f; 2 Kor 1,3-11).

54) Gegen Stanley, Boasting, 55f; Zmijewski, Stil, 380. In diesem Fall müßte der Apostel ja alle seine Gebete an Christus richten.

55) Gegen Zahn, Anbetung, 19; Bindemann, Gebet, 61. Für eine solche Vermutung fehlt jeglicher Anhaltspunkt.

56) So etwa Böhme, Gebet, 428. - Eine Stellungnahme zum Problem überhaupt fehlt u. a. in den Kommentaren von Bruce, Hughes, Wendland, Klauck, Schlatter, Barrett und Lietzmann.

57) Nach Schlatter, Paulus, 661 zeigt die Zeitangabe, "wie tief sich der Vorgang seinem (sc. Pauli) Gedächtnis eingeprägt hat" (vgl. Wendland, Kor, 245, der in diesem Zusammenhang auf die "Seltenheit dieser Erfahrungen" verweist; ähnlich Furnish, 2 Kor, 544: "... it must have been an unusual, perhaps unique experience for him ..."; vgl. Schelkle, Leib, 456). - Daß Paulus erwähnt, er wisse nicht mehr, ob er im Leib oder außer des Leibes entrückt wurde, ist nicht Ausdruck einer Trübung seines Erinnerungsvermögens, sondern die rhetorische Einkleidung seiner Auffassung von der absoluten Nebensächlichkeit der Art und Weise der Entrückungen.

58) Dabei kann $\dot{\upsilon}\pi\epsilon\rho\beta o\lambda\dot{\eta}$ sowohl die "Fülle" als auch das "besondere Erleben" der Offenbarungen bezeichnen (Delling, ThWNT 8, 523 Anm. 9).

59) Windisch, 2 Kor, 386 führt religionsgeschichtliche Paral-

lelen an, die zeigen, daß "Visionen und ekstatische Erlebnisse oft von Schmerzempfindungen, Schwäche- oder Krankheitszuständen begleitet sind".

60) Vgl. Zimjewski, Paulus, 204; Wendland, Kor, 248.

61) Gegen Greeven, Gebet, 166f.

62) Von daher ist es übertrieben, von einer Beeinträchtigung seines apostolischen Dienstes zu reden, die Paulus aufgehoben wissen wollte (gegen Stanley, Boasting, 53.55f; Black, Paul, 154; Bieder, Gebetswirklichkeit, 37 Anm. 29; Seeberg, Anbetung, 51; Zmijewski, Paulus, 201; Lang, Kor, 349; Hughes, 2 Kor, 450).

63) Insofern ist Prümm, Diakonia II/2, 388 Recht zu geben, der vom mystischen Christus spricht, mit dem Paulus hier im Gebetsverkehr steht. Nach seiner Auffassung gibt der Abschnitt 12,1-10 "außergewöhnliche Gebetsgnaden" wieder: "Eine solche war die mystische Erhebung zum dritten Himmel, aber auch das Gespräch mit dem Herrn." (ebd. 362).

64) Ob τρίς (12,8) dabei real oder symbolisch zu verstehen ist, spielt nur eine untergeordnete Rolle (vgl. dazu Black, Paul, 154; Saake, Paulus, 158; Price, Paradise, 37f; Güttgemanns, Apostel, 165 Anm. 94; Betz, Areatologie, 293; Zmijewski, Stil, 377.379f; ders., Paulus, 205; Schlatter, Paulus, 667; Bruce, Kor, 249; Barrett, 2 Kor, 316; Hughes, 2 Kor, 449f; Wendland, Kor, 248; Klauck, 2 Kor, 94; Furnish, 2 Kor, 529).

65) So Dietzel, Gründe, 246; Eschlimann, Prière, 142; Klawek, Gebet, 62; Zahn, Anbetung, 19.

66) Kümmel, Theologie, 140 unter Verweis auf 1 Kor 1,2; 16,23 (sic).

67) Gegen Kümmel, ebd., mit Bultmann, Theologie, 128f.

68) Kirchschläger, EWNT 2, 73 (vgl. Bultmann, Theologie, 128f; Greeven, Gebet, 159; Conzelmann, 1 Kor, 37 Anm. 38: "Es ist zu beachten, daß dieses 'Anrufen' kein Gebet ist. Dieses ergeht bei Paulus ausschließlich an Gott. An den 'Herrn' ergeht der kultische Ruf ..."; anders dagegen Schmidt, ThWNT 3, 501).

69) Wenn in Apg 7,59 ἐπικαλεῖν dennoch unmißverständlich ein an Christus gerichtetes Gebet bezeichnet, so zeigt dies nur, daß das Wort bis zur Zeit des Lukas diesen Bedeutungsgehalt angenommen hatte.

70) Vgl. Michel, Röm, 331; Kirchschläger, EWNT 2, 73.

71) Bultmann, Theologie, 129 (Conzelmann, 1 Kor, 361 spricht von

einem "Element der Liturgie").

72) So verweist Schmitz, ThWNT 5, 773 auf die ursprüngliche Bedeutung des Wortes im gemeingriechischen Sprachgebrauch: "den Gott zu Hilfe h e r b e i r u f e n", was im neutestamentlichen Sprachgebrauch - vor allem bei den Synoptikern - in das bittende Ersuchen gegenüber Jesus überging. Die Bedeutung der betenden Anrufung Gottes aus der Not heraus liegt in Mt 26,53 vor. "Damit läßt sich ohne weiteres 2 K 12,8 vergleichen ..." (ebd. 792).

73) In der Hauptsache $\pi\rho o\sigma\epsilon\acute{u}\chi\epsilon\sigma\theta\alpha\iota$ und $\pi\rho o\sigma\epsilon u\chi\acute{\eta}$, $\delta\epsilon\~\iota\sigma\theta\alpha\iota$ und $\delta\acute{\epsilon}\eta\sigma\iota\varsigma$, $\alpha\grave{\iota}\tau\epsilon\~\iota\nu$ und $\alpha\check{\iota}\tau\eta\mu\alpha$, $\mu\nu\epsilon\acute{\iota}\alpha\nu$ $\pi o\iota\epsilon\~\iota\sigma\theta\alpha\iota$, $\epsilon\grave{\upsilon}\chi\alpha\rho\iota\sigma\tau\epsilon\~\iota\nu$ und $\epsilon\grave{\upsilon}\chi\alpha\rho\iota\sigma\tau\acute{\iota}\alpha$, $\delta o\xi\acute{\alpha}\zeta\epsilon\iota\nu$ und $\delta\acute{o}\xi\alpha$, $\epsilon\grave{\upsilon}\lambda o\gamma\eta\tau\acute{o}\varsigma$, nicht jedoch $\grave{\epsilon}\pi\iota\kappa\alpha\lambda\epsilon\~\iota\nu$ und schon gar nicht $\pi\alpha\rho\alpha\kappa\alpha\lambda\epsilon\~\iota\nu$ (in 2 Kor 1,23 nicht auf das Beten bezogen; vgl. Kirchschläger, EWNT 2, 73).

74) Auch die Apg kann hier wenig weiterhelfen. Wo sie berichtet, daß Paulus mit dem erhöhten Christus spricht, sind diese Szenen eingebettet entweder in sein Berufungserlebnis (22,8; 26,15) oder in eine ekstatische Vision (22,19), können also nicht für ein Gebet im engeren Sinne herangezogen werden. Unter der Voraussetzung, daß die Beteiligung des Apostels am Tod des Stephanus historisch zutreffend ist (7,58; 8,1), wird man lediglich zugestehen können, daß Paulus einmal Zeuge eines unmittelbar an Christus gerichteten Gebets gewesen ist, nicht aber, daß er sich diese Gebetsausrichtung zu eigen gemacht hat.

75) Auch die Gebetswünsche mit Christus als Subjekt (1 Thess 3,11-13 (2 Thess 2,16f; 3,5; 3,16)) können nicht als Zeugnisse für Gebete zu Christus herangezogen werden, da sie keinen eindeutigen Aufschluß darüber geben, an wen sie ursprünglich gerichtet waren. So kommen etwa in dem ein einziges Gebet widerspiegelnden Abschnitt 1 Thess 3,9-13 Gott allein (3,9), Gott und Christus gemeinsam (3,11) und Christus allein (3,12) als Empfänger des Gebets in Frage (vgl. auch 2 Thess 2,16).

76) Furnish, 2 Kor, 547; Betz, Aretalogie, 293.

77) Spittler, Limits, 266; Lincoln, Paul, 205; Lang, Kor, 346.349; Windisch, 2 Kor, 382; Wendland, Kor, 248.

78) Schlatter, Glaube, 283 Anm. 1.

79) Betz, Aretalogie, 293 (vgl. zum Zustand des Paulus beim Offenbarungsempfang Lang, Kor, 349).

80) Windisch, 2 Kor, 382; Bultmann, 2 Kor, 227 (gegen Saake, Paulus, 158 Anm. 12).

81) So neuerdings wieder Lang, Kor, 349.

ANMERKUNGEN ZU S. 124-130: II. 2 KORINTHER 6,2

82) Vgl. zum Wesen der Gebetserhörung als Deutung des Glaubens Seitz, Gebet, 211.214.

83) Siehe S. 99f.

84) So vor allem Röm 1,10; 8,26f; 2 Kor 1,20; Phil 1,19; Kol 4,2-4; 1 Thess 5,16-18; 5,23f; 2 Thess 1,11f; Phlm 22.

85) Von den Exegeten, die sich mit der Gebetserhörung bei Paulus auseinandergesetzt haben, hat m. W. nur Zimmer, Gebet, 142 auf 2 Kor 6,2 Bezug genommen.

86) Vgl. Dinkler, Verkündigung, 178ff; Koch, Schrift, 262; Wendland, Kor, 208; Lietzmann, Kor, 127.

87) Dabei greift παρακαλοῦμεν zurück auf παρακαλοῦντος und δεόμεθα (5,20) und erweist sich somit als aktueller Vollzug des λόγος τῆς καταλλαγῆς (5,19) im Hinblick auf die schwierige korinthische Situation (vgl. Dinkler, Verkündigung, 181; Friedrich, Amt, 24; Bruce, Kor, 211; Bultmann, 2 Kor, 168; Lietzmann, Kor, 127). - Die "verkündigende Anrede an die Korinther" beginnt dabei erst in 6,1 und nicht bereits in 5,20 (so Hofius, Gott, 9 Anm. 31; gegen Dinkler, Verkündigung, 178; Bultmann, 2 Kor, 159.164; Findeis, Versöhnung, 196.209f u. ö.; Thrall, Salvation, 230). Über die von Hofius genannten strukturellen Argumente hinausgehend ist auch theologisch zu bedenken, daß Paulus die Bitte, sich mit Gott versöhnen zu lassen, wohl kaum an eine Gemeinde richten konnte, der er bereits das Stehen in der Rechtfertigung (1 Kor 6,11; und damit auch in der Versöhnung, vgl. 2 Kor 5,20f) bescheinigt hat. Wohin eine Mißachtung dieses Sachverhalts führen muß, zeigt sich besonders deutlich bei Findeis, Versöhnung, 222, nach dem die korinthische Gemeinde die "Versöhnungsgemeinschaft mit Gott" erst noch zu empfangen und sich infolgedessen "als pneumatische Gemeinde" zu konstituieren hat. Eine derartige Differenzierung zwischen unversöhnter Gemeinde und versöhnter "pneumatische(r)" Gemeinde aber ist mit der paulinischen Ekklesiologie nicht zu vereinbaren. In 2 Kor 6,1 steht ja gerade nicht der E m p f a n g der Versöhnung, sondern das L e b e n in der bereits empfangenen Versöhnung in Frage (vgl. Anm. 91).

88) Zu συνεργοῦντες, bezogen auf die Tätigkeit der διακονία τῆς καταλλαγῆς (5,19), kann von 5,18ff und 6,4 her nur τῷ θεῷ, allenfalls Χριστῷ ergänzt werden (vgl. Dinkler, Verkündigung, 181; Friedrich, Amt, 24f; Barrett, 2 Kor, 183; Windisch, 2 Kor, 199; Bultmann, 2 Kor, 168; Bruce, Kor 211).

89) Die exponierte Stellung von ὑμᾶς sowie die besondere Möglichkeit des vergeblichen Gnadenempfangs verbieten es, die Mahnung als generellen Bestandteil der paulinischen Verkündigung ohne spezielle Ausrichtung auf die Korinther zu verstehen (vgl. Koch, Schrift, 262; Hughes, 2 Kor, 218; Wendland, Kor 208; Windisch, 2 Kor, 200; Bruce, Kor, 211; Bultmann, 2 Kor, 169).

90) Der Zusammenhang legt ein solch umfassendes Verständnis der χάρις τοῦ θεοῦ nahe (vgl. Dinkler, Verkündigung, 181; Windisch, 2 Kor, 200; Bultmann, 2 Kor, 168; Furnish, 2 Kor, 352).

91) Bultmann, 2 Kor, 168. Das aber heißt: Für Paulus ist die Ethik das Kriterium, an dem sich das Verbleiben im Heilsbereich Gottes, in Rechtfertigung und Versöhnung, messen lassen muß. Im Blick auf die Auswirkungen der Heilsannahme für die Lebensführung deuten den Vers ferner Dinkler, Versöhnung, 181f; Furnish, 2 Kor, 352; Windisch, 2 Kor, 200; Lietzmann, Kor, 127; Schlatter, Paulus, 569; Barrett, 2 Kor, 183; Hughes, 2 Kor, 218.

92) Westermann, Jes, 173.

93) Nicht an den "Knecht" Jahwes (gegen Bruce, Kor, 211; vgl. Westermann, Jes, 173; Fohrer, Jes, 125; Duhm, Jes, 371).

94) Fohrer, Jes, 125; Westermann, Jes, 174.

95) Duhm, Jes, 372; Fohrer, Jes, 125 (vgl. Hughes, 2 Kor, 220; Furnish, 2 Kor, 353).

96) Vgl. Bonsirven, Exégèse, 30f.

97) Ganz gleich, ob כֹּה אָמַר יְהוָה zu lesen ist oder nicht (vgl. Westermann, Jes, 172f; Duhm, Jes, 371), bleibt Gott der "Sprecher" des Wortes (Koch, Schrift, 31).

98) Vgl. Hughes, 2 Kor, 219 (gegen Koch, Schrift, 25 Anm. 5).

99) Koch, Schrift, 272. Methodisch entspricht dieses Vorgehen kaum der "Technik der Pescher-Kommentierung" (ebd. 229f, Zitat 230; anders Ellis, Use, 143; Bruce, Kor, 211), wie sie vor allem von der Qumrangemeinde praktiziert wurde. Von der inhaltlichen Zielsetzung her ist das Verfahren des Apostels dem in Qumran durchaus vergleichbar, denn gerade mit Bezug auf 2 Kor 6,2 kann man "auch für Paulus ... von einer aktualisierenden, auf die als eschatologisch verstandene Gegenwart bezogenen Schriftinterpretation sprechen" (Koch, Schrift, 229 einschl. Anm. 10 ebd.).

100) Koch, Schrift, 263. Insofern ist 6,2 auch nicht als Parenthese anzusehen, sondern als gleichwertiger Bestandteil des Argumentationsganges (gegen Ellis, Use, 143; Hughes, 2 Kor, 221; Hofius, Gott, 9 Anm. 31).

101) Paulus erläutert mit dem Zitat und seiner Interpretation zwar nicht näher, "welches Verhalten der Gemeinde dieser Mahnung entsprechen würde" (Koch, Schrift, 263), aber die aus beidem zu ziehende Schlußfolgerung deutet die Zielrichtung unmißverständlich an.

102) Diesbezüglich zeichnen sich vier Elemente der Deutung von 2 Kor 6,2 ab:
1. Paulus betont mit dem Vers die "eschatologische(n) Gegenwart der Heilszeit" (Friedrich, Amt, 29; sinngemäß Koch, Schrift, 263; Furnish, 2 Kor, 353; Bultmann, 2 Kor, 169; Hughes, 2 Kor, 220).
2. Der Apostel betrachtet die Gegenwart als Erfüllung der Verheißung von Jes 49,8 (Hahn, Tag, 252; Dinkler, Verkündigung, 182; Bultmann, 2 Kor, 169; Barrett, 2 Kor, 183; Hughes, 2 Kor, 220).
3. Er verwendet das Zitat zur Bekräftigung seiner Mahnung (Koch, Schrift, 263; Friedrich, Amt, 29f; Barrett, 2 Kor, 183; Bultmann, 2 Kor, 169; Lietzmann, Kor, 127).
4. Als Mittel dazu dient ihm "das Motiv der zu benützenden Gelegenheit" (Prümm, Diakonia II/1, 265; sinngemäß Friedrich, Amt, 29f; Bruce, Kor, 211; Windisch, 2 Kor, 201; Lietzmann, Kor, 127).

103) Was von den meisten Auslegern nicht näher ausgeführt wird.

104) Insofern ist Hughes, 2 Kor, 219 im Recht, wenn er - als einziger der Kommentatoren - vorschlägt: "The quotation in its present setting may be applied in a variety of ways: firstly, to the Corinthians who in receiving the message of reconciliation had proved the reality of God's grace in Christ Jesus and His readiness to attend to their prayers."

105) Wo Jahwe Subjekt ist, wird die Grundbedeutung von ענה "reagieren, erwidern" (Labuschagne, THAT 2, 336) in der Regel mit "erhören" wiedergegeben (ebd. 337), besonders in den Fällen, in denen Jahwe - wie in Jes 49,8 vorauszusetzen ist - auf menschliches Bitten und Rufen reagiert (ebd. 339f; vgl. Delekat, Wörterbuch, 40).

106) Vgl. Labuschagne, THAT 2, 337f.

107) Vgl. ebd. 340.

108) Vgl. Barr, Meaning, 71, der bezüglich der Wiedergabe von ענה in der LXX von "a simple semantic split" spricht: "the appropriate word for divine answering was taken to be $\epsilon\pi\alpha\kappa o\upsilon\omega$, while the common word for human answering, $\alpha\pi o\kappa\rho\iota\nu o\mu\alpha\iota$, was avoided in this context." Dies entspricht der Feststellung von Kittel, ThWNT 1, 223: $\epsilon\pi\alpha\kappa o\upsilon\omega$ "ist in religiösem Zusammenhang fester terminus technicus der antiken Gebetssprache von der erhörenden

Gottheit" (ähnlich Betz, Lukian, 61 Anm. 6).

109) Vgl. die Beispiele bei Str.-B. III, 520f.

110) Gegen Dietzel, Gründe (die jüngste ausführliche Untersuchung zum Thema), der die Erhörungserwartung des Paulus trinitarisch verankert sieht (ebd. 235): im von Gott gesetzten Vertrauensverhältnis zu ihm und seiner Vatertreue (ebd. 237-239), in der Gewirktheit des Gebets "durch Christus" (ebd. 242) und im Vollzug des Gebets "im Geist" (ebd. 259). Vom Zweifel an der Richtigkeit einiger Ergebnisse Dietzels abgesehen (s. S. 65) liegen hier nur einzelne Motive der Erhörungsgewißheit des Paulus vor, nicht jedoch ihre umfassende Begründung. Dietzel gesteht dies indirekt auch ein, wenn er schreibt: "Der Glaube an die Erhörung hat seinen letzten Grund in ihm (sc. Gott), der das eschatologische Heil verbürgt ..." (ebd. 266). Zu 2 Kor 6,2 äußert sich Dietzel nicht.

111) Hofius, Gott, 4 (vgl. ders., Erwägungen, 187f; Findeis, Versöhnung, 164f; Hahn, Tag, 251).

112) Vgl. Anm. 87.

113) Vgl. Anm. 102 (2.).

114) Vgl. Anm. 87.

115) Vgl. Anm. 102 (3.4.).

116) Vgl. Anm. 104.

117) Friedrich, Verkündigung, 101f (vgl. Findeis, Versöhnung, 175).

118) Vgl. Mt 6,7f.

119) Vgl. Anm. 133.

120) Vgl. S. 166-171.

121) Vgl. Binder, Versöhnung, passim; Hahn, Tag, 251; Hofius, Erwägungen, 189; Friedrich, Verkündigung, 117; Findeis, Versöhnung, 176; Büchsel, ThWNT 1, 254f.

122) Merkel, EWNT 2, 647.

123) Primär als "Herstellung von Frieden" wird die Versöhnung verstanden von Friedrich, Verkündigung, 101 (Zitat); Goppelt, Versöhnung, 154.156; Hofius, Erwägungen, 197; Thrall, Salvation, 228.

124) Stuhlmacher, Sühne, 308.

125) Vgl. Goppelt, Versöhnung, 157; Findeis, Versöhnung, 176. 195; Schweizer, Kol, 76; Büchsel, ThWNT 1, 258. Die einzige nichtreligiöse Verwendung von καταλλάσσειν (1 Kor 7,11) bestätigt diese Sicht mit der Mahnung, die eheliche Gemeinschaft wieder aufzunehmen.

126) Findeis, Versöhnung, 176 (vgl. Stuhlmacher, Verstehen, 233; Friedrich, Verkündigung, 117).

127) Thrall, Salvation, 229; Goppelt, Versöhnung, 155f.

128) Bei Paulus wird das deutlich in der dezidierten Rede von Gott als τῷ θεῷ μου in den einleitenden Gebetsberichten (Röm 1,8; 1 Kor 1,4; Phil 1,3; Phlm 4) und in dem Gebetswunsch Phil 4,19.

129) Hofius, Gott, 19.

130) Wilckens, Röm II, 174.

131) Greeven, ThWNT 2, 802f vermutet, die "Erfahrung einer Erhörung über Bitten und Verstehen" sei in der Urgemeinde "nur deshalb nicht ausgesprochen, weil in den Quellen die notwendige Voraussetzung dafür, Zweifel, Kleinglaube und Mißtrauen, nirgends als Bitten um Nichtiges sichtbar wird". M. E. ist das Fehlen einer Thematisierung der Gebetserhörung im paulinischen Bereich noch allgemeiner damit zu erklären, daß sie für die ersten Christen überhaupt kein Problem dargestellt hat (vgl. S. 129f). Erst in späterer Zeit begann man, nach Gründen für eine etwaige Nichterhörung zu suchen (vgl. 1 Tim 2,8; Jak 1,6-8; vielleicht auch 1 Petr 3,7).

132) Dem entspricht von der Intention her auch die grundsätzliche Feststellung Greevens, ThWNT 2, 802: Die "einzigartige" urchristliche "Erhörungsgewißheit ... entspringt unmittelbar aus dem Glauben an Gottes Vaterliebe und wird von Jesus immer wieder neu gestärkt mit dem Hinweis auf diesen Liebeswillen ...".

133) Gerade aufgrund dieses Sachverhalts erscheint es angemessen, von Gebetserhörung generell in der vorgeschlagenen Weise zu reden. Davon muß das Gewähren des im Bittgebet Erbetenen durch Gott als Spezialfall unterschieden werden. Denn das Wesen der Erhörung besteht nicht darin, daß Gott das Erbetene gewährt, sondern daß er Beter und Gebet wohlwollend annimmt und nach seiner Weisheit, die alles menschliche Erkennen und Verstehen übersteigt, gegebenenfalls daraufhin handelt (vgl. 2 Kor 12,8f). Nur von diesem Aspekt her läßt sich auch von einer grundlegenden Änderung gegenüber der Zeit vor der Heilsgegenwart reden. Nicht die "Erhörung" von Bitten ist das Neue der Heilszeit - sie kann-

te die frühere Zeit auch schon (vgl. etwa 1 Sam 1,27; 1 Kön 3,5; Ps 65,2) -, sondern das uneingeschränkte wohlwollende "Hören" alles Betens, nachdem Gott durch sein Versöhnungshandeln in Christus das die Gebetserhörung fundamental einschränkende Problem der menschlichen Schuld (Jes 59,1f; 1,15; Jer 7,16ff; 14,10-12; Ez 8,17f) gelöst hat (zur Problematik der Gebetserhörung im Alten Testament vgl. Herrmann, ThWNT 2, 788f).

134) Auch die Ableitung der Erhörungsgewißheit aus der Parusiegewißheit (Greeven, Gebet, 140ff).

135) Bietenhard, TBLNT 1, 13.

136) Dies geht schon alleine daraus hervor, daß die LXX das hebräische Amen hauptsächlich mit γένοιτο wiedergibt.

137) Vgl. neben den Kommentaren z. St. Dietzel, Gründe, 243; Juncker, Gebet, 13; Emery, Prayer, 601.

138) Dieses dürfte Paulus hier im Blick haben (vgl. Furnish, 2 Kor, 147).

139) Vgl. Dietzel, Gründe, 238f; Wiles, Function, 325.

140) Vgl. Dietzel, Gründe, 225.238f.266.288.292; Harder, Paulus, 168.192; Bieder, Gebetswirklichkeit, 35; Wiles, Prayers, 192; O'Brien, Thanksgivings, 218ff; Stanley, Boasting, 128.

ANMERKUNGEN ZU S. 131-143: III. RÖMER 7,24f

141) Seit der Dissertation von W. G. Kümmel: Römer 7 und die Bekehrung des Paulus, Leipzig 1929 (wiederabgedruck in: ders., Römer 7 und das Bild des Menschen im Neuen Testament. Zwei Studien, TB 53, München 1974, IX-XX.1-160), gilt es - zumindest im deutschsprachigen Raum - weithin als erwiesen, daß das Ich von Röm 7 nicht autobiographisch-individuell, sondern rhetorisch-generell zu verstehen ist und nicht auf die christliche Existenz, sondern auf das vorchristliche Leben, wie es sich der Sichtweise des Glaubens rückblickend enthüllt, bezogen werden muß. Anderslautende Auffassungen werden diesbezüglich vor allem von der angelsächsischen Exegese vertreten (Cranfield, Murray, Bruce, Barrett, Packer, Dunn, Campbell, aber auch Nygren und Modalsli (bibliographische Angaben zu den genannten Forschern erfolgen im Laufe dieses Kapitels)).

142) Die folgenden Ausführungen zur Gesamtproblematik von Röm 7 berücksichtigen aufgrund der gebotenen Kürze nicht die vielschichtige Diskussion in der nahezu unüberblickbaren Fülle von

Sekundärliteratur. Viele der im weiteren Verlauf dieses Kapitels herangezogenen Titel beschäftigen sich aber in irgendeiner Weise mit der zu behandelnden Problematik von Röm 7. Einzig auf Martin, Reflections, sei an dieser Stelle verwiesen, der in gerafter Darstellung auf zahlreiche exegetische Positionen und Fragen zu Röm 7 eingeht.

143) Paulus kann auf keinen Fall von sich behaupten, eine gewisse Zeit ohne Gesetz gelebt zu haben.

144) Es geht um das in Christus aufgehobene Festgehaltenwerden im Gesetz (7,4.6) mit seiner Unentrinnbarkeit von Sünde und Tod (7,5) und um die daraus erwachsende grundsätzliche Frage nach dem Gesetz und seinen Auswirkungen (7,7a.13). Dabei gibt besonders 7,5 das Thema von 7,7ff an (Luz, Aufbau, 166).

145) So bereits von Kap. 6,3 an durchgehend bis Kap. 7,6.

146) Gegen Hommel, Kapitel, 99, der von einem "erschütternde(n) Bekenntnis einer persönlichen Not" spricht. Ein derartiges Vorgehen würde den durchgängig argumentativen Verlauf und Charakter von Röm 1,18-8,39 nicht unerheblich stören.

147) Vgl. Schmithals, Anthropologie, 75.77; Smith, Form, 133; Campbell, Identity, 60; Dahl, Studies, 93f; Packer, Man, 622f; Dunn, Rom. 7, 260f; Kertelge, Überlegungen, 107f.113; Michel, Röm, 238f; Kalt, Röm, 64; Wilckens, Röm II, 100; Kertelge, Röm, 137; Althaus, Röm, 77.

148) Kümmel, Römer 7 (vgl. Anm. 141).

149) Gegen die in Anm. 141 genannten Exegeten, deren Hauptargument für ein präsentisches Verständnis von 7,14-25 der Tempuswechsel gegenüber 7,7-13 ist.

150) Eigentlich schon ab 7,25a (vgl. S. 138).

151) So die Verfechter des "christlichen" Ich (vgl. Anm. 149. 141).

152) Vgl. Luz, Aufbau, 172.

153) An der Nichtbeachtung u. a. dieses Sachverhalts scheitert auch die "eschatologische" Interpretation von Banks, der in 7,24 den Christen Paulus hört, welcher in 7,25a für die zukünftige Erlösung vom Leib (vgl. Röm 8,23) dankt (Romans, 39f). - Es sei nicht in Abrede gestellt, daß bestimmte Erfahrungen des christlichen Lebens der in 7,14-25 geschilderten Situation nahekommen oder gar entsprechen, aber eine darauf beruhende psychologische Interpretation würde den Text verfehlen. Es geht Paulus nicht um Vorgänge im Inneren des Menschen, sondern um das Schicksal des

menschlichen Seins unter bestimmten Bedingungen.

154) Gerade 7,24 läßt dies deutlich werden (s. S. 134).

155) Der Gegensatz Fleisch - Geist begegnet in seiner Schärfe vor allem in Röm 8,5-9.13 und Gal 5,16ff.

156) Es handelt sich dabei um ein und dasselbe Ich, das nicht in sich selbst gespalten ist, sondern unter einer Fremdherrschaft steht, die sich einer seiner Funktionen, nämlich des Tuns - im Gegensatz zum Wollen - bemächtigt hat. Es ist sich selbst durch die Sünde entfremdet. Der Zwiespalt zwischen dem "inneren Menschen" (7,22) und den "Gliedern" (7,23) ist diese Selbstentfremdung des einen Ich in seinen unterschiedlichen Funktionen (gegen Yun, Römer, 37, der keinen Zwiespalt zwischen Wollen und Tun, sondern zwischen "Idealismus und Realismus" sieht. Diese Interpretation trägt m. E. zu stark moderne Gedanken in den Text ein.).

157) Zum Verständnis des Todes in diesem Zusammenhang s. S. 135.

158) Klage: Fuchs, Freiheit, 79; Smith, Form, 127.129; Theißen, Aspekte, 189 Anm. 14; Schunack, Problem, 123 u. ö.; Schlatter, Gerechtigkeit, 247; Käsemann, Röm, 200; Zeller, Röm, 144. - Klageruf: Bornkamm, Sünde, 66; Michel, Röm, 236f; Schlier, Röm, 235. - Gebetsseufzer: Harder, Paulus, 31, vgl. 212 (zustimmend Bornkamm, Sünde, 59 Anm. 20). - Gebetsschrei: Michel, Röm, 237. - Schrei: Kuss, Röm, 460. - Unglücksschrei: Kertelge, Röm, 136. - Notschrei: Blank, Gesetz, 96. - Erlösungsschrei: Käsemann, Röm, 200; Murray, Röm, 269. - Schrei aus der Tiefe: Schmithals, Anthropologie, 73. - Elendsruf: Osten-Sacken, Römer 8, 209. - Verzweiflungsruf: Kuss, Röm, 458. - Wehruf: Müller, Marginalien, 249. - Frage: Kümmel, Römer 7, 63.

159) Vgl. Kuss, Röm, 458.

160) Vgl. Gaugler, Röm, 243: "Nicht einfach der natürliche Mensch spricht so, auch nicht der Pharisäer, sie könnten die Tragweite ihrer Situation gar nicht erfassen ..."

161) Vgl. Str.-B. III, 239f.

162) Für jüdisches Denken war Fernbleiben von Sünde, Gottlosigkeit und Ungerechtigkeit möglich und erstrebenswert (vgl. Str.-B. III, 238 zu Röm 7,14). Auch Mk 10,20 par; Mt 1,19; Lk 1,6.17; 2,25.37; 15,39 scheinen dies vorauszusetzen.

163) Das Judentum hat zwar "schon diesen Abgrund (sc. der Selbsterkenntnis von 7,14-23) gesehen, ist ihm aber immer wieder ausgewichen" (Michel, Röm, 231 Anm. 35).

164) Die von Str.-B. III, 239f herangezogenen Parallelen bestätigen dies, indem sie lediglich klagende Elemente beinhalten, nicht jedoch die Ausschau nach einem Retter.

165) Es dient der "Analyse des menschlichen Daseins" (Schlier, Röm, 234), nicht aber zur Beschreibung einer geschichtlichen Situation.

166) Er erwächst vor allem aus der Situation des Gedankenganges von Römer 7 und hat darin seinen Sitz im Leben (vgl. Schunack, Problem, 123f, nach dem dem Sünder, der seine Situation gar nicht durchschauen kann, die Klage "in den Mund gelegt" wird). Von daher ist auch Harder, Paulus, 31 zu widersprechen, der den Vers als "Gebetsseufzer" bezeichnet (vgl. Anm. 158). Zwar ist die von Harder beobachtete formale Analogie zu den "Frageseufzer(n) der Betenden" in den Psalmen (9,22; 12,2; 13,7; 34,17; 41,3.10; zu ergänzen wäre 6,4; 21,2; 42,2; 43,24f) nicht abzustreiten, jedoch kann aufgrund des Fehlens eines außerhalb der Briefschreibung befindlichen Sitzes im Leben Röm 7,24 bestenfalls ein fiktiver oder rhetorischer "Gebetsseufzer" genannt werden (vgl. Theißen, Aspekte, 204 Anm. 39). An dieser Stelle hilft auch die Vermutung von Smith, Form, 133ff nicht weiter, dem Ruf liege ein liturgischer Sitz im Leben zugrunde ("Rom. vii 24 might well reflect something which was said by believers at a definite stage in the process of becoming Christians." (ebd. 133)), da sie auf recht willkürlichen Annahmen beruht.

167) Vgl. S. 137.

168) Vgl. Kümmel, Römer 7, 63; Kuss, Röm, 458.

169) Käsemann, Röm, 200; Murray, Röm, 269.

170) Der in 7,24 zu Wort kommende Mensch seufzt bereits "mit der Stimme des Erlösten" (Schmithals, Anthropologie, 74).

171) Οὐκ ἐπιθυμήσεις (7,7) ist wörtliche Wiedergabe von Ex 20,17; Dt 5,21. Ἡ ἐντολή ἡ εἰς ζωήν (7,10) scheint auf Lev 18,5 zurückzugreifen. Auch in 7,1ff ist "grundsätzlich ... das mosaische Gesetz gemeint" (Michel, Röm, 219 Anm. 1). - Daneben gibt es keine Veranlassung, über die Tora hinausgehend innerhalb von 7,14-25 ein alle Menschen umfassendes Gesetzesverständnis vorauszusetzen - auch nicht im Sinne von Röm 2,13ff (gegen Käsemann, Röm, 201), da das φύσει τὰ τοῦ νόμου ποιεῖν (2,14) für 7,14-25 gerade nicht zutrifft und in 1,18-32 bezüglich der Heiden bezeichnenderweise nicht von νόμος, sondern von δικαίωμα τοῦ θεοῦ (1,32) die Rede ist.

172) Dabei erscheint es angemessen, im Blick auf die aktuelle Verkündigung die Daseinsanalyse 7,14-25 auf die gesamte natürliche Menschheit auszudehnen (mit Nickle, Romans 7, 186), jedoch

ist es fraglich, ob bereits Paulus dies auch im Sinn hatte (gegen Nickle, ebd; mit Michel, Röm, 236).

173) Käsemann, Röm, 201.

174) Vgl. Lübking, Paulus, 46. - Daß sich das Judentum oder wenigstens Teile aus ihm dieses bedrückenden Zustandes faktisch bewußt war und darunter litt, geht aus 4 Esra 7,65ff.116ff hervor (bei Str.-B. III, 239f). Es fehlt jedoch die Frage nach dem Retter bzw. der Rettung aus dieser Befindlichkeit.

175) Vgl. die Wendung διὰ ... Χριστοῦ usw. in 7,25a und die Ausführungen S. 141f.

176) ἠλευθέρωσεν usw. (8,2) könnte von der Formulierung her als Beantwortung von 7,24 gedacht sein.

177) Die Frage ist also nicht der Ausdruck einer realen "Verzweiflung, für die nur noch der eine Trost übrigbleibt: sie schaut nach dem Retter aus." (gegen Giese, Römer 7, 38).

178) Näheres dazu s. S. 137f.

179) τούτου kann grammatikalisch auf σώματος (Schlier, Röm, 235; Cranfield, Röm, 367), auf θανάτου (Kümmel, Römer 7, 63f; Murray, Röm, 268; Althaus, Röm, 77; Schlatter, Gerechtigkeit, 247) sowie auf die Wendung τοῦ σώματος τοῦ θανάτου als ganze (Hommel, Kapitel, 95; Käsemann, Röm, 201; Wilckens, Röm II, 94 Anm. 388; Kuss, Röm, 458) bezogen werden.

180) τοῦ θανάτου ist Genetivus qualitatis zu σῶμα (Bl.-Debr. 165.2).

181) τούτου könnte ebensogut vor τοῦ σώματος oder τοῦ θανάτου stehen (Bl.-Debr. 292.2) und damit eines der beiden Substantive benennen. Aber gerade dies wollte Paulus wohl vermeiden.

182) Gegen Packer, Man, 626; Murray, Röm, 268; Käsemann, Röm, 201.

183) Die Erlösung von der physischen Leiblichkeit im Sinne der "Vergänglichkeit" (Michel, Röm, 270) erfolgt für Paulus erst in der endgültigen Heilsvollendung (Röm 8,23; 1 Kor 15,42-44).

184) Vgl. Wilckens, Röm II, 94; Cranfield, Röm, 367.

185) Nach Schunack, Problem, 165 ist der Todesleib "die Situation des Menschen".

186) Zur Zusammengehörigkeit von σῶμα und τὰ μέλη (7,23f) vgl. u. a. Bultmann, Theologie, 195f.

187) Nach Bultmann, Theologie, 195 gilt grundsätzlich, "daß das σῶμα nicht etwas dem eigentlichen I c h des Menschen ... äußerlich Anhaftendes ist, sondern wesenhaft zu diesem gehört, so daß man sagen kann: der Mensch h a t nicht ein σῶμα, sondern er i s t σῶμα."

188) Vgl. Bultmann, Glossen, 279. Dabei kann Paulus die Existenz unter der Herrschaft der Sünde schon als Zustand des Todes begreifen - vor allem in 7,9-11 als "Antizipation der Todeserfahrung" (Bieder, EWNT 2, 321; vgl. Eph 2,1.5; Kol 2,13; 1 Tim 5,6; Lk 15,24; Apk 3,1 sowie zum Verständnis der "nichtige(n) Kraft des Todes als schon das Leben beherrschend": Bultmann, ThWNT 3, 16f).

189) Vgl. Schweizer, EWNT 3, 774: Der Mensch als σῶμα wird immer "jemandem zu eigen, der Sünde und dem Tod oder Christus".

190) Fuchs, Freiheit, 80.

191) Schmithals, Anthropologie, 77.

192) Kuss, Röm, 459.

193) Blank, Mensch, 19.

194) Vgl. Black, Röm, 107.

195) Mit Fuchs, Freiheit, 84; Kümmel, Römer 7, 65; Wilckens, Röm II, 95; Kuss, Röm, 459.

196) Vgl. Schmithals, Anthropologie, 80.

197) Zumindest von der Übersetzung her von Murray, Röm, 269 für ursprünglich gehalten.

198) Vgl. zum gesamten textkritischen Problem Lietzmann, Röm, 77f.

199) Siehe Anm. 158.

200) Im einzelnen ist die Rede von: Dank(es)ruf: Kümmel, Römer 7, 65; Müller, Marginalien, 249; Osten-Sacken, Römer 8, 146; Schnackenburg, Römer 7, 288 (dort irrtümliche Versangabe: 7,24); Paulsen, Überlieferung, 28.38; Gaugler, Röm, 232; Lietzmann, Röm, 77. - Charis-Spruch: Paulsen, Überlieferung, 34f.38ff; Deichgräber, Gotteshymnus, 43; Zeller, Röm, 145. - Danksagung: Smith, Form, 133; Michel, Röm, 236.249; Cranfield, Röm, 368. - Ausruf: Fuchs, Freiheit, 84; Cranfield, Röm, 367. - Lobpreis: Modalsli, Gal 2, 35. - Stoßgebet: Sickenberger, Briefe, 232. - Eulogie: Käsemann, Röm, 203. - Hymnus: Schmithals, Anthropologie,

73 (vgl. ebd. 74.79). - Dankesformel: Wilckens, Röm II, 95. - Sätzlein: Fuchs, Freiheit, 82f.

201) Der Terminus stammt von Deichgräber, Gotteshymnus, 43 und wurde u. a. von Zeller und Paulsen (s. Anm. 200) übernommen.

202) Sie begegnet außerdem noch in Röm 6,17; 1 Kor 15,57; 2 Kor 2,14; 8,16; 9,15.

203) Röm 1,8ff; 1 Kor 1,4ff; Phil 1,3ff; 1 Thess 1,2ff; Phlm 4ff (Kol 1,3ff).

204) Dies geht aus den zeitlichen Angaben über den Vollzug der Gebete hervor (Röm 1,8.10; 1 Kor 1,4; Phil 1,3f; 1 Thess 1,2f; Phlm 4 (Kol 1,3)).

205) Vgl. O'Brien, Structure, 60. Gaugler, Röm, 232 schlägt vor, "den Text 'jüdisch' zu lesen. Der Jude unterbricht seine Rede leicht durch lobpreisende und 'Antworten' vorwegnehmende Interjektionen!"

206) Mit $\epsilon\dot{\upsilon}\chi\alpha\rho\iota\sigma\tau\tilde{\omega}\ \tau\tilde{\omega}\ \theta\epsilon\tilde{\omega}$ teilt Paulus mit, daß er dankt - er richtet sich also an die Briefempfänger -, mit $\chi\acute{\alpha}\rho\iota\varsigma\ \tau\tilde{\omega}\ \theta\epsilon\tilde{\omega}$ spricht er momentan den Dank aus (vgl. Hafemann, Suffering, 11) - er wendet sich also an Gott (vgl. Dietzel, Gründe, 213).

207) Röm 6,17: die Freiheit von der Sünde durch die Taufe; 1 Kor 15,57: die Überwindung von Tod, Sünde und Gesetz durch Christus; 2 Kor 2,14: das Apostelamt des Paulus (vgl. Hafemann, Suffering, 12ff); 2 Kor 8,16: das Bemühen des Titus um die Sammlung von Jerusalem; 2 Kor 9,15: die Erwartung der überströmenden Auswirkung der Sammlung.

208) Vgl. S. 181-183.

209) Dies geht m. E. aus $\pi\acute{\alpha}\nu\tau\sigma\tau\epsilon$ (Röm 1,10; 1 Kor 1,4; Phil 1,4; 1 Thess 1,2; Phlm 4 (Kol 1,3)) hervor, das auf eine gewisse Regelmäßigkeit des Betens verweist.

210) Vgl. O'Brien, Structure, 61.

211) Paulsen, Überlieferung, 34f findet unter Berufung auf Bousset, Kyrios, 87 Anm. 1; Goltz, Gebet, 109ff; Deichgräber, Gotteshymnus, 43f im urchristlichen Gottesdienst den ursprünglichen Ort, in dem die Charis-Sprüche als "gottesdienstliches Dankgebet" gesprochen worden sein sollen. Diese Behauptung ist aber von ihrem Begründungsgang her unzulässig: Goltz, Gebet, 109ff erwähnt in keiner Weise den urchristlichen Gottesdienst; Deichgräber, Gotteshymnus, 43 Anm. 2 greift auf Bousset, Kyrios, 87 Anm. 1 zurück, der wiederum - ohne weitere Begründung - lediglich eine Vermutung äußert, die zudem noch auf Röm 7,25; 1 Kor 15,57

(Eph 5,20) begrenzt ist.

212) Daß "die Übernahme der 'charis'-Worte in den urchristlichen Überlieferungsprozeß auf Paulus zurückgeht", erwägt auch Paulsen, Überlieferung, 40 aus dem gleichen Grund, weist dies jedoch sofort durch den Hinweis auf den - m. E. äußerst unsicheren - "formgeschichtliche(n) Befund" (vgl. Anm. 211) zurück, um daraus zu folgern, daß "sich die 'charis'-Worte zu einem Element der brieflichen Argumentation des Paulus gewandelt haben". Für ein derart gewandeltes Stadium der χάρις τῷ θεῷ-Formel bei Paulus liefern die Texte jedoch keinerlei Anhaltspunkte.

213) Deichgräber, Gotteshymnus, 43 (vgl. Bauer, Wörterbuch, 1737).

214) Wobei er sie - unter jüdischem Einfluß stehend - inhaltlich neu füllt, wenn er in einem Partizipialsatz den Grund des Dankens angibt (Deichgräber, Gotteshymnus, 43), so daß der Dankruf "eine Mischung aus griechischen und jüdischen Elementen" ist (ebd.).

215) Diese sprachliche Unterscheidung liegt in 1 Kor 1,14; 14,18; 1 Thess 2,13 nicht vor. Ihr Fehlen läßt sich aber einsichtig machen: 1 Thess 2,13 gehört noch in den Bereich des sich über die ersten drei Kapitel erstreckenden erweiterten einleitenden Gebetsberichts (Proömium). In 1 Kor 1,14; 14,18 liegen wohl echte Dankrufe und nicht bloß rhetorische Stilmittel vor (gegen Deichgräber, Gotteshymnus, 44; mit Paulsen, Überlieferung, 35). Daß Paulus sie trotzdem - entgegen seiner Gewohnheit - mit εὐχαριστῶ beginnt, dürfte darin seinen Grund haben, daß es in ihnen - im Gegensatz zu den anderen Dankrufen - ausschließlich um seine Person geht und er dies durch Formulierung in der ersten Person Singular hervorhebt.

216) In 7,24 hat der Mensch ohne Christus eine Stimme, in 7,25a spricht der Apostel selbst als ein dem Stadium von 7,24 bereits Entnommener, als καινὴ κτίσις (2 Kor 5,17; gegen Schmithals, Anthropologie, 79).

217) Über den Antwortcharakter von 7,25a sind sich nahezu alle Exegeten einig.

218) Kürzinger, Schlüssel, 271f spricht von einer "erste(n) und vorläufige(n) Antwort", deren "Bedeutung" dann im folgenden von Paulus aufgeschlossen und begründet wird (zur Differenzierung der "Antwort", die nur von wenigen Forschern vorgenommen wird, vgl. außerdem Kertelge, Röm, 137; Black, Röm, 107; Kümmel, Römer 7, 64f).

219) Wilckens, Röm II, 100 (vgl. Bornkamm, Sünde, 66; Heil, Romans, 48; Kalt, Röm, 64; Althaus, Röm, 77).

220) Der Wechsel von Klage und Dank findet sich nach Theißen, Aspekte, 204 Anm. 39 nicht nur in den Psalmen, sondern auch in "argumentativen Texten" wie z. B. Philo heres 309 und Epikt Diss IV,4,7.

221) Dabei bildet 8,2 den entscheidenden inhaltlichen Bezugspunkt zu 7,25a (vgl. Paulsen, Überlieferung, 23; Schmithals, Anthropologie, 81; Müller, Marginalien, 250f; Kümmel, Römer 7, 65f; Bultmann, Glossen, 279; Michel, Röm, 249; Hahn, Gesetzesverständnis, 47; gegen Lamarche/Le Du, Épître, 61f, die 7,25a mit 8,1 zu einem "cri de victoire" verbinden). Darüberhinaus verdeutlicht dieser Zusammenhang den rhetorischen Charakter von 7,24, denn die dortige Frage zielt nicht auf eine erst noch zu bewährende etwaige Möglichkeit der Rettung, sondern ganz konkret auf den Retter ($\tau\iota\varsigma$) und setzt damit die gegenwärtige Realität von 8,1ff voraus, ja sie ist nur von daher möglich (Wilckens, Röm II, 100; vgl. Schmithals, Anthropologie, 79; Kümmel, Römer 7, 65).

222) So auch Fuchs, Freiheit, 83; Michel, Röm, 248; Keuck, Dienst, 279 (ähnlich Käsemann, Röm, 203).

223) Vgl. Wilckens, Röm II, 96; Cambier, Le "moi", 31f.

224) Nach Wilckens, Röm II, 100 wird der Dank 7,25a "im folgenden Abschnitt 8,1ff a u s g e f ü h r t" (Hervorhebung von mir). Hahn, Gesetzesverständnis, 47 spricht von einer "Weiterführung", Michel, Röm, 249 von einer "Fortsetzung" des Dankes in 8,1ff (vgl. Paulsen, Überlieferung, 29; Keuck, Dienst, 257).

225) Freilich zum Zwecke der brieflichen Mitteilung und als briefliche Äußerung nicht in der Form eines wirklichen Gebets, was vor allem durch die Redeweise von Gott in der dritten Person anstelle der direkten Anrede in der zweiten Person deutlich wird.

226) Die Fragwürdigkeit einer abrupten Unterbrechung der dankenden Gebetshaltung zugunsten des Résumés 7,25b ist m. E. ein weiteres Indiz dafür, diesen Vers als nachträglich in den Text gelangte Glosse aus dem ursprünglichen Bestand des Röm auszuscheiden (mit Bultmann, Glossen, 278f; Fuchs, Freiheit, 82f; Luz, Geschichtsverständnis, 160; Käsemann, Röm, 203f; Schlier, Röm, 235; Wilckens, Röm II, 96f) - ohne dabei im einzelnen an dieser Stelle die Probleme einer derartigen Entscheidung diskutieren zu können (vgl. dazu Jones, Freiheit, 219 Anm. 59). Sie wird aber gestützt durch die Beobachtung, daß Paulus in analogen Fällen, wo er seinen Dank im Gefolge der $\chi\acute{\alpha}\rho\iota\varsigma$ $\tau\hat{\wp}$ $\theta\epsilon\hat{\wp}$-Formel ebenfalls näher ausführt, keine Unterbrechung einer anzunehmenden Gebetshaltung erkennen läßt (Röm 6,17; 2 Kor 2,14-17; 8,16f).

227) Der Ausdruck "Briefgebet" soll besagen, daß der so bezeichnete Briefabschnitt (im vorliegenden Fall Röm 8,1-4) in gebethafter Haltung, d. h. als Ausdruck von Dank, Lob oder Bitte gegenüber Gott, formuliert worden ist (vgl. S. 206-208).

228) Vgl. Barrett, Röm, 151: "Christ, and Christ alone, is the answer." (vgl. auch Yun, Römer 7, 61).

229) In den verschiedenen Formulierungen aufgelistet bei Kramer, Christos, 81f (vgl. Kuss, Röm, 213).

230) So Zimmer, Gebet, 136; Seeberg, Anbetung, 64; Juncker, Gebet, 11f; Harder, Paulus, 183.216; O'Brien, Thanksgivings, 205f.227; Monloubou, Paul, 101.

231) So Ketter, Gebetsleben, 27; Dietzel, Beten, 25 Anm. 46. Dazu kommen noch die in Anm. 233-235 Genannten.

232) So Eschlimann, Prière, 122.127; Schellbach, Paulus, 67ff; Dietzel, Gründe, 240ff; Kuss, Röm, 215ff.460.

233) So Oepke, ThWNT 2, 67f; Kuss, Röm, 215.

234) So Klawek, Gebet, 74f; Wobbe, Charis-Gedanke, 92; Eschlimann, Prière, 127; Marchel, Abba, 212 (dort ungewiß).

235) So Thüsing, Gott, 174ff.

236) Vgl. die Begrifflichkeit bei Oepke, ThWNT 2, 65ff; Kuss, Röm, 213ff; Thüsing, Gott, 165ff.236.

237) Dies hat vor allem Kuss, Röm, 213-218 gezeigt (vgl. ders., Formel, 193ff).

238) Wie sie etwa von Thüsing, Gott, 165-237 in Auseinandersetzung mit Kuss vollzogen wurde - beispielhaft sichtbar in der ohne jede weitere Begründung getroffenen Aussage: "Bei dieser Stellengruppe (sc. das Gebet "durch Christus" betreffend) ... besteht die Alternative 'vergangenes Heilshandeln oder gegenwärtiges Wirken Christi' nicht." (ebd. 174).

239) Michel, Röm, 80.

240) Michel, ebd. erwägt beide Möglichkeiten: "Wort und Werk Jesu ermöglichen jedes Gebet, ja, er tritt als der Erhöhte fürbittend für uns ein (Röm 8,34)."

241) Paulus setzt laut 2 Kor 13,3 (vgl. 1 Kor 7,10.12; 2 Kor 11,17ff) ohnehin voraus, daß der Erhöhte in ihm spricht, wenn er sich an seine Gemeinde wendet.

242) Gott ist Zeuge des unablässigen Gebets des Paulus, Gott ist es, dem der Apostel dient, Gott ist es, zu dem er fleht und von dessen Willen es abhängt, einmal nach Rom kommen zu können (1,9f). - Damit ist nicht gesagt, daß Paulus Gott und Christus als zwei gesonderte Wesen versteht, wohl aber, daß er zwischen verschiedenen "Besonderungen", "Begegnisweisen", "Seinsweisen" des einen Gottes unterscheidet (Pöhlmann, Gebet, 229).

243) Denn das Alte Testament kennt das Dankgebet nicht in dem Sinne, wie es Paulus ("durch Christus") ermöglicht wurde, sondern nur als kultisches Danklied (Reventlow, Gebet, 208ff), wobei es umstritten ist, ob es als eigene Gattung (so Mand, Eigenständigkeit, 185ff; Crüsemann, Studien, 210ff.282-284 (bes. 283); Reventlow, Gebet, 208ff) oder als Unterform des Lobes (so Buhl, Dankbarkeit, 71ff; Westermann, Lob, 20ff.25) anzusehen ist. - Zum Rückgang des Dankgebets und seinem Aufgehen im Lobpreis im Judentum vgl. Goltz, Gebet, 104f; Boobyer, Thanksgiving, 56ff; Schneider, Paulus, 19f; Eschlimann, Prière, 40.

244) Zum Zusammenhang zwischen "Rühmen" und Gebet vgl. u. a. Bultmann, ThWNT 3, 651f; Wiles, Function, 428; Stanley, Boasting, 46.

245) Zu beachten die jeweilige Näherbestimmung mit einem auf Christus bezogenen διά!

246) Gegen Käsemann, Röm, 131. Die Erwähnung des gegenwärtigen, erhöhten Kyrios in diesem Zusammenhang (5,11) besagt nicht, daß das Rühmen j e t z t durch ihn gewirkt wird, ebensowenig wie die Versöhnung augenblicklich durch ihn übereignet wird. Dagegen spricht der Aorist ἐλάβομεν, so daß νῦν die Gegenwärtigkeit der bereits in der Vergangenheit empfangenen Versöhnung "durch Christus" hervorhebt. Analoges gilt für das Rühmen "durch Christus". Paulus kann dabei ohne weiteres vom Kyrios reden, weil der geschichtliche Christus (5,5-10a) mit dem lebendigen (5,10b), erhöhten Christus identisch ist.

247) Röm 16,27 wird übergangen, weil der Text nicht genuin paulinisch ist und zu unserer Fragestellung ohnehin nicht viel beiträgt, da er nicht eindeutig formuliert ist (vgl. im einzelnen die Kommentare z. St.).

248) Dieser ist nach Röm 1,2ff der Inhalt des in der Schrift verheißenen Evangeliums sowie nach Gal 3,29 der Grund für die Erfüllung der verheißenen Erbschaft.

249) Insofern der Empfang des verheißenen Geistes durch die Gläubigen auf ihn zurückgeht (Gal 3,14).

250) Vgl. Bl.-Debr. 319: Das Perfekt "bezeichnet einen Zustand" (im vorliegenden Fall: Christus als das gültige Ja Gottes zu den

Verheißungen) "als Resultat einer vergangenen Handlung" (nämlich des Heilshandelns Gottes in Christus, zu dem auch der Empfang des Geistes durch die Gläubigen gehört). Das muß nicht besagen, daß im Christusgeschehen a l l e Verheißungen bereits erfüllt s i n d , sondern daß in diesem Geschehen auch die noch ausstehende Erfüllung von Verheißungen v e r b ü r g t ist.

251) Zum liturgischen Hintergrund des Verses vgl. u. a. Furnish, 2 Kor, 136.147.

252) Das Wort verwendet Bauernfeind, RGG (3) II, 1219; er sieht jedoch den gegenwärtig wirkenden Christus als Subjekt der Ermächtigung an.

253) Vgl. Lang, Kor, 259.

254) Thüsing, Gott, 167.181-183 rechnet noch Phil 1,11 zu den auf das Gebet bezogenen "durch Christus"-Stellen, was jedoch abzuweisen ist, da sich dort διὰ 'Ιησοῦ Χριστοῦ auf πεπληρωμένοι καρπὸν δικαιοσύνης bezieht (vgl. u. a. Gnilka, Phil, 53; Barth, Phil, 23).

255) Vgl. Schweizer, Kol, 158.

256) Vgl. Gnilka, Kol, 204.

257) Der Ausdruck bei Käsemann, Röm, 15.

258) Mit Ausnahme von 2 Kor 1,20 begegnet die Formel nur im Kontext des Dankens und Lobens bzw. Rühmens.

259) Käsemann, Röm, 15.

260) Röm 5,5; 8,2.13f.16.26f; 15,13.19.30; 1 Kor 2,10.13; 6,11; 12,3.7ff; 14,15f; 2 Kor 3,3; Gal 5,16ff; Phil 3,3; 1 Thess 1,5f. Wo er dennoch eine Wirksamkeit des Erhöhten - außer im Gericht und im Berufungserlebnis - kennt, nennt er teilweise gleichzeitig das Wirken Gottes bzw. des Geistes (Röm 15,18f; 2 Kor 1,5; 13,3; 1 Thess 3,11f), so daß im Endeffekt nur Röm 1,6 (fraglich); 8,34; Gal 2,20 (fraglich) eine alleinige Tätigkeit des Erhöhten aussagen.

261) Röm 1,8: der Glaube der römischen Gemeinde und seine Verkündigung; Röm 5,11: die im Christusgeschehen vollzogene und jetzt gültige Versöhnung; Röm 7,25: das Heilshandeln Gottes in Christus (8,1-4).

262) So u. a. Thüsing, Gott, 174f; Fuchs, Freiheit, 84; Orphal, Paulusgebet, 127; Heitmüller, Namen, 261 Anm. 3; Zimmer, Gebet, 147; Wilckens, Röm II, 77 Anm. 67; Michel, Röm, 80.

263) So Dietzel, Gründe, 253 (vgl. ebd. 289; sinngemäß Friedrich, Fürbitte, 439; vgl. auch die Kommentare z. St.).

264) So richtig Juncker, Gebet, 20f. Dabei stammt der Gedanke des fürsprechenden Eintretens Christi für die Gläubigen vor Gott aus vorpaulinischer Tradition (Zorn, Fürbitte, 150) und wurde vom Apostel in den Kontext seiner Rechtfertigungslehre eingefügt.

265) Gegen Zimmer, Gebet, 147 (vgl. S. 168f).

266) Zum Vorstellungsgehalt von ἐντυγχάνειν gehört "vornehmlich das Bild des Forums vor einem Machthaber ... bei dem ... B i t t e n   f ü r   a n d e r e mit Aussicht auf unmittelbares Gehör vorgebracht werden können" (Balz, EWNT 1, 1128; Hervorhebung von mir).

267) Vgl. Harder, Paulus, 217f: Das Dankgebet "durch Christus" ist "von Christus, dem Auferstandenen ermöglicht".

268) Insofern benennt διά ... Χριστοῦ usw. auch den Gegenstand des Dankes, der in 8,1-4 näher als Heilshandeln Gottes entfaltet wird.

269) Vgl. Cambier, Le "moi", 31: 7,25a "est la proclamation de l a   s i t u a t i o n   n o u v e l l e , sons la forme de l'action de grâce, celle-ci impliquant et connotant l'acception de la grâce dans le régime nouveau, celui de la foi" (in diesem Sinne auch Giese, Römer 7, 40; Paulsen, Überlieferung, 57; Zimmer, Gebet, 136; Sickenberger, Briefe, 232; Wilckens, Röm II, 95; Schlatter, Gerechtigkeit, 248; Zeller, Röm, 145; Black, Röm, 107).

270) Gegen Fuchs, Freiheit, 84; Thüsing, Gott, 177. Unentschieden sind bzw. beide Verstehensmöglichkeiten erwägen Kuss, Röm, 460; ders., Formel, 199f; Schlier, Röm, 235; Michel, Röm, 249.

271) Darauf beruht letztlich die Nennung des κύριος in 7,25a (vgl. Seeberg, Anbetung, 15.34).

272) Nicht zuletzt deshalb erwähnt Paulus im unmittelbaren Zusammenhang dieser Aussage das Damaskusgeschehen (1 Kor 15,8).

273) Vgl. Dietzfelbinger, Berufung, 96f; Blank, Gesetz, 97.

274) Vgl. Wilckens, Bekehrung, 15: "Seine (sc. Pauli) biographische Wendung, die wir seine Bekehrung zu nennen pflegen, korrespondiert in seinem Verständnis ... jener heilsgeschichtlichen Wende, die er in R 10,4 als das Ende des Gesetzes bezeichnet." Dieses Ende steht auch im Hintergrund von Röm 7,24f, wie vor allem 8,2 deutlich werden läßt.

275) Anführung aus Dietzfelbinger, Berufung, 89 Anm. 191. - Der Zusammenhang zwischen der Damaskuserfahrung und dem Gebet des Paulus ist natürlich vielschichtiger, als sich aus Röm 7,24f ersehen läßt, soll jedoch hier nicht in aller Ausführlichkeit besprochen werden, zumal zahlreiche Exegeten sich bereits mehr oder weniger ausführlich mit der Thematik befasst haben (so u. a. Goltz, Gebet, 86ff; Ménégoz, Problème, 297ff; Hamman, Prière, 260ff; Cerfaux, Apôtre, 469ff; Stanley, Boasting, 11ff; Seeberg, Anbetung, 34; Dietzel, Gründe, 245f; Orphal, Paulusgebet, 124; McFarlane, Motif, 59; Juncker, Gebet, 5f; Ketter, Gebetsleben, 25; Emery, Prayer, 597).

276) Zum Gebet bei Paulus, insbesondere dem Dankgebet, als Folge des Heilsgeschehens in Christus vgl. Juncker, Gebet, 22; McFarlane, Motif, 59.117; Wiles, Function, 420; O'Brien, Structure, 62; Stanley, Boasting, 25. - Nach Hamman, Prière, 294 ist das Dankgebet des Paulus "le fruit de la filiation divine"; laut Zimmer, Gebet, 123 sieht es der Apostel als einen "Zweck des Kommens Jesu ... daß Gott von recht vielen Seiten Preis und Dank empfange".

277) Die Gnadenerweise Gottes in den Gemeinden bilden denn auch den Hauptinhalt der einleitenden Gebetsberichte (vgl. bes. 1 Kor 1,4ff).

278) Nach 1 Thess 5,18 fordert Gottes Wille sogar den Dank (vgl. Röm 1,21), und zwar ἐν παντί.

279) Lediglich in Röm 6,17; 1 Kor 15,57; Gal 1,3-5 (Eph 1,7f; Kol 1,12-14; 2 Thess 2,13f) wird noch etwas von dem gewaltigen Umschwung deutlich, der sich im Leben der Christen aufgrund des Christusgeschehens vollzogen hat.

280) So in Röm 1,8; 1 Kor 1,6; Phil 1,5; 1 Thess 1,3; 2,13; Phlm 5 (Eph 1,15f; Kol 1,4; 2 Thess 1,3).

281) Als Beleg vgl. die in Anm. 279.280 angeführten Stellen.

282) Zum Gebet zu Christus vgl. S. 114-123, zur Unterscheidung der göttlichen Personen Anm. 242.

ANMERKUNGEN ZU S. 144-163: IV. RÖMER 8,15f

283) So gesehen liefert 8,5-8 die antithetische Verklammerung von Röm 8 mit Röm 7.

284) Vgl. Pfister, Leben, 70; Cranfield, Röm, 400; Käsemann,

Röm, 217.

285) Der Leib erscheint als Ort der Wirksamkeit des Fleisches (7,5.23f).

286) In diesem Sinne ist 8,12f die paränetische Version von 8,5-8, bes. 8,6. Von daher dürfte ζήσεσθε nicht primär futurisch (gegen Michel, Röm, 259), sondern in erster Linie präsentisch zu füllen sein (mit Schlier, Röm, 251).

287) Luz, Geschichtsverständnis, 375.

288) So etwa Wilckens, Röm II, 135.

289) So etwa Schlier, Röm, 252.

290) Paulsen, Überlieferung, 81.

291) Osten-Sacken, Römer 8, 137 (vgl. ebd. 143).

292) Vgl. Wilckens, Röm II, 136. Trotz dieses Rückblicks führt 8,14 v. 13 nicht fort, sondern nennt lediglich die Heilsgrundlage, auf der die Aussage von v. 13 beruht. Die Annahme einer Weiterführung (z. B. bei Wilkens, Röm II, 135; Schlier, Röm, 251) wird schon allein durch den Wechsel des Themas in Frage gestellt: Geht es in 8,1-13 um den Gegensatz Geist - Fleisch, so in 8,14-17 um die Entsprechung Geist - Gotteskindschaft. Mit Cranfield, Röm, 400 ist "a break in the thought between vv. 13 and 14" zu konstatieren.

293) Schlier, Röm, 252; Kuss, Röm, 601; Zeller, Röm, 160.

294) Lohse, Analyse, 134.

295) Käsemann, Röm, 219.

296) Paulsen, Überlieferung, 83; Wilckens, Röm II, 136; Mawhinney, hyiothesia, 194.

297) Nach Stalder, Werk, 479 beschäftigt sich 8,15f mit der "Frage nach der Feststellbarkeit des Wirkens des Geistes" und damit der Sohnschaft (vgl. Soards, Apostle, 188). Lietzmann, Röm, 83 trifft den existentiellen Kern der Sache noch deutlicher, wenn er 8,15f in der Form der Anrede wie folgt paraphrasiert: "... daß du den Geist besitzest, merkst du ... daran, daß du zu Gott 'Abba' sagen kannst, denn das ist nur dem möglich, der den Geist hat ... und dieser selbe Ausruf bezeugt uns zugleich, daß wir Söhne Gottes sind und somit die gegenwärtige Trübsal für uns ... nur Vorbedingung zur Herrlichkeit ist."

298) In Gal 4,6, wo der Abbaruf ein zweites Mal begegnet, geht

es ebenfalls um die Vergewisserung der Gotteskindschaft der Gemeinde, allerdings nicht angesichts des Leidens, sondern des drohenden Abfalls vom rechtfertigenden Glauben (Gal 4,8ff; 3,1ff; 5,1ff u. ö.).

299) λαμβάνειν τὸ πνεῦμα ist eine "bereits technische Wendung, die innerhalb ... und außerhalb ... der paulinischen Briefe fest mit dem Taufakt verbunden ist" (Schnelle, Gerechtigkeit, 133; vgl. Siber, Christus, 137; Pfister, Leben, 80; Lohse, Analyse, 135; Grundmann, Geist, 188; Michel, Röm, 260; Wilckens, Röm II, 138; Käsemann, Röm, 219; Cranfield, Röm, 396; Black, Röm, 118). - Warum Seeberg, Katechismus, 242 den Geistempfang "nach der Taufe" stattfinden läßt, bleibt uneinsichtig. - Nicht stichhaltig ist die Ablehnung des Zusammenhangs von Geistempfang und Taufe bei Stalder, Werk, 483.

300) Gegen Pfister, Leben, 78; Grundmann, Geist, 179.

301) Vgl. Mawhinney, hyiothesia, 194: "The Spirit who leads does not create bondage and fear."

302) Diese umfassende Konkretisierung der δουλεία bei Rengstorf, ThWNT 2, 277f; Grundmann, Geist, 179; Osten-Sacken, Römer 8, 132; Schlier, Röm, 252. Offenbar bildet die Gegenüberstellung von Geist und Sohnschaft einerseits sowie Sklaverei unter die Mächte andererseits eine feste Tradition, da sie in Gal 4,1ff ebenfalls begegnet, wobei jeweils das Loskaufmotiv zugrundeliegt (Haubeck, Loskauf, 181.204.297).

303) So - in Übereinstimmung mit dem Befund von Röm 7,7-25 - Stalder, Werk, 482 in Abgrenzung gegen eine als "menschlich-subjektive Haltung oder Stimmung" verstandene Furcht.

304) Vgl. Balz, EWNT 3, 1037; Grundmann, Geist, 179; Wilckens, Röm II, 136f; Pesch, Röm, 70.

305) Stalder, Werk, 480.482; Hamilton, Spirit, 31f; Michel, Röm, 260.

306) Pfister, Leben, 79.

307) Daß ὅτι in Gal 4,6 kausal (so u. a. Hermann, Kyrios, 94ff; Wikenhauser, Christusmystik, 68; Sokolowski, Begriffe, 86f; Cerfaux, Christus, 277; Wendland, Wirken, 460; Dobbeler, Glaube, 59; Hamilton, Spirit, 31; Haubeck, Loskauf, 161; Borse, Gal, 144; Guthrie, Gal, 114; Oepke, Gal, 133; Mußner, Gal, 275; Betz, Gal, 209) und nicht deklarativ (gegen Lull, Spirit, 106ff; Blank, Paulus, 276; Jeremias, Theologie, 191) zu verstehen ist, ergibt sich aus drei Gründen. 1. Paulus setzt die Sohnschaft als bereits bestehend voraus (3,26) und bindet sie an die Sendung Christi (4,4f), nicht an die des Geistes. 2. Die Gewißheit der

Sohnschaft als Ziel des Gedankengangs (4,7) beruht nicht auf dem Kommen des Geistes, sondern geht aus dem diesem Kommen folgenden Rufen des Geistes hervor. 3. Bei deklarativem ὅτι ist der Satz unvollständig und müsste ergänzt werden, was aber nicht eindeutig möglich ist (etwa: "... daß ihr Söhne seid, beruht darauf, daß ..." oder: "... ist daran erkennbar, daß ...").

308) Gegen Osten-Sacken, Römer 8, 135; Braun, Qumran, 180; Grundmann, Geist, 179; Nauck, Tradition, 181; Lull, Spirit, 108f; Windisch, Paulus, 140; Cranfield, Röm, 397; Kuss, Röm, 601; Sickenberger, Briefe, 239; Lietzmann, Röm, 84; Pesch, Röm, 70; Kalt, Röm, 71; Zahn, Röm, 395. - Unzureichend ist auch die Bestimmung des πνεῦμα υἱοθεσίας als des zum Abbaruf befähigenden (Meyer, Spirit, 10) und völlig falsch seine Identifizierung mit der "filial disposition of confidence" (Murray, Röm, 295).

309) Wendland, Wirken, 460; Pfister, Leben, 80; Wilckens, Röm II, 136; Schlatter, Gerechtigkeit, 264.

310) Sachlich sind die in Anm. 308 (1. Hälfte) Genannten freilich im Recht, wenn sie behaupten, der Geist bewirke die Sohnschaft. Jedoch ist diese Bestimmung des πνεῦμα υἱοθεσίας von der Parallele Gal 4,6 und vom Kontext her (in Röm 8 geht es um das Wirken des Geistes in den bereits Glaubenden und nicht beim Gläubigwerden) hier nicht gemeint.

311) Wülfing von Martitz, ThWNT 8, 400f. - In erster Linie bzw. ausschließlich den Vorgang der "Adoption" sehen an dieser Stelle Pfister, Leben, 79; Grundmann, Geist, 179; Michel, Röm, 260; Wilckens, Röm II, 136; Schlier, Röm, 252; Cranfield, Röm, 397; Gaugler, Röm, 286f; Black, Röm, 118. Dagegen dürfte Delling, Söhne, 617 im Recht sein, wenn er den Gedanken der Adoption lediglich mitklingen läßt, vorwiegend aber die eschatologisch gefüllte "Sohnschaft" angesprochen sieht. Abgelehnt wird die Interpretation in Richtung der Adoption von Käsemann, Röm, 219 und Zahn, Röm, 395.

312) Grundmann, Geist, 188; Wilckens, Röm II, 136; Käsemann, Röm, 219; Schlier, Röm, 252.

313) Die Formulierung von Schweizer, ThWNT 8, 402.

314) Zahn, Röm, 395 interpretiert zu ontologisch, wenn er vom Zustandekommen der Sohnschaft "durch eine den Wesensbestand des Menschen neu gestaltende Einwirkung Gottes" spricht.

315) Mit Kuss, Röm, 602; Wilckens, Röm II, 137 Anm. 572.

316) So Käsemann, Röm, 219; Zeller, Röm, 160; Sickenberger, Briefe, 239; Kalt, Röm, 72.

317) So vor allem die angelsächsische Forschung (Meyer, Spirit, 10; Mawhinney, hyiothesia, 196; Cranfield, Röm, 399.401; Murray, Röm, 296 - aber auch Siber, Christus, 137; Coetzer, Spirit, 185; Gaugler, Röm, 289).

318) So Marchel, Abba, 223.

319) So Wendland, Wirken, 464; Delling, Söhne, 617; ders., Gottesdienst, 73; Osten-Sacken, Römer 8, 129f; Schmithals, Anthropologie, 127; Grundmann, Geist, 179.189; Hester, Concept, 64; Jewett, Terms, 199; Michel, Röm, 260; Wilckens, Röm II, 137; Kuss, Röm, 602.606; Black, Röm, 118; Althaus, Röm, 91; Schlatter, Gerechtigkeit, 265f; Dodd, Röm, 129f; Zahn, Röm, 396.

320) So Ko, Mensch, 370; Fuchs, Christus, 45; Paulsen, Überlieferung, 94ff; Stalder, Werk, 484; Pfister, Leben, 81f; Lohse, Analyse, 145; Windisch, Paulus, 140; Dibelius, Paulus, 148f; Schlier, Röm, 253 (auffallenderweise auch Osten-Sacken, Römer 8, 135 (vgl. Anm. 319)).

321) So begründen auch Osten-Sacken, Römer 8, 130; Stalder, Werk, 484; Pfister, Leben, 82; Schlier, Röm, 253 ihre Auslegung.

322) "Die Differenz ist nur eine scheinbare" (Grundmann, ThWNT 3, 903; gegen Bieder, Gebetswirklichkeit, 27 (vgl. S. 55)).

323) So Delling, Gottesdienst, 73; Stalder, Werk, 483f; Stanley, Boasting, 124; Michel, Röm, 260; Cranfield, Röm, 399; Kuss, Röm, 603; Althaus, Röm, 91; Zahn, Röm, 396.

324) So Osten-Sacken, Römer 8, 130; Paulsen, Überlieferung, 94ff; Pfister, Leben, 81; Grundmann, Geist, 192; Fendrich, EWNT 2, 775; Wilckens, Röm II, 137; Schlier, Röm, 253 (vgl. ders., Gal, 198); Gaugler, Röm, 290.

325) So Siber, Christus, 137 (der sogar an Glossolalie denkt); Stoodt, Wort, 75; Michel, Röm, 260; Wilckens, Röm II, 137; Käsemann, Röm, 220; Kuss, Röm, 603.

326) So Käsemann, Röm, 220 (ohne weitere Begründung; vgl. ders., RGG (3) II, 993f); Paulsen, Überlieferung, 95; Stoodt, Wort, 75 (beide unter Berufung auf Peterson, ΕΙΣ ΘΕΟΣ, 191-193).

327) Michel, Röm, 318; Grundmann, ThWNT 3, 902 Anm. 15 (vgl. Str.-B. III, 275).

328) Grundmann, ThWNT 3, 900.

329) Im Sinne der "proklamierenden Verkündigung" begegnet die Vokabel bereits im Hellenismus, aber auch in Joh und Apk (ebd. 899.902f). - Michel, Röm, 260 spricht von der Verwandtschaft von

κράζειν mit κηρύσσειν.

330) Vgl. Romaniuk, Spiritus, 190ff; Fendrich, EWNT 2, 775; Str.-B. III, 571.

331) Vgl. Osten-Sacken, Römer 8, 129; Seeberg; Katechismus, 240.

332) Bl.-Debr. 147.2 (vgl. Jeremias, Abba, 57; Grundmann, Geist, 188; Schlatter, Gerechtigkeit, 265; Kuss, Röm, 603).

333) Haubeck, Loskauf, 182.

334) Osten-Sacken, Römer 8, 129f; Schmithals, Anthropologie, 127; Haenchen, Weg, 493; Lull, Spirit, 89; Vos, Untersuchungen, 99; Michel, Röm, 260; Käsemann, Röm, 220; Kuss, Röm, 603; Zeller, Röm, 160; Lietzmann, Röm 84.

335) Schmithals, Anthropologie, 127; Luz, Geschichtsverständnis, 282; Vos, Untersuchungen, 99; Michel, Röm, 260. - Völlig unhaltbar ist die Meinung Murrays, Jesus selbst habe ἀββᾶ ὁ πατήρ als Anredeform Gottes verwendet (Röm, 296; zum Problem vgl. Haenchen, Weg, 493). Cranfield, Röm, 400 schlägt vor, πατήρ als "for the sake of emphasis" hinzugefügt zu betrachten. Unverständlich ist die Auffassung von McCasland, Abba, passim, die hellenistische Gemeinde habe Abba nur noch als Metonym für Gott gekannt, aber nicht mehr um die ursprüngliche Bedeutung des Wortes gewußt, weswegen Paulus (und Mk) ὁ πατήρ zur Erläuterung (nicht Übersetzung!) angefügt hätten. Dann aber bleibt zu fragen, warum Paulus ausgerechnet dieses - nach McCasland - mißverständliche und offensichtlich mißverstandene Abba als Erweis der Sohnschaft herangezogen hat (vgl. zur weiteren Kritik an McCasland: Taylor, Abba, 64 Anm. 6, sowie zur Frage der Metonymität: Jeremias, ThLZ 79, 214).

336) Stoodt, Wort, 75; Michel, Röm, 260; Schlier, Röm, 254.

337) Osten-Sacken, Römer 8, 129f; Seeberg, Katechismus, 240f; Haenchen, Weg, 493; Taylor, Abba, 63; Berger, Amen-Worte, 8f.

338) Wenn Paulus vom Reden des einzelnen in verschiedenen Sprachen schreibt, dann ist damit die Glossolalie als mehrsprachiges Phänomen gemeint, nicht aber der jeweilige glossolale Vorgang als solcher (1 Kor 12,10; 14,5f).

339) Daran scheitert auch die Annahme der Entstehung der zweisprachigen Formel im Bereich des hellenistischen Judenchristentums (Paulsen, Überlieferung, 92f) bzw. in Syrien (Käsemann, RGG (3) II, 994).

340) Vgl. Lull, Spirit, 89; Kuss, Röm, 603; Lietzmann, Röm, 84.

341) Die letzte Erwähnung Gottes als Vater erfolgte in Röm 6,4, also bereits in einiger sachlicher und zeitlicher Entfernung. Ähnliches gilt für Gal 4,6 zur Verdeutlichung von υἱός und υἱοθεσία (4,5-7). Auch hier liegt die letzte Erwähnung Gottes als Vater bereits weit zurück (1,4).

342) Vgl. S. 144f.

343) Analoges gilt für die griechische Akklamation Κύριος Ἰησοῦς (1 Kor 12,3).

344) Dies wird mit Sicherheit vertreten von Seeberg, Katechismus, 241ff; Grundmann, Geist, 188 (vgl. ders. ThWNT 3, 900); Nauck, Tradition, 181; Bindemann, Gebet, 54f; Zahn, Röm, 396 - als Möglichkeit erwogen von Fuchs, Freiheit, 105; Cullmann, Christologie, 215; Dölger, Gebet, 152f; Cranfield, Röm, 400; Kuss, Röm, 602; Black, Röm, 119; Lietzmann, Röm, 83 - ausdrücklich abgelehnt von Lull, Spirit, 67; Käsemann, Röm, 220; ders., RGG (3) II, 994. - Als traditionsgeschichtliche Vorstufe der bei Paulus verselbständigten Anredeformel ἀββᾶ ὁ πατήρ wird das Vaterunser angesehen von Wilckens, Röm II, 137; Black, Röm, 118; Lietzmann, Röm, 83; Dodd, Röm, 129, während umgekehrt Paulsen, Überlieferung, 92 die Formel als Voraussetzung des in der alten Kirche bei gleicher Gelegenheit (Taufe) gesprochenen Vaterunsers erwägt.

345) So Fuchs, Christus, 104; Delling, Gottesdienst, 72f; Pfister, Leben, 81ff; McCasland, Abba, 88; Cranfield, Röm, 402 (ebd. 399.401: "crying to God"); Althaus, Röm, 91.

346) So Osten-Sacken, Römer 8, 130; Schmithals, Anthropologie, 127; Jeremias, ThLZ 79, 214; Kretschmar, Geschichte, 16; Sokolowski, Begriffe, 87; Wikenhauser, Christusmystik, 68; Haubeck, Loskauf, 161; Michel, Röm, 260; Wilckens, Röm II, 137; Kuss, Röm, 603; Zeller, Röm, 160; Gaugler, Röm, 289f; Sickenberger, Briefe, 239.

347) So Jeremias, Vater-Unser, 158; Vos, Untersuchungen, 100 (vgl. Christ, Lehre, 17ff; Harder, Paulus, 95f; Greeven, Gebet, 145ff; Goltz, Gebet, 91; Hamman, Prière, 267).

348) So Paulsen, Überlieferung, 90f; Schnelle, Gerechtigkeit, 133; Stoodt, Wort, 75; Schlier, Röm, 253; Zeller, Röm, 160; Käsemann, Röm, 220; ders., RGG (3) II, 994.

349) Käsemann, Röm, 220 kontrastiert scharf zwischen Gebet und Akklamation, während für Paulsen, Überlieferung, 91 Anm. 25 "die Übergänge zwischen Gebet und Akklamation ... sicher fließend gewesen" sind, so "daß eine strikte Trennung zwischen Gebet und Akklamation nicht der sachlichen Intention entsprechen würde". Im Blick auf den Inhalt lasse sich bei ἀββᾶ ὁ πατήρ auch "von ei-

nem Gebetsruf sprechen". In die gleiche Richtung interpretiert Wilckens, Röm II, 137: "Zwischen beiden Erklärungen (sc. als Gebet und als Akklamation) muß keine Alternative sein, da sich die Entstehung eines solchen isolierten Abba-Rufs m. E. am einfachsten als Verselbständigung der Gebetsanrede des Vaterunsers erklären läßt. Da der Paulustext keinen Bezug auf die Gebetsinhalte des Vaterunsers zeigt, liegt es näher, daß Paulus hier an einen pneumatisch-inspirierten **akklamatorischen Gebetsruf** denkt." (Hervorhebung von mir).

350) Also entweder als vollständiger Gebetsruf oder vollständige Akklamation bzw. beides, sofern man hier nicht grundsätzlich unterscheiden will.

351) Vgl. u. a. Jeremias, Abba, 57 u. ö.; ders., ThLZ 79, 213; Paulsen, Überlieferung, 93; Pfister, Leben, 81; Haenchen, Weg, 493; Grundmann, Geist, 189; Blank, Paulus, 277; Windisch, Paulus, 140; Kittel, ThWNT 1, 5; Schrenk, ThWNT 5, 984f; Kuhn, EWNT 1, 3; Cranfield, Röm, 398ff; Kuss, Röm, 603; Zeller, Röm, 160; Althaus, Röm, 91.

352) Die doppelsprachige Anrede ἀββᾶ ὁ πατήρ ist Jesus freilich aus hellenistischer Gemeindetradition "in den Mund gelegt" (Haenchen, Weg, 493; vgl. Feldmeier, Krisis, 171; Söding, Gebet, 81f.86; vielleicht als Folge einer Verselbständigung der Verbindung in Röm 8,15; Gal 4,6), jedoch dürfte Abba die Erinnerung an die ursprüngliche Gebetsanrede Jesu wiedergeben. Andernfalls wäre das Vorkommen des Wortes an dieser Stelle kaum zu erklären. - Für ursprünglich wird Abba gehalten von Gnilka, Mk II, 260; Ernst, Mk, 429f; Schmithals, Mk II, 640; Klostermann, Mk, 150f; Schweizer, Mk, 180; Pesch, Mk II, 390f; Grundmann, Mk, 401; Söding, Gebet, 86f; Feldmeier, Krisis, 171. - Unklar bleibt Lohmeyer, Mk, 315.

353) אַבָּא ist zum Ersatz für אָבִי geworden (vgl. Kuhn, EWNT 1, 1; Str.-B. II, 49; Dalman, Worte, 157), konnte aber auch "Vater", "unser Vater", "sein Vater" bedeuten (vgl. Haenchen, Weg, 493; Michel, Röm, 260; Kuhn, EWNT 1, 1).

354) Bl.-Debr. 278_4.

355) Hier käme nur das palästinische Judentum in Frage, aber dies kannte die direkte Anrede Gottes mit Abba gerade nicht (vgl. u. a. Kuhn, EWNT 1, 2; Str.-B. II, 50; Grundmann, Geist, 189; Jeremias, Abba, 19-33). Daran scheitert auch Stauffers Versuch der Ableitung des Wortes aus der synagogalen Liturgie (Theologie, 221).

356) Blank, Paulus, 277.

357) Vgl. Jeremias, Abba, 64; Kuhn, EWNT 1, 2; Feldmeier, Kri-

sis, 171 sowie die Kommentare zu Mk 14,36 (s. Anm. 352).

358) Jeremias, Abba, 63 (zur generellen "Bedeutung der Gottesanrede Abba" s. ebd. 58-67).

359) Vgl. Feldmeier, Krisis, 171; Grundmann, Mk, 401; Pesch, Mk II, 391. - Nach Söding, Gebet, 88 ist die Abbaanrede die "spezifische und authentische Antwort Jesu auf seine Einsetzung zum Sohn Gottes ...".

360) Jeremias, Abba, 65 (vgl. ders., ThLZ 79, 213; Zahn, Anbetung, 36; O'Brien, Thanksgivings, 78; Cranfield, Röm, 398). Dabei ist vorausgesetzt, daß die lukanische Form des Vaterunserbeginns mit πάτερ ursprünglich ist und אבא wiedergibt (vgl. Kuhn, EWNT 1, 3; Luz, Mt, 339).

361) Dafür spricht vor allem die Gebetsparänese Mt 7,11 par Lk 11,13 (als Beispiel jener in Q enthaltenen "Worte Jesu, die in der Gemeinde einen so hohen Rang einnahmen" (Ernst, Lk, 357; vgl. Grundmann, Mt, 222; Gnilka, Mt I, 261; Sand, Mt, 148; Luz, Mt, 383ff)) und die Verkündigung Jesu von Gott als Vater in der synoptischen Tradition (vgl. Marchel, Abba, 190ff (bes. 197); Cullmann, Prière, 94; Feldmeier, Krisis, 169f). - Zur Ablösung der Abbaanrede vom Vaterunser vgl. die unterschiedlichen Vermutungen von Seeberg, Katechismus, 242; Wilckens, Röm II, 137; Dodd, Röm, 129.

362) Delling, Gottesdienst, 72.

363) Zur palästinischen Gemeinde als traditionsgeschichtliches Bindeglied vgl. Schmithals, Anthropologie, 127; Vos, Untersuchungen, 99; Luz, Geschichtsverständnis, 282; Grundmann, Geist, 189; Blank, Paulus, 277; Nauck, Tradition, 181; Delling, Gottesdienst, 72.

364) Nach Lietzmann, Röm, 83 ist es eine "typische liturgische Sitte, einzelne fremdsprachliche Worte an feierlicher Stelle zu übernehmen" (vgl. Blank, Paulus, 277; Nauck, Tradition, 181; Fuchs, Anteil, 295f; Delling, Gottesdienst, 72; Schmithals, Anthropologie, 127; Luz, Geschichtsverständnis, 282 Anm. 63 sowie die Kommentare zu Röm 8,15).

365) Paulsen, Überlieferung, 87; Schmithals, Anthropologie, 126; Pfister, Leben, 80; Lohse, Analyse, 135; Seeberg, Katechismus, 242f; Siber, Christus, 136; Schnelle, Gerechtigkeit, 127; Grundmann, Geist, 188; Park, Verhältnis, 221; Carrington, Catechism, 84; Michel, Röm, 260; Käsemann, Röm, 219; Schlier, Röm, 253; Cranfield, Röm, 396; Kuss, Röm, 601; Black, Röm, 118.

366) Schnelle, Gerechtigkeit, 133; Dölger, Gebet, 152f; Kretschmar, Geschichte, 16; Grundmann, Geist, 188; Hester, Concept, 65;

Wilckens, Röm II, 136; Käsemann, Röm, 219. - Windisch, Paulus, 140 sieht einen Zusammenhang mit der Taufe aufgrund von Parallelen mit den synoptischen Berichten von der Taufe Jesu. Gegen die Taufe als liturgischen Hintergrund votiert Stalder, Werk, 483, allerdings mit unzureichenden Argumenten.

367) So ausdrücklich bei Siber, Christus, 137f; Nauck, Tradition, 181; Osten-Sacken, Römer 8, 131; Kretschmar, Geschichte, 16; Carrington, Catechism, 84 (vgl. Marchel, Abba, 177f); Michel, Röm, 261; Wilckens, Röm II, 139. - Wenig überzeugend ist die Erklärung der Verbindung des Abbarufs mit der Taufe bei Taylor, Abba, 66f. Demnach vollziehen die Täuflinge in der Taufe die Passion Jesu nach, die in Mk 10,38 als "Taufe" und "Kelch" bezeichnet wird. Dabei unterstellen sich die Getauften ganz dem Willen Gottes, ebenso wie es Jesus in seinem Passionsgebet Mk 14,36 (unter Bezugnahme auf den "Kelch" des Leidens) tat. Von daher bot sich die in der mündlichen Evangelientradition vorgefundene Anrede ἀββᾶ ὁ πατήρ an, um mit den überlieferten Worten Jesu den eigenen Sohnesgehorsam in der Taufe zu bekennen. - Diese Deutung erscheint von der Voraussetzung her fragwürdig, daß die zweisprachige Formel bereits Bestandteil der frühen synoptischen Tradition gewesen sei (vgl. ebd. 69). Dagegen spricht, daß Jesus in Gethsemane mit Sicherheit nicht zweisprachig gebetet hat (vgl. Haenchen, Weg, 493), das Fehlen der Formel bei Mt und Lk sowie die Hinzufügung des ὁ πατήρ erst in der hellenistischen Christenheit, wahrscheinlich durch Paulus selbst (vgl. S. 149). Mk dürfte die so entstandene Formel übernommen haben, um an dieser entscheidenden Stelle des Evangeliums (vgl. Feldmeier, Krisis, passim) die aramäische Gottesanrede Jesu mit ihrer prägnanten inhaltlichen Füllung zur Geltung zu bringen (vgl. die Kommentare z. St. und Anm. 352).

368) So zusammenfassend bei Paulsen, Überlieferung, 91.93.

369) Gegen Luz, Geschichtsverständnis, 282.374; ders., Aufbau, 174; Siber, Christus, 136-138; Schmithals, Anthropologie, 126; Nauck, Tradition, 181 (bei Luz, Geschichtsverständnis und Siber ausführlich dargelegt).

370) Vgl. dazu die in Anm. 365.366 genannte Literatur.

371) Vgl. Vos, Untersuchungen, 99; Lull, Spirit, 68; Paulsen, Überlieferung, 92.

372) Gegen Wilckens, Röm II, 139 und Siber, Christus, 137, die die Verbindung von Taufe, Geistempfang und Abbaruf für traditionsgeschichtlich vorgegeben halten.

373) Diese sind von 8,9 an angesprochen.

374) Paulsen, Überlieferung, 81.

375) Vgl. S. 152.

376) Vgl. Schweizer, ThWNT 8, 402.

377) Auch 1 Kor 6,11 besagt das nicht, sondern markiert gerade den Ü b e r g a n g vom alten ins neue Leben durch die Taufe.

378) Nicht von ungefähr fehlt die ausdrückliche Rede von der Taufe in Röm 8. Sie hat ihren Ort in Kap. 6 im Zusammenhang der Gegenüberstellung von altem und neuem Leben (5,12-21; 7,1-6) als Übergangsgeschehen (6,1-11), dem die Bewährung zu folgen hat (6,12-23).

379) Deshalb auch die Wahl der Aorists ($\dot{\epsilon}\lambda\acute{\alpha}\beta\epsilon\tau\epsilon$) bezüglich der Taufe und des Präsens bezüglich der Geistwirkung ($\kappa\rho\acute{\alpha}\zeta o\mu\epsilon\nu$).

380) Daß es um den B e w e i s der Sohnschaft durch den Ruf geht, betonen neben verschiedenen Kommentatoren vor allem Marchel, Abba, 219; Cullmann, Prière, 94; Greeven, Gebet, 143 (vgl. Anm. 297).

381) Das kommt in der passivischen Formulierung $\pi\nu\epsilon\acute{\upsilon}\mu\alpha\tau\iota$ $\theta\epsilon o\tilde{\upsilon}$ $\mathring{\alpha}\gamma o\nu\tau\alpha\iota$ (8,14) klar zur Geltung (vgl. 1 Kor 12,3; Gal 4,6; 5,17f).

382) Gegen Delling, Gottesdienst, 73; Fuchs, Freiheit, 105.

383) Das heißt nicht, daß die Wirksamkeit des Geistes an diese Erscheinungsform gebunden wäre. Aber nur so gewinnt sie für den Glaubenden Beweiskraft. - Die Geistgewirktheit des Rufes muß nicht zwangsläufig einen ekstatischen Vorgang bezeichnen (gegen Harder, Paulus, 164.197f; Cerfaux, Apôtre, 478; Zimmer, Gebet, 146; Käsemann, Röm, 220).

384) Vgl. die in Anm. 367 Genannten.

385) ὅσοι hat in 8,14 die Bedeutung: alle, welche ... und meint damit die "Menge" bzw. "Zahl" der Individuen (vgl. Bauer, Wörterbuch, 1162). Es kommt also auf den Nachweis an, daß jeder einzelne Gläubige vom Geist geleitet wird.

386) Vom Vorgang her sind sowohl Ἀνάθεμα Ἰησοῦς als auch Κύριος Ἰησοῦς Akklamationen, aber nur die letzte weist sich durch ihren Inhalt als geistgewirkt aus.

387) Was ja auch durch das κράζειν bestätigt wird (vgl. S. 148).

388) Vgl. Bieder, Gebetswirklichkeit, 27.

389) Vgl. Pesch, Mk II, 391 und S. 150f.

390) Der Öffentlichkeitscharakter des urchristlichen Gottesdienstes ergibt sich aus 1 Kor 14,23.

391) Siehe S. 148.

392) Siehe S. 150. Die Vollständigkeit hat unter traditionsgeschichtlichem Aspekt Paulsen, Überlieferung, 90 wahrscheinlich gemacht.

393) Vgl. S. 150.

394) Gegen einen derartigen Brauch sprechen auch Mt 6,9; Lk 11,2.

395) Es gehört zu den Charakteristika der Akklamation, daß sie stets von einer "Menge" ausgerufen wird (Klauser, RAC 1, 216).

396) Die Einhelligkeit der Akklamation "hatten schon die Heiden auf göttliche Eingebung zurückgeführt" (ebd. 255).

397) Dieser Auffassung kommt Kuss, Röm, 603 am nächsten: "In den noch in hohem Maße durch das freie Walten des Geistes bestimmten Gemeindeversammlungen ... mochten die Glaubenden 'schreien' und, wie von unsichtbaren Kräften fortgerissen, in den Ruf ausbrechen: 'Abba' ..." In die gleiche Richtung interpretieren Schmithals, Anthropologie, 127; Meyer, Spirit, 10; Käsemann, Röm, 220.

398) Siehe S. 149.

399) Vgl. die in Anm. 348 Genannten.

400) Vgl. Paulsen, Überlieferung, 91 Anm. 52.

401) Gegen Zahn, Röm, 398; Murray, Röm, 297; Althaus, Röm, 91, die an zwei verschiedene Zeugnisse des Geistes denken.

402) Jewett, Terms, 199. Dafür spricht der asyndetische Anschluß des Verses sowie die erst in 8,17 erfolgende Weiterführung des Gedankengangs von 8,15.

403) Das Verb begegnet ohnehin nur im Röm (2,15; 8,16; 9,1).

404) Gegen Lohse, Analyse, 135; Jewett, Terms, 199; Strathmann, ThWNT 4, 516; Schneider, EWNT 3, 687; Wilckens, Röm II, 138; Schlier, Röm, 254; Cranfield, Röm, 403; Kuss, Röm, 606.

405) Mit Delling, Söhne, 617; Stalder, Werk, 484f; Pfister, Leben, 84; Bertrams, Wesen, 13; Grundmann, Geist, 180.

406) Röm 2,15: Das Gewissen bezeugt den H e i d e n das Werk des Gesetzes; Röm 8,16: Der Geist Gottes bezeugt dem G l ä u - b i g e n die Sohnschaft; Röm 9,1: Das Gewissen bezeugt dem A p o s t e l , daß er nicht lügt.

407) Bis auf Röm 3,21 geht dies aus allen übrigen paulinischen Verwendungen eindeutig hervor (Röm 10,2; 1 Kor 15,15; 2 Kor 8,3; Gal 4,15 (Kol 4,13)).

408) In Röm 9,1 ist wahrscheinlich das Zeugnis beider bzw. des vom Geist bestimmten Gewissens gemeint.

409) In Röm 2,15 leisten das Mitbezeugen die menschlichen Gedanken, in 9,1 die betonte Feststellung: Ich sage die Wahrheit ... ich lüge nicht.

410) Gegen Jewett, Terms, 199; Käsemann, Röm, 220; Schlatter, Gerechtigkeit, 266. Wie und warum sollte der an den Menschen herantretende von dem im Menschen wohnenden Heiligen Geist unterschieden werden? Kann Paulus meinen, der Heilige Geist bezeuge (mit) sich selbst die Sohnschaft?

411) Zeller, Röm, 160 (vgl. Dibelius, Worte, 10; Park, Verhältnis, 224).

412) Die empfangende Haltung des menschlichen Geistes wird betont von Delling, Wort, 142; Bertrams, Wesen, 13; Grundmann, Geist, 180; Schweizer, ThWNT 6, 434; Wilckens, Röm II, 137f; Zeller, Röm, 160.

413) Diesen Sachverhalt bringt Bertrams, Wesen, 13 sehr schön zur Geltung: "An einem Punkte seines Seins muß der Mensch das Göttliche, das ihm dargeboten wird, erfassen, wenn auch nur unter Erleuchtung und Einwirkung des göttlichen Geistes. Sonst ist es nicht s e i n e Erkenntnis und s e i n e Erfahrung. Der Menschengeist kann deshalb wohl erkennen und bezeugen, daß er die Kindschaft Gottes besitzt." (vgl. Grundmann, Geist, 180; Käsemann, Röm, 220).

414) Dem συμμαρτυρεῖν des menschlichen Geistes mit dem göttlichen Geist geht also ein alleiniges μαρτυρεῖν des Geistes Gottes (vgl. Röm 3,21) - in Gestalt des Abbarufs - voraus, so daß man regelrecht von zwei Stadien des Bezeugens sprechen kann (vgl. Marchel, Abba, 224). Von daher ist die Annahme falsch, der Geist Gottes bestätige dem menschlichen Geist, was dieser bereits vorher bezeuge (gegen Schlatter, Gerechtigkeit, 266; Stalder, Werk, 484f; Pfister, Leben, 84; vgl. Strathmann, ThWNT 4, 516). Ohne das vorausgehende Zeugnis des göttlichen Geistes ist das (Mit-)Bezeugen des menschlichen Geistes nicht möglich.

415) Vgl. Grundmann, Geist, 180.

416) Vgl. Lamarche/Le Du, Épître, 66.

417) Den Aspekt der Erfahrbarkeit der Sohnschaft in Gestalt des sie bezeugenden Abbarufes als Grundlage der Sohnesgewißheit sehen Luz, Aufbau, 174; Fuchs, Freiheit, 105f; Meyer, Spirit, 9f; Stalder, Werk, 483.485; Pfister, Leben, 81; Lohse, Analyse, 134; Blank, Paulus, 276f; Windisch, Paulus, 140; Siber, Christus, 137; Schmithals, Anthropologie, 127; Stanley, Boasting, 120f; Minde, Theologia, 145; Wilckens, Röm II, 138; Schlier, Röm, 254; Cranfield, Röm, 402; Kuss, Röm, 604; Zeller, Röm, 160; Gaugler, Röm, 287.291; Lietzmann, Röm, 83.

Daß die Ableitung theologischer Aussagen von der religiösen Erfahrung her bei Paulus kein Einzelfall ist, ergibt sich aus weiteren entsprechenden Argumentationsgängen:

In 1 Kor 6,11 spricht er die Gemeinde auf die Erfahrung des "Taufgeschehen(s)" (Schnelle, Gerechtigkeit, 39) an, um sie auf ihr Stehen in Rechtfertigung und Heiligung festzulegen. In 10,17 führt ihn die Erfahrung der Teilhabe an dem e i n e n Brot beim Abendmahl zur Gewißheit der Einheit der Gemeinde als dem e i n e n Leib (Christi) (vgl. Conzelmann, 1 Kor, 203f). In 2 Kor 1,8-10 gewinnt er von der Erfahrung der Rettung durch Gott in Not die Hoffnung auf künftige "Rettungen". In Gal 1,11-16 begründet er die nicht menschliche Art seines Evangeliums mit der Erfahrung der "Offenbarung" bei Damaskus. In 3,1-5 erinnert er die Galater anhand ihrer Erfahrung des Geistempfangs und der wunderbaren Geistwirkungen (vgl. Mußner, Gal, 209) an ihren "Anfang im Geist". In Phil 1,27-30 dient ihm die Erfahrung des Leidens der Gemeinde als Christen zum Erweis ($\xi\nu\delta\epsilon\iota\xi\iota\varsigma$, 1,28) ihres Heilsstandes (vgl. Lohmeyer, Phil, 77 und zu weiteren "Erfahrungen" und ihrer theologischen Deutung: 1 Kor 15,8-10; 2 Kor 4,7ff; Gal 3,26f).

Dennoch wird man sich hüten müssen, die paulinische Theologie zu einer "Erfahrungstheologie" zu machen. Ihre zentralen Inhalte und Strukturen gründen zwar "in der Erfahrung von Damaskus" (Dietzfelbinger, Berufung, 105), erhalten ihre Ausgestaltung aber erst "in der durch sie (sc. die Damaskus-Erfahrung) ausgelösten Reflexion" (ebd.). D. h. die Berufungserfahrung stellt für die paulinische Theologie primär das normierende, nicht aber das formierende Prinzip dar. Dem entspricht es, wenn der Apostel in seinen Briefen relativ selten von der Erfahrung her argumentiert und nicht das subjektive religiöse Erleben des einzelnen, sondern - gleichsam als objektive Größe - den Glauben an Gottes zuvorkommendes Heilshandeln in Jesus Christus zur Grundlage der Gottesbeziehung des Menschen macht (Röm 1,16f; 3,21-31; 4,24-5,2; 10,4.9f; 1 Kor 15,14.17; 2 Kor 1,24; Gal 2,20; 3,22-26; 5,6; Phil 3,9; 1 Thess 4,14).

Aber dennoch hebt Paulus den Glauben nicht vom menschlichen (Er-) Leben ab, sondern läßt ihn in dieses eingehen. Weil es der **M e n s c h** ist, der glaubt, äußert sich dieser Glaube auch in menschlichen Vollzügen, realisiert er sich "im konkreten Leben in den individuellen Verhaltungen des Glaubenden" (Bultmann, Theologie, 325): in Zweifel und Schwachheit (Röm 4,19f; 14,1f), in Vertrauen und Hoffen (2 Kor 1,9f), in Freude (Röm 15,13; Phil 1,25), im Bekenntnis (Röm 10,9f), im Ertragen von Leid (Phil 1,29) und vor allem in tätiger Liebe (Gal 5,6; 1 Thess 1,3). Wenn auch der Glaube für Paulus kein "'Erlebnis'" ist (Bultmann, Theologie, 317), so ist er doch in bestimmter Hinsicht erlebbar und damit erfahrbar. Nur von daher ist auch die Aufforderung an die Korinther sinnvoll, **s i c h s e l b s t** zu prüfen, ob sie "im Glauben" stehen, ob sie sich als Christen bewähren (2 Kor 13,5; vgl. Gal 6,4), und d. h. doch letztlich, ob sie sich als Glaubende erfahren oder nicht. Denn sie selbst sollen sich ja Rechenschaft darüber ablegen, wie es mit dem Glauben in ihrem Leben bzw. in ihrer Gemeinde bestellt ist.

Dies erhellt den Umstand, daß Paulus die Kategorie der Erfahrung vor allem da anwendet, wo es ihm um die **e x i s t e n t i e l - l e V e r g e w i s s e r u n g** von geistlichen Sachverhalten geht, wo der Glaube durch das Erleben zwar nicht gesichert, wohl aber anschaulich gemacht werden soll (vgl. 1 Kor 6,11; 2 Kor 1,8-10; Gal 3,1-5; Phil 1,27-30). Besonders deutlich wird dies in einem Abschnitt des Gal, wo die objektiv zugesagte Realität der Gottessohnschaft durch den Glauben an Jesus Christus (3,26) in doppelter Weise subjektiv-existentiell veranschaulicht und damit vergewissert wird: einmal durch das Erleben der Taufe (3,27) und zum anderen durch die Erfahrung des Abbarufes (4,6f).

Das Heil beruht nach Paulus nicht auf der Erfahrung, es gewinnt aber Gestalt auch in ihr, weil es im jeweiligen menschlichen und gemeindlichen Leben geschichtlich konkret wird. Der Rekurs auf die Erfahrung des Glaubens gehört nicht so sehr zu den explizierenden, wohl aber zu den applizierenden Elementen der paulinischen Theologie.

418) Und nicht um das ideale Gebet der Christen (gegen Greeven, Gebet, 147f; Ménégoz, Problème, 300; vgl. Schellbach, Paulus, 72).

419) Vgl. S. 154.

420) Gegen Dietzel, Gründe, 259; Greeven, Gebet, 147f; Bieder, Gebetswirklichkeit, 25.29; Stanley, Boasting, 124; Emery, Prayer, 599; Cullmann, Prière, 95.

421) Gegen die in Anm. 347 Genannten.

422) Vgl. die Gottesanrede Jesu Mt 27,46 par.

423) Vgl. Bieder, Gebetswirklichkeit, 29.

424) Gegen die meisten der in Anm. 420 Genannten.

425) In Analogie zu dem sich in der Vateranrede kundtuenden Gottesverhältnis Jesu (vgl. S. 150f).

426) Darauf deutet vor allem die Rede vom θεῷ μου in den einleitenden Gebetsberichten hin (vgl. S. 159).

427) Dennoch ist die Heilsgewißheit für Paulus keine Erfahrungs-, sondern eine Glaubensgewißheit (Röm 1,16f; 3,22; 5,1; 8,38f u. ö.), die jedoch im Gebet zur Erfahrung wird, darin aber gleichwohl vom Glauben abhängig bleibt (vgl. zur Thematik Gebet und Heilserfahrung S. 223).

428) 2 Kor 12,8; Röm 1,8; 10,1; 1 Kor 1,4; Phil 1,3.9; Phlm 4 (Eph 1,16; Kol 4,12).

429) Röm 15,5f.30; 2 Kor 1,11; 4,15; 9,13f; Phil 1,19; 1 Thess 5,25; Phlm 22 (Eph 5,19f; 6,18f; Kol 1,12; 3,15-17; 4,2f; 2 Thess 3,1).

430) Vgl. das S. 159 unter 1. Gesagte.

431) Dies wird durch Apg 9,11; 22,17-21 beispielhaft bestätigt, wo das Gebet des Paulus als Konsequenz seiner neuen Gottesbeziehung erscheint und zeitlich (9,11) sowie sachlich (22,21) seiner apostolischen Tätigkeit vorausgeht. Auch Gal 1,16 scheint in die gleiche Richtung zu weisen, falls man aus dem οὐ προσανεθέμην σαρκὶ καὶ αἵματι den Umkehrschluß προσανεθέμην θεῷ bzw. Χριστῷ ziehen darf.

432) Zum Verhältnis von Röm 8,15 zu 7,24f vgl. Schunack, Problem, 225f.

433) Vgl. Wilckens, Röm II, 100.

434) Insofern Röm 7,25a als Danksagung beim Briefdiktat auf bereits vorausgegangene Dankgebete des Paulus zurückgreift.

435) Vgl. S. 137f.

436) Vgl. S. 136f.

437) Das zeigt sich besonders in den einleitenden Gebetsberichten und den Gebetswünschen.

ANMERKUNGEN ZU S. 164-171: V. RÖMER 8,26f

438) S. 54-53.

439) Zahn, Creatur, 515 (vgl. Paulsen, Überlieferung, 107).

440) Eine Ausnahme etwa bei Lamarche/Le Du, Épître, 74f, die 8,26a zu 8,23-25 ziehen.

441) So z. B. Käsemann, Schrei, 227; Balz, Heilsvertrauen, 81.

442) So. z. B. Paulsen, Überlieferung, 109; Schmithals, Anthropologie, 152.

443) So z. B. Niederwimmer, Gebet, 253f; Käsemann, Schrei, 227f; Balz, Heilsvertrauen, 81; Vos, Untersuchungen, 128; Schmithals, Anthropologie, 154; Paulsen, Überlieferung, 122f; Cranfield, Röm, 421; Schlier, Röm, 268; Wilckens, Röm II, 160; Michel, Röm, 279; Zeller, Röm, 163.

444) So z. B. Bindemann, Hoffnung, 76; Boyd, Work, 37.

445) So z. B. Osten-Sacken, Römer 8, 92.99.

446) Bauer, Wörterbuch, 1777.

447) ὡσαύτως begegnet im Neuen Testament "durchweg in modaler Bedeutung" (Balz, EWNT 3, 1218).

448) Vgl. Cranfield, Röm, 420f (gegen Käsemann, Röm, 232).

449) Einer der wenigen, die diesen Sachverhalt sehen, ist Wilkkens, Röm II, 160.

450) Vgl. S. 144.

451) Gegen Michel, Röm, 272, der "enge Beziehungen zu V16" sieht.

452) Sand, EWNT 1, 279.

453) Wilckens, Röm II, 158 (vgl. die weiteren Kommentare z. St.).

454) Gegen die in Anm. 443 bis 445 Genannten.

455) καί ist nicht zu streichen (gegen Boyd, Work, 36f).

456) Wilckens, Röm II, 157.

457) Gegen die in Anm. 442 Genannten.

458) Vgl. Balz, EWNT 3, 714.

459) Käsemann, Schrei, 226.

460) Gegen Schniewind, Seufzen, 85.92; Niederwimmer, Gebet, 252.255; Balz, Heilsvertrauen, 69.73f.76.83; Vos, Untersuchungen, 129; Paulsen, Überlieferung, 123f; Zmijewski, EWNT 1, 411; Osten-Sacken, Römer 8, 93; Park, Verhältnis, 171.174; Mowinckel, Vorstellungen, 123; Michel, Röm, 272.

461) Balz, EWNT 3, 652.

462) Die Schwachheit hat ihre Ursache in dieser leiblichen Form der christlichen Existenz, nicht jedoch in einer fleischlichen bzw. sarkischen (gegen Niederwimmer, Gebet, 255; Menezes, Life, 17; Stählin, ThWNT 1, 489; Zeller, Röm, 163) mit ihrer Gottesferne (gegen Balz, Heilsvertrauen, 73; Schniewind, Seufzen, 85), die nach Röm 7 und 8 ja gerade überwunden ist.

463) Gegen Balz, Heilsvertrauen, 73; Menezes, Life, 47.

464) Bauer, Wörterbuch, 1416.

465) Vgl. ebd., 534f.1663; Balz, EWNT 1, 1128.

466) So auch Käsemann, Schrei, 219; Bindemann, Hoffnung, 80; Schweizer, ThWNT 6, 428; Greeven, ThWNT 2, 806; Hester, Concept, 36; Schmithals, Anthropologie, 154; Pesch, Röm, 73; Cranfield, Röm, 421; Schlier, Röm, 268; Wilckens, Röm II, 160 (gegen Gaugler, Geist, 75; Park, Verhältnis, 171; Zeller, Röm, 163, die beides, Inhalt und Art des Betens, als Problem ansehen).

467) καθὸ δεῖ wird nach gängiger Auffassung durch κατὰ θεόν (8,27) näher erläutert.

468) Auch in homiletischer Hinsicht sollte dieser Befund nicht mißachtet werden. M. E. kann sich nicht auf Röm 8,26f berufen, was etwa Bultmann in einer Besinnung z. St. geschrieben hat: "Wir ... müssen vor Gott verstummen." Denn: "Eines ist ganz gewiß: daß wir so, wie wir sind, nicht vor Gott treten können, so klein, so kümmerlich, so schwach, so befleckt." (Beten, 593; vgl. ders., Römer, 185).

469) Gegen die meisten der in Anm. 460 Genannten. Symptomatisch für die zurückzuweisende Anschauung ist etwa das Fazit, das Ott, Gebet, 140 aus Röm 8,26 zieht: "Ohne das πνεῦμα gibt es kein Gebet." Das aber will die Stelle nicht sagen.

470) Wilckens, Röm II, 160f.

471) Sie wird von Bindemann in ähnlicher Weise wie bei Wilckens (s. Anm. 470) verstanden, wie das folgende Zitat zeigt.

472) Damit greift Bindemann wohl οὐ βλέπομεν von 8,25 auf.

473) Bindemann, Hoffnung, 80. In ähnlicher Weise interpretieren auch Ko, Mensch, 370; Dobbeler, Glaube, 203; Heil, Romans, 55f; Schmithals, Anthropologie, 154; Pesch, Röm, 73; Wilckens, Röm II, 160.

474) Bindemann, Hoffnung, 77.

475) In diese Richtung tendieren lediglich Bieder, Gebetswirklichkeit, 35f; Heil, Romans, 56; Schlier, Auslegung, 611 (vgl. ders., Röm, 269) und - eigenartigerweise (vgl. zu Anm. 478) - Johansson, Parakletoi, 273. Auch auf Bultmanns Besinnung (vgl. Anm. 468) sei in diesem Zusammenhang hingewiesen: Gottes "Geist ist es, der in uns Demut und Vertrauen wirkt" und so unserer Schwachheit aufhilft (Beten, 594).

476) Schmithals, Anthropologie, 153 in Übereinstimmung mit Niederwimmer, Gebet, 255 Anm. 13.258f; Käsemann, Schrei, 220f.227. 230; Balz, Heilsvertrauen, 72.75f.83.87; Osten-Sacken, Römer 8, 99; Bauernfeind, ThWNT 8, 244; Michel, Röm, 273. Sinngemäß wird diese Ansicht auch vertreten von Menezes, Life, 46; Schniewind, Seufzen, 92; Cranfield, Röm, 423; Käsemann, Röm, 233; Zeller, Röm, 163.

477) S. Mowinckel, Die Vorstellungen des Spätjudentums vom heiligen Geist als Fürsprecher und der johanneische Paraklet, ZNW 32, 1933, 97-130.

478) N. Johansson, Parakletoi. Vorstellungen von Fürsprechern für die Menschen vor Gott in der alttestamentlichen Religion, im Spätjudentum und Urchristentum, Lund 1940.

479) O. Betz, Der Paraklet. Fürsprecher im häretischen Spätjudentum, im Johannes-Evangelium und in neu gefundenen gnostischen Schriften, Leiden/Köln 1963.

480) Zum religionsgeschichtlichen Hintergrund von Röm 8,26f, zu dem neben die alttestamentlich-jüdische Fürsprechervorstellung noch gewisse Vorstellungen vom Geist in der antiken Mystik und Ekstase sowie gnostische und apokalyptische Motive treten, vgl. Niederwimmer, Gebet, 253.260ff; Käsemann, Schrei, 229f; Balz, Heilsvertrauen, 83ff; Bindemann, Hoffnung, 79ff; Osten-Sacken, Römer 8, 85f; Schmithals, Anthropologie, 157ff sowie die Kommentare z. St.

481) So z. B. Käsemann, Schrei, 224ff; ders., Röm, 232f; Balz,

Heilsvertrauen, 80f.92; Vos, Untersuchungen, 128; Paulsen, Überlieferung, 122f; Schmithals, Anthropologie, 156; Mowinckel, Vorstellungen, 123; Johansson, Parakletoi, 273; Zeller, Röm, 163. Abgelehnt wird diese Deutung u. a. von Niederwimmer, Gebet, 263; Bindemann, Hoffnung, 76ff; Schlier, Auslegung, 611; ders., Röm, 269; Park, Verhältnis, 172ff; Cranfield, Röm, 423; Michel, Röm, 273; Wilckens, Röm II, 161.

482) Gaugler, Geist, 88 (ebenso Park, Verhältnis, 172; Pesch, Röm, 73; Wilckens, Röm II, 161; ähnlich Bindemann, Hoffnung, 79; Schneider, ThWNT 7, 602; Osten-Sacken, Römer 8, 99; Michel, Röm, 273).

483) Schlier, Auslegung, 611; ders., Röm, 269; Cranfield, Röm, 423f.

484) Siehe S. 60f.62.

485) Vgl. Balz, Heilsvertrauen, 78f; Osten-Sacken, Römer 8, 94; Luz, Geschichtsverständnis, 380f.

486) Paulus spricht in 1 Kor 14 vom $\lambda\alpha\lambda\epsilon\tilde{\iota}\nu$ $\gamma\lambda\omega\sigma\sigma\eta$ bzw. $\gamma\lambda\omega\sigma\sigma\alpha\iota\varsigma$ des Menschen, in Röm 8,26f dagegen von $\dot{\alpha}$-$\lambda\alpha\lambda\eta\tau\sigma\iota\varsigma$ $\sigma\tau\epsilon\nu\alpha\gamma\mu\sigma\tilde{\iota}\varsigma$ des Geistes, also gerade von der Unmöglichkeit eines menschlichen $\lambda\alpha\lambda\epsilon\tilde{\iota}\nu$ der Seufzer (vgl. Schneider, ThWNT 7, 602; Michel, Röm, 273).

487) Hier hilft auch nicht der Verweis darauf weiter, daß die Glossolalie in Röm 8,26f lediglich "Ausdruck und Spiegelung eines verborgenen himmlischen" Vorgangs sei (so Käsemann, Schrei, 229 und Balz, Heilsvertrauen, 83 Anm. 144 unter Bezugnahme auf Käsemann).

488) In Mk 7,34 ist es deutlich vom Sprechen Jesu unterschieden, in Hebr 13,17 drückt es den Gegensatz zur Freude aus, und in Jak 5,9 bezeichnet es ein "inneres Klagen" (Balz, EWNT 3, 652), ähnlich wie in Röm 8,23. In Apg 7,34 liegt Sprachgebrauch der LXX vor.

489) Balz, EWNT 3, 652 (Hervorhebung von mir).

490) Gegen Bindemann, Hoffnung, 79.

491) Als dem "Innere(n) des Menschen", dem Ort, "wo das rel. Leben seinen festen Boden hat" (Sand, EWNT 2, 616.617).

492) $\kappa\alpha\tau\grave{\alpha}$ $\theta\epsilon\acute{o}\nu$ kann als Erläuterung des $\kappa\alpha\theta\grave{o}$ $\delta\epsilon\tilde{\iota}$ nur auf den in Frage stehenden Gebetsinhalt ($\tau\acute{\iota}$ $\pi\rho\sigma\epsilon\upsilon\xi\acute{\omega}\mu\epsilon\theta\alpha$) bezogen werden, den der Geist gottmäßig vorbringt. Dieses Seufzen des Geistes muß Gott nicht erst noch erforschen, sondern lediglich das menschliche Seufzen ohne des Geistes Stellvertretung (8,22f; ge-

gen Delling, ThWNT 1, 376).

493) Gegen die in Anm. 460 Genannten und Eschlimann, Prière, 58f; Dietzel, Beten, 28; Wiles, Prayers, 267.

494) Gegen Christ, Lehre, 130; Böhme, Gebet, 428; Juncker, Gebet, 21; Boobyer, Thanksgiving, 75f; Schneider, Paulus, 26; Hamman, Prière, 282; Cullmann, Prière, 96; Kaczynski, Gebet, 75 (vgl. Heiler, Gebet, 227; Seitz, Gebet, 215; Gramlich, Paul, 253).

495) Schrage, Ethik, 167. Schrage verweist in diesem Zusammenhang besonders auf Röm 8,4f.14 (ebd. 167f).

ANMERKUNGEN ZU S. 172-183: VI. RÖMER 15,30-33

496) προπέμπειν hat bei Paulus stets die Bedeutung: zur (Weiter-) Reise ausstatten bzw. aussenden (Balz, EWNT 3, 385) und "ist ein fester Ausdruck der Missionssprache. Wer ausgerüstet wird, empfängt eine Beglaubigung und eine wirtschaftliche Unterstützung." (Michel, Röm, 463 Anm. 4).

497) Es geht ihm also nicht nur darum, ausgiebig zu informieren (so richtig Jervell, Brief, 65).

498) Vgl. Bjerkelund, Parakalo, 158.

499) Jervell, Brief, 65; Bjerkelund, Parakalo, 158.

500) Thomas, EWNT 3, 60.

501) In diesem Sinne auch Wiles, Prayers, 266; Wilckens, Röm III, 128; Pesch, Röm, 106.

502) Cranfield, Röm, 775 Anm. 6 hat mit guten Gründen die Ursprünglichkeit von ἀδελφοί wahrscheinlich gemacht.

503) Gegen Cranfield, Röm, 776; Bjerkelund, Parakalo, 157. Von daher ist es auch verfehlt, 15,30f lediglich als "eine Art Nachtrag zu 15,25-29" einzustufen (gegen Schmeller, Paulus, 230 Anm. 26).

504) Schmitz, ThWNT 5, 793.

505) Bjerkelund, Parakalo, 173.

506) Mit Wilckens, Röm III, 128; Michel, Röm, 467; Cranfield, Röm, 776; Zeller, Röm, 241. Daß Paulus dabei den Kyrios anruft

und an die Liebe appelliert, läßt sich dem Text nicht entnehmen (gegen Wiles, Prayers, 267; Käsemann, Röm, 392). Ebenso überzogen erscheint das Verständnis katholischer Exegeten, Paulus lasse durch die Wendungen erkennen, Christus und die Liebe selbst sprächen die Mahnung aus (gegen Grabner-Haider, Paraklese, 49; Schlier, Röm, 438; vgl. Pesch, Röm, 106), denn wo der Apostel einmal Analoges sagt, formuliert er deutlicher (2 Kor 5,20: τοῦ θεοῦ παρακαλοῦντος δι' ἡμῶν).

507) Im Verständnis von τοῦ πνεύματος als Gen. subj. bzw. auct. sind sich alle Exegeten einig.

508) So z. B. Zimmer, Gebet, 138f; Lyonnet, Aspect, 224.226; Emery, Prayer, 606; Michel, Röm, 467; Schlier, Röm, 438; Black, Röm, 177.

509) So z. B. Bieder, Gebetswirklichkeit, 23; Sanday-Headlam, Röm, 415.

510) So z. B. Wilckens, Röm III, 128; Cranfield, Röm, 777; Zeller, Röm, 241.

511) So z. B. Pfitzner, Paul, 121f; Bornkamm, Römerbrief, 138; Zedda, Preghiera, 174f; Stanley, Boasting, 112; Monloubou, Paul, 17; Wiles, Prayers, 268; Stauffer, ThWNT 1, 138f; Dautzenberg, EWNT 1, 61; Käsemann, Röm, 392.

512) Vgl. Bauer, Wörterbuch, 1551.

513) Vgl. Holtz, 1 Thess, 70.

514) Vgl. Pfitzner, Paul, 122f.

515) Die Lesart ὑμῶν wird durch einen Hörfehler aus ὑπὲρ ἐμοῦ entstanden sein.

516) Stauffer, ThWNT 1, 139 (vgl. Ott, Gebet, 142, der vom Gebet als "Mittel" des Kampfes spricht).

517) Somit tendiert auch die dritte Deutungsmöglichkeit (s. zu Anm. 510) in die richtige Richtung, sofern sie nicht das Gebet als Kampf umschreiben will.

518) Gegen Schumacher, Kapitel, 46; Wilckens, Röm III, 128; Käsemann, Röm, 392. Richtig Schlier, Röm, 438.

519) Vgl. S. 114-123.

520) So z. B. Pfitzner, Paul, 120f; Kettunen, Abfassungszweck, 164; Heil, Romans, 102; Wilckens, Röm III, 128f; Cranfield, Röm, 777f.

521) So z. B. O'Brien, Thanksgivings, 199; Wiles, Prayers, 269 Anm. 3; Schlier, Röm, 438f. Unentschieden bleibt Michel, Röm, 467.

522) Vgl. Merk, Handeln, 60. Ausnahmen sind nur Phlm 6 (2 Thess 1,12), wo ὅπως steht.

523) Von daher meint der Begriff "Gebetsinhalt" nicht das, w a s gebetet wird, also den Wortlaut des Gebets, sondern das, w o r u m gebetet wird, also den Gegenstand des Gebets.

524) Vgl. Stuhlmacher, Phlm, 33.

525) In diesem Sinne interpretiert Cranfield, Röm, 779 (ähnlich Heil, Romans, 102).

526) Käsemann, Röm, 393 spricht sogar von einem "fast konsekutiven ἵνα".

527) Vgl. Schubert, Form, 13.43.

528) Gegen die in Anm. 520 Genannten.

529) Vgl. Phil 1,9f, wo sogar zwei Ziele an das Eintreten des (bzw. der) jeweils vorhergehenden gebunden sind.

530) διακονία ist ein gängiger paulinischer Begriff zur Bezeichnung der Kollekte (2 Kor 8,4; 9,1.12f; vgl. Röm 15,26 und Beyer, ThWNT 2, 88), ebenso wie οἱ ἅγιοι zur Benennung der Urgemeinde in Jerusalem (1 Kor 16,1; 2 Kor 8,4; 9,1.12; Röm 15,26).

531) Die Einfügung von ἵνα hinter καί ist von der Bezeugung her sekundär (vgl. Schmithals, Paulus, 67). Dahinter könnte das Interesse stehen, 15,32 als Gebetsanliegen ausscheiden zu lassen.

532) ῥυσθῶ wird nahezu einhellig auf die Rettung aus Lebensgefahr gedeutet (vgl. neben den Kommentaren z. St. Zeller, Juden, 280f; Haacker, Probleme, 6; Schumacher, Kapitel, 46; Schmithals, Paulus, 67; Jervell, Brief, 65). - Möglicherweise war Paulus bereits während des dreimonatigen Aufenthaltes in Korinth, als er den Röm schrieb, jüdischer Aggression ausgesetzt, die dann in dem Anschlag gegen ihn bei der geplanten Abreise nach Syrien eskalierte (Apg 20,3). Der Apostel dürfte aber auf keinen Fall mit seiner Befürchtung von diesem bereits erfolgten Anschlag ausgegangen sein, denn das würde bedeuten, daß er den noch nicht fertiggeschriebenen Röm mit auf das direkt nach Syrien fahrende Schiff (vgl. Roloff, Apg, 295) hätte nehmen wollen, was angesichts der dann noch größeren Entfernung nach Rom und des geringen zeitlichen Abstandes zu seiner eigenen Ankunft dort äußerst

unwahrscheinlich ist (gegen Hainz, Koinonia, 146, der aufgrund 15,25 (νυνὶ δὲ πορεύομαι) annimmt, daß Paulus "im Augenblick unterwegs ist ... nach Jerusalem").

533) Bultmann, ThWNT 6, 11. - ἀπειθοῦντες (vgl. Röm 1,5; 2,8; 10,21; 11,30-32) wird einhellig als Umschreibung der nicht an das Evangelium glaubenden Juden angesehen (vgl. neben den Kommentaren z. St. Zeller, Juden, 281; Zedda, Preghiera, 174).

534) Vgl. Siegert, Argumentation, 110; Zeller, Röm, 241.

535) ἐν τῇ 'Ιουδαίᾳ geht deutlich über die "Jerusalemer Juden" hinaus (gegen Siegert, Argumentation, 110; vgl. Käsemann, Röm, 392f).

536) So z. B. Lüdemann, Paulus, 95; Klein, Verleugnung, 82; Wilkkens, Abfassungszweck, 129; Haacker, Probleme, 3ff; Schmithals, Paulus, 66; Bornkamm, Römerbrief, 136f; Wilckens, Röm III, 129; Käsemann, Röm, 393; Schlier, Röm, 438; Zeller, Röm, 241.

537) In diesem Sinne sind m. E. zu verstehen: Kettunen, Abfassungszweck, 173f; Hainz, Koinonia, 149.151; Michel, Röm, 468; Pesch, Röm, 106.

538) So z. B. Zeller, Juden, 74 Anm. 155a; Cranfield, Röm, 778. - Nachdem Michel, Röm (13. Aufl.), 373 Anm. 3 εὐπρόσδεκτος "die apostolische Demut des Pls" bezeugen läßt, gibt er in der 14. Auflage der unter 2. genannten Deutung den Vorzug (s. Anm. 537).

539) S. dazu vor allem Georgi, Geschichte.

540) Vgl. Bauer, Wörterbuch, 177.346.641.1412.

541) Bezüglich εὐπρόσδεκτος und δεκτός.

542) Bezüglich δεκτός und εὐάρεστος.

543) Grundmann, ThWNT 2, 58.

544) Gerleman, THAT 2, 810f.

545) Ebd. 811.

546) Die Wirkung eines Opfers hängt davon ab, "ob es Gott gefällt oder nicht" (ebd. 812).

547) Grundmann, ThWNT 2, 58. Die Wortgruppe dient der Bezeichnung dessen, "was Gott will und was ihm angenehm ist" (ebd.).

548) Vgl. Schmeller, Paulus, 229.

549) Vgl. Kümmel, Einleitung, 255.272. - Selbst wenn die Zuordnung von 2 Kor 8 und 9 zum übrigen Brief mit all seiner literarkritischen Problematik nicht eindeutig zu klären ist, so läßt der Inhalt der beiden Kapitel doch wenigstens auf nächste zeitliche Nähe zum 2 Kor schließen.

550) So z. B. Siegert, Argumentation, 110; Käsemann, Röm, 392; Wilckens, Röm III, 130; Zeller, Röm, 241; Pesch, Röm, 107.

551) So z. B. Klein, Verleugnung, 82f.

552) So z. B. Bornkamm, Römerbrief, 137. - Dieses Argument ist ohnehin fraglich, denn Jakobus muß nicht als Mann der Konfrontation, sondern des Ausgleichs gesehen werden (Hengel, Jakobus, 92ff).

553) So z. B. Schmithals, Paulus, 67f. Als Frage gestellt von Michel, Röm, 468.

554) Gegen die in Anm. 536 Genannten.

555) Gegen die in Anm. 538 Genannten.

556) Zu weiteren Unterschieden und ihrer Deutung s. Hainz, Koinonia, 145ff.

557) Hainz, Ekklesia, 244f.

558) Hainz, Koinonia, 149.

559) Ebd.

560) Vgl. Lüdemann, Paulus, 94; Nickle, Collection, 142; Eckert, Verkündigung, 193; Zeller, Juden, 73; Schmithals, Paulus, 68; Bornkamm, Römerbrief, 137; Jervell, Brief, 67; Wilckens, Abfassungszweck, 128; Siegert, Argumentation, 109; Käsemann, Röm, 392; Wilckens, Röm III, 130.

561) Die Meinung Georgis, Geschichte, 84, nach Röm 11,11ff sei es die "erklärte Absicht" des Paulus gewesen, die Urgemeinde mit der "die völlige Verkehrung der jüdischen eschatologischen Hoffnung" dokumentierenden Kollekte zu provozieren, kann ich aus dem Text nicht herauslesen.

562) Vgl. Lüdemann, Paulus, 94; Eckert, Verkündigung, 193; Zeller, Juden, 73.281; Kettunen, Abfassungszweck, 171; Bornkamm, Römerbrief, 137; Jervell, Brief, 67; Wilckens, Abfassungszweck, 128.

563) "Die Fürbitte der Römer ist für Paulus eine Sache von höchster realer Wirksamkeit." (Wilckens, Abfassungszweck, 128; vgl.

Zeller, Röm, 241).

564) Das Gewicht dessen, was auf dem Spiel steht, bewegt Paulus zur Mahnung zur Fürbitte (vgl. Bornkamm, Römerbrief, 138), wohl kaum aber seine Angst vor Jerusalem (gegen Kettunen, Abfassungszweck, 174; Schumacher, Kapitel, 46; Zedda, Preghiera, 174.176) oder seine Demut, andere für sich beten zu lassen (gegen Gramlich, Paul, 254).

565) Diese Sicht alleine verkürzt das Gebet zum Mittel zum Zweck (gegen Zeller, Röm, 241; Kettunen, Abfassungszweck, 175).

566) Zur Einstufung von 15,32 als Angabe des Gebetsinhalts s. S. 174f.

567) Bereits die Vielzahl der Varianten spricht für die Ursprünglichkeit von θεοῦ, ebenso die Geprägtheit der Wendung (vgl. 1 Kor 1,1; 2 Kor 1,1; 8,5 (Eph 1,1; Kol 1,1)) wie die ausdrückliche Nennung Gottes als Adressaten der Fürbitte (Röm 15,30; vgl. Michel, Röm, 468; Käsemann, Röm, 393; Schlier, Röm, 439).

568) Mit Michel, Röm, 468; Käsemann, Röm, 393; Schlier, Röm, 439 (anders Wilckens, Röm III, 130 (Bezug zu ἐλθών); Zeller, Röm, 241 (Bezug zu συναναπαύσωμαι)).

569) So z. B. Michel, Röm, 468; Schlier, Röm, 439; Zeller, Röm, 241.

570) Das kommt auch in οἶδα δέ (15,29) zum Ausdruck. Wenn sich der Apostel ansonsten zurückhaltender über seine Zukunftspläne äußert (15,24.28f), dann nicht, weil er nicht weiß, ob sie mit dem Willen Gottes übereinstimmen, sondern um bei der ihm unbekannten und von ihm nicht gegründeten Gemeinde nicht gleich mit der Tür ins Haus zu fallen (vgl. die vorsichtige Formulierung in 1,11-15).

571) ἐν χαρᾷ ist hier "ein Ausdruck der Dankbarkeit" (Michel, Röm, 468; vgl. Schlier, Röm, 439).

572) Vgl. Kettunen, Abfassungszweck, 172; Michel, Röm, 468; Käsemann, Röm, 393; Schlier, Röm, 439. - Völlig ohne Anhaltspunkte ist die Meinung Nickles, der die Freude des Paulus in Entsprechung "to the expectation in the OT of eschatological joy connected with the fulness of salvation" versteht (Collection, 142 Anm. 305).

573) Das hapax legomenon συναναπαύομαι wird sich nicht auf ein gemeinsames Ausruhen mit den Römern beziehen, da diese dazu offensichtlich keinen Grund haben (wohl auch kaum von ihrer Teilnahme am apostolischen Kampf durch ihr Gebet her; gegen Pfitzner, Paul, 125). Deshalb ist die andere Übersetzungsmöglichkeit

des Ausruhens bei jemandem (vgl. Bauer, Wörterbuch, 1553) vorzuziehen, die auch ganz für die Situation des Apostels zutrifft. Er wird dabei nach den Anstrengungen der langen Reisen und des hinter ihm liegenden Kampfes sowohl körperliches auch als geistlich-geistiges Ruhefinden im Auge haben. Letztes wird in Röm 1,12 zumindest angedeutet. - Abzulehnen ist die Meinung Kettunens, Abfassungszweck, 166, Paulus sei wegen der Bedrohung der römischen Gemeinde durch Gegner des Evangeliums beunruhigt und wolle dort in dieser Angelegenheit Ruhe finden, weil sie völlig dem Kontext widerspricht, der doch deutlich den Anlaß des Ausruhens erkennen läßt.

574) Die formale und funktionale Bestimmung des Verses ist uneinheitlich. Sie schwankt zwischen Segen (Wiles, Function, 23; Wilkkens, Röm III, 130; Käsemann, Röm, 393), Segenswunsch (Zeller, Juden, 65), Segensgruß (Schlier, Röm, 439), Schlußsegen (Schmithals, Römerbrief, 156), Gebet (Michel, Röm, 468; Schmidt, Röm, 250) und Gebetswunsch (Wiles, Function, 23). Allen Vorschlägen ist gemeinsam der Ausgang von der Intention des Paulus, mit 15,33 Gott um die Gewährung seines Friedens für die Römer zu bitten. Von daher hat jede Benennung, je nach Aspektbetonung, ein gewisses Recht.

575) Insofern hat 15,33 wenig mit einem etwaigen ursprünglichen Schluß des Röm an dieser Stelle zu tun (zum Problem vgl. Schmidt, Röm, 250; Käsemann, Röm, 393; Schlier, Röm, 439; Aland, Schluß). Seine Stellung erklärt sich vielmehr von der zuvor behandelten Problematik her. Entsprechendes gilt auch für 15,5f und 15,13 (vgl. Wilckens, Röm III, 130) - wie überhaupt auffällt, daß Paulus da, wo er konkrete Fragestellungen bezüglich der Römer aufgreift (Kap. 14-16), fürbittend für die Gemeinde eintritt (15,5f.13.33; 16,20). Auch die Versicherung der Fürbitte in 1,9f steht in einem derartigen Kontext.

576) Vgl. Röm 16,20; 2 Kor 13,11; Phil 4,9; 1 Thess 5,23. - Die jüdische Herkunft der Wendung ist allgemein anerkannt (vgl. Michel, Röm, 468 Anm. 24; Käsemann, Röm, 393; Schlier, Röm, 439; Str.-B. III, 318; Schmithals, Römerbrief, 156; Delling, Bezeichnung, 77f). Nach Delling verbindet Röm 15,33 "zwei alttestamentliche Wendungen, 'der Herr mit euch' und 'Friede mit euch'" (Bezeichnung, 78f).

577) Vgl. ebd. 79.84; Bultmann, Theologie, 340; Foerster, ThWNT 2, 412f.

578) Allerdings ist es übertrieben, 15,33 in 15,30-32 "systematisch vorbereitet" zu sehen (so Aland, Schluß, 297). Die Bedingtheit durch den Kontext heben zurückhaltender auch die meisten neueren Kommentare hervor (z. B. Wilckens, Röm III, 130; Michel, Röm, 469; Schmidt, Röm, 250; Käsemann, Röm, 393; Schlier, Röm, 439; anders jedoch Delling, Bezeichnung, 84).

579) Jedenfalls erfahren wir nichts dergleichen.

580) Vgl. Wilckens, Röm III, 130: "... die eigentlichen 'kirchenpolitischen' Entscheidungen (fallen, d. Verf.) im Gebet vor Gott und nicht durch kirchenpolitische Maßnahmen von Menschen".

581) Diesem steht selbstverständlich sein eigenes Gebet zur Seite, wie aus den vielfachen Hinweisen auf sein ständiges Beten zu entnehmen ist (Röm 1,9f; 1 Kor 1,4; Phil 1,3f; 1 Thess 1,2f; 2,13; 3,10; Phlm 4 (Kol 1,3.9; 2 Thess 1,3.11; 2,13)).

582) "Darum bittet Paulus die Römer, für ihn z u b e t e n , und nicht darum, sich für ihn in Jerusalem zu verwenden." (Wilckens, Röm III, 130; vgl. Beardslee, Achievement, 108, der über das paulinische Beten grundsätzlich urteilt: "... prayer is thought to change the situation").

583) So etwa Warneck, Paulus, 37.

584) Vgl. S. 173.

585) Vgl. das S. 124-130 zur Gebetserhörung Ausgeführte.

586) Vgl. Pfitzner, Paul, 122; Wilckens, Abfassungszweck, 128; O'Brien, Thanksgivings, 199; Monloubou, Paul, 17; Zedda, Preghiera, 174f.

587) Vgl. Büchsel, Geist, 318f: "Seine (sc. Pauli) Missionsarbeit war nicht nur Predigt, Seelsorge, Leitung der gewonnenen Gemeinden, sondern zugleich Gebet."

ANMERKUNGEN ZU S. 184-198: VII. PHILIPPER 1,3-11

588) Stanley, Boasting, 140-144; Wiles, Prayers, 194-215 (bes. 203-215); O'Brien, Thanksgivings, 19-46; Monloubou, Paul, 76-86; Mengel, Studien, 225-229; Schenk, Philipperbriefe, 90-127.

589) Dies hätte im Rahmen des ersten Teils der Arbeit zu weit geführt, da Phil 1,3-11 kein Paradigma der einleitenden Gebetsberichte der paulinischen Briefe ist.

590) P. Schubert, Form und Function of the Pauline Thanksgivings, BZNW 20, Berlin 1939.

591) Siehe S. 50-53.

592) Diese und alle folgenden Seitenangaben beziehen sich auf

das jeweils vorgestellte Werk. - Schuberts Hauptkriterium zur Bestimmung des Endes der einleitenden Gebetsberichte, die "eschatological climax" (Form, 4-9), wurde 1962 von J. T. Sanders, Transition, 357ff um das der Schlußdoxologie ergänzt (zu Phil 1,11 s. ebd. 361). Zudem erkannte Sanders sieben formale Strukturen und deren Funktion hinsichtlich des Übergangs der einleitenden Gebetsberichte zum Briefkorpus (ebd. 349-357). Den beiden genannten Kriterien der "eschatological climax" und der Schlußdoxologie wurden 1986 von J. H. Roberts weitere fünf "transitional techniques" hinzufügt, die aber nicht in jedem Falle begegnen und wegen ihres teilweise singulären Charakters nicht von allzu großer Gewichtigkeit sein dürften (transitions, 29).

593) Siehe S. 51.

594) Der abschließende Satz kann sowohl finaler als auch kausaler Natur sein (Form, 62).

595) Der abschließende Kausalsatz (1 Thess 1,5) bezieht sich auf die Danksagung.

596) Der Text empfiehlt sich von daher als Beispiel der einleitenden Gebetsberichte.

597) Möglich ist auch ein temporales Verständnis: "bei jeder Erinnerung an euch" anstelle des kausalen: "für jede Erinnerung eurerseits (an mich)".

598) Deshalb ist es auch nicht überzeugend, wenn Jewett, Thanksgiving, 53 unter Berufung auf Schubert ohne genauere Ausführungen eine enge Verknüpfung von Phil 1,3-11 "with each succeeding section of the letter" behauptet und von daher die Einheitlichkeit des Phil erschließen will. Ebensowenig trägt Bornkamms pauschale Entgegnung aus, der Brief widersetze sich "solchen Systematisierungsversuchen" (Philipperbrief, 204).

599) Vgl. S. 80f.

600) Wiles gibt auch keine weiteren Belegstellen an (vgl. auch S. 193).

601) Dabei muß die für unsere Thematik zweitrangige Frage nach der Einheitlichkeit des Phil auf sich beruhen bleiben.

602) Vgl. S. 85-88.

603) B. Mengel, Studien zum Philipperbrief. Untersuchungen zum situativen Kontext unter besonderer Berücksichtigung der Frage nach der Ganzheitlichkeit oder Einheitlichkeit eines paulinischen Briefes, WUNT 2. Reihe 8, Tübingen 1982.

604) Mengel gründet seine Meinung auf 1,7 "als Hinweis auf die Liebesgabe der Philipper" (Studien, 227).

605) W. Schenk, Die Philipperbriefe des Paulus. Kommentar, Stuttgart 1984.

606) δέησις (1,4) ist nach Schenk "der präzise Terminus des Fürbittgebets" (Philipperbriefe, 92), und πεποιθώς (1,6) "spricht ... immer eine feste Hoffnung als frohe Zuversicht aus" (ebd. 93).

607) Vgl. Bl.-Debr. 468.1; Schenk, Philipperbriefe, 91.

608) Siehe S. 194-196.

609) Vgl. Hwang, Verwendung, 268.

610) Die Wendung kann sich wegen ihrer Verknüpfung mit καθώς und τοῦτο nur auf das Vorangehende beziehen, infolge ihrer allgemeinen Formulierung wahrscheinlich auf 1,3-6 (vgl. Gnilka, Phil, 48 Anm. 1).

611) Paulsen, EWNT 3, 1050.

612) Vgl. Gnilka, Phil, 49.

613) So z. B. O'Brien, Thanksgivings, 20; Monloubou, Paul, 76ff; Gnilka, Phil, 42; Barth, Phil, 18; Lohmeyer, Phil, 13f; Friedrich, Phil, 139; bedingt auch Egger, Phil, 54f - gegen Coggan, Prayers, 137f (Einteilung in 1,2-5.9-11); Schubert, Form, 13f (1,3-8.9-11); Wiles, Prayers, 204 (1,3-5.6-8.9-11); Schenk, Philipperbriefe, 109f (1,3-6.7-11); Koenig, Phil, 134ff (1,3-8.9-11).

614) So etwa Ernst, Phil, 38.

615) So. z. B. Eichholz, Bewahren, 86; Monloubou, Paul, 76.82; Egger, Phil, 54; Gnilka, Phil, 42; Friedrich, Phil, 137.140; Lohmeyer, Phil, 13.

616) So etwa Koenig, Phil, 134.136.

617) Vgl. Holland, Tradition, 36.37.46.

618) Dies hat Schenk, Philipperbriefe, 90-93 besonders betont. Barth, Phil, 18 spricht von "Erwähnung seines Dankes", Ernst, Phil, 38 von "Erzählen" des Gebets (vgl. aber zu Anm. 614).

619) So Wiles, Prayers, 194ff; O'Brien, Thanksgivings, 19f.

620) Bei den in Anm. 614-616 genannten Exegeten wird leider

nicht deutlich, unter welchem der beiden Gesichtspunkte sie ihre Einstufung des Textes vornehmen.

621) Darauf weist vor allem πρῶτον ... εὐχαριστῶ (Röm 1,8) hin, wonach die Dankbarkeit des Paulus ihren Ausdruck nicht nur in seinen Dankgebeten, sondern auch im Diktat des Briefes findet. Gleiches darf aufgrund der Parallelität auch von den anderen einleitenden Gebetsberichten angenommen werden, auch wenn Paulus hier grundsätzlich dem Stil der hellenistischen Briefschreibung folgt (vgl. außer Schubert u. a. Doty, Letters, 31f; Lohse, Kol, 40f; ablehnend u. a. Rigaux, Paulus, 172 - zum Zusammenhang von brieflicher Gebetswiedergabe und entsprechender Gebetshaltung vgl. Wiles, Prayers, 214f; Fitzmyer, Epistles, 225).

622) Siehe dazu die unterschiedliche Begrifflichkeit allein schon in den Kommentaren, die hier nicht eigens aufgelistet zu werden braucht (vgl. auch zu Anm. 614-616).

623) Schenk, Philipperbriefe, 90.

624) Ebd. 101.109.

625) Wiles, Prayers, 194 u. ö.; O'Brien, Thanksgivings, 19 u. ö.

626) Ebd. 19.

627) Ebd. 20.

628) Wiles, Prayers, 194.

629) Hinsichtlich der Bezugnahme von 1,9-11 auf die Fürbitte stimmen alle Exegeten überein.

630) Die weitaus meisten Ausleger sprechen aber bei diesem Abschnitt von Dankgebet oder Danksagung (vgl. die Kommentare z. St.).

631) Dabei ist δέησις nicht als spezielle Bezeichnung der Fürbitte oder des Bittgebets verstehen (gegen Schenk, Philipperbriefe, 92; Monloubou, Paul, 79; Gnilka, Phil, 44; Friedrich, Phil, 138; Ernst, Phil, 38), sondern ganz allgemein im Sinne des Gebets zu verstehen, "da der Gegenstand der Bitte nicht genannt wird und die Situation keine Schlüsse zuläßt" (Greeven, ThWNT 2, 40), so daß δεήσει ... ὑπέρ ... ὑμῶν (1,4) lediglich als Gebet im Hinblick auf die Philipper zu begreifen ist, das sowohl Dank als auch Fürbitte umfaßt. Dem entspricht die Allgemeinheit der parallelen Wendung φρονεῖν ὑπέρ ... ὑμῶν (1,7), mit der das Vorausgehende sehr weit umrissen wird, und die Abgrenzung der Fürbitte durch die Verwendung von προσεύχεσθαι (1,9). Auch 2 Kor 1,11; 9,14 dürften umfassend als Gebet im Hinblick auf Dritte zu deuten sein, im Gegensatz zu Röm 10,1, das durch die Nennung des Gegen-

standes eindeutig als Fürbitte erkenntlich ist.

632) Siehe S. 196-198.

633) Dies gilt - unter Anwendung der gleichen Kriterien - auch für die anderen paulinischen Proömien, abgesehen von den Eulogien 2 Kor 1,3ff (Eph 1,3ff). Lediglich bei 1 Kor 1,4-9 handelt es sich um einen reinen Dankgebetsbericht. Dabei scheint es Ausdruck der gespannten Beziehung zwischen Apostel und Gemeinde zu sein, daß Paulus hier auf die Erwähnung weiteren Betens verzichtet (vgl. S. 194f).

634) πάντοτε ἐν πάσῃ δεήσει μου ... (1,4) will sagen, daß Paulus für die Philipper betet, "so oft er die Gelegenheit des Betens wahrnimmt" (Kerkhoff, Gebet, 34; vgl. zu πάντοτε darüberhinaus Monloubou, Paul, 78; Schubert, Form, 74.79; O'Brien, Thanksgivings, 21; Schenk, Philipperbriefe, 95; Barth, Phil, 19).

635) So wie es umgekehrt für ihn bedeutsam ist, daß seine Gemeinden für ihn beten (Phil 1,19; Röm 15,30-32; 2 Kor 1,11; 1 Thess 5,25; Phlm 22 (Kol 4,3f; 2 Thess 3,1f)).

636) Phil 1,9-11 hat einen deutlichen paränetischen Klang (vgl. Monloubou, Paul, 84; O'Brien, Thanksgivings, 39f; Gnilka, Phil, 51; Egger, Phil, 55; Lohmeyer, Phil, 33) und wird inhaltlich vor allem in 2,1ff aufgegriffen. Dabei macht gerade die Fürbitte deutlich, daß es letztlich Gott selbst ist, von dem die Befähigung zu einer christlichen Lebensweise ausgeht (vgl. S. 212f).

637) Nach Phil 3,17; 4,9 (auch 1 Kor 4,16; 11,1; 1 Thess 1,6) versteht sich Paulus als Vorbild, an dem sich die Gläubigen orientieren sollen. Davon kann sein Beten nicht ausgenommen werden.

638) Vgl. S. 185-187 und Schubert, Form, passim; Holland, Tradition, 35; Wiles, Prayers, passim; O'Brien, Thanksgivings, passim; Monloubou, Paul, 76; Jewett, Thanksgivings, 53; Gnilka, Phil, 42; Bart, Phil, 21.

639) Dieser Aspekt wird m. E. von O'Brien, Thanksgivings, 37-40 u. ö. überbetont.

640) Wenn man die Situationsbezogenheit des paulinischen Betens nicht von den Gebetsberichten her rückerschließen will, so wird man sie doch von der Tatsache her zugestehen müssen, daß Paulus die Gemeinden ihrerseits um situationsbezogenes Beten für ihn bittet bzw. davon ausgeht (Röm 15,30-32; 2 Kor 1,10f; Phil 1,19; Phlm 22 (Kol 4,3f; 2 Thess 3,1f)).

641) Vgl. Stanley, Boasting, 139.146.

642) Vgl. Mengel, Studien, 227f.

643) Dies wird besonders im 1 Kor deutlich, wo u. a. die Thematik der Abschnitte 4,6-8; 8,1-13 in 1,5, von 1,30-2,5; 3,1-3 in 1,6, von Kap. 12-14 in 1,7a und von Kap. 15 in 1,7b angesprochen wird und die Verwendung von Worten wie πλουτίζειν, λόγος, γνῶσις (1,5) und χάρισμα (1,7) auf die besondere Problemstellung des Briefes angesichts der korinthischen Gemeindesituation hinweist (vgl. Conzelmann, 1 Kor, 40; Klauck, 1 Kor, 19f).

644) Auf sie haben erst in jüngster Zeit Schenk, Philipperbriefe, 93.101 und Egger, Phil, 54 mit Nachdruck hingewiesen. O'Brien hat Gesichtspunkte dieser Funktion zum Teil als briefliche (Thanksgivings, 38) und pastorale Funktionsbestandteile (ebd. 40) eingeordnet (vgl. S. 187f).

645) Nämlich Medium der Mitteilung und als solches Mittel zur Herstellung von Gemeinschaft zu sein.

646) Siehe Anm. 633.

647) Vielleicht darf man von der Art der Abweichung von der Regel her auf den Grad der Belastung des Verhältnisses schließen. Zumindest fällt auf, daß in diesen drei Briefen - im Gegensatz zu den übrigen Schreiben - der Briefkorpus mit Tadel (Gal 1,6ff), persönlicher Verteidigung (2 Kor 1,12ff) und Mahnung (1 Kor 1,10ff) jeweils in unterschiedlicher Weise mit gemeindebezogenen Problemen beginnt.

648) Vgl. zum überaus freundlichen Charakter von Phil 1,3-11 Wiles, Prayers, 206; O'Brien, Thanksgivings, 19; Mengel, Studien, 225ff; Koenig, Phil, 134; Gnilka, Phil, 42f; Barth, Phil, 17; Lohmeyer, Phil, 13ff. Die übrigen Gebetsberichte liegen vom Grad der Herzlichkeit her zwischen den beiden des Röm und des Phil.

649) Auch hier gibt es freilich Abstufungen und Unterschiede zwischen den einzelnen Passagen (vgl. etwa Phlm 7 mit Röm 1,10-15).

650) So z. B. Eichholz, Bewahren, 86.88; Mengel, Studien, 225f.228; Gnilka, Phil, 44; Barth, Phil, 18; Friedrich, Phil, 138; Ernst, Phil, 39; Lohmeyer, Phil, 16f; Egger, Phil, 54. Eine Ausnahme bei Schenk, Philipperbriefe, 94, der in 1,3 den Grund des Gebets erblickt.

651) So z. B. Schubert, Form, 76f.82; Stanley, Boasting, 140.

652) So z. B. O'Brien, Thanksgivings, 22f.40f; Monloubou, Paul, 79f.

653) So z. B. Mengel, Studien, 225; Wiles, Prayers, 205 Anm. 4;

Coggan, Prayers, 137f; Kerkhoff, Gebet, 25; Gnilka, Phil, 43; Friedrich, Phil, 138; Ernst, Phil, 38.

654) So z. B. Monloubou, Paul, 79f; Schubert, Form, 74; Stanley, Boasting, 140; O'Brien, Thanksgivings, 23; Schenk, Philipperbriefe, 94; Koenig, Phil, 134.

655) Vgl. zu den beiden Möglichkeiten Anm. 597.

656) Form, 74-81.

657) Thanksgivings, 41-46.

658) Philipperbriefe, 94.

659) Zumal die Vertreter der temporalen Lösung ihre Meinung entweder gar nicht oder nur unzureichend begründen (vgl. Wiles, Prayers, 205 Anm. 4; Gnilka, Phil, 43 Anm 9(!)).

660) Ausnahme: Schenk, Philipperbriefe, 91.95.

661) Ebd.

662) Vgl. S. 189f.

663) Ein nicht unwesentliches Ziel des Phil ist ja gerade die Förderung der Freude der Gemeinde (1,25; 2,18.28f; 3,1; 4,4).

664) Hainz, Koinonia, 92.

665) Ebd.

666) Die Besonderheit des Dankens ergibt sich auch von Phil 4,6 her (vgl. 2 Kor 1,11; 9,12-14).

667) Olson, Expressions, 282 Anm. 2.

668) Vgl. S. 189f.

669) ἔργον ἀγαθόν bezieht sich auf κοινωνία ... εἰς τὸ εὐαγγέλιον, ὁ ἐναρξάμενος ... ἐπιτελέσει ἄχρι ἡμέρας Χριστοῦ Ἰησοῦ führt ἀπὸ τῆς πρώτης ἡμέρας ἄχρι τοῦ νῦν weiter (vgl. Monloubou, Paul, 81; Lohmeyer, Phil, 20; Friedrich, Phil, 138; Barth, Phil, 18f; Gnilka, Phil, 46; Ernst, Phil, 39).

670) Schulz, Ethik, 385f. Ἔργον ἀγαθόν begegnet bei Paulus ausschließlich in diesem aktiven Sinn (Röm 2,7; 13,3; 2 Kor 9,8 (Eph 2,10; Kol 1,10; 2 Thess 2,17); vgl. Schenk, Philipperbriefe, 97f).

671) Dieses Verständnis wird bestätigt durch die aktive Komponen-

te von κοινωνία εἰς τὸ εὐαγγέλιον (1,5; vgl. Hainz, Koinonia, 93f) und durch den ethischen Charakter des darauf bezogenen Abschnitts 1,9-11 (vgl. Anm. 672).

672) Der Fürbittebericht stellt sozusagen die Umsetzung des in 1,6 geäußerten Vertrauens in ein Gebet dar, das die Vollendung des begonnenen guten Werks durch Gott bis zur Parusie zum Gegenstand hat.

673) Daß Gebet aus Freude bzw. Vertrauen erwächst, geht aus Phil 4,4-6 bzw. 1,6.9-11 hervor.

ANMERKUNGEN

DRITTER TEIL

ANMERKUNGEN ZU S. 199-233: ZUSAMMENFASSUNG, WEITERFÜHRUNG, AUSBLICK - GRUNDZÜGE DES PAULINISCHEN GEBETS

1. Siehe Anm. 457 (1. Teil).

2) Siehe Anm. 458 (1. Teil).

3) Siehe S. 120-123.127-130.

4) Vgl. S. 117-121.

5) Vgl. S. 121-123.

6) Vgl. Holtz, Theo-logie, 110 (Zitate ebd.).

7) Vgl. S. 124-130.

8) Dieser Gefahr scheinen m. E. Golz, Gebet und Juncker, Gebet nicht ganz zu entgehen (vgl. S. 100), wenn sie vom Berufungsvorgang als solchem ausgehend psychologisierend Folgerungen für das paulinische Gebet ziehen.

9) Zur ursprünglichen Beheimatung des Apostels im jüdischen Gebetsleben vgl. vor allem Harder, Paulus, 4.129 (vgl. auch S. 41f).

10) Vgl. S. 138-142. Die Formel begegnet zwar nur im Zusammenhang des Dank- und Lobgebets, muß aber von der Grundsätzlichkeit ihrer Aussage her für das gesamte paulinische Beten in Anspruch genommen werden.

11) Vgl. S. 133-138.141-143 (bes. 142).

12) Vgl. S. 181-183.

13) Vgl. Trilling, 2 Thess, 136.

14) Vgl. Kümmel, Einleitung, 214.

15) Ebd.

16) Zum Problem vgl. Greeven, Gebet, 174f; Juncker, Gebet, 25f; Goltz, Gebet, 117f; Eschlimann, Prière, 81; Hamman, Prière, 304. - Auch die Tatsache, daß Paulus in 1 Thess 2,13 (2 Thess 2,13f) für die Bekehrung der Gemeinde dankt, legt ein diesbezügliches Bitten des Apostels nahe.

17) Weiß, Charakter, 67.

18) Hier wird der Sachverhalt besonders deutlich durch die Formu-

lierung θεὸν ἐδόξασαν ἢ ηὐχαρίστησαν.

19) Vgl. S. 143.

20) Vgl. Weiß, Charakter, 68.

21) Vgl. S. 136-138.141f.

22) Vgl. S. 117-123.

23) Lediglich Röm 1,10; 1 Thess 3,10f tragen nicht die Gestalt der Fürbitte, haben aber aufgrund ihrer Gemeindebezogenheit letztlich fürbittenden Charakter. Beide Stellen befinden sich deshalb auch im Kontext der Fürbitte (Röm 1,9; 1 Thess 3,12f).

24) Vgl. z. B. Deichgräber, Gotteshymnus.

25) Vgl. Weiß, Charakter.

26) Vgl. dazu neuerdings Barth, Theologie.

27) Insofern etliche Fürbittegebetsberichte zugleich Bestandteile der einleitenden Gebetsberichte sind (s. S. 105f), gilt das im folgenden Gesagte auch für sie. Hinter den einleitenden Gebetsberichten treten die Fürbittegebetsberichte im Briefkorpus und die Gebetswünsche deutlich in den Hintergrund, so daß an dieser Stelle auf ihre Darlegung verzichtet werden kann, zumal sie bereits gründlich erforscht sind (s. S. 106).

28) Vgl. S. 191.

29) Vgl. S. 193.105.

30) Vgl. S. 194-196.

31) Vgl. unter Pkt. 3b.4.5ab.

32) Vgl. S. 193f und Anm. 636.638.643 (2. Teil). - In dieser Hinsicht konnte die vorliegende Arbeit jedoch nicht die Eigenart aller einleitenden Gebetsberichte untersuchen. Vor allem bezüglich 1 Kor 1,4-9 mit seinen vielfältigen Berührungen mit dem Inhalt des 1 Kor (vgl. Anm. 643 (2. Teil)) bleibt eine Reihe von Fragen offen (vgl. Anm. 55).

33) Zumal man aufgrund verallgemeinernder Angaben über das Beten (Röm 1,9f; Phil 1,4; 1 Thess 1,2; Phlm 4 (Kol 1,3)) davon ausgehen kann, daß nicht nur die mit den Gebetsberichten übereinstimmenden bzw. verwandten Briefteile, sondern auch darüberhinaus weitere Passagen bereits Gegenstand des Betens des Apostels waren. Diese Vermutung wird bekräftigt durch das unter Pkt. 6b Dargelegte.

34) Vgl. S. 137f.

35) Vgl. Anm. 227 (2. Teil).

36) Vgl. S. 136f.

37) Inhaltlich anders geprägt sind die beiden Dankrufe im Zusammenhang der Angelegenheit der Kollekte (2 Kor 8,16; 9,15).

38) Vgl. Thrall, Thanksgiving.

39) Vgl. S. 75.

40) Vgl. ebd.

41) Vgl. S. 86.105.187f.193.

42) Vgl. unter Pkt. 6a.

43) Deutlich wird die hymnisch-doxologische Komponente z. B. in Röm 8,31-39 (vgl. Michel, Röm, 279).

44) Vgl. unter Pkt. 1.

45) Bultmann, Theologie, 228.

46) Vgl. S. 143.

47) Vgl. unter Pkt. 1.

48) Dabei greift Paulus auf die Sprache des Psalters (22,2.11; 25,2; 38,22; 69,4) zurück, mit der sich der Angefochtene "auf 'seinen Gott' beruft" (Michel, Röm, 80; vgl. zur Klage des einzelnen Reventlow, Gebet, 163-189).

49) Vgl. S. 159.

50) Vgl. ebd.

51) Vgl. S. 107.

52) Vgl. S. 156.

53) Vgl. S. 139-141.

54) Vgl. unter Pkt. 5a.

55) Dem stehen in 1 Kor 1,7f der dankbare Ausblick auf die Parusie und in 2 Kor 1,5 der Dank für durch Christus empfangenen Trost im Leiden gegenüber. - Es fällt auf, daß 1 Kor 1,4-9 mit

Abstand der christologisch konzentrierteste aller paulinischen Gebetstexte ist. Man wird darin eine erste Antwort des Apostels auf die korinthische Gruppenbildung und vielleicht auch auf die Auferstehungsproblematik sehen dürfen, was natürlich Fragen hinsichtlich der Funktion und Konzeption dieses einleitenden Gebetsberichts im Bezug auf den gesamten Brief aufwirft.

56) Indirekt mit der christlichen Lebensführung haben auch die Erkenntnis des Guten in Christus (Phlm 6) und die Hoffnung auf Christus (1 Thess 1,3) zu tun.

57) Vgl. unter Pkt. 5ab.

58) Dies würde die vorgeschlagene Erhebung dankender "Briefgebete" aus überwiegend lehrhaften Textteilen und bittender "Briefgebete" aus der gesamten Paränese unterstützen (vgl. unter Pkt. 6b).

59) Kümmel, Theologie, 141 (Hervorhebung von mir).

60) Gegen die in Anm. 420.460.493.494 (2. Teil) Genannten.

61) Vgl. S. 147-156.160.

62) Vgl. S. 166-171.

63) Diesen Sachverhalt hat die bisherige Forschung weithin verkannt bzw. zu bedenkenlos abstrahiert.

64) Einem solchen widerspricht Phil 1,19 nur scheinbar. Wenn der Apostel hier Geistwirkung und Gebet voneinander abhebt, dann nur, weil er das Gebet der P h i l i p p e r und die Wirksamkeit des Geistes in i h m s e l b s t unterscheidet, nicht aber Geistwirkung und Gebet an sich.

65) So neuerdings wieder Schelkle, Paulus, 190.

66) Schnackenburg, Eph, 288.

67) Schnackenburg, Botschaft, 164.

68) Conzelmann, Grundriß, 119.

69) Vgl. Goppelt, Theologie, 450.

70) Gegen die in Anm. 420 (2. Teil) Genannten. - Die von Röm 8,15 her zwar naheliegende Annahme einer generellen inspirierenden Tätigkeit des Geistes beim Beten wird bereits durch 8,26f unmöglich gemacht, denn wenn Paulus von dieser Voraussetzung ausginge, dürfte er keine Unzulänglichkeit des Gebets mehr - in welcher Form auch immer - behaupten - es sei denn, man wolle Inspi-

ration des Gebets in Analogie zur Schriftinspiration "als Erwählungs- und Ermächtigungsvorgang" (Stuhlmacher, Verstehen, 49f) zum Beten auffassen, was aber nicht im Sinne der die Gebetsinspiration vertretenden Exegeten mit ihrem dualistischen Inspirationsverständis (vgl. ebd. 48f) liegt.

71) Vgl. S. 166f.170f.

72) Daß Paulus hier auch das Gebet im Auge hat, geht daraus hervor, daß er selbst kurz darauf den Auftrag worthaft ausführt (Röm 1,25; vgl. 6,17; 7,25a; 9,5; 11,33-36) und Lob Gottes nach ihm mit dem Mund (Röm 15,6) sowie zu wesentlichen Teilen im Dankgebet erfolgt (vgl. unter Pkt. 5a).

73) Zu ἐπικαλεῖσθαι (τὸ ὄνομα κυρίου) "als Gebets- und Bekenntnisakt" vgl. Michel, Röm, 332; Wilckens, Röm II, 228 Anm. 1023. - So gesehen ist die Schuld der Heiden nach Röm 1,21 nicht die Verweigerung von Lob und Dank, sondern ihr Unglaube, der sich in jener Verweigerung manifestiert hat (vgl. 1,21b-23).

74) Vgl. unter Pkt. 7b.

75) Vgl. unter Pkt. 7c.

76) Vgl. unter Pkt. 1.

77) Damit tritt das Gebet bei Paulus zugleich als grundsätzlich eschatologische Größe in den Blick (vgl. unter Pkt. 7g).

78) Vgl. S. 159.

79) Schrage, Ethik, 167.

80) Vgl. die zahlreichen Imperative in der paulinischen Paränese.

81) Vgl. Schrage, Ethik, 168.

82) Vgl. unter Pkt. 5a.

83) Vgl. S. 154.156.161.

84) Vgl. S. 180.

85) Vgl. S. 191.

86) Vgl. S. 174.183.

87) Vgl. unter Pkt. 7b.

88) Vgl. unter Pkt. 7c.

89) Vgl. S. 124-130.

90) Vgl. S. 197f.

91) Vgl. S. 166-171.

92) Vgl. unter Pkt. 3b.4.5ab.6a.

93) Vgl. unter Pkt. 5ac.6b.7bde.

94) Auf den soteriologischen Grundgehalt der paulinischen Theologie weisen ausdrücklich u. a. Bultmann, Theologie, 192; Goppelt, Theologie, 390; Wilckens, Christologie, 76 hin.

95) Das Kreuz hat bei Paulus Vorrang vor der Auferstehung, insofern es das zentrale Heilsereignis darstellt (Röm 5,6-10; 8,3; 1 Kor 1,18.23f; 2,2; 2 Kor 5,21; Gal 1,4; 3,1.13; Phil 2,8; 1 Thess 5,10); aber es wäre wirkungslos ohne die Auferstehung (Röm 4,25; 6,4; 8,34; 1 Kor 15,17; 2 Kor 5,15; Phil 3,10), so daß Paulus immer die Auferstehung voraussetzt, wenn er vom Kreuz spricht.

96) So z. B. Kümmel, Theologie, 126; Eichholz, Theologie, 8; Schelkle, Paulus, 167; Ortkemper, Kreuz, 88ff; Luz, Theologia, 125.

97) So z. B. Conzelmann, Grundriß, 171; Lührmann, Christologie, 354; Becker, Heil, 275; Käsemann, Erwägungen, 58 (Die Angaben erfolgen ohne Anspruch auf Vollständigkeit der zu den jeweiligen Positionen zu nennenden Vertreter.).

98) Wilckens, Christologie, 76.

99) Vgl. Friedrich, Verkündigung, 138; Brandenburger, TBLNT 2, 822f; Kertelge, Verständnis, 131f; Delling, Kreuzestod, 25; Käsemann, Heilsbedeutung, 73.77.84 u. ö.; Ortkemper, Kreuz, 40.

100) Vgl. Kuhn, Jesus, 37-39.

101) Hierfür Belege anzuführen wäre müßig; es geht in den paulinischen Briefen entweder um das Beten des Apostels (und seiner Mitarbeiter) oder um das der Gläubigen bzw. der Gemeinde.

102) Vgl. Swain. Prayer, 459.

103) Vgl. Greeven, ThWNT 2, 799.

104) Vgl. unter Pkt. 7c.

105) Vgl. Friedrich, Verkündigung, 131; Weder, Kreuz, 234;

Schnackenburg, Christologie, 227.

106) Vgl. zu Röm 11,33-36 in diesem Sinn Barth, Theologie.

107) Vgl. Weder, Kreuz, 164f.173f; Ortkemper, Kreuz, 66.99.

108) Luz, Theologia, 124.

109) Ebd.

110) Vgl. Friedrich, Verkündigung, 132.

111) Vgl. Käsemann, Heilsbedeutung, 77.

112) Vgl. Stuhlmacher, Thesen, 201f (Zitat 201).

113) Vgl. Brandenburger, TBLNT 2, 822f; Ortkemper, Kreuz, 42.

114) Siehe S. 139-141.

115) Vgl. Gebauer, Bibellexikon, 415f. Unter Berücksichtigung aller gebetsbezogenen Stellen der anerkannten Paulusbriefe begegnen Lob-/Dankgebet und (Für-)Bittgebet - soweit die verschiedenen Gebetsarten als solche erkenntlich sind - etwa im Verhältnis von 3:2. Einen solchen, sich schon rein quantitativ äußernden Stellenwert hat das Lob-/Dankgebet, abgesehen von den hymnischen Partien der Apk, im ganzen Neuen Testament nicht mehr.

116) Vgl. Michel, Röm, 102.

117) Vgl. Delling, Kreuzestod, 19.43; Ortkemper, Kreuz, 66; Luz, Theologia, 127; Wilckens, Christologie, 80.

118) Michel, Röm, 80.

119) Vgl. ebd. 260.

120) Vgl. Delling, Bezeichnung, 84.

121) Vgl. S. 114-123.

122) Vgl. Lührmann, Christologie, 360; Kertelge, Verständnis, 134f; Luz, Theologia, 124.

123) Da Rechtfertigung und Versöhnung als Umschreibungen des endzeitlichen Heilshandelns Gottes "sachlich gleichbedeutend" sind (Merk, Handeln, 15), seien im folgenden beide Aspekte gemeinsam berücksichtigt.

124) Der Begriff bei Kertelge, Rechtfertigung, 305 (vgl. 159).

125) So Wilckens, Christologie, 69 bezüglich der Rechtfertigung (vgl. hinsichtlich der Relationalität von Rechtfertigung bzw. Gerechtigkeit Gottes bei Paulus Klein, Gerechtigkeit, 230; Kertelge, Rechtfertigung, 159.305; ders., EWNT 1, 786f; Bultmann, Theologie, 273.320).

126) So Findeis, Versöhnung, 321 bezüglich der Versöhnung (vgl. hinsichtlich der Relationalität der Versöhnung bei Paulus Käsemann, Erwägungen, 52; Friedrich, Verkündigung, 117; Wolter, Rechtfertigung, 86.89.95ff (passim); Binder, Versöhnung, 308; Merk, Handeln, 15).

127) Besonders deutlich im Abbaruf der Gottessöhne und in der Rede von Gott als τῷ θεῷ μου; darüberhinaus aber auch in jedem Gebet, das Gott lobt, ihm dankt und ihn bittet, da sich der Beter jeweils völlig auf Gott hin orientiert unter Anerkennung seiner Macht und Eingeständnis der eigenen Schwäche.

128) Vgl. Käsemann, Erwägungen, 52; ders., Gottesgerechtigkeit, 189.

129) Der Ausdruck bei Stuhlmacher, Gerechtigkeit, 223.

130) Findeis, Versöhnung, 232 (vgl. Merk, Handeln, 15; Hofius, Gott, 19; Wolter, Rechtfertigung, 103).

131) Vgl. Wolter, Rechtfertigung, 95ff (passim).

132) Berger, EWNT 3, 1098.

133) Nach Findeis, Versöhnung, 195 ist die "Gemeinschaft mit Gott" das "intendierte(s) Ziel des Versöhnungsgeschehens" (vgl. Strecker, Befreiung, 258, der von "Christusgemeinschaft" im Zusammenhang der Rechtfertigung spricht).

134) Stuhlmacher, Sühne, 308f (Zitat 309).

135) Vgl. Strecker, Befreiung, 241.

136) Findeis, Versöhnung, 321.

137) Strecker, Befreiung, 241 mit Bezug auf das Christusverhältnis des Menschen. Von Röm 5,1-11 her läßt sich dies aber auch bezüglich des Gottesverhältnisses sagen.

138) Käsemann, Gottesgerechtigkeit, 191 (vgl. Kertelge, Rechtfertigung, 159). Zum Verständnis vor allem der Rechtfertigung als Sündenvergebung vgl. Wilckens, Christologie, 72f; ders., Paulus, 66; Strecker, Befreiung, 257.

139) Vgl. Findeis, Versöhnung, 278.

140) καυχᾶσθαι enthält sowohl das Moment des Dankes (Bultmann, ThWNT 3, 651f) als auch des Lobes (Wolter, Rechtfertigung, 196; Findeis, Versöhnung, 278f). Beide Momente verbindet Michel, Röm, 177f.184, was angesichts des Ineinandergreifens von Lob und Dank bei Paulus auch angemessen ist (vgl. 2 Kor 4,15; 9,12f).

141) Hier bestätigt sich die bereits im Zusammenhang der Kreuzestheologie festgestellte Dominanz des Lob- und Dankgebets bei Paulus (s. S. 219f). Weil Rechtfertigung und Versöhnung als Zueignung des im Kreuz erwirkten Heils Gabe bzw. Geschenk Gottes sind (vgl. Lohse, Gerechtigkeit, 226f; Wilckens, Paulus, 67; Klein, Gerechtigkeit, 226.232.236; Bultmann, ΔΙΚΑΙΟΣΥΝΗ, 470ff (passim); Jüngel, Paulus, 62), sind Lob und Dank die angemessene Antwort darauf (vgl. Findeis, Versöhnung, 278.323).

142) Findeis, Versöhnung, 279.

143) Ebd. Anm. 70.

144) Vgl. Käsemann, Gottesgerechtigkeit, 184.

145) Damit ist nicht gesagt, daß Gott ausschließlich dem bereits im Heil Stehenden gebethaft erreichbar wäre (vgl. Röm 1,21), aber er ist als "Vater" nur dem in der Sohnschaft Befindlichen erreichbar. Und einzig um das auf diesem Gottesverhältnis und der daraus resultierenden Relation von Herr und Knecht (vgl. Röm 6) beruhende Gebet geht es bei Paulus.

146) Wo Paulus über diese Erfahrung hinausgehend noch von einer unmittelbaren Geisterfahrung beim Gebet spricht (Röm 8,15; Gal 4,6), kann er sogar die Gewißheit des Heils davon ableiten (Gal 4,7: ὥστε). Hier wird Beten als Geisterfahrung zu einer außergewöhnlichen Art der Heilserfahrung (vgl. S. 145-156.160f).

147) Vgl. Wilckens, Christologie, 66.

148) Das gilt auch für die Geisterfahrung im Abbaruf, die als Heilserfahrung nur dem Glaubenden erkennbar ist (vgl. Anm. 383.427 (2. Teil)).

149) Auch die Geisterfahrung im Abbaruf ist lediglich eine Vorwegnahme der im übrigen dem Glaubenden noch völlig uneinsichtigen Heilsvollendung (vgl. Röm 8,26f und S. 166f).

150) Wobei Paulus den Glauben nicht als menschliche Leistung versteht, die sich den Zuspruch der Gerechtigkeit verdienen könnte, sondern ausschließlich als Machtwirkung Gottes (1 Kor 2,5), für die er dankt (1 Thess 2,13). In diesem Sinne ist der Glaube "Bedingung des Heils" (Bornkamm, Paulus, 151; vgl. Bultmann, Theologie, 315.317; Kuss, Glaube, 192f).

151) Dobbeler, Glaube, 276.

152) Zur Unterscheidung beider Aspekte vgl. Bultmann, ThWNT 6, 213f; ders., Theologie, 324f; Neugebauer, Christus, 170; Barth, EWNT 3, 222.

153) Käsemann, Heilsbedeutung, 73 (vgl. Bornkamm, Paulus, 151).

154) Zum Antwortcharakter des Glaubens vgl. Lohse, Emuna, 153f; ders., Gerechtigkeit, 225; Barth, EWNT 3, 226.

155) Vgl. zum Zusammenhang von Gebet und Bekenntnis Schellbach, Paulus, 46; Harder, Paulus, 107f.126; Eschlimann, Prière, 136; Hamman, Prière, 321; Stanley, Boasting, 93; Cullmann, Prière, 93 - zum Zusammenhang von Glaube und Bekenntnis Bultmann, Theologie, 318-320.

156) Lührmann, Glaube, 49 (vgl. Lohse, Emuna, 152f; Bornkamm, Paulus, 154; Merk, Handeln, 11; Neugebauer, Christus, 163; Kuss, Glaube, 193; Wilckens, Christologie, 77).

157) Vgl. Wilckens, Christologie, 74.

158) Barth, EWNT 3, 225f (Zitat 225; vgl. Friedrich, Glaube, 112; Bultmann, Theologie, 328).

159) Vgl. Wilckens, Christologie, 75, der den Glauben als "das dankbare und gehorsame Vertrauen gegen Gott" beschreibt.

160) Vgl. zur Relationalität des Glaubens Lohse, Glauben, 107; Kertelge, Rechtfertigung, 225.258; Dobbeler, Glaube, 276.315; Bultmann, Theologie, 324; Schmid, Bibellexikon, 470.

161) Der Begriff bei Bultmann, Theologie, 315.

162) Der Ausdruck bei Dobbeler, Glaube, 315.

163) Diese drei Momente begegnen durchweg in Untersuchungen, die sich in jüngerer Zeit mit dem Glauben bei Paulus befaßt haben (nähere Angaben s. Anm. 165.175.181).

164) Vgl. S. 4.

165) Vgl. Lohse, Glauben, 111; ders., Emuna, 152f; Bornkamm, Paulus, 151; Kuss, Glaube, 200; Wilckens, Christologie, 75.77; Bultmann, Theologie, 323f; Schmid, Bibellexikon, 470.

166) Bultmann, Theologie, 323.

167) Vgl. S. 172-183.

168) Vgl. S. 117-121.

169) Wobei freilich zu beachten bleibt, daß die Gebetsinhalte aus der Ausübung des Apostolats resultieren und von daher speziell "paulinisch" sind. Aber ihre Situationsbedingtheit ändert nichts an der Zusammengehörigkeit von Vertrauen und Bittgebet, sie veranschaulicht diese vielmehr existentiell.

170) Vgl. S. 197f.

171) Zitat: Das Neue Testament, 444 (Hervorhebung von mir).

172) Vgl. S. 145-156.

173) Vgl. Lohmeyer, Phil, 170.

174) Vgl. unter Pkt. 2.

175) Vgl. Bornkamm, Paulus, 151; Lohse, Emuna, 152f; Neugebauer, Christus, 159; Kuss, Glaube, 197f; Wilckens, Christologie, 75; Kertelge, Rechtfertigung, 225.258; Bultmann, Theologie, 315-318; Schmid, Bibellexikon, 470.

176) Bultmann, Theologie, 316.

177) Vgl. S. 6-9.

178) Vgl. S. 180.

179) Nahezu alle paulinischen Gebetstexte sind gemeindebezogen. Das ist natürlich durch das Medium Brief bedingt, in dem sie begegnen. Aber wir haben keine Anlaß zu der Annahme, daß der Apostel darüberhinaus wesentlich andere Gebetsinhalte gekannt hätte.

180) Vgl. S. 181-183.

181) Vgl. Lohse, Glauben, 111; Bornkamm, Paulus, 153f; Merk, Handeln, 10; Kuss, Glaube, 201; Bultmann, Theologie, 320f; Schmid, Bibellexikon, 470.

182) Bultmann, Theologie, 320.

183) Mayer, EWNT 1, 1069f (Zitat 1070).

184) Vgl. S. 166-171.

185) Vgl. Stuhlmacher, Phlm, 55.

186) Vgl. S. 181-183 u. unter Pkt. 4.

187) Vgl. unter Pkt. 7e.

188) Vgl. S. 161.183 u. unter Pkt. 7f.

189) Vgl. S. 164-171 u. unter Pkt. 7g.

190) Vgl. z. B. Glaube und Lernen 1, passim (bes. 13ff.41ff. 56ff.74ff); Seitz, Beten; Deichgräber, Ringe. - Die im "Ausblick" zu Rate gezogene Literatur ist lediglich als Anregung zur Weiterarbeit gedacht und von daher sehr begrenzt und nicht repräsentativ ausgewählt.

191) Was auch geschieht (vgl. z. B. Ulrich, Gebet, passim; Sauter, Gebet, 35; Seitz, Beten, 83.90; Deichgräber, Ringe, 28-32. 80-86.100-109).

192) Bernet, Gebet, 138.

193) Sölle, Gebet, 118.

194) Robinson, Gott, 104.

195) Vgl. Mössinger, Lehre, 100.102ff.114ff.119. - Zum Personsein Gottes im Kontext des Gebets vgl. Ebeling, Dogmatik I, 224ff; Brümmer, Untersuchung, 73 u. ö.

196) Mit Fragen und Aspekten von Beten und Gebet in der Gegenwart befassen sich u. a. Schmidt, Mensch; Löwe, Möglichkeit; Klein, Gebet, 233; Seitz, Predigt, 151.

197) Vgl. Schmidt, Mensch, 9.211ff; Klein, Gebet, 232ff; Mössinger, Lehre, 9.

198) Zur Problematik von Gebet und Gottesbeziehung/-erkenntnis vgl. Ebeling, Dogmatik I, 192ff; Brümmer, Untersuchung, 73ff; Sauter, Gebet; Klein, Gebet, 233f; Bernet, Gebet, 166; Schmidt, Mensch, 215ff; Ulrich, Gebet, 17.

199) idea, 4. Kruse sagte dies in einem Interview im Zusammenhang der von ihm zum "Generalthema der Kirche in den nächsten Jahrzehnten" erhobenen Frage: "Wie wird man Christ und wie bleibt man Christ?" (Zitate ebd. 1). - Zum Verhältnis von Glaube und Gebet vgl. Mildenberger, Gebet; Ebeling, Gebet, 220; Seitz, Gebet, 84ff; ders., Beruf, 223 (vor Beendigung der Arbeit noch nicht erschienen, aber laut Ankündigung sich mit der Thematik befassend: R. Leuenberger, Zeit in der Zeit. Über das Gebet, Zürich 1988).

200) Zur Frage von Gebet und Gottesdienst vgl. Zippert, Gebet; Duensing, Gebet; Sorg, Gemeinde; Ohlemacher, Widerstand; Milden-

berger, Gebet, 8f; Schmidt, Mensch, 76ff.

201) Vgl. Barth, KD III/3, 303f; Pöhlmann, Gebet, 228.

202) Vgl. zum Zusammenhang von Gebet und (Heils-/Gottes-) Erfahrung Schmidt, Beten, 56ff; Bernet, Gebet, 9ff.51ff.165f; Ebeling, Dogmatik I, 194ff; Seitz, Beten, 90f; Schmidt, Mensch, 220.

203) Zur Gebetserhörung vgl. Seitz, Gebet, 211ff; Mössinger, Lehre, 142ff; Brümmer, Untersuchung, 59ff.

204) Vgl. zur Thematik Gebet und Evangelisation Röckle, Überlegungen, 138.

205) Vgl. zu Gebet und Ethik Brümmer, Untersuchung, 97ff; Sauter, Gebet, 36ff; Seitz, Gebet, 216f; Ulrich, Gebet, 20.

206) Vgl. S. 181-183.

207) Vgl. Lohse, Pastoralethik, 26f; Pöhlmann, Gebet, 230; Seitz, Beruf, 222ff.

208) Wilckens, Röm III, 130.

209) Vgl. S. 161.183 und zur Thematik Klein, Gebet, 234ff.

210) Vgl. S. 161-163 und zur Thematik Ott, Theologie; Barth, Theologie; Sauter, Gebet, 21ff; Pöhlmann, Gebet, 229f; Klein, Gebet, 232.

LITERATURVERZEICHNIS

Bei mehreren Veröffentlichungen eines Autors erfolgt die Anordnung um des leichteren Auffindens willen in der Regel jeweils nach dem ersten im Titel begegnenden Substantiv bzw. bei Kommentaren nach biblischen Schriften.

Aland, K.: Der Schluß und die ursprüngliche Gestalt des Römerbriefes, in: ders., Neutestamentliche Entwürfe, TB 63, München 1979, 284-301
Althaus, P.: Der Brief an die Römer, NTD 6, Göttingen (10) 1966
Balz, H.: Heilsvertrauen und Welterfahrung. Strukturen der paulinischen Eschatologie nach Römer 8,18-39, BEvTh 59, München 1971
-: Art. αἰνέω κτλ., EWNT 1, 94-95
-: Art. ἐντυγχάνω, EWNT 1, 1127-1129
-: Art. στενάζω κτλ., EWNT 3, 650-653
-: Art. φόβος, EWNT 3, 1034-1039
Banks, R.: Romans 7.25a: An Eschatological Thanksgiving?, ABR 26, 1978, 34-42
Barr, J.: The Meaning of ΕΠΑΚΟΥΩ and Cognates in the LXX, JThS.NS 31, 1980, 67-72
Barrett, C. K.: The Epistle to the Romans, BNTC, London 1957
-: The Second Epistle to the Corinthians, BNTC, London 1973
Barth, F.: Die Anrufung Jesu in der christlichen Gemeinde, in: Der Beweis des Glaubens, 3. Folge, 7. Band, Gütersloh 1904, 225-235
Barth, G.: Der Brief an die Philipper, ZBK 9, Zürich 1979
-: Art. πίστις/πιστεύω, EWNT 3, 216-231
Barth, K.: Kirchliche Dogmatik, Bde. I/1, I/2, II/2, III/3, III/4, IV/1, IV/2, IV/3, München/Zollikon-Zürich 1932-1959; Registerband, hg. v. H. Krause, Zürich 1970
-: Erklärung des Philipperbriefes, München 1928
-: Der Römerbrief, München (2) 1922
-: Die neue Welt in der Bibel, in: ders., Das Wort Gottes und die Theologie. Gesammelte Vorträge, München 1924, 18-32
Barth, M.: Theologie - ein Gebet (Röm 11,33-36), ThZ 41, 1985, 330-348
Bauer, G. L.: Kurzgefaßtes Lehrbuch der hebräischen Alterthümer des Alten und Neuen Testaments, hg. v. E. F. K. Rosenmüller, Leipzig (2) 1835
Bauer, W.: Griechisch-Deutsches Wörterbuch zu den Schriften des Neuen Testaments und der übrigen urchristlichen Literatur, Berlin (5) 1971

Bauernfeind, O.: Art. Gebet IV. Im NT, RGG (3) II, 1218-1221
-: Art. τυγχάνω κτλ., ThWNT 8, 238-245
Baur, F. C.: Paulus, der Apostel Jesu Christi. Sein Leben und Wirken, seine Briefe und seine Lehre. Ein Beitrag zu einer kritischen Geschichte des Urchristentums, 2. Teil, hg. v. E. Zeller, Leipzig (2) 1867
-: Vorlesungen über Neutestamentliche Theologie, hg. v. F. F. Baur, Leipzig 1864
Beardslee, W. A.: Human Achievement and Divine Vocation in the Message of Paul, SBT 31, London 1961
Becker, J.: Das Heil Gottes. Heils- und Sündenbegriffe in den Qumrantexten und im Neuen Testament, StUNT 3, Göttingen 1964
Beintker, H.: Zu Luthers Verständnis vom geistlichen Leben des Christen im Gebet, Luther-Jahrbuch 31, 1964, 47-68
Berger, K.: Die Amen-Worte Jesu. Eine Untersuchung zum Problem der Legitimation in apokalyptischer Rede, BZNW 39, Berlin 1970
-: Art. χάρις, EWNT 3, 1095-1102
Bernet, W.: Gebet. Mit einem Streitgespräch zwischen Ernst Lange und dem Autor, Themen der Theologie 6, Stuttgart 1970
Bertrams, H.: Das Wesen des Geistes nach der Anschauung des Apostels Paulus. Eine biblisch-theologische Untersuchung, NTA IV/4, Münster 1913
Betz, H. D.: Der Apostel Paulus und die sokratische Tradition. Eine exegetische Untersuchung zu seiner "Apologie" 2 Korinther 10-13, BHTh 45, Tübingen 1972
-: Eine Christus-Aretalogie bei Paulus (2 Kor 12,7-10), ZThK 66, 1969, 288-305
-: Galatians. A Commentary on Paul's Letter to the Churches in Galatia, Philadelphia 1979
-: Lukian von Samosata und das Neue Testament. Religionsgeschichtliche und Paränetische Parallelen. Ein Beitrag zum Corpus Hellenisticum Novi Testamenti, TU 76, Berlin 1961
Betz, O.: Der Paraklet. Fürsprecher im häretischen Spätjudentum, im Johannes-Evangelium und in neu gefundenen gnostischen Schriften, AGSU 2, Leiden/Köln 1963
Beyer, H. W.: Art. διακονέω κτλ., ThWNT 2, 81-93
Das Große Bibellexikon, Bd. 1, hg. v. H. Burkhardt/F. Grünzweig/ F. Laubach/G. Maier, Wuppertal 1987
Biblia Hebraica Stuttgartensia, hg. v. K. Elliger/W. Rudolph, Stuttgart 1967/77
Bieder, W.: Gebetswirklichkeit und Gebetsmöglichkeit bei Paulus. Das Beten des Geistes und das Beten im Geiste, ThZ 4, 1948, 22-40
-: Art. θάνατος κτλ., EWNT 2, 319-329
Bietenhard, H.: Art. ἀμήν, TBLNT 1, 12-13
Billerbeck, P.: Die Briefe des Neuen Testaments und die Offenbarung Johannis, Kommentar zum Neuen Testament aus Talmud und Midrasch von H. Strack und P. Billerbeck Bd. 3, München (3) 1961
Bindemann, G.: Das Gebet um tägliche Vergebung der Sünden in der

Heilsverkündigung Jesu und in den Briefen des Apostels Paulus, BFChTh 6/1, Gütersloh 1902
Bindemann, W.: Die Hoffnung der Schöpfung. Römer 8,18-27 und die Frage einer Theologie der Befreiung von Mensch und Natur, NStB 14, Neukirchen-Vluyn 1983
Binder, H.: Versöhnung als die große Wende, ThZ 29, 1973, 305-312
Bjerkelund, C. J.: Parakalô. Form, Funktion und Sinn der parakalô-Sätze in den paulinischen Briefen, BTN 1, Oslo 1967
Black, D. A.: Paul, Apostle of Weakness. Astheneia and its Cognates in the Pauline Literature, American University Studies, Ser. VII/Vol. 3, New York 1984
Black, M.: Romans, NCeB, London 1973
Blank, J.: Gesetz und Geist, in: The Law of the Spirit in Rom 7 and 8, Monographic Series of "Benedictina", Biblical-Ecumenical Section 1, hg. v. L. De Lorenzi, Rom 1976, 73-100
-: Der gespaltene Mensch. Zur Exegese von Röm 7,7-25, BiLe 9, 1968, 10-20
-: Paulus und Jesus. Eine theologische Grundlegung, StANT 18, München 1968
Blass, F./Debrunner, A.: Grammatik des neutestamentlichen Griechisch, bearbeitet von F. Rehkopf, Göttingen (15) 1979
Böhme, K.: Das paulinische Gebet, PrM 6, 1902, 426-431
Bonsirven, J.: Exégèse rabbinique et exégèse paulinienne, BTH, Paris 1939
Boobyer, G. H.: "Thanksgiving" and the "Glory of God" in Paul, Leipzig 1929
Bornkamm, G.: Paulus, Urban Bücher 119 D, Stuttgart 1969
-: Der Philipperbrief als paulinische Briefsammlung, in: ders., Geschichte und Glaube, Zweiter Teil, Gesammelte Aufsätze Bd. 4, BEvTh 53, München 1971, 195-205
-: Rezension: G. Harder, Paulus und das Gebet, ThLZ 65, 1940, 358-361
-: Der Römerbrief als Testament des Paulus, in: ders., Geschichte und Glaube, Zweiter Teil, Gesammelte Aufsätze Bd. 4, BEvTh 53, München 1971, 120-139
-: Sünde, Gesetz und Tod. Exegetische Studie zu Röm 7, in: ders., Das Ende des Gesetzes. Paulusstudien, Gesammelte Aufsätze Bd. 1, BEvTh 16, München (4) 1963, 51-69
Borse, U.: Der Brief an die Galater, RNT, Regensburg 1984
Bousset, W.: Eine jüdische Gebetssammlung im siebenten Buch der apostolischen Konstitutionen, in: ders., Religionsgeschichtliche Studien. Aufsätze zur Religionsgeschichte des Hellenistischen Zeitalters, hg. v. A. F. Verheule, NT.S 50, Leiden 1979, 231-286
-: Kyrios Christos. Geschichte des Christusglaubens von den Anfängen des Christentums bis Irenäus, Tübingen 1913
-: Kyrios Christos. Geschichte des Christusglaubens von den Anfängen des Christentums bis Irenäus, Göttingen (5) 1965 (= 2. Aufl. 1921)
-: Jesu Predigt in ihrem Gegensatz zum Judentum. Ein religions-

geschichtlicher Vergleich, Göttingen 1892
-: Die Religion des Judentums im neutestamentlichen Zeitalter, Berlin 1903
-: Rezension: E. v. d. Goltz, Das Gebet in der ältesten Christenheit, GGA 165, 1903, 265-280
Boyd, R. F.: The Work of the Holy Spirit in Prayer. An Exposition of Romans 8:26,27, Interp. 8, 1954, 35-42
Brandenburger, E.: Art. Kreuz. σταυρός, TBLNT 2, 817-826
Braun, H.: Qumran und das Neue Testament Bd. 1, Tübingen 1966
Bruce, F. F.: 1 and 2 Corinthians, NCeB, London 1971
Brümmer, V.: Was tun wir, wenn wir beten? Eine philosophische Untersuchung, MThSt 19, Marburg 1985
Brunner, E.: Der Römerbrief, BhG Ntl. Reihe 6, Stuttgart 1948
Büchsel, F.: Der Geist Gottes im Neuen Testament, Gütersloh 1926
-: Art. ἀλλάσσω κτλ., ThWNT 1, 252-260
Buhl, F.: Über Dankbarkeit im Alten Testament und die sprachlichen Ausdrücke dafür, in: Abhandlungen zur semitischen Religionskunde und Sprachwissenschaft. Wolf Wilhelm Grafen von Baudissin zum 26. September 1917 überreicht von Freunden und Schülern, hg. v. W. Frankenberg/F. Küchler, BZAW 33, Gießen 1918, 71-82
Bultmann, R.: Vom Beten, ChW 36, 1922, 593f
-: ΔΙΚΑΙΟΣΥΝΗ ΘΕΟΥ, in: ders., Exegetica, 470-475
-: Exegetica. Aufsätze zur Erforschung des Neuen Testaments, hg. v. E. Dinkler, Tübingen 1967
-: Glauben und Verstehen. Gesammelte Aufsätze, Bde. 1-4, Tübingen 1933-1965
-: Glossen im Römerbrief, in: ders., Exegetica, 278-284
-: Jesus, Berlin 1929
-: Die liberale Theologie und die jüngste theologische Bewegung, in: ders., Glauben und Verstehen Bd. 1, 1-25
-: Marburger Predigten, Tübingen 1956
-: Das Problem der Hermeneutik, ZThK 47, 1950, 47-69
-: Römer 8,26-27. Beten, in: ders., Das verkündigte Wort, 182-189
-: Der Stil der paulinischen Predigt und die kynisch-stoische Diatribe, FRLANT 13, Göttingen 1910
-: Theologie des Neuen Testaments, Tübingen 1953
-: Theologie des Neuen Testaments, 9. Aufl., durchgesehen und ergänzt v. O. Merk, Tübingen 1984
-: Das verkündigte Wort. Predigten - Andachten - Ansprachen 1906-1941, hg. v. E. Gräßer, Tübingen 1984
-: Der zweite Brief an die Korinther, KEK Sonderband, hg. v. E. Dinkler, Göttingen 1976
-: Art. θάνατος κτλ., ThWNT 3, 7-25
-: Art. καυχάομαι κτλ., ThWNT 3, 646-654
-: Art. μεριμνάω κτλ., ThWNT 4, 593-598
-: Art. πείθω κτλ., ThWNT 6, 1-12
-: Art. πιστεύω κτλ. D., ThWNT 6, 203-230
Cambier, J.-M.: Le "moi" dans Rom. 7, in: The Law of the Spirit in Rom 7 and 8, Monographic Series of "Benedictina", Bibli-

cal-Ecumenical Section 1, hg. v. L. De Lorenzi, Rom 1976, 13-44
Campbell, D. H.: The Identity of ἐγώ in Romans 7:7-25, in: Studia Biblica 1978, Bd. 3: Papers on Paul and Other New Testament Authors, Sixth International Congress on Biblical Studies Oxford 3-7 April 1978, hg. v. E. A. Livingstone, JSNT.SS 3, Sheffield 1980, 57-64
Carrington, P.: The Primitive Christian Catechism. A Study in the Epistles, Cambridge 1940
Cerfaux, L.: L'Apôtre en présence de Dieu, in: Recueil Lucien Cerfaux. Études d'Exégèse et d'Histoire Religieuse de Monsigneur Cerfaux Bd. 2, BEThL 6/7, Gembloux 1954, 469-481
-: Christus in der paulinischen Theologie, Düsseldorf 1964
Champion, L. G.: Benedictions and Doxologies in the Epistles of Paul, Oxford 1934
Chapuis, P.: Die Anbetung Christi, ZThK 7, 1897, 28-79
Christ, P.: Die Lehre vom Gebet nach dem Neuen Testament. Ein Beitrag zur Kenntnis und Würdigung des ursprünglichen Christenthums, Leiden 1886
Coetzer, W. C.: The Holy Spirit and the Eschatological View in Romans 8, Neotestamentica 15, 1981, 180-198
Coggan, D. F.: The Prayers of the New Testament, London 1967
Conzelmann, H.: Der erste Brief an die Korinther, KEK 5, Göttingen (11) 1969
-: Grundriß der Theologie des Neuen Testaments, bearbeitet v. A. Lindemann, Tübingen (4) 1987
Cranfield, C. E. B.: A Critical and Exegetical Commentary on the Epistle to the Romans, Vol. I: Introduction and Commentary on Romans I-VIII, ICC, Edinburgh (6) 1975
Crüsemann, F.: Studien zur Formgeschichte von Hymnus und Danklied in Israel, WMANT 32, Neukirchen-Vluyn 1969
Cullmann, O.: Die Christologie des Neuen Testaments, Tübingen 1957
-: La Prière selon les Epîtres pauliniennes, ThZ 35, 1979, 90-101
Dahl, N. A.: Studies in Paul. Theology for the Early Christian Mission, Minneapolis 1977
Dalman, G.: Die Worte Jesu mit Berücksichtigung des nachkanonischen jüdischen Schrifttums und der aramäischen Sprache, Bd. 1: Einleitung und wichtige Begriffe, Leipzig 1898
Dautzenberg, G.: Art. ἀγών κτλ., EWNT 1, 59-64
Deichgräber, R.: Gotteshymnus und Christushymnus in der frühen Christenheit. Untersuchungen zu Form, Sprache und Stil der frühchristlichen Hymnen, StUNT 5, Göttingen 1967
-: Wachsende Ringe. Die Bibel lehrt beten, Göttingen 1983
Delekat, L.: Zum Hebräischen Wörterbuch, VT 14, 1964, 7-66
Delling, G.: Die Bezeichnung "Gott des Friedens" und ähnliche Wendungen in den Paulusbriefen, in: Jesus und Paulus. Festschrift für Werner Georg Kümmel zum 70. Geburtstag, hg. v. E. E. Ellis/E. Gräßer, Göttingen 1975, 76-84
-: Der Gottesdienst im Neuen Testament, Göttingen 1952

-: Der Kreuzestod Jesu in der urchristlichen Verkündigung, Göttingen 1972
-: Die "Söhne (Kinder) Gottes" im Neuen Testament, in: Die Kirche des Anfangs. FS H. Schürmann, hg. v. R. Schnackenburg/J. Ernst/J. Wanke, Leipzig 1978, 615-631
-: Wort Gottes und Verkündigung im Neuen Testament, SBS 53, Stuttgart 1971
-: Art. ἀντιλαμβάνομαι κτλ., ThWNT 1, 375-376
-: Art. ὑπερβάλλω κτλ., ThWNT 8, 521-523
Dibelius, M.: Botschaft und Geschichte. Gesammelte Aufsätze von Martin Dibelius, Bd. 2: Zum Urchristentum und zur hellenistischen Religionsgeschichte, hg. v. G. Bornkamm, Tübingen 1956
-: ΕΠΙΓΝΩΣΙΣ ΑΛΗΘΕΙΑΣ, in: ders., Botschaft und Geschichte Bd. 2, 1-13
-: Glaube und Mystik bei Paulus, in: ders., Botschaft und Geschichte Bd. 2, 94-116
-: Jesus, Sammlung Göschen Bd. 1130, Berlin (2) 1949
-: Paulus und die Mystik, in: ders., Botschaft und Geschichte Bd. 2, 134-159
-: Paulus, hg. und nach dem Tode des Verfassers zu Ende geführt von W. G. Kümmel, Sammlung Göschen Bd. 1160, Berlin (3) 1964
-: An die Thessalonicher I II. An die Philipper, HNT 11, Tübingen (2) 1925
-: Vier Worte des Römerbriefs. 5,5. 5,12. 8.10 und 11.30f., SyBU 3, 1944, 3-17
Dietzel, A.: Beten im Geist. Eine religionsgeschichtliche Parallele aus den Hodajot zum paulinischen Beten im Geist, ThZ 13, 1957, 12-32
-: Die Gründe der Erhörungsgewißheit nach den Schriften des Neuen Testamentes, Diss. Mainz 1955
Dietzfelbinger, C.: Die Berufung des Paulus als Ursprung seiner Theologie, WMANT 58, Neukirchen-Vluyn 1985
Dinkler, E.: Die Verkündigung als eschatologisch-sakramentales Geschehen. Auslegung von 2 Kor 5,14-6,2, in: Die Zeit Jesu. FS H. Schlier, hg. v. G. Bornkamm/K. Rahner, Freiburg 1970, 169-189
Dobbeler, A. von: Glaube als Teilhabe. Historische und semantische Grundlagen der paulinischen Theologie und Ekklesiologie des Glaubens, WUNT 2. Reihe 22, Tübingen 1987
Dobschütz, E. von: Die Thessalonicherbriefe, KEK 10, Göttingen (7) 1909
Dodd, C. H.: The Epistle of Paul to the Romans, MNTC, London 1947
Dölger, F. J.: Das erste Gebet der Täuflinge in der Gemeinschaft der Brüder. Ein Beitrag zu Tertullian De baptismo 20, in: ders., Antike und Christentum. Kultur- und religionsgeschichtliche Studien Bd. 2, Münster 1930, 142-155
Doty, W. G.: Letters in Primitive Christianity, Guides to Biblical Scholarship. New Testament Series, Philadelphia 1973
Duensing, F.: Gebet als Mahnpredigt? Anmerkungen zum gottesdienstlichen Beten heute, GuL 1, 1986, 81-90

Duhm, B.: Das Buch Jesaja, Göttingen (5) 1986 (1.-4. Aufl.= HK 3/1)
Dunn, J. D. G.: Rom. 7,14-25 in the Theology of Paul, ThZ 31, 1975, 257-273
Ebeling, G.: Dogmatik des christlichen Glaubens, Band I: Prolegomena, Erster Teil: Der Glaube an Gott den Schöpfer der Welt, Tübingen (2) 1982
-: Das Gebet, ZThK 70, 1973, 206-225
Eckert, J.: Die urchristliche Verkündigung im Streit zwischen Paulus und seinen Gegnern nach dem Galaterbrief, BU 6, Regensburg 1971
Egger, W.: Galaterbrief. Philipperbrief. Philemonbrief, NEB 9.11.15, Würzburg 1985
Eichholz, G.: Bewahren und Bewähren des Evangeliums: Der Leitfaden von Philliper 1-2, in: Hören und Handeln. Festschrift für Ernst Wolf zum 60. Geburtstag, hg. v. H. Gollwitzer/H. Traub, München 1962, 85-105
-: Die Theologie des Paulus im Umriß, Neukirchen-Vluyn (4) 1983
Ellis, E. E.: Paul's Use of the Old Testament, Edinburgh 1957
Emery, P.-Y.: Prayer in Saint Paul, LV 24, 1969, 597-607
Ernst, J.: Das Evangelium nach Lukas, RNT, Regensburg 1977
-: Das Evangelium nach Markus, RNT, Regensburg 1981
-: Die Briefe an die Philipper, an Philemon, an die Kolosser, an die Epheser, RNT, Regensburg 1974
Eschlimann, J.-A.: La Prière dans saint Paul, Lyon 1934
Exegetisches Wörterbuch zum Neuen Testament, hg. v. H. Balz/ G. Schneider, Bde. 1-3, Stuttgart 1980-1983
Feldmeier, R.: Die Krisis des Gottessohnes. Die Gethsemaneerzählung als Schlüssel der Markuspassion, WUNT 2. Reihe 21, Tübingen 1987
Fendrich, H.: Art. κράζω, EWNT 2, 774-776
Findeis, H.-J.: Versöhnung - Apostolat - Kirche. Eine exegetisch-theologische und rezeptionsgeschichtliche Studie zu den Versöhnungsaussagen des Neuen Testaments (2 Kor, Röm, Kol, Eph), FzB 40, Würzburg 1983
Fitzmyer, J. A.: New Testament Epistles, in: The Jerome Biblical Commentary, Vol. 2: The New Testament and Topical Articles, hg. v. J. A. Fitzmyer/R. E. Brown, London 1968, 223-226
Foerster, W.: Art. εἰρήνη κτλ., ThWNT 2, 405-418
Fohrer, G.: Das Buch Jesaja, Bd. 3: Kapitel 40-66, ZBK, Zürich 1964
Friedrich, G.: Amt und Lebensführung. Eine Auslegung von 2. Kor. 6,1-10, BSt 39, Neukirchen-Vluyn 1963
-: Die Fürbitte im Neuen Testament, in: ders., Auf das Wort kommt es an. Gesammelte Aufsätze, Zum 70. Geburtstag hg. v. J. H. Friedrich, Göttingen 1978, 431-457
-: Glaube und Verkündigung bei Paulus, in: Glaube im Neuen Testament. Studien zu Ehren von H. Binder anläßlich seines 70. Geburtstags, hg. v. F. Hahn/H. Klein, BThSt 7, Neukirchen-Vluyn 1982, 93-113
-: Der Brief an die Philipper, in: J. Becker/H. Conzelmann/G.

Friedrich, Die Briefe an die Galater, Epheser, Philipper, Kolosser, Thessalonicher und Philemon, NTD 8, Göttingen (14) 1976 (= 1. Auflage dieser Bearbeitung)
-: Die Verkündigung des Todes Jesu im Neuen Testament, BThSt 6, Neukirchen-Vluyn 1982
Fuchs, E.: Der Anteil des Geistes am Glauben des Paulus. Ein Beitrag zum Verständnis von Römer 8, ZThK 72, 1975, 293-302
-: Christus und der Geist bei Paulus. Eine biblisch-theologische Untersuchung, UNT 23, Leipzig 1932
-: Die Freiheit des Glaubens. Römer 5-8 ausgelegt, BEvTh 14, München 1949
Furnish, V. P.: II Corinthians, AncB 32A, Garden City/N. Y. 1984
Gaugler, E.: Der Geist und das Gebet der schwachen Gemeinde. Eine Auslegung von Röm. 8,26-27, IKZ 51, 1961, 67-94
-: Der Römerbrief, 1. Teil: Kapitel 1-8, Proph., Zürich 1945
Gebauer, R.: Art. Gebet II. Das Gebet im Neuen Testament, in: Das Große Bibellexikon Bd. 1, 414-416
Georgi, D.: Die Gegner des Paulus im 2. Korintherbrief. Studien zur religiösen Propaganda in der Spätantike, WMANT 11, Neukirchen-Vluyn 1964
-: Die Geschichte der Kollekte des Paulus für Jerusalem, ThF 38, Hamburg 1965
Gerleman, G.: Art. רצה, THAT 2, 810-813
Gesenius, W./Buhl, F.: Hebräisches und Aramäisches Handwörterbuch über das Alte Testament, Nachdr. der 17. Aufl., Berlin 1962
Giese, E.: Römer 7 neu gesehen im Zusammenhang des gesamten Briefes, Diss. Marburg 1959
Gloël, J.: Der Heilige Geist in der Heilsverkündigung des Paulus. Eine biblisch-theologische Untersuchung, Halle/S. 1888
Gnilka, J.: Der Kolosserbrief, HThK 10/1, Freiburg 1980
-: Das Evangelium nach Markus, 2. Teilband: Mk 8,27-16,20, EKK 2/2, Zürich/Neukirchen-Vluyn 1979
-: Das Matthäusevangelium, 1. Teil: Kommentar zu Kap. 1,1-13,58, HThK 1/1, Freiburg 1986
-: Der Philipperbrief, HThK 10/3, Freiburg (3) 1980
Gogarten, F.: Die Verkündigung Jesu Christi. Grundlagen und Aufgabe, Heidelberg 1948
Goltz, E. Frh. von der: Das Gebet in der ältesten Christenheit. Eine geschichtliche Untersuchung, Leipzig 1901
Goppelt, L.: Theologie des Neuen Testaments, hg. v. J. Roloff, Göttingen (3) 1978
-: Versöhnung durch Christus, in: ders., Christologie und Ethik. Aufsätze zum Neuen Testament, Göttingen 1968, 147-164
Grabner-Haider, A.: Paraklese und Eschatologie bei Paulus. Mensch und Welt im Anspruch der Zukunft Gottes, NTA.NF 4, Münster 1986
Gramlich, M. L.: St. Paul and "Shared Prayer", BiTod 18, 1980, 250-257
Greeven, H.: Gebet und Eschatologie im Neuen Testament, NTF 3. Reihe 1, Gütersloh 1931

-: Art. δέομαι κτλ., ThWNT 2, 39-42
-: Art. εὔχομαι κτλ. D. E., ThWNT 2, 799-808
Grundmann, W.: Der Geist der Sohnschaft. Eine Studie zu Röm. 8,15 und Gal. 4,6, zu ihrer Stellung in der paulinischen Theologie und ihren traditionsgeschichtlichen Grundlagen, in: In Disciplina Domini. In der Schule des Herrn, Thüringer kirchliche Studien Bd. 1, Berlin 1963, 172-192
-: Das Evangelium nach Markus, ThHK 2, Berlin 1977
-: Das Evangelium nach Matthäus, ThHK 1, Berlin 1968
-: Art. δέχομαι κτλ., ThWNT 2, 49-59
-: Art. κράζω κτλ., ThWNT 3, 898-904
Güttgemanns, E.: Der leidende Apostel und sein Herr. Studien zur paulinischen Christologie, FRLANT 90, Göttingen 1966
Gunkel, H.: Die Wirkungen des heiligen Geistes, nach der populären Anschauung der apostolischen Zeit und nach der Lehre des Apostels Paulus. Eine biblisch-theologische Studie, Göttingen 1888
Guthrie, D.: Galatians, CeB.NS, London 1974
Haacker, K.: Exegetische Probleme des Römerbriefs, NT 20, 1978, 1-21
Haenchen, E.: Der Weg Jesu. Eine Erklärung des Markus-Evangeliums und der kanonischen Parallelen, STö 2. Reihe 6, Berlin 1966
Hafemann, S. J.: Suffering and the Spirit. An Exegetical Study of II Cor. 2:14-3:3 within the Context of the Corinthian Correspondence, WUNT 2. Reihe 19, Tübingen 1986
Hahn, F.: Das Gesetzesverständnis im Römer- und Galaterbrief, ZNW 67, 1976, 29-63
-: "Siehe, jetzt ist der Tag des Heils". Neuschöpfung und Versöhnung nach 2. Korinther 5,14-6,2, EvTh 33, 1973, 244-253
Hainz, J.: Ekklesia. Strukturen paulinischer Gemeinde-Theologie und Gemeinde-Ordnung, BU 9, Regensburg 1972
-: Koinonia. "Kirche" als Gemeinschaft bei Paulus, BU 16, Regensburg 1982
Hamilton, N. Q.: The Holy Spirit and Eschatology in Paul, SJTh. OP 6, Edinburgh/London 1957
Hamman, A.: La Prière, I: Le Nouveau Testament, BT, Tournai 1959
-: Prière et culte chez saint Paul, SBFLA 8, 1958, 289-308
Harder, G.: Paulus und das Gebet, NTF 1. Reihe 10, Gütersloh 1936
Harnack, A.: Lehrbuch der Dogmengeschichte, Bd. 1: Die Entstehung des kirchlichen Dogmas, Tübingen (4) 1909
Hatch, E./Redpath, H.: A Concordance to the Septuagint and the Other Greek Versions of the Old Testament (Including the Apocryphal Books), 3 Bände, Nachdr. der Ausgaben von 1897. 1906, Graz 1975
Haubeck, W.: Loskauf durch Christus. Herkunft, Gestalt und Bedeutung des paulinischen Loskaufmotivs, Gießen 1985
Headlam, A. C./Sanday, W.: The Epistle to the Romans, ICC, Edinburgh (5) 1902
Hefele, C. J.: Zur Archäologie des häuslichen und Familienlebens

der Christen, in: ders., Beiträge zur Kirchengeschichte, Archäologie und Liturgik Bd. 2, Tübingen 1864, 331-381
Hegermann, H.: Art. δόξα, EWNT 1, 832-841
Heil, J. P.: Romans - Paul's Letter of Hope, Analecta Biblica 112, Rom 1987
Heiler, F.: Das Gebet. Eine religionsgeschichtliche und religionspsychologische Untersuchung, München (5) 1923 (= 2. Aufl. 1920 zuzüglich Nachtrag)
Heitmüller, W.: Jesus, Tübingen 1913
-: "Im Namen Jesu". Eine sprach- und religionsgeschichtliche Untersuchung zum Neuen Testament, speziell zur altchristlichen Taufe, Göttingen 1903
Hemsen, J. T.: Der Apostel Paulus. Sein Leben, Wirken und seine Schriften, hg. v. F. Lücke, Göttingen 1830
Hengel, M.: Jakobus der Herrenbruder - der erste "Papst"?, in: Glaube und Eschatologie. Festschrift für Werner Georg Kümmel zum 80. Geburtstag, hg. v. E. Gräßer/O. Merk, Tübingen 1985, 71-104
Hermann, I.: Kyrios und Pneuma. Studien zur Christologie der paulinischen Hauptbriefe, StANT 2, München 1961
Herrmann, J.: Art. εὔχομαι κτλ. C., ThWNT 2, 782-799
Herrmann, W.: Der Verkehr des Christen mit Gott. Im Anschluß an Luther dargestellt, Stuttgart (2) 1892
-: Art. Gebet, in: RE 6, 386-393
Hester, J. D.: Paul's Concept of Inheritance. A Contribution to the Understanding of Heilsgeschichte, SJTh.OP 14, Edinburgh/London 1968
Hofius, O.: Erwägungen zur Gestalt und Herkunft des paulinischen Versöhnungsgedankens, ZThK 77, 1980, 186-199
-: "Gott hat unter uns aufgerichtet das Wort von der Versöhnung" (2 Kor 5,19), ZNW 71, 1980, 3-20
Holland, G. S.: The Tradition that You Received from Us: 2 Thessalonians in the Pauline Tradition, HUTh 24, Tübingen 1988
Holtz, T.: Der erste Brief an die Thessalonicher, EKK 13, Zürich/Neukirchen-Vluyn 1986
-: Theo-logie und Christologie bei Paulus, in: Glaube und Eschatologie. Festschrift für Werner Georg Kümmel zum 80. Geburtstag, hg. v. E. Gräßer/O. Merk, Tübingen 1985, 105-121
Hommel, H.: Das 7. Kapitel des Römerbriefs im Licht antiker Überlieferung, ThViat 8, 1961/62, 90-116
Hughes, P. E.: Paul's Second Epistle to the Corinthians, NIC, Grand Rapids/Mich. 1962
Huther, J. E.: Commentar über den Brief Pauli an die Colosser, Hamburg 1841
Hwang, H. S.: Die Verwendung des Wortes πᾶς in den paulinischen Briefen, Diss. Erlangen 1985
idea spektrum. Nachrichten und Meinungen aus der evangelischen Welt, Nr. 40 vom 5. Oktober 1988
Jeremias, J.: Abba, in: ders., Abba. Studien zur neutestamentlichen Theologie und Zeitgeschichte, Göttingen 1966, 15-67
-: Abba, ThLZ 79, 1954, 213-214

-: Neutestamentliche Theologie, Erster Teil: Die Verkündigung Jesu, Gütersloh (3) 1979
-: Das Vater-Unser im Lichte der neueren Forschung, in: ders., Abba. Studien zur neutestamentlichen Theologie und Zeitgeschichte, Göttingen 1966, 152-171
Jervell, J.: Der Brief nach Jerusalem. Über Veranlassung und Adresse des Römerbriefes, StTh 25, 1971, 61-73
Jewett, R.: Paul's Anthropological Terms. A Study of their Use in Conflict Settings, AGSU 10, Leiden 1971
-: The Epistolary Thanksgiving and the Integrity of Philippians, NT 12, 1970, 40-53
Johansson, N.: Parakletoi. Vorstellungen von Fürsprechern für die Menschen vor Gott in der alttestamentlichen Religion, im Spätjudentum und Urchristentum, Lund 1940
Jones, F. S.: "Freiheit" in den Briefen des Apostels Paulus. Eine historische, exegetische und religionsgeschichtliche Studie, Göttinger Theologische Arbeiten 34, Göttingen 1987
Jüngel, E.: Paulus und Jesus. Eine Untersuchung zur Präzisierung der Frage nach dem Ursprung der Christologie, HUTh 2, Tübingen 1962
Juncker, A.: Das Gebet bei Paulus, BZSF 1, Berlin 1905
-: Jesu Stellung in der Geschichte des Gebets, ZSFG 15, 1922, 33-56
Kaczynski, R.: Das Gebet der Christen, in: S. Ben-Chorin/R. Kaczynski/O. Knoch, Das Gebet bei Juden und Christen, Regensburg 1982, 53-80
Kähler, M.: Berechtigung und Zuversichtlichkeit des Bittgebets, Halle/S. 1888
Käsemann, E.: Erwägungen zum Stichwort "Versöhnungslehre im Neuen Testament", in: Zeit und Geschichte. Dankesgabe an Rudolf Bultmann zum 80. Geburtstag, hg. v. E. Dinkler, Tübingen 1964, 47-59
-: Gottesgerechtigkeit bei Paulus, in: ders., Exegetische Versuche und Besinnungen Bd. 2, Göttingen 1964, 181-193
-: Die Heilsbedeutung des Todes Jesu bei Paulus, in: ders., Paulinische Perspektiven, Tübingen 1969, 61-107
-: An die Römer, HNT 8a, Tübingen (4) 1980
-: Der gottesdienstliche Schrei nach der Freiheit, in: ders., Paulinische Perspektiven, Tübingen 1969, 211-236
-: Art. Formeln II. Liturgische Formeln im NT, RGG (3) II, 993-996
Kaftan, J.: Dogmatik, GThW 5/1, Tübingen/Leipzig (3/4) 1901
-: Die christliche Lehre vom Gebet, Basel 1876
Kalt, E.: Der Römerbrief, in: E. Kalt/P. Ketter, Der Römerbrief. Die beiden Korintherbriefe, HBK 14, Freiburg 1937, 1-141
Kerkhoff, R.: Das unablässige Gebet. Beiträge zur Lehre vom immerwährenden Beten im Neuen Testament, München 1954
Kertelge, K.: "Rechtfertigung" bei Paulus. Studien zur Struktur und zum Bedeutungsgehalt des paulinischen Rechtfertigungsbegriffs, NTA.NF 3, Münster (2) 1967
-: Der Brief an die Römer, Geistliche Schriftlesung. Erläuterun-

gen zum Neuen Testament für die Geistliche Lesung Bd. 6, Düsseldorf (2) 1983
- : Exegetische Überlegungen zum Verständnis der paulinischen Anthropologie nach Römer 7, ZNW 62, 1971, 105-114
- : Das Verständnis des Todes Jesu bei Paulus, in: ders. (Hg.), Der Tod Jesu. Deutungen im Neuen Testament, QD 74, Freiburg 1976, 114-136
- : Art. δικαιοσύνη, EWNT 1, 784-796
Ketter, P.: Vom Gebetsleben des Apostels Paulus, ThPQ 91, 1938, 23-40
Kettunen, M.: Der Abfassungszweck des Römerbriefes, AASF 18, Helsinki 1979
Keuck, W.: Dienst des Geistes und des Fleisches. Zur Auslegungsgeschichte und Auslegung von Rm 7.25b, ThQ 141, 1961, 257-280
Kirchschläger, W.: Art. ἐπικαλέω, EWNT 2, 72-74
Kittel, G.: Art. ἀββᾶ, ThWNT 1, 4-6
- : Art. ἀκούω κτλ., ThWNT 1, 216-225
Klauck, H.-J.: 1. Korintherbrief, NEB 7, Würzburg 1984
- : 2. Korintherbrief, NEB 8, Würzburg 1986
Klauser, Th.: Art. Akklamation, RAC 1, 216-233
Klawek, A.: Das Gebet zu Jesus. Seine Berechtigung und Übung nach den Schriften des Neuen Testaments, NTA VI/5, Münster 1921
Klein, C.: Das Gebet in der Begegnung zwischen westlicher und ostkirchlicher Theologie und Frömmigkeit, KuD 34, 1988, 232-250
Klein, G.: Gottes Gerechtigkeit als Thema der neuesten Paulus-Forschung, in: ders., Rekonstruktion und Interpretation. Gesammelte Aufsätze zum Neuen Testament, BEvTh 50, München 1969, 225-236
- : Die Verleugnung des Petrus. Eine traditionsgeschichtliche Untersuchung, in: ders., Rekonstruktion und Interpretation. Gesammelte Aufsätze zum Neuen Testament, BEvTh 50, München 1969, 49-98
Klostermann, E.: Das Markusevangelium, HNT 3, Tübingen (5) 1971
Ko, Y.-M.: Der Mensch, seine Not und sein Heil. Probleme der paulinischen Anthropologie im Zusammenhang der Heilsaussagen unter besonderer Berücksichtigung von Römer 6,1-8,30, Diss. Wuppertal 1986
Koch, D.-A.: Die Schrift als Zeuge des Evangeliums. Untersuchungen zur Verwendung und zum Verständnis der Schrift bei Paulus, BHTh 69, Tübingen 1986
Koenig, J.: Philippians, in: E. Krentz/J. Koenig/D. H. Juel, Galatians. Philippians. Philemon. 1 Thessalonians, Augsburg Commentary on the New Testament, Minneapolis 1985
Kramer, W.: Christos Kyrios Gottessohn. Untersuchungen zu Gebrauch und Bedeutung der christologischen Bezeichnungen bei Paulus und den vorpaulinischen Gemeinden, AThANT 44, Zürich 1963
Kretschmar, G.: Die Geschichte des Taufgottesdienstes in der al-

ten Kirche, in: Leiturgia. Handbuch des evangelischen Gottesdienstes, hg. v. K. F. Müller/W. Blankenburg, Kassel 1970, 1-348
Kümmel, W. G.: Einleitung in das Neue Testament, Heidelberg (21) 1983
-: Römer 7 und die Bekehrung des Paulus (Leipzig 1929), in: ders., Römer 7 und das Bild des Menschen im Neuen Testament. Zwei Studien, TB 53, München 1974, IX-XX.1-160
-: Die Theologie des Neuen Testaments nach seinen Hauptzeugen Jesus, Paulus, Johannes, GNT 3, Göttingen (4) 1980
Kürzinger, J.: Der Schlüssel zum Verständnis von Röm 7, BZ.NF 7, 1963, 270-274
Kuhn, H.-W.: Jesus als Gekreuzigter in der frühchristlichen Verkündigung bis zur Mitte des 2. Jahrhunderts, ZThK 72, 1975, 1-46
-: Art. ἀββᾶ, EWNT 1, 1-3
Kuss, O.: Die Formel "durch Christus" in den paulinischen Hauptbriefen, TThZ 65, 1956, 193-201
-: Der Glaube nach den paulinischen Hauptbriefen, in: ders., Auslegung und Verkündigung I. Aufsätze zur Exegese des Neuen Testamentes, Regensburg 1963, 187-212
-: Der Römerbrief, Regensburg (2) 1963
Labuschagne, C. J.: Art עוד, THAT 2, 335-341
Lamarche, P./Le Du, C.: Épître aux Romains V-VIII. Structure littéraire et sens, Paris 1980
Lang, F.: Die Briefe an die Korinther, NTD 7, Göttingen (16) 1986 (= 1. Auflage dieser Neubearbeitung)
Lietzmann, H./Kümmel, W. G: An die Korinther I.II, HNT 9, Tübingen (5) 1969
-: An die Römer, HNT 8, Tübingen (4) 1933
Lincoln, A. T.: "Paul the Visionary": The Setting and Significance of the Rapture to Paradise in II Corinthians XII. 1-10, NTS 25, 1979, 204-220
Litteratur-Zeitung Erlangen, Nr. 1, Erlangen 1800
Löwe, H.: Von der Möglichkeit, heute zu beten, in: ders./W. Lotz/C. Zippert, Nachdenken vor Gott. Vom neu verstandenen Gebet, Kirche zwischen Planen und Hoffen 2, Kassel 1969, 7-24
Lohmeyer, E.: Das Evangelium des Markus, KEK 1/2, Göttingen (16) 1963
-: Die Briefe an die Philipper, an die Kolosser und an Philemon, KEK 9, Göttingen (9) 1953
Lohse, E.: Zur Analyse und Interpretation von Röm. 8,1-17, in: The Law of the Spirit in Rom 7 and 8, Monographic Series of "Benedictina", Biblical-Ecumenical Section 1, hg. v. L. De Lorenzi, Rom 1976, 129-146
-: Emuna und Pistis. Jüdisches und urchristliches Verständnis des Glaubens, ZNW 68, 1977, 147-163
-: Die Gerechtigkeit Gottes in der paulinischen Theologie, in: ders., Die Einheit des Neuen Testaments. Exegetische Studien zur Theologie des Neuen Testaments, Göttingen 1973, 209-227

-: Glauben im Neuen Testament, in: H.-J. Hermisson/E. Lohse, Glauben, Biblische Konfrontationen/Kohlhammer Taschenbücher Bd. 1005, Stuttgart 1978, 79-132
-: Die Briefe an die Kolosser und an Philemon, KEK 9/2, Göttingen (15) 1977 (= 2. Auflage dieser Neuauslegung)
-: Kleine evangelische Pastoralethik, Göttingen 1985
Lübking, H.-M.: Paulus und Israel im Römerbrief. Eine Untersuchung zu Römer 9-11, Europäische Hochschulschriften Reihe 23, Bd. 260, Frankfurt a. M. 1986
Lücke, F.: De invocatione Jesu Christi in precibus Christianorum accuratius definienda, Göttingen 1843
Lüdemann, G.: Paulus, der Heidenapostel, Band 2: Antipaulinismus im frühen Christentum, FRLANT 130, Göttingen 1983
Lührmann, D.: Christologie und Rechtfertigung, in: Rechtfertigung. Festschrift für E. Käsemann zum 70. Geburtstag, hg. v. J. Friedrich/W. Pöhlmann/P. Stuhlmacher, Tübingen/Göttingen 1976, 351-363
-: Glaube im frühen Christentum, Gütersloh 1976
-: Das Offenbarungsverständnis bei Paulus und in paulinischen Gemeinden, WMANT 16, Neukirchen-Vluyn 1965
Lütgert, W.: Die Anbetung Jesu, BFChTh 8/4, Gütersloh 1904, 47-65
Lull, D. J.: The Spirit in Galatia. Paul's Interpretation of Pneuma as Divine Power, Society of Biblical Literature. Dissertation Series 49, Chico/Cal. 1980
Luz, U.: Zum Aufbau von Röm. 1-8, ThZ 25, 1969, 161-181
-: Das Geschichtsverständnis des Paulus, BEvTh 49, München 1968
-: Das Evangelium nach Matthäus, 1. Teilband: Mt 1-7, EKK 1/1, Zürich/Neukirchen-Vluyn 1985
-: Theologia crucis als Mitte der Theologie im Neuen Testament, EvTh 34, 1974, 116-141
Lyonnet, S.: Un Aspect de la "Prière Apostolique" d'après Saint Paul, Christus 19, 1958, 222-229
Mand, F.: Die Eigenständigkeit der Danklieder des Psalters als Bekenntnislieder, ZAW 70, 1958, 185-199
Marchel, W.: Abba, Père! La Prière du Christ et des Chretiens, Rom (2) 1971
Marshall, P.: Enmity in Corinth: Social Conventions in Paul's Relations with the Corinthians, WUNT 2. Reihe 23, Tübingen 1987
Martin, B. L.: Some Reflections on the Identity of ἐγώ in Rom. 7:14-25, SJTh 34, 1981, 39-47
Mawhinney, A.: YIOTHESIA in the Pauline Epistles. Its Background, Use and Implications, Diss. Baylor University 1982
Mayer, B.: Art. ἐλπίς κτλ., EWNT 1, 1066-1075
McCasland, S. V.: "Abba, Father", JBL 72, 1953, 79-91
McFarlane, D. J.: The Motif of Thanksgiving in the New Testament, M. Th. thesis, St. Andrews University 1966
Ménégoz, F.: Le Problème de la Prière. Principe d'une revision de la Méthode théologique, Paris (2) 1932
Menezes, F.: Life in the Spirit: A Life of Hope. A Study of Rom

8,18-30, Pars Dissertationis, Pontificia Universitas Urbaniana, Rom 1986
Mengel, B.: Studien zum Philipperbrief. Untersuchungen zum situativen Kontext unter besonderer Berücksichtigung der Frage nach der Ganzheitlichkeit oder Einheitlichkeit eines paulinischen Briefes, WUNT 2. Reihe 8, Tübingen 1982
Merk, O.: Anfänge neutestamentlicher Wissenschaft im 18. Jahrhundert, in: Historische Kritik in der Theologie, hg. v. G. Schwaiger, Göttingen 1980, 37-59
-: Zu Rudolf Bultmanns Auslegung des 1. Thessalonicherbriefes, in: Glaube und Eschatologie. Festschrift für Werner Georg Kümmel zum 80. Geburtstag, hg. v. E. Gräßer/O. Merk, Tübingen 1985, 189-198
-: Handeln aus Glauben. Die Motivierungen der paulinischen Ethik, MThSt 5, Marburg 1968
Merkel, H.: Art. καταλλάσσω κτλ., EWNT 2, 644-650
Meyer, P. W.: The Holy Spirit in the Pauline Letters. A Contextual Exploration, Interp. 33, 1979, 3-18
Michel, O.: Der Brief an die Römer, KEK 4, Göttingen (13) 1966
-: Der Brief an die Römer, KEK 4, Göttingen (14) 1978
Mildenberger, F.: Das Gebet als Übung und Probe des Glaubens, Stuttgart 1968
Minde, H.-J. van der: Theologia crucis und Pneumaaussagen bei Paulus, Catholica 34, 1980, 128-145
Modalsli, O.: Gal. 2,19-21; 5,16-18 und Röm. 7,7-25, ThZ 21, 1965, 22-37
Mössinger, R.: Zur Lehre des christlichen Gebets. Gedanken über ein vernachlässigtes Thema evangelischer Theologie, FSÖTh 53, Göttingen 1986
Monloubou, L.: Saint Paul et la Prière. Prière et évangélisation, LeDiv 110, Paris 1982
Moulton, W. F./Geden, A. S.: A Concordance to the Greek Testament, Edinburgh (5) 1978
Mowinckel, S.: Die Vorstellungen des Spätjudentums vom heiligen Geist als Fürsprecher und der johanneische Paraklet, ZNW 32, 1933, 97-130
Müller, F.: Zwei Marginalien im Brief des Paulus an die Römer, ZNW 40, 1941/42, 249-254
Müller, K.: Die religionsgeschichtliche Methode. Erwägungen zu ihrem Verständnis und zur Praxis ihrer Vollzüge an neutestamentlichen Texten, BZ.NF 29, 1985, 161-192
Murray, J.: The Epistle to the Romans, Bd. 1: Chapters 1 to 8, NIC, Grand Rapids/Mich. 1959
Mußner, F.: Der Galaterbrief, HThK 9, Freiburg (4) 1981
Nauck, W.: Die Tradition und der Charakter des ersten Johannesbriefes. Zugleich ein Beitrag zur Taufe im Urchristentum und in der alten Kirche, WUNT 3, Tübingen 1957
Das Neue Testament. Nach der Übersetzung Martin Luthers. Revidierter Text 1984, Stuttgart 1984
Neugebauer, F.: In Christus. EN ΧΡΙΣΤΩΙ. Eine Untersuchung zum Paulinischen Glaubensverständnis, Göttingen 1961

Nickle, K. F.: The Collection. A Study in Paul's Strategy, SBT 48, Naperville/Ill. 1966
-: Romans 7:7-25, Interp. 33, 1979, 181-187
Niederwimmer, K.: Das Gebet des Geistes, Röm. 8,26f., ThZ 20, 1964, 252-265
Novum Testamentum Graece, post Eberhard Nestle et Erwin Nestle hg. v. K. Aland/M. Black/C. M. Martini/B. M. Metzger/A. Wikgren, Stuttgart (26) 1979
O'Brien, P. T.: Thanksgiving and the Gospel in Paul, NTS 21, 1975, 144-155
-: Thanksgiving within the Structure of Pauline Theology, in: Pauline Studies. Essays presented to Professor F. F. Bruce on his 70th Birthday, hg. v. D. A. Hagner/M. J. Harris, Exeter 1980, 50-66
-: Introductory Thanksgivings in the Letters of Paul, NT.S 49, Leiden 1977
Oepke, A.: Der Brief des Paulus an die Galater, ThHK 9, Berlin (3) 1973
-: Art. διά, ThWNT 2, 64-69
Ohlemacher, J.: Vom Widerstand des Gebetes, GuL 1, 1986, 11-12
Olson, S. N.: Pauline Expressions of Confidence in His Addressees, CBQ 47, 1985, 282-295
Orphal, E.: Das Paulusgebet. Untersuchung des Paulus-Gebetslebens auf Grund seiner Selbstzeugnisse, Gotha 1933
Ortkemper, F.-J.: Das Kreuz in der Verkündigung des Apostels Paulus. Dargestellt an den Texten der paulinischen Hauptbriefe, SBS 24, Stuttgart 1967
Osten-Sacken, P. von der: Römer 8 als Beispiel paulinischer Soteriologie, FRLANT 112, Göttingen 1975
Ott, H.: Theologie als Gebet und als Wissenschaft, ThZ 14, 1958, 120-132
Ott, W.: Gebet und Heil. Die Bedeutung der Gebetsparänese in der lukanischen Theologie, StANT 12, München 1965
Packer, J. I.: The "Wretched Man" in Romans 7, in: Studia Evangelica, Bd. 2: Papers Presented to the Second International Congress on New Testament Studies held at Christ Church, Oxford, 1961, Part I: The New Testament Scriptures, hg. v. F. L. Cross, TU 87, Berlin 1964, 621-627
Park, C.-K.: Das Verhältnis zwischen theologischem und anthropologischem Pneumabegriff bei Paulus. Diss. Hamburg 1982
Paulsen, H.: Überlieferung und Auslegung in Römer 8, WMANT 43, Neukirchen-Vluyn 1974
-: Art. φρονέω, EWNT 3, 1049-1051
Pesch, R.: Das Markusevangelium, 2. Teil: Kommentar zu Kap. 8,27-16,20, HThK 2, Freiburg 1977
-: Römerbrief, NEB 6, Würzburg 1983
Peterson, E.: ΕΙΣ ΘΕΟΣ. Epigraphische, formgeschichtliche und religionsgeschichtliche Untersuchungen, FRLANT 41 (NF 24), Göttingen 1926
Pfister, W.: Das Leben im Geist nach Paulus. Der Geist als Anfang und Vollendung des christlichen Lebens, SF.NF 34, Fri-

bourg 1963
Pfitzner, V. C.: Paul and the Agon Motif. Traditional Athletic Imagery in the Pauline Literature, NT.S 16, Leiden 1967
Philippi, F. A.: Commentar über den Brief Pauli an die Römer, Frankfurt a. M./Erlangen (2) 1856
Pöhlmann, H. G.: Das Gebet bei uns Theologen und in unserer Welt, ThB 17, 1986, 225-233
Price, R. M.: Punished in Paradise (An Exegetical Theory on II Corinthians 12:1-10), JSNT 7, 1980, 33-40
Prümm, K.: Diakonia Pneumatos. Der zweite Korintherbrief als Zugang zur apostolischen Botschaft. Auslegung und Theologie, Bd. 2: Theologie des zweiten Korintherbriefes, Erster Teil: Apostolat und christliche Wirklichkeit, Rom 1960; Zweiter Teil: Das christliche Werk. Die apostolische Vollmacht, Rom 1962
Realencyklopädie für protestantische Theologie und Kirche, hg. v. A. Hauck, Bd. 6, Leipzig (3) 1899
Reallexikon für Antike und Christentum. Sachwörterbuch zur Auseinandersetzung des Christentums mit der antiken Welt, hg. v. Th. Klauser, Bd. 1, Stuttgart 1950
Rehm, F.: Historia Precum Biblica, Göttingen 1814
Die Religion in Geschichte und Gegenwart. Handwörterbuch für Theologie und Religionswissenschaft, hg. v. K. Galling, Bd. 2, Tübingen (3) 1958
Rengstorf, K. H.: Art. δοῦλος κτλ., ThWNT 2, 264-283
Reventlow, H. Graf: Gebet im Alten Testament, Stuttgart 1986
Rigaux, B.: Paulus und seine Briefe. Der Stand der Forschung, BiH 2, München 1964
Ritschl, A.: Die christliche Lehre von der Rechtfertigung und Versöhnung, Bd. 3: Die positive Entwickelung der Lehre, Bonn (2) 1883
Roberts, J. H.: The eschatological transitions to the Pauline letter body, Neotestamentica 20, 1986, 29-35
Robinson, J. A. T.: Gott ist anders. Honest to God, München (4) 1964
Robinson, J. M.: Die Hodajot-Formel in Gebet und Hymnus des Frühchristentums, in: Apophoreta. Festschrift für Ernst Haenchen zu seinem siebzigsten Geburtstag, hg. v. W. Eltester/F. H. Kettler, BZNW 30, Berlin 1964, 194-235
Röckle, G.: Homiletische Überlegungen zur evangelistischen Predigt, ThB 17, 1986, 137-144
Roloff, J.: Die Apostelgeschichte, NTD 5, Göttingen (17) 1981 (= 1. Auflage dieser neuen Fassung)
Romaniuk, C.: Spiritus clamans (Gal 4,6; Rom 8,15), VD 40, 1962, 190-198
Rückert, L. I.: Commentar über den Brief Pauli an die Römer, Leipzig 1831
Saake, H.: Paulus als Ekstatiker. Pneumatologische Beobachtungen zu 2 Kor. xii 1-10, NT 15, 1973, 153-160
Sand, A.: Das Evangelium nach Matthäus, RNT, Regensburg 1986
-: Art. ἀπαρχή, EWNT 1, 278-280

-: Art. καρδία, EWNT 2, 615-619
Sanday, W./Headlam, A. C.: The Epistle to the Romans, ICC, Edinburgh (5) 1902
Sanders, J. T.: The Transition from Opening Epistolary Thanksgiving to Body in the Letters of the Pauline Corpus, JBL 81, 1962, 348-362
Sauter, G.: Das Gebet als Wurzel des Redens von Gott, GuL 1, 1986, 21-38
Schelkle, K. H.: Im Leib oder außer des Leibes: Paulus als Mystiker, in: The New Testament Age. Essays in Honor of Bo Reicke Bd. 2, hg. v. W. C. Weinrich, Macon 1984, 455-465 (urspr. leicht abweichende Fassung in ThQ 158, 1978, 285-293)
-: Paulus. Leben - Briefe - Theologie, Erträge der Forschung 152, Darmstadt 1981
Schellbach, M.: Paulus als Beter. Von Gottes Gebot und Verheißung im Gebet, Berlin 1938
Schenk, W.: Die Philipperbriefe des Paulus. Kommentar, Stuttgart 1984
Schettler, A.: Die paulinische Formel "Durch Christus", Tübingen 1907
Schlatter, A.: Das Gebet (Zwei Reden), Calw-Stuttgart 1887
-: Gottes Gerechtigkeit. Ein Kommentar zum Römerbrief, Stuttgart (5) 1975
-: Der Glaube im Neuen Testament, Studienausgabe mit einer Einführung von Peter Stuhlmacher, Stuttgart (6) 1982 (entspricht dem Text der 4. Aufl. von 1927)
-: Paulus der Bote Jesu. Eine Deutung seiner Briefe an die Korinther, Stuttgart 1956
-: Die Theologie der Apostel, Stuttgart (3) 1977 (= Nachdruck der 2. Aufl. von 1922)
Schlier, H.: Das, worauf alles wartet. Eine Auslegung von Römer 8,18-30, in: Interpretation der Welt. Festschrift für Romano Guardini zum achtzigsten Geburtstag, hg. v. H. Kuhn/H. Kahlefeld/K. Forster, Würzburg 1965, 599-616
-: Der Brief an die Galater, KEK 7, Göttingen (12) 1962
-: Der Römerbrief, HThK 6, Freiburg 1977
Schmeller, T.: Paulus und die "Diatribe". Eine vergleichende Stilinterpretation, NTA.NF 19, Münster 1987
Schmid, H.: Art. Glaube, in: Das Große Bibellexikon Bd. 1, 468-471
Schmidt, H.: Beten lernen im Unterricht?, GuL 1, 1986, 56-74
Schmidt, H.: Wie betet der heutige Mensch? Dokumente und Analysen, Freiburg 1972
Schmidt, H. W.: Der Brief des Paulus an die Römer, ThHK 6, Berlin 1962
Schmidt, K. L.: Art. καλέω κτλ., ThWNT 3, 488-539
Schmithals, W.: Die theologische Anthropologie des Paulus. Eine Auslegung von Röm 7,17-8,39, Stuttgart 1980
-: Die Gnosis in Korinth. Eine Untersuchung zu den Korintherbriefen, FRLANT 66 (NF 48), Göttingen (3) 1969
-: Das Evangelium nach Markus. Kapitel 9,2-16,18, ÖTK 2/2, Gü-

tersloh/Würzburg 1979
- : Paulus und Jakobus, FRLANT 85, Göttingen 1963
- : Der Römerbrief als historisches Problem, StNT 9, Gütersloh 1975
Schmitz, O./Stählin, G.: Art. παρακαλέω κτλ., ThWNT 5, 771-798
Schnackenburg, R.: Die sittliche Botschaft des Neuen Testaments, Band 1: Von Jesus zur Urkirche, HThK Supplementband 1, Freiburg 1986
- : Paulinische und johanneische Christologie. Ein Vergleich, in: Die Mitte des Neuen Testaments. Einheit und Vielfalt neutestamentlicher Theologie. Festschrift für E. Schweizer zum siebzigsten Geburtstag, hg. v. U. Luz/H. Weder, Göttingen 1983, 221-237
- : Der Brief an die Epheser, EKK 10, Zürich/Neukirchen-Vluyn 1982
- : Römer 7 im Zusammenhang des Römerbriefes, in: Jesus und Paulus. Festschrift für Werner Georg Kümmel zum 70. Geburtstag, hg. v. E. E. Ellis/E. Gräßer, Göttingen 1975, 283-300
Schneider, C.: Zwei Paulusstudien. 1. Paulus und das Gebet, Angelos 4, 1932, 11-28
Schneider, J.: Rezension: E. Orphal, Das Paulusgebet, ZKG 53, 1934, 631-632
- : Art. στενάζω κτλ., ThWNT 7, 600-603
Schnelle, U.: Gerechtigkeit und Christusgegenwart. Vorpaulinische und paulinische Tauftheologie, Göttinger Theologische Arbeiten 24, Göttingen 1983
Schniewind, J.: Das Seufzen des Geistes, Röm. 8,26.27, in: ders., Nachgelassene Reden und Aufsätze, hg. v. E. Kähler, Berlin 1952, 81-103
Schrage, W.: Ethik des Neuen Testaments, GNT 4, Göttingen (4) 1982 (= 1. Auflage dieser neuen Fassung)
Schrenk, G.: Art. πατήρ C. D., ThWNT 5, 974-1016
Schubert, P.: Form and Function of the Pauline Thanksgivings, BZNW 20, Berlin 1939
Schulz, S.: Neutestamentliche Ethik, Zürcher Grundrisse zur Bibel, Zürich 1987
Schumacher, R.: Die beiden letzten Kapitel des Römerbriefes. Ein Beitrag zu ihrer Geschichte und Erklärung, NTA 14/4, Münster 1929
Schunack, G.: Das hermeneutische Problem des Todes. Im Horizont von Römer 5 untersucht, HUTh 7, Tübingen 1967
Schweizer, E.: Das Evangelium nach Markus, NTD 1, Göttingen (13) 1973
- : Der Brief an die Kolosser, EKK 12, Zürich/Neukirchen-Vluyn (2) 1980
- : Art. πνεῦμα κτλ., ThWNT 6, 330-453
- : Art. σῶμα, EWNT 3, 770-779
- : Art. υἱοθεσία 2. 3., ThWNT 8, 401-402
Schwertner, S.: Internationales Abkürzungsverzeichnis für Theologie und Grenzgebiete, Berlin 1974
Seeberg, A.: Die Anbetung des "Herrn" bei Paulus, Riga 1891

-: Der Katechismus der Urchristenheit, mit einer Einführung von F. Hahn, TB 26, München 1966 (Unveränderter Nachdruck der Ausgabe von 1903)
Seitz, M.: Der Beruf des Pfarrers und die Praxis des Glaubens. Zur Frage nach einer neuen pastoralen Spiritualität, in: ders., Praxis des Glaubens. Gottesdienst, Seelsorge und Spiritualität, Göttingen (2) 1979, 218-226
-: Beten lernen, lehren, üben, in: ders., Erneuerung und Gemeinde. Gemeindeaufbau und Spiritualität, Göttingen 1985, 83-94
-: Gebet und Gebetserhörung. Praktische Theologie des Betens, in: ders., Praxis des Glaubens. Gottesdienst, Seelsorge und Spiritualität, Göttingen (2) 1979, 206-217
-: Predigt über Apg 2,41-47, in: W. Bub/C. Eyselein/G. R. Schmidt (Hg.), Lebenswort. Erlanger Universitätspredigten. Manfred Seitz zum 60. Geburtstag, Erlangen 1988, 147-151
Septuaginta, 2 Bände, hg. v. A. Rahlfs, Stuttgart 1982
Siber, P.: Mit Christus leben. Eine Studie zur paulinischen Auferstehungshoffnung, AThANT 61, Zürich 1971
Sickenberger, J.: Die Briefe des heiligen Paulus an die Korinther und Römer, HSNT 6, Bonn (4) 1932
Siegert, F.: Argumentation bei Paulus, gezeigt an Röm 9-11, WUNT 34, Tübingen 1985
Smith, E. W. Jr.: The Form and Religious Background of Romans VII 24-25a, NT 13, 1971, 127-135
Soards, M. L.: The Apostle Paul. An Introduction to His Writings and Teaching, New York/Mahwah 1987
Söding, T.: Gebet und Gebetsmahnung Jesu in Getsemani. Eine redaktionskritische Auslegung von Mk 14,32-42, BZ.NF 31, 1987, 76-100
Sölle, D.: Gebet, in: Theologie für Nichttheologen. ABC protestantischen Denkens, 1. Folge, hg. v. H. J. Schultz, Stuttgart 1963, 118-124
Sokolowski, E.: Die Begriffe Geist und Leben bei Paulus in ihren Beziehungen zu einander. Eine exegetisch-religionsgeschichtliche Untersuchung, Göttingen 1903
Sorg, T.: Mit der Gemeinde beten. Zu Geschichte und Gestalt des gottesdienstlichen Gebetes, ThB 17, 1986, 293-305
Spittler, R. P.: The Limits of Ecstasy: An Exegesis of 2 Corinthians 12:1-10, in: Current Issues in Biblical and Patristic Interpretation. Studies in Honor of Merrill C. Tenney, hg. v. G. F. Hawthorne, Grand Rapids/Mich. 1975, 259-266
Stählin, G.: Art. ἀσθενής κτλ., ThWNT 1, 488-492
Stäudlin, C. F.: Geschichte der Vorstellungen und Lehren von dem Gebete, Göttingen 1824
Stalder, K.: Das Werk des Geistes in der Heiligung bei Paulus, Zürich 1962
Stanley, D. M.: Boasting in the Lord: The Phenomenon of Prayer in Saint Paul, New York 1973
Stauffer, E.: Die Theologie des Neuen Testaments, Gütersloh (4) 1948
-: Art. ἀγών κτλ., ThWNT 1, 134-140

Stendahl, K.: Paul at Prayer, Interp. 34, 1980, 240-249
Stoodt, D.: Wort und Recht. Rudolf Sohm und das theologische Problem des Kirchenrechts, FGLP 10/23, München 1962
Strack, H./Billerbeck, P.: Das Evangelium nach Markus, Lukas und Johannes und die Apostelgeschichte, Kommentar zum Neuen Testament aus Talmud und Midrasch Bd. 2, München (2) 1956
Strathmann, H.: Art. μάρτυς κτλ., ThWNT 4, 477-520
Strecker, G.: Befreiung und Rechtfertigung. Zur Stellung der Rechtfertigungslehre in der Theologie des Paulus, in: ders., Eschaton und Historie. Aufsätze, Göttingen 1979, 229-259
Stuhlmacher, P.: Gerechtigkeit Gottes bei Paulus, FRLANT 87, Göttingen (2) 1966
-: Der Brief an Philemon, EKK 18, Zürich/Neukirchen-Vluyn (2) 1981
-: Sühne oder Versöhnung. Randbemerkungen zu Gerhard Friedrichs Studie: "Die Verkündigung des Todes Jesu im Neuen Testament", in: Die Mitte des Neuen Testaments. Einheit und Vielfalt neutestamentlicher Theologie. Festschrift für Eduard Schweizer zum siebzigsten Geburtstag, hg. v. U. Luz/H. Weder, Göttingen 1983, 291-316
-: Achtzehn Thesen zur paulinischen Kreuzestheologie, in: ders., Versöhnung, Gesetz und Gerechtigkeit. Aufsätze zur biblischen Theologie, Göttingen 1981, 192-208
-: Vom Verstehen des Neuen Testaments. Eine Hermeneutik, GNT 6, Göttingen 1979
Swain, L.: Prayer and the Apostolate in Paul, The Clergy Review 51, 1966, 458-465
Taylor, T. M.: 'Abba, Father' and Baptism, SJTh 11, 1958, 62-71
Theißen, G.: Psychologische Aspekte paulinischer Theologie, FRLANT 131, Göttingen 1983
Theologisches Begriffslexikon zum Neuen Testament, hg. v. L. Coenen/E. Beyreuther/H. Bietenhard, Bde. 1.2, Wuppertal (3) 1972
Theologisches Handwörterbuch zum Alten Testament, hg. v. E. Jenni/C. Westermann, Bd. 2, München (2) 1979
Theologisches Wörterbuch zum Neuen Testament, begr. v. G. Kittel, hg. v. G. Friedrich, Bde. 1-8.10, Stuttgart 1933-1969. 1978/79
Thierry, J. J.: Der Dorn im Fleische (2 Kor. xii 7-9), NT 5, 1962, 301-310
Thomas, J.: Art. παρακαλέω κτλ., EWNT 3, 54-64
Thrall, M. E.: Salvation Proclaimed. V. 2 Corinthians 5,18-21: Reconciliation with God, ExpT 93, 1981/82, 227-232
-: A Second Thanksgiving Period in II Corinthians, JSNT 16, 1982, 101-124
Thüsing, W.: Gott und Christus in der paulinischen Soteriologie, Bd. 1: Per Christum in Deum. Das Verhältnis der Christozentrik zur Theozentrik, NTA.NF 1/1, Münster (3) 1986
Thurneysen, E.: Die Bergpredigt, TEH 46, München 1936
-: Der Brief des Paulus an die Philipper, ausgelegt für die Gemeinde, Basel (2) o. J.

Trilling, W.: Der zweite Brief an die Thessalonicher, KEK 14, Zürich/Neukirchen-Vluyn 1980
Ulrich, H. G.: Gebet, GuL 1, 1986, 13-21
Usteri, L.: Entwickelung des Paulinischen Lehrbegriffes in seinem Verhältnisse zur biblischen Dogmatik des Neuen Testamentes. Ein exegetisch-dogmatischer Versuch, Zürich (4) 1832
Vollmer, H.: Rezension: A. Juncker, Das Gebet bei Paulus, ChW 19, 1905, 1095
Vos, J. S.: Traditionsgeschichtliche Untersuchungen zur paulinischen Pneumatologie, GTB 47, Assen 1973
Warneck, D. J.: Paulus im Lichte der heutigen Heidenmission, Berlin 1913
Weder, H.: Das Kreuz Jesu bei Paulus. Ein Versuch, über den Geschichtsbezug des christlichen Glaubens nachzudenken, FRLANT 125, Göttingen 1981
Weiß, J.: Die Aufgaben der neutestamentlichen Wissenschaft in der Gegenwart, Göttingen 1908
-: Der erste Korintherbrief, KEK 5, Göttingen (9) 1910
-: Das Urchristentum, hg. und nach dem Tode des Verfassers ergänzt von R. Knopf, Göttingen 1917
Weiß, K.: Der doxologische Charakter der paulinischen Soteriologie, in: Theologische Versuche 11, hg. v. J. Rogge/G. Schille, Berlin 1979, 67-70
Wendland, H.-D.: Die Briefe an die Korinther, NTD 7, Göttingen (15) 1980
-: Das Wirken des Heiligen Geistes in den Gläubigen nach Paulus, ThLZ 77, 1952, 457-470
Wernle, P.: Die Anfänge unserer Religion, Tübingen/Leipzig (2) 1904
-: Der Christ und die Sünde bei Paulus, Freiburg/Leipzig 1897
-: Jesus und Paulus. Antithesen zu Boussets Kyrios Christos, Tübingen 1919
-: Paulus als Heidenmissionar. Ein Vortrag, Tübingen (2) 1909
Westermann, C.: Das Buch Jesaja. Kapitel 40-66, ATD 19, Göttingen 1966
-: Lob und Klage in den Psalmen, 5. erweiterte Auflage von: ders., Das Loben Gottes in den Psalmen (1954, (4) 1968), Göttingen 1977
Wikenhauser, A.: Die Christusmystik des Apostels Paulus, Freiburg (2) 1956
Wilckens, U.: Der Abfassungszweck und Aufbau des Römerbriefes, in: ders., Rechtfertigung als Freiheit. Paulusstudien, Neukirchen-Vluyn 1974, 110-170
-: Die Bekehrung des Paulus als religionsgeschichtliches Problem, in: ders., Rechtfertigung als Freiheit. Paulusstudien, Neukirchen-Vluyn 1974, 11-32 (= ZThK 56, 1959, 273-293)
-: Christologie und Anthropologie im Zusammenhang der paulinischen Rechtfertigungslehre, ZNW 67, 1976, 64-82
-: Was heißt bei Paulus: "Aus Werken des Gesetzes wird kein Mensch gerecht"?, EKK-Vorarbeiten Heft 1, Zürich/Neukirchen-Vluyn 1969, 51-77

-: Der Brief an die Römer, 3 Bände, EKK 6, Zürich/Neukirchen-Vluyn 1978-1982
Wiles, G. P.: The Function of Intercessory Prayer in Paul's Apostolic Ministry with Special Reference to the First Epistle to the Thessalonians, Diss. Yale University 1965
-: Pauls Intercessory Prayers. The Significance of the Intercessory Prayer Passages in the Letters of St. Paul, SNTS.MS 24, Cambridge 1974
Windisch, H.: Paulus und Christus. Ein biblisch-religionsgeschichtlicher Vergleich, UNT 24, Leipzig 1934
-: Der zweite Korintherbrief, KEK 6, Göttingen (9) 1924
Wobbe, J.: Der Charis-Gedanke bei Paulus. Ein Beitrag zur ntl Theologie, NTA 13/3, Münster 1932
Wolff, W.: Zur Frage der Gebetserhörung, ThStKr 72, 1899, 610-618
Wolter, M.: Rechtfertigung und zukünftiges Heil. Untersuchungen zu Röm 5,1-11, BZNW 43, Berlin 1978
Wrede, W.: Die Echtheit des zweiten Thessalonicherbriefes, TU. NF 9/2, Leipzig 1903
-: Paulus, Halle/S. 1904
Wülfing von Martitz, P.: Art. υἱοθεσία 1., ThWNT 8, 400-401
Yun, S. B.: Römer 7,25 und der Pneumatikos. Ein exegetisches Problem der Anthropologie des Paulus, Seoul 1958
Zahn, Th.: Die Anbetung Jesu im Zeitalter der Apostel, Leipzig (5) 1910 ((1) 1885)
-: Die seufzende Creatur. Röm 8,18-23 mit Rücksicht auf neuere Auffassungen, JDTh 10, 1865, 511-542
-: Der Brief des Paulus an die Römer, KNT 6, Leipzig/Erlangen (3) 1925
Zedda, S.: La preghiera apostolica in Paolo, Parola Spirito e Vita 3, 1981, 168-182
Zeller, D.: Juden und Heiden in der Mission des Paulus. Studien zum Römerbrief, FzB 1, Stuttgart 1973
-: Der Brief an die Römer, RNT, Regensburg 1985
Zimmer, F.: Das Gebet nach den Paulinischen Schriften, in: Theologische Studien und Skizzen aus Ostpreussen Bd. 1, Königsberg 1887, 117-174
Zippert, C.: Das Gebet der Gemeinde im Gottesdienst, in: ders./ H. Löwe/W. Lotz (Hg.), Nachdenken vor Gott. Vom neu verstandenen Gebet, Kirche zwischen Planen und Hoffen 2, Kassel 1969, 39-60
Zmijewski, J.: Paulus - Knecht und Apostel Christi. Amt und Amtsträger in paulinischer Sicht, Stuttgart 1986
-: Der Stil der paulinischen "Narrenrede". Analyse der Sprachgestaltung in 2 Kor 11,1-12,10 als Beitrag zur Methodik von Stiluntersuchungen neutestamentlicher Texte, BBB 52, Köln/Bonn 1973
-: Art. ἀσθενής κτλ., EWNT 1, 408-413
Zorn, R.: Die Fürbitte im Spätjudentum und im Neuen Testament, Diss. Göttingen 1957

NAMENREGISTER (IN AUSWAHL)

Aland, K. 332

Balz, H. R. 61f.305.322f.325f
Banks, R. 294
Barr, J. 290
Barret, C. K. 282f.302
Barth, F. 240.242
Barth, G. 335
Barth, K. 245f
Bauer, W. 281.322f
Bauernfeind, O. 304
Beardslee, W. A. 333
Berger, K. 349
Bernet, W. 353
Bertrams, H. 318
Betz, H. D. 280.282.287
Betz, O. 168
Bieder, W. 55f.100.108f.257f.277.298
Bietenhard, H. 293
Bindemann, G. 20f
Bindemann, W. 63.167.324
Bjerkelund, C. J. 326
Blank, J. 298.313
Böhme, K. 21f.98f.243.275.277.285
Boobyer, G. H. 29-32.103.246ff.259.269.276f
Bornkamm, G. 95.334.350
Bousset, W. 241f.245.248.299
Boyd, R. F. 57
Bruce, F. F. 289
Brunner, E. 246
Büchsel, F. 333
Bultmann, R. 246.274.286.289.297f.320.323f.329.344.347.350ff

Cambier, J.-M. 305
Champion, L. G. 102f
Chapuis, P. 241
Christ, P. 11-14.99.238ff.245.275
Conzelmann, H. 286.345
Cranfield, C. E. B. 307.311.326.328

Deichgräber, R. 299f
Delling, G. 285.309.314.332
Dibelius, M. 246.249.253f
Dietzel, A. 63-65.100.253.258ff.277f.291.305

Dietzfelbinger, C. 306.319
Dobbeler, A. von 351
Dobschütz, E. von 264

Egger, W. 338
Ernst, J. 314.335
Eschlimann, J.-A. 37-40.108.249.275ff

Findeis, H.-J. 288.292.349f
Friedrich, G. 290f
Fuchs, E. 298
Furnish, V. P. 280.285

Gaugler, E. 58f.61.100.109.258.277f.295.299.325
Georgi, D. 330
Gerleman, G. 329
Giese, E. 297
Gloël, J. 239
Gogarten, F. 246
Goltz, E. Frh. v. d. 17-20.22f.99f.103.241f.245.275ff.299.342
Goppelt, L. 284.347
Greeven, H. 32f.100.110.248.275ff.292f.336
Grundmann, W. 310.329
Güttgemanns, E. 284
Gunkel, H. 239

Haenchen, E. 313
Hahn, F. 301
Hainz, J. 329f.339
Hamman, A. 66-70.103.110.260f.275ff.306
Harder, G. 40-47.95.98.100.103f.108.250ff.275ff.296.305.342
Haubeck, W. 308.311
Hegel, G. F. W. 14
Heiler, F. 24-29.244f.251f.277
Heitmüller, W. 243
Hengel, M. 330
Herrmann, W. 238f
Hofius, O. 288.291f
Hommel, H. 294
Hughes, P. E. 282.290

Jeremias, J. 151.314
Jervell, J. 326
Jewett, R. 317.334
Johansson, N. 168.324
Juncker, A. 22f.100.241.243.245.275.277.305.342

Kähler, M. 238
Käsemann, E. 59-61.62f.259.297.304.307.310ff.323.325.328.349.351
Kaftan, J. 240
Kerkhoff, R. 337
Kertelge, K. 348
Kettunen, M. 332
Kirchschläger, W. 286
Kittel, G. 290
Klauser, T. 317
Klawek, A. 18.240.242
Klein, C. 353
Koch, D.-A. 289f
Kruse, M. 231.353
Kümmel, W. G. 131.286.293f.345
Kürzinger, J. 300
Kuss, O. 298.302.317

Labuschagne, C. J. 290
Lamarche, P. 301.322
Lang, F. 287
Le Du, C. 301.322
Leuenberger, R. 353
Lietzmann, H. 307.314
Löwe, H. 353
Lohse, E. 307
Lücke, F. 10.12
Lührmann, D. 351
Lütgert, W. 240.242
Luz, U. 294.307.348

Marchel, W. 70-73.108.261f.277.310
Martin, B. L. 294
Mawhinney, A. 308
Mayer, B. 352
McCasland, S. V. 311
McFarlane, D. J. 53.82-85.89.104.235.269f.276
Ménégoz, F. 35f.249.276ff
Mengel, B. 188.335
Merk, O. 235.328.348f.351f
Meyer, P. W. 309
Michel, O. 295ff.301f.310.322.326.329.331.344.346.348.350
Mildenberger, F. 353
Monloubou, L. 90.106.276f
Mowinckel, S. 168
Murray, J. 298.309.311

Nickle, K. F. 296.331
Niederwimmer, K. 59.61.109.258

O'Brien, P. T. 85-89.90.105f.110.187f.196.254.273.275ff.337f
Olson, S. N. 339
Orphal, E. 36.105
Osten-Sacken, P. v. d. 307.310
Ott, W. 323.327

Paulsen, H. 299f.307.311f.315.317.335
Pfister, W. 308
Pöhlmann, H. G. 303
Prümm, K. 286.290

Rehm, F. 5-7.8f.98.236.240.245
Reventlow, H. Graf 303
Ritschl, A. 238
Roberts, J. H. 334
Robinson, J. A. T. 353
Robinson, J. M. 256.270
Roloff, J. 328

Saake, H. 280
Sand, A. 322.325
Sanders, J. T. 334
Schelkle, K. H. 283.345
Schellbach, M. 48f.110.253.276f
Schenk, W. 188f.196.335f.338f
Schettler, A. 243
Schlatter, A. 282.284f.287
Schlier, H. 296.307.327
Schmeller, T. 326
Schmidt, H. 353
Schmithals, W. 280.296.298.324
Schmitz, O. 287.326
Schnackenburg, R. 345
Schneider, C. 33f.41.103.108.249.275.277f
Schneider, J. 249
Schnelle, U. 308.319
Schniewind, J. 56f.58f.61.109f.258.277
Schrage, W. 326.346
Schubert, P. 50-53.54.73.76.85.88.104f.184-186.187.196.254ff.
            262.265.269.275.334
Schulz, S. 339
Schunack, G. 296f
Schweitzer, A. 39
Schweizer, E. 298.309
Seeberg, A. 16f.18.240ff.308
Seitz, M. 288.326.353f
Siber, P. 310.315
Simon, E. H. 235

Smith, E. W. Jr. 296
Söding, T. 314
Sölle, D. 353
Stäudlin, C. F. 7-10.18.98f.236.240.245.275
Stalder, K. 307f.315
Stanley, D. M. 90-95.100.105f.274.276ff
Stauffer, E. 313.327
Strecker, G. 349
Stuhlmacher, P. 292.346.349

Taylor, T. M. 315
Theißen, G. 301
Thomas, J. 326
Thüsing, W. 304
Thurneysen, E. 246

Ulrich, H. G. 353f

Weber, O. 73
Weiß, J. 245.254
Weiß, K. 342
Wendland, H.-D. 284f
Wernle, P. 242.245.248
Westermann, C. 289
Wilckens, U. 216.233.292.300f.305.307.313.315.322ff.330.333.347.
            349.351.354
Wiles, G. P. 73-81.85.88.104ff.110f.186f.188.253.262ff.276ff.
            334.336
Windisch, H. 280.282f.285.315
Wolff, W. 238
Wolter, M. 350
Wülfing von Martitz, P. 309

Yun, S. B. 295

Zahn, Th. 164.240.242.309.322
Zeller, D. 318
Zimmer, F. 14-16.96.102.108f.240.275ff.288.306
Zmijewski, 280.282.284
Zorn, R. 305

STELLENREGISTER (IN AUSWAHL)

Exodus
  20,17: 296
  34,29ff: 247
Leviticus
  18,5: 296
Deuteronomium
  5,21: 296
1. Samuel
  1,27: 293
1. Könige
  3,5: 293
Psalmen
  6,4: 296
  9,22: 296
  12,2: 296
  13,7: 296
  20: 265
  21,2: 296
  22,2: 220.344
  22,11: 220.344
  25,2: 220.344
  28: 265
  34,17: 296
  38,22: 220.344
  41,3: 296
  41,10: 296
  42,2: 296
  43,24f: 296
  61: 265
  65,2: 293
  69,4: 220.344
  72: 265
  84: 265
  89: 265
  110: 241
  122,6-9: 265
  132: 265
Jesaja
  1,15: 293
  49,8: 124ff.290
  59,1f: 293
Jeremia
  7,16ff: 293
  14,10ff: 293
Ezechiel
  8,17f: 293

2. Makkabäer
  1,1ff: 269
  1,1-10: 75.104
  1,10ff: 269
  1,11ff: 52.104.256
4. Esra
  7,65ff: 297
  7,116ff: 297
Matthäus
  1,19: 295
  6,7f: 291
  6,9: 317
  7,11: 314
  10,20: 149
  26,53: 287
  27,46: 320
Markus
  7,34: 325
  10,20: 295
  10,38: 315
  13,11: 149
  14,32ff: 238
  14,36: 150.315
  14,65: 281
Lukas
  1,6: 295
  1,17: 295
  1,41ff: 149
  1,67ff: 149
  2,25: 295
  2,37: 295
  11,2: 317
  11,13: 314
  15,24: 298
  15,39: 295
  18,11: 270
  24,23: 283
Johannes
  11,41f: 270
  14,13: 10
Apostelgeschichte
  2,42: 161
  4,23ff: 161
  7,34: 325
  7,54ff: 10
  7,55f: 149

7,58: 287
7,59: 286
8,1: 287
9,11: 321
9,17: 283
9,27: 283
12,12: 161
13,9: 149
13,50: 176
14,4f: 176
14,19: 176
17,5ff: 176
17,13: 176
17,27f: 239
20,3: 328
Kap. 21-28: 182
22,8: 287
22,14f: 283
22,17ff: 321
22,19: 287
22,21: 321
26,15: 287
26,16: 283

Römer
1,1: 182
1,2ff: 303
1,5: 215.227.329
1,6: 304
1,8: 10.87.139.159.203f.208f.
220.225.252.254f.304.336
1,8ff: 195
1,9: 69.265.343
1,9f: 68.180f.191.273.303.
332f.343
1,9ff: 191.196
1,10: 129.170.202.227.255.
299.343
1,10f: 214
1,10ff: 195
1,11f: 183
1,11ff: 331
1,12: 332
1,16f: 319.321
1,18: 14
1,18ff: 208.222.296
1,18-8,39: 294
1,21: 15.65.141.204f.211.
220.306.346.350
1,21ff: 346
1,24: 134
1,25: 162.205.346

1,26: 134
1,28: 134
1,32: 134
2,8: 329
2,12: 266
2,13ff: 296
2,14: 296
2,15: 157.318
3,21: 318
3,21-31: 319
3,22: 321
3,24: 225
3,25f: 225
3,26ff: 218
3,27: 222
4,5: 57.225
4,16ff: 160
4,17: 225f
4,18: 228
4,24: 225
4,24-5,2: 319
4,25: 347
5,1: 128.140.247.321
5,1f: 160.207.221
5,1-11: 56.208.221f.349
5,2: 140.228
5,2f: 140.222
5,5: 160
5,5ff: 140.303
5,6: 57.220
5,6ff: 347
5,8: 57.132.220
5,8f: 132
5,8ff: 207
5,9f: 228
5,10: 57.128.220.303
5,10f: 127
5,11: 139f.209.222.303f
5,12: 133
5,12-21: 316
Kap. 6: 131.135.316.350
6,1-11: 316
6,1-7,6: 132
6,2: 132
6,4: 131.216.347
6,6: 216
6,7: 132
6,11ff: 132
6,12f: 135
6,12-23: 316
6,14: 132

6,16: 132
6,16ff: 227
6,17: 132.201.204.207.213.218.
  299.301.306.346
6,17f: 225
6,18: 132.207
6,19: 132
6,19ff: 132
6,20: 132
6,20ff: 133
6,22: 132
Kap. 7: 131.162.170.293f.306.
  323
7,1ff: 131.296.316
7,4: 132.294
7,4ff: 131.207.217
7,5: 132.294.307
7,5f: 132
7,6: 132.160.294
7,7: 132.294.296
7,7ff: 131.142.162.294
7,7-25: 132.144.146
7,9: 131
7,9ff: 133.298
7,10: 296
7,13: 294
7,14: 132f
7,14ff: 133ff
7,14-25: 131ff.294.296
7,15: 131
7,16: 132f
7,17: 133
7,18: 133
7,19: 133
7,20: 133
7,21: 133
7,22: 133
7,22f: 132.135
7,23: 132f
7,23f: 297.307
7,24: 131.133-135.136ff.142.
  144.159.162.294.296f.300f
7,24f: 111.131-143.161.201.
  220.305
7,24-8,4: 206
7,25a: 131.134f.136-139.141f.
  144.162.204.207.209f.218.
  224.294.300f.304f.321.346
7,25b: 301

Kap. 8: 63.132.138.144f.162.
  170.211.244.249.306.309.316.
  323
8,1: 132.135.301
8,1ff: 132.135.137f.142ff.162.
  207.301f.304f.307
8,1-17: 135.153
8,2: 132.146.160.297.301.305
8,3: 347
8,4: 57.132.144.154.211f
8,5ff: 144.226.295.306f
8,6: 307
8,9: 132.154.315
8,9ff: 144
8,10ff: 262
8,11: 154
8,12: 132.144
8,12f: 144.307
8,13: 132.135.144f.153.295.307
8,13f: 211f
8,13ff: 154
8,14: 144ff.152.154.158.161.
  218.307.316
8,14f: 150
8,14ff: 92.144.147.149.152.
  162.247.307
8,15: 6.20f.32.34.37.55.60.
  65f.70f.73.108.111.132.144.
  145-156.157f.160.162.
  208.10f.214.217.220.224.
  226.249.259f.313.317.345.
  350
8,15f: 57.61.73.111.144-163.
  165.170.258.307
8,16: 145.155.157f.262.318
8,16f: 154
8,17: 144.158.161.317
8,18: 153.164
8,18ff: 165.167
8,18-30: 60
8,19: 144
8,19ff: 164.166
8,22f: 164.325
8,23: 57.165.168f.171.223.228.
  294.297.325
8,23f: 144.228
8,23ff: 164.166
8,24f: 58.164

8,25: 166
8,26: 34.55f.62.164ff.323
8,26f: 6.13.16.31.54-63.65.
 108.110f.127.129.141.164-
 171.210f.215.217.228.236.
 239.246f.249.251.258.266.
 323ff.345.350
8,27: 38.57.169.323
8,28ff: 158
8,29: 71
8,29ff: 262
8,30: 57
8,31ff: 93.158.207.344
8,32: 128
8,34: 37f.127.141.266.302.
 304.347
8,38f: 56.158.321
9,1: 157.318
9,5: 162.205.346
9,27: 147
10,1: 15.203.219.336
10,4: 305.319
10,9: 225
10,9f: 122.319
10,12: 122
10,12f: 17
10,13: 16.121
10,14: 122.211
10,16: 227
10,21: 329
11,1f: 201
11,2f: 266
11,11f: 330
11,30ff: 329
11,33ff: 162.205.218.346
12,1: 61.68f.135.173
12,1f: 211.213.231
12,6ff: 259
12,11f: 213.217
12,12: 61.211.213.217.228.
 231.259
13,11: 214f
14,1-15,13: 172
Kap. 14-16: 332
14,6: 204.213
14,11: 39
Kap. 15: 178
15,5: 220.264
15,5f: 162.202f.205.207.212.
 214.332
15,5ff: 29.31.161.218

15,6: 201.209.346
15,6f: 205
15,7: 39
15,7ff: 209.211
15,8: 140
15,8f: 15
15,9: 143.215.220
15,9ff: 205.218
15,13: 162.202.205.218.220.
 264.332
15,14ff: 172
15,15f: 174
15,16: 177.182
15,18: 227
15,18f: 304
15,23f: 172
15,23ff: 174
15,24: 172.331
15,25: 172.329
15,25ff: 326
15,26: 172.178.328
15,27: 172.178
15,28: 172.179
15,28f: 172.331
15,29: 331
15,30: 172-175.182.331
15,30f: 6.326
15,30-32: 35.170.205.218.226.
 266.332.337
15,30-33: 111.172-183.202.214
15,31: 172.174f.175-179.180
15,32: 172.175.180.182f.227.
 328.331
15,33: 181.220.332
16,20: 265.285.332
16,22: 136
16,27: 303

1. Korinther

1,1: 180.182.331
1,2: 17.114.121
1,4: 159.191.208f.220.225.252.
 254.299.333
1,4ff: 203f.218.255.272.306.
 337.343f
1,5: 338
1,6: 209.338
1,7: 118.248.283.338
1,7f: 209f.214f.344
1,8: 197.209.215.228.264
1,8f: 226.273
1,9: 129

1,10ff: 338
1,14: 300
1,18: 347
1,18ff: 219
1,23f: 347
1,28ff: 218
1,29: 222
1,30: 221
1,30-2,5: 338
1,31: 222
2,2: 347
2,3f: 218
2,5: 350
2,12: 153
3,1ff: 338
4,6ff: 232.338
4,11: 281
4,16: 337
4,19: 227
5,3ff: 264
6,11: 153.221.288.316.319f
6,19: 135
6,20: 135.205
7,5: 8.213
7,10: 302
7,11: 292
7,12: 302
7,29: 214
8,1ff: 338
8,6: 200.208
9,1: 118.142.182
9,16f: 227
9,16ff: 203
9,24ff: 173
10,12: 132
10,17: 319
11,1: 337
11,2ff: 236
11,4f: 251
11,10: 266
11,13ff: 251
Kap. 12-14: 338
12,3: 155
12,7ff: 62
12,10: 61f.311
12,28ff: 62
Kap. 14: 62.247.325
14,2: 31.149
14,4: 38.149
14,5f: 311
14,7ff: 62

14,11: 149
14,13ff: 6.236.270
14,14: 62
14,14f: 211
14,14ff: 16.31
14,15: 61f
14,15ff: 61
14,16f: 270
14,16ff: 84
14,18: 270.300
14,19: 61.168
14,19f: 211
14,20: 62
14,23: 317
14,23ff: 161
Kap. 15: 338
15,3f: 142
15,4: 225
15,8: 90.94.118.305
15,8ff: 319
15,10: 207
15,14: 319
15,17: 319.347
15,28: 169
15,29: 223.227
15,42ff: 297
15,51f: 214
15,57: 137.201.204.207.209f.
   218.224.299.306
16,1: 328
16,1ff: 178
16,7: 227
16,22: 114.122.149.264
2. Korinther
1,1: 180.331
1,3: 201.220
1,3ff: 84f.205.218.285.337
1,5: 304.344
1,7: 197
1,8ff: 64.91.319f
1,9: 226
1,10: 228
1,10f: 15.176.181.202.226.337
1,11: 6.29.31.35.89.183.204f.
   228.266.336f.339
1,12ff: 338
1,19: 140
1,19f: 140
1,20: 64.129.140.209.224
1,21f: 207
1,22: 153

1,23: 287
1,24: 319
2,14: 137.204.207.218.224.
   299
2,14ff: 301
2,14-7,4: 124
2,15ff: 207
3,2f: 125
3,4: 226
3,6: 146.160
3,7: 246
3,18: 246f
4,6: 90.94
4,6ff: 207
4,7ff: 93.319
4,15: 15.29.31.89.143.204.
   218f.247.350
4,15f: 31
5,2: 168f.171
5,4: 168f.171
5,5: 153
5,6ff: 214
5,7: 223
5,8: 223
5,14ff: 124f
5,15: 347
5,17: 132.216
5,17f: 247
5,18: 126
5,18ff: 126f.203.207f.219
5,19: 126
5,19f: 224
5,20: 126.288.327
5,20f: 288
5,21: 126.221.347
6,1: 124f.288
6,1f: 126
6,2: 111.124-130.176.201.215.
   289f
6,4ff: 218
7,1: 20f
Kap. 8: 177f.330
8,4: 328
8,5: 180.331
8,16: 137.299.344
8,16f: 301
8,17: 207
Kap. 9: 177f.330
9,1: 328
9,8: 264
9,11f: 204

9,11ff: 143.183.204.213f.218
9,12: 328
9,12f: 29.31.328.350
9,12ff: 177.339
9,13: 227
9,13f: 161
9,14: 183.191.195.214.336
9,15: 137.218.299.344
11,2: 215
11,4: 153
11,16-12,13: 115
11,17: 116
11,17ff: 302
11,18: 123
11,21: 116
11,28: 202
11,30: 116
11,31: 162.205.218
12,1: 115.117f.122.282
12,1ff: 91.94.115.122.238.280.
   282.286
12,2: 115.119.121.282
12,2f: 282
12,2ff: 115f.280ff
12,4: 119.169
12,5: 116
12,5ff: 280.282
12,6ff: 280
12,7: 115ff.119ff.281f.284f
12,7ff: 91.120.280.282
12,8: 111.114-123.200.205.220.
   226.249.286f
12,8f: 282.292
12,9: 115f.119f.122.284
12,9f: 115f.218.282
12,11: 115f
13,3: 302.304
13,4: 218.285
13,5: 153.320
13,7: 202.205.207.212.218.226
13,9: 38.202.205.207.212.218.
   226.265
13,11: 265
Galater
1,1: 142
1,3ff: 143.170.201.209f.218.
   224.306
1,4: 347
1,5: 162.205
1,6ff: 338
1,8f: 264

1,11f: 319
1,12: 118
1,13: 202
1,15f: 91.94.174.182.227
1,16: 118.321
1,24: 218
2,10: 178
2,15ff: 91.94
2,16: 207
2,19f: 247
2,19ff: 207
2,20: 216.218.304.319
3,1: 347
3,1ff: 308.319f
3,2: 153
3,3: 153
3,5: 153
3,13: 347
3,13f: 207
3,14: 153.214.303
3,22ff: 319
3,23ff: 207
3,26: 308.320
3,26f: 319
3,27: 320
3,29: 303
3,29ff: 147
4,1ff: 162.308
4,3ff: 247
4,4f: 207.308
4,4ff: 92.143.151
4,5f: 73
4,5ff: 312
4,6: 20f.32.34.37.55.65f.70f.
   73.108.146ff.151.153.156.
   162.208.210.217.220.224.
   226.258ff.262.307ff.312f.
   350
4,6f: 150.320
4,7: 309.350
4,8ff: 308
4,13f: 285
5,1ff: 308
5,4: 124
5,4f: 153
5,5: 228
5,6: 319
5,7: 227
5,16: 211
5,16ff: 212.217.295
5,18: 211

5,22: 21
5,24: 216
5,24f: 226
5,25: 211
6,4: 320
6,8: 211

Epheser
1,1: 180.331
1,3ff: 84.337
1,6: 39
1,7f: 201.306
1,12: 39
1,14: 39
1,15f: 191
1,15ff: 255
2,14f: 128
2,14ff: 127
2,16f: 128
2,17: 128
2,18: 160
3,17: 38
5,4: 204.213
5,18: 38
5,18ff: 160.211.213
5,20: 10.204.217
6,18: 38.160.211.217.266
6,18ff: 266
6,19: 174.183

Philipper
1,2ff: 335
1,3: 159.184f.192.196ff.204.
   208.213.220.252.254.338
1,3f: 26.190.333
1,3ff: 188ff.194.197.203.335
1,3-11: 111.184-198.255.333f.
   338
1,4: 185.187ff.197.205.254.
   265.299.335f.343
1,4f: 190.198
1,4ff: 187
1,5: 185.187.190.196f.204.340
1,5f: 192.196.213
1,5ff: 187
1,6: 187.189f.197f.209.214f.
   226.228.255.335.340
1,6ff: 335
1,7: 187.189ff.195.335f
1,7f: 188ff.195
1,7ff: 335
1,8: 188.190f
1,8f: 214

1,9: 190.336
1,9f: 175.188.190.328
1,9ff: 185f.188ff.194.198.
 202ff.212ff.218.226.273.
 335ff.340
1,10: 186f.190.209
1,10f: 184.188.209.228
1,11: 129.184.186f.205.209.
 217.304
1,12: 187
1,12-2,30: 185f
1,16: 187
1,18f: 181
1,18ff: 93
1,19: 160.183.196.205.215.
 226.258.337.345
1,19f: 266
1,19ff: 64
1,22: 186
1,23: 214
1,25: 339
1,25f: 193
1,27: 187
1,27ff: 194.319f
1,28: 319
1,29f: 193
1,30: 173
2,1: 187
2,1ff: 188.194.337
2,5: 188
2,8: 347
2,10f: 39.186
2,11: 29.205
2,12: 153.193
2,13f: 186
2,15: 194
2,15f: 186f
2,16ff: 193
2,18: 339
2,22: 187
2,26f: 285
2,28f: 339
3,1: 339
3,3f: 226
3,4ff: 134
3,5ff: 131
3,6ff: 187
3,7ff: 90.94.207
3,8: 188
3,9: 186.319
3,10: 187.347

3,11: 186
3,13f: 188
3,17: 337
3,20f: 186.207
4,1: 186f
4,1ff: 161
4,2ff: 188
4,3: 187
4,4: 339
4,4ff: 92.340
4,5: 214
4,5f: 215
4,6: 26.161.204.213.217.219.
 226ff.232.248.339
4,6f: 266
4,7: 38.186.265
4,8: 194
4,8f: 188
4,9: 265.337
4,10ff: 185.193
4,14f: 187
4,15: 187
4,18: 176
4,19: 265
4,20: 186.201.205.218
Kolosser
1,1: 180.331
1,3: 201.252.254.299.333.343
1,3f: 191.213.225
1,3ff: 203f.255
1,3-20: 92
1,4: 209
1,5: 248
1,7f: 195
1,9: 175.191.333
1,9ff: 202f.212
1,10: 209f
1,12: 201.228
1,12ff: 201.204.225.272.306
1,13f: 209
1,15ff: 274
1,19ff: 127
1,20: 128
1,21: 128
1,29: 173.211
2,1: 173
2,7: 204.213.217.225.228
3,12: 220
3,15ff: 204.213f.228
3,16: 31.247
3,17: 10.140.210.213.217

4,2: 204.213.228.266
4,2f: 217
4,2ff: 129.266
4,3: 174f.183
4,3f: 181.202.337
4,12: 173.175.212
4,18: 183

1. **Thessalonicher**
1,1-3,13: 267
1,2: 252.254.299.343
1,2f: 191.203f.225.267.273.333
1,2ff: 185.255
1,3: 201f.205.210.212.248.345
1,4: 197.220
1,4f: 220.255
1,5: 334
1,5f: 195
1,6: 146.160.337
2,2: 173
2,13: 191.203f.218.225.267.300.333.342.350
2,13ff: 255
2,14f: 176
2,17f: 181
2,17ff: 267
2,19f: 215
3,6: 191.196
3,9: 87.204.287
3,9f: 255.267
3,9ff: 191.196.203.267.287
3,10: 202.265.333
3,10f: 181.214.227.343
3,10ff: 226
3,11: 201.287
3,11f: 264.304
3,11ff: 114.162.267.272f
3,12: 287
3,12f: 202.205.209f.212.214f.218.343
3,13: 228.267
Kap. 4f: 267
4,8: 153
4,14: 225.319
4,15ff: 214
4,17: 214.228
5,9f: 207.228
5,10: 347
5,16ff: 92.129
5,17f: 217.219.228.232.266
5,17ff: 217
5,18: 170.204.213.306
5,19: 153
5,23: 162.202.205.207.209f.212.214f.218.220.228.264
5,23f: 226.267
5,24: 129.265
5,25: 35.174.183.217.266.337

2. **Thessalonicher**
1,3: 191.203f.213.252.254.333
1,3f: 225
1,3ff: 255
1,4: 195
1,5ff: 248
1,7: 118.283
1,11: 175.191.212.333
1,11f: 175.202.205.213.255
1,12: 129.210.328
2,1: 228
2,8f: 285
2,13: 191.225.333
2,13f: 201.203f.220.306.342
2,13ff: 255
2,16: 220
2,16f: 114.202.205.210
2,17: 212
3,1: 202.210.217
3,1f: 175.181.183.337
3,1ff: 174.266
3,2: 202
3,3: 265
3,5: 114
3,16: 114

1. **Timotheus**
2,1f: 7
2,8: 292
5,6: 298

2. **Timotheus**
4,18: 10

Philemon
4: 159.191.203.208.220.225.252.254.299.333.343
4f: 204.213.218
6: 175.202.205.212.218.273.328.345
7: 195
22: 129.181.183.202.228.266.337

Hebräer
13,15: 10
13,17: 325

Jakobus
 1,6ff: 292
 5,9: 325
1. Petrus
 2,20: 281
 3,7: 292
 5,7: 232

2. Petrus
 3,18: 10
Apokalypse
 3,1: 298
 4,9: 270
 5,8ff: 10
 7,12: 270
 11,17: 270

Monographien und Studienbücher

229320 Werner Neuer
Der Zusammenhang von Dogmatik und Ethik bei Adolf Schlatter
432 S., Paperback

229321 Gerhard Sautter
Heilsgeschichte und Mission
Zum Verständnis der Heilsgeschichte in der Missionstheologie
432 S., Paperback

229322 Helge Stadelmann (Hrsg.)
Glaube und Geschichte
Heilsgeschichte als Thema der Theologie
416 S., Paperback, 2. Auflage

229323 Hans Hauzenberger
Einheit auf evangelischer Grundlage
Von Werden und Wesen der Evangelischen Allianz
536 S., Paperback

229324 Hans-Herbert Stoldt
Geschichte und Kritik der Markushypothese
272 S., Paperback

229326 Johannes H. Schmid
Biblische Theologie in der Sicht heutiger Alttestamentler
Hartmut Gese, Claus Westermann, Walther Zimmerli, Antonius Gunneweg
250 S., Paperback, 2. Auflage

229330 Klaus Bockmühl
Gesetz und Geist
Eine kritische Würdigung des Erbes protestantischer Ethik
540 S., Paperback

229331 Armin Mauerhofer
Eine Erweckungsbewegung im 19. Jahrhundert
Karl von Rodt und die Entstehung der Freien Evangelischen Gemeinden in der Schweiz
304 S., Paperback

229332 Edward Rommen
Die Notwendigkeit der Umkehr
Missionsstrategie und Gemeindeaufbau in der Sicht evangelikaler Missionswissenschaftler Nordamerikas
296 S., Paperback

229333 Johan Bouman
Augustinus
Lebensweg und Theologie
339 S., Paperback

229336 Elfriede Büchsel
Biblisches Zeugnis und Sprachgestalt bei J.G. Hamann
294 S., Paperback

229337 Erich Lubahn/ Otto Rodenberg (Hrsg.)
Das Wort vom Kreuz
Geschehen – Denken – Theologie
215 S., Paperback

229340 Helmut Burkhardt
Die Inspiration heiliger Schriften bei Philo von Alexandrien
278 S., Paperback

229345 Klaus Bockmühl (Hrsg.)
Die Aktualität der Theologie Adolf Schlatters
128 S., Paperback

229346 Wolfgang E. Heinrichs
Freikirchen – eine moderne Kirchenform
728 S., Paperback

229349 Roland Gebauer
Das Gebet bei Paulus
408 S., Paperback

229350 Gottfried Wolff
Solus Christus
Wurzeln der Christusmystik bei Gerhard Tersteegen
208 S., Paperback

BRUNNEN VERLAG GIESSEN